東アジア逃亡犯罪人引渡しの法理

金　平　煥

東アジア逃亡犯罪人引渡しの法理
―― 日中韓国際刑事協力論 ――

学術選書
145
国際法

信山社

は し が き

　日中韓の3国では，2018年の韓国ピョンチャン冬季オリンピック，2020年の東京夏季オリンピック，2022年の北京冬季オリンピックの開催が順次に予定されている。また，政府間では，その間途絶えていた日中韓サミットの再開に向けて日程調整のための協議が行われていると報じられる。今後，日中韓をとりまく東アジアにおいては，人，もの，サービスなどの移動がさらに活発に行われることが予想される。これらの交流と交易などは，一方では相互に理解と利益をもたらすところ，他方で犯罪に悪用され，善隣関係の進展を滞らせる側面があることも否めない。国際刑事協力のあり方について，善隣関係の振興を保障しながら犯罪の作用を規制することにあるとすれば，その課題を見極め，解決の糸口を探ることも益々重要なことになる。こうした観点から各国の法制，裁判例，条約及び国際協力の現状について考察したうえ，実現可能と思われる自前の方策を示したところに本書の意義を求めることができる。

　本書の特徴として次の三点があげられる。第一に，日中韓の3国に限らず，北朝鮮，台湾，香港及びマカオについても関連内容をとりあげたことである。第二に，逃亡犯罪人引渡しにおける新たな類型として，国際カルテル，著作権侵害，サイバー犯罪などの事例を紹介したことである。第三に，付録として，中国と韓国の引渡裁判例及び日中韓の3国が締結した国際刑事協力に関する条約を網羅的にまとめたことである。

　本書は2015年に東京大学で承認された博士学位請求の論文をまとめたものである。私が逃亡犯罪人引渡しなどの国際刑事協力の研究に心を惹かれるようになったのは，韓国の検察事務と法務行政の現場で体感した問題意識とその知的好奇心による。研究履歴からすれば，修士論文のテーマ（「犯罪人引渡しにおける犯罪処罰と人権保障の均衡：日本の犯罪人引渡手続における法務大臣と東京高等裁判所の審査範囲を中心に」）に引き続くものである。

v

はしがき

　博士論文の執筆及び本書の刊行にいたっては方々のご指導とご協力に恵まれた。東京大学の中谷和弘教授は，論文の構想段階からその執筆作業が終わるまでのご指導とともに，快く出版社を紹介して下さった。同大学の川出敏裕教授には刑事法及び国際刑事協力の研究について貴重なご教示を頂いた。成蹊大学の金光旭教授のご配慮により中国人民大学法学院の訪問研究員として北京に滞在する機会が得られ，同大学の謝望原教授，中国政法大学の呉日煥教授，北京師範大学の黄風教授に大変お世話になった。韓国では，梨花女子大学の趙均錫教授から貴重なアドバイスを頂き，呉澤林弁護士からは資料のご協力が得られた。修士課程の指導教員であった奥脇直也博士のご指導にも謝意は尽きない。また，本書が出版できたことは信山社の今井守氏をはじめとする編集担当の方々のお陰である。以上の皆さんに心から感謝を申し上げる。最後に，約三年間の単身留学を支えてくれた妻と三人の子供たちにも感謝したい。

　　2017 年 7 月

　　　　　　　　　　　　　　　　　　　　　　　　金　　平　　煥

〈目　次〉

◆　序　章　はじめに ……………………………………………………… 3

◆　第一節　研究の課題 ……………………………………………………… 3
　　一　研究の目的 (3)
　　二　研究の対象と方法 (5)
　　三　研究の意義 (7)
　　四　本書の構成 (8)
◆　第二節　日中韓における逃亡犯罪人引渡しをめぐる国際刑事
　　　　　　協力の現状 …………………………………………………… 10
　　一　日中韓の国際協力の現状 (10)
　　二　日中韓の逃亡犯罪人引渡しをめぐる国際協力 (11)
　　　(1)　国外逃亡犯罪の現状 (11)
　　　(2)　逃亡犯罪人引渡しをめぐる国際協力の現状 (14)

◆　第一章　逃亡犯罪人引渡しをめぐる国際刑事協力の法的構造と
　　　　　　先行研究 …………………………………………………… 19

◆　第一節　逃亡犯罪人引渡しをめぐる法的枠組 ………………………… 19
　　一　「逃げ得」と国際刑事協力の抜け穴 (19)
　　二　逃亡犯罪人引渡しの概要 (22)
　　三　逃亡犯罪人引渡しの法的性質 (27)
　　四　逃亡犯罪人引渡しにおける主な原則 (30)
　　　(1)　双方可罰性（dual criminality）の原則 (31)
　　　(2)　特定性（specialty）の原則 (33)
　　　(3)　政治犯不引渡し（non-extradition of political offenders）
　　　　　の原則 (34)
　　　(4)　自国民不引渡し（non-extradition of nationals）の原則 (36)

vii

目　次

　　　（5）　列挙主義と包括主義 (37)

　　五　逃亡犯罪人引渡しと人権保障 (38)

　　　（1）　人権保障条項（「人道上の保証条項」humanitarian
　　　　　　 safeguard）(38)

　　　（2）　死刑不引渡し (42)

　　　（3）　偽装引渡し（disguised extradition）(43)

　　　（4）　国連犯罪人引渡モデル条約における人権保障条項 (45)

◆　第二節　　国際刑事協力の法的構造 ……………………………… 47

　　一　国際刑事協力の法的性質 (47)

　　　（1）　司法共助と刑事共助 (49)

　　　（2）　逃亡犯罪人引渡しと「狭義の刑事共助」の関係 (51)

　　二　国際刑事協力の範囲 (52)

　　三　逃亡犯罪人引渡しをめぐる地域協力 (54)

　　四　逃亡犯罪人引渡し以外の国際刑事協力 (56)

　　　（1）　刑 事 共 助 (56)

　　　（2）　受刑者移送 (58)

　　　（3）　刑事手続の移管 (60)

　　　（4）　外国刑事判決の執行 (61)

◆　第三節　　先行研究の検討 …………………………………………… 62

　　一　「アジア諸国における犯罪人引渡を促進するための若干
　　　　の提言」(62)

　　二　法制度整備支援 (63)

　　三　グローバル・ガバナンスとしての国際刑事協力 (66)

　　四　国際刑事分野におけるアジア共同体論 (67)

◆　第四節　　小　　括 ……………………………………………………… 69

◆　第二章　　日本国における逃亡犯罪人引渡し ……………………… 73

◆　第一節　　戦前の逃亡犯罪人引渡し ………………………………… 75

　　一　「逃亡犯罪人引渡条例」(75)

viii

二　逃亡犯罪人引渡条約 (76)

　　(1)　日本国と亜米利加合衆国間の逃亡犯罪人引渡条約 (76)

　　(2)　日本国と露西亜間の逃亡犯罪人引渡条約 (78)

三　逃亡犯罪人引渡条例の特徴と引渡手続の司法化の主張 (79)

四　政治犯罪の取扱い (84)

　　(1)　引渡条例と政治犯罪 (84)

　　(2)　引渡条約と政治犯罪 (87)

　　(3)　政治犯不引渡しをめぐる明治政府の対応 (88)

◆ **第二節　戦後の逃亡犯罪人引渡し** ……………………………………… 89

一　「逃亡犯罪人引渡法」 (90)

　　(1)　引渡手続の司法化 (91)

　　(2)　逃亡犯罪人引渡法の改正 (93)

　　(3)　引渡手続の主な流れ (94)

二　法務大臣の措置：「審査請求の該当性」と「引渡しの
　　相当性」 (96)

　　(1)「審査請求の該当性」の判断 (97)

　　(2)「引渡しの相当性」の判断 (98)

　　(3)「引渡しの相当性」判断の審査範囲 (100)

　　(4)　法務大臣の措置（引渡しの相当性の判断）に対する
　　　　不服申立 (105)

　　(5)　裁判所の解釈 (106)

三　逃亡犯罪人引渡条約 (108)

　　(1)　日本国と米国間の引渡条約 (108)

　　ア．列挙主義と包括主義の併用 (111)

　　イ．引渡制限事由と人権保障 (112)

　　(2)　日本国と韓国間の引渡条約 (112)

　　ア．双方可罰性 (114)

　　イ．犯罪嫌疑の相当性の準拠 (115)

　　ウ．人権保障に関する規定 (116)

◆ **第三節　引渡裁判の事例** ………………………………………………… 118

ix

目　次

一　政治犯不引渡しの原則をめぐる裁判 (119)

（1）「尹秀吉事件」(119)

ア．第一審（東京地方裁判所）(120)

イ．控訴審（東京高等裁判所）および上告審

（最高裁判所）(122)

ウ．第一審における鑑定（高野雄一）要旨 (123)

（2）「張振海事件」(125)

ア．双方可罰性 (126)

イ．政治犯罪の認否 (128)

ウ．引渡し後の請求国における別罪の処罰のおそれ (129)

エ．自由権規約第7条（拷問条項）との関係 (130)

オ．難民条約第33条第1項との関係 (130)

（3）「張振海事件」裁判の検討 (130)

二　犯罪嫌疑の十分性をめぐる引渡裁判：「遺伝子スパイ事件」(133)

（1）事 件 概 要 (133)

（2）裁判の争点 (135)

ア．犯罪嫌疑の程度をめぐる比較法的検討 (139)

イ．引渡犯罪の嫌疑と刑事訴訟法との関係 (143)

（3）裁判の検討 (145)

◆　第四節　国際礼譲による逃亡犯罪人引渡しなど ……………………… 147

一　国際礼譲による逃亡犯罪人引渡し (147)

（1）「富士銀行不正融資事件」(149)

（2）「袁同順事件」(150)

二　罰金未納によって労役場留置に処せられる逃亡犯罪人の

引渡協力 (151)

（1）事 件 概 要 (152)

（2）「刑」の法的性質 (153)

（3）保安処分と自由刑 (156)

（4）労役場留置と自由刑 (158)

（5）検　討 (161)

x

◆ 第五節　その他の国際刑事協力 ……………………………………… 162
　　一　刑 事 共 助 (162)
　　二　受刑者移送 (166)
◆ 第六節　小　括 (171)

◆ 第三章　中国における逃亡犯罪人引渡し ………………………… 175

◆ 第一節　逃亡犯罪の現状と刑法の適用範囲 ……………………… 175
　　一　逃亡犯罪および国際刑事協力の現状 (175)
　　二　刑法の適用範囲 (180)
　　　(1)　刑事管轄権 (180)
　　　(2)　香港，マカオ(澳门)及び台湾と刑事管轄権 (182)
　　　(3)　民族自治と刑法 (182)
◆ 第二節　「引渡法」と逃亡犯罪人引渡条約 ……………………… 183
　　一　「引渡法」の立法経緯 (183)
　　　(1)　立 法 経 緯 (183)
　　　(2)　「引渡法」以前の指針：「引渡案件の若干の問題に関する
　　　　　処理規定」(185)
　　二　「引渡法」の構成と逃亡犯罪人引渡条約 (188)
　　　(1)　引渡法の構成 (188)
　　　(2)　引 渡 条 約 (190)
　　三　引渡しの要件と手続 (194)
　　　(1)　双方可罰性 (194)
　　　　ア．刑法と双方可罰性 (194)
　　　　イ．引渡条約における双方可罰性 (195)
　　　(2)　特定性の原則 (196)
　　　(3)　引 渡 手 続 (197)
　　　　ア．引渡請求の経路と外交部の審査 (199)
　　　　イ．最高検察院の審査 (200)
　　　　ウ．中国が外国に向けて引渡しを請求する場合の主な

xi

目　次

　　　　　　　　手続（202）

　　　　　　エ．仮拘禁などの強制措置（202）

　　　　（4）引渡延期と臨時引渡（204）

　　　　　ア．引　渡　延　期（204）

　　　　　イ．臨時引渡し（205）

◆　第三節　　引渡裁判と国務院の決定 …………………………… 206

　　　一　裁判所の審査（206）

　　　　（1）最高法院による審査（206）

　　　　（2）高級法院における審査（207）

　　　　（3）最高法院の再審査（209）

　　　　（4）引渡裁判の法的性質（210）

　　　二　国務院の決定（212）

◆　第四節　　引渡法および引渡条約における引渡制限事由 ………… 213

　　　一　自国民不引渡し（213）

　　　　（1）香港，マカオ及び台湾（215）

　　　　（2）引渡条約における自国民の規定（215）

　　　二　政治犯不引渡し（218）

　　　　（1）引渡法および引渡条約における政治犯罪（218）

　　　　（2）政治犯不引渡原則の例外（218）

　　　　（3）刑法と政治犯罪（219）

　　　三　死刑不引渡し（220）

　　　四　その他の引渡制限事由（222）

　　　　（1）軍　事　犯　罪（222）

　　　　（2）財　政　犯　罪（225）

　　　　（3）そ　の　他（226）

　　　五　中国内の自治独立運動と逃亡犯罪人引渡し（226）

　　　　（1）自治独立運動に対する中国政府の捉え方（226）

　　　　（2）引渡条約における取扱い（228）

　　　六　引渡協力に関する中国内部からの指摘（231）

◆　第五節　　その他の国際刑事協力 ……………………………… 233

xii

一　刑事共助と受刑者移送 (233)

　二　特別行政区（香港，マカオ）および台湾との引渡協力 (235)

　　(1)　「特別行政区」との引渡協力 (235)

　　(2)　台湾との引渡協力 (236)

　　　ア．「金門協議」（1990 年 9 月 12 日署名）(236)

　　　イ．「両岸共助協議」（2009 年 4 月 26 日署名）(237)

◆第六節　台湾（中華民国）における逃亡犯罪人引渡しをめぐる
　　　　　国際刑事協力 ……………………………………………… 238

　一　概　要 (238)

　二　逃亡犯罪人引渡し (240)

　　(1)　国内立法の「引渡法」(240)

　　　ア．引渡制限事由 (241)

　　　イ．引 渡 手 続 (241)

　　(2)　引渡制度の特徴 (242)

　三　その他の国際刑事協力 (244)

　　(1)　刑 事 共 助 (244)

　　(2)　受刑者移送 (247)

　　(3)　台湾における中国との刑事協力 (248)

◆第七節　小　括 ……………………………………………………… 248

◆第四章　韓国における逃亡犯罪人引渡し ……………………… 253

◆第一節　逃亡犯罪の現状と「犯罪人引渡法」……………………… 253

　一　逃亡犯罪および引渡協力の現状 (253)

　二　「犯罪人引渡法」(257)

　　(1)　引 渡 手 続 (257)

　　(2)　引渡制限事由 (260)

　　(3)　法務大臣による引渡しの相当性の判断 (263)

　三　逃亡犯罪人引渡条約 (264)

　　(1)　日本国との引渡条約 (264)

目 次

　　　(2)　韓国が締結した引渡条約の特徴 (265)

◆ 第二節　法整備以前の逃亡犯罪人引渡しをめぐる日中との交渉 · 267

　　一　「丁フンサン事件」(268)

　　二　「朴正熙大統領狙撃事件」(270)

　　三　「卓長仁ら事件」(273)

◆ 第三節　引渡裁判の事例 ………………………………………… 278

　　一　「グエン・フー・チャン事件」(279)

　　　(1)　事 件 概 要 (279)

　　　(2)　主な争点と裁判所の判断 (280)

　　　　ア．裁判規範としての国際法規 (280)

　　　　イ．双方可罰性 (280)

　　　　ウ．政治犯不引渡しの原則 (281)

　　　(3)　検　討 (283)

　　二　「劉強事件」(284)

　　　(1)　事 件 概 要 (284)

　　　(2)　主な争点と裁判所の判断 (284)

　　　　ア．政治犯罪の認否 (284)

　　　　イ．政治犯不引渡原則に関する韓国国際法学者の捉え方 (286)

　　　　ウ．裁判所の判断 (291)

　　　(3)　「劉強事件」裁判の検討 (291)

　　三　「犯罪人引渡法」第3条（ソウル高裁の専属管轄）に関する
　　　　違憲訴訟 (297)

　　　(1)　訴訟概要および争点 (297)

　　　(2)　法務省の主張 (299)

　　　(3)　憲法裁判所の判断 (299)

　　　(4)　反 対 意 見 (301)

　　　　ア．憲法の国民保護原則 (301)

　　　　イ．比較法的な考察 (302)

　　　　ウ．引渡手続の法的性質：最高裁の解釈について (303)

　　　　エ．不服請求権 (304)

オ．裁判請求権の侵害 (305)

◆ 第四節　その他の国際刑事協力 ……………………………………… 305

一　刑事共助と受刑者移送 (305)

(1)　刑 事 共 助 (305)

(2)　受刑者移送 (306)

二　法務・検察の国際協力の活動 (308)

◆ 第五節　脱北者をめぐる周辺国の国際刑事協力 ……………… 309

一　脱北者の現状 (311)

二　脱北者の法的地位 (312)

(1)　難 　民 (313)

(2)　欧州人権裁判所における送還禁止（non-refoulement）
の原則 (314)

三　脱北者をめぐる周辺国の立場 (315)

(1)　中 　国 (315)

ア．中朝間の国際刑事協力：刑事共助条約および秘密の
引渡協定 (316)

イ．刑法および出入国管理関係法など (319)

ウ．地方政府の規制：「吉林省辺境管理条例」(320)

(2)　ロ シ ア (321)

(3)　日 　本 (323)

(4)　韓 　国 (325)

ア．韓国における北朝鮮の法的地位 (325)

イ．脱北者に対する政策 (328)

◆ 第六節　小 　括 …………………………………………………………… 330

◆ 第五章　省 　察 …………………………………………………………… 335

一　考察の検討 (335)

二　日本国における引渡協力の問題点 (337)

三　中国における引渡協力の問題点 (339)

目　次

　　四　韓国における引渡協力の問題点 (341)

　　五　引渡協力における新たな犯罪類型 (342)

　　　(1)　国際カルテル (342)

　　　(2)　著作権侵害 (346)

　　　(3)　サイバー犯罪 (347)

　　六　日中韓における刑事共助の特徴 (348)

◆ 結　び　本書の提言 ………………………………………… 353

　　一　日中韓における逃亡犯罪人引渡しをめぐる国際刑事協力
　　　　の要点 (354)

　　二　提　言 (358)

―――――――――――――〈付　録〉―――――――――――――

　1.　中国の引渡裁判の決定書 ……………………………………… 365

　　①雲南省高級人民法院引渡決定書および最高人民法院
　　　引渡決定書 (365)

　　②上海市高級人民法院引渡決定書および最高人民法院
　　　引渡決定書 (368)

　　③遼寧省高級人民法院引渡決定書および最高人民法院
　　　引渡決定書 (372)

　2.　韓国の引渡裁判の決定書 ……………………………………… 376

　　・「劉強事件」（ソウル高等裁判所）(376)

　3.　日本国が締結した逃亡犯罪人引渡し，刑事共助及び受刑者
　　　移送に関する条約 …………………………………………… 399

　　①逃亡犯罪人引渡条約 (399)

　　②刑事共助条約 (399)

　　③受刑者移送条約 (399)

目 次

4. 中国が締結した逃亡犯罪人引渡し，刑事共助及び受刑者移送に
  関する条約 ……………………………………………………… 400
    ①逃亡犯罪人引渡条約（400）
    ②刑事共助条約（401）
    ③受刑者移送条約（403）
5. 韓国が締結した逃亡犯罪人引渡し，刑事共助及び受刑者移送に
  関する条約 ……………………………………………………… 404
    ①逃亡犯罪人引渡条約（404）
    ②刑事共助条約（405）
    ③受刑者移送条約（406）

索　引（407）

xvii

東アジア逃亡犯罪人引渡しの法理

◆序　章◆　はじめに

◆ 第一節　研究の課題

一　研究の目的

　日本国，中国および韓国の三箇国間では，投資の促進及び保護に関する協定が既に締結されており（日中韓投資協定，2014年5月17日発効），自由貿易協定（FTA）においても締結の合意のもとで交渉会合が持続的に行われるなど，経済関係の親密化が法的枠組みとして発現されつつある。物品の交易，人の往来，情報の交信などにおいて，三箇国間の依存と必要はますます増大しながら，他方では，犯罪の国際性という現象が顕在化していることも否定できない。現に，日中韓の各国における外国人犯罪，犯罪人の逃亡先，外国人受刑者の場合，他の二箇国が占める割合が高く，これらの犯罪について実効的な規制が行われるためには刑事分野での国際協力が欠かせないことになる。三箇国間の国際刑事協力は，それが刑事管轄権の行使をめぐる事柄という主権の中核をなす性質であること，政治外交および安全保障などの側面で異質の要素が少なくないことなどのため，経済関係の進展のごとく容易に展開されるものではない。それゆえに日中韓における逃亡犯罪人引渡しをめぐる国際刑事協力について体系的かつ深層的な研究が求められるところ，この分野に焦点を当てた研究成果は見当たらず，断片的な紹介などにとどまっているといわざるを得ない。

　本研究は，このような問題意識を踏まえて取り掛かったもので，その目的として次の二つを挙げておきたい。第一に，日本国，中国，韓国において，逃亡犯罪人引渡しをめぐる国際刑事協力の実態を明らかにすることである[1]。各

---

(1)　本稿で用いる「逃亡犯罪人」とは，逃亡犯罪人の引渡しのための国際協力において，

3

序　章　はじめに

国の法制と実行にとどまらず，三箇国間の協力関係についても分析を行うことにより，東アジアにおける逃亡犯罪人引渡しをめぐる国際刑事協力の見取り図が描かれることを想定する[2]。第二は，これらの考察に基づいて，三箇国の相違点と共通点を的確に見出すことにより，逃亡犯罪人引渡しをめぐる国際刑事協力の円滑化および促進のための提言を行うことである。この提言には，既存の協力関係の緊密化に限らず，刑事分野における包括的な三箇国間の法的枠組の形成のための提言が含まれる。日中韓の逃亡犯罪人引渡しをめぐる国際協力について，これまでの研究では次のような特徴が見られる。まず，講学上の研究よりも逃亡犯罪人の引渡協力という実務の需要が先行し，主に，引渡裁判または引渡しの相当性の判断をめぐって国際法上の争点が論じられたことである。次に，日本を取り巻く周辺国の犯罪人引渡制度および引渡協力に関する考察は死角地帯に置かれたまま[3]，この地域において欧州型の法的枠組の創設についてみだりに提言や主張が試みられたことである。

　東アジアの国際刑事協力に関する先行研究では，アジアにおける犯罪規制のための法的枠組の創設などについて主張や提言が行われているが，その主な類型として，「逃亡犯罪人引渡しの促進」論，開発途上国などに対する国際貢献としての「法制度整備支援」論，国際刑事裁判所をめぐる協力の「グローバ

　　請求国から引渡しを求められた者または請求国において捜査開始や訴追等の刑事手続き
　　が行われた者をいう。また，本稿では，逃亡犯罪人引渡しのことを「犯罪人引渡し」ま
　　たは「引渡し」，逃亡犯罪人の引渡しに関する国際協力を「引渡協力」と略して用いる
　　ことがある。また，国号について，基本的に，日本国を日本，中華人民共和国を中国，
　　大韓民国を韓国，その他に朝鮮民主主義人民共和国を北朝鮮，中華民国を台湾などとそ
　　れぞれ表記することがある。
(2)　「東アジア」の地理的な範囲は，国際連合の分類によると，中国，香港及びマカオ，
　　北朝鮮（朝鮮民主主義人民共和国），日本，モンゴル，韓国である。国連ウェブペイジ
　　(http://unstats.un.org/unsd/methods/m49/m49regin.htm#asia.　2014 年 9 月 2 日閲覧)。
(3)　中国の逃亡犯罪人引渡法の紹介として，全理其「中国の逃亡犯罪人引渡法について：
　　付録"中華人民共和国引渡法"翻訳」『大阪学院大学法学研究』29 巻 1 号（2002 年）67-98
　　頁がある。韓国の逃亡犯罪人引渡法の紹介として，森下忠『犯罪人引渡法の研究』（成
　　文堂，2004 年）77-93 頁，また，国際犯罪・テロ・サイバー犯罪等に対する国際刑事協
　　力について，中野目善則編『国際刑事法』（中央大学出版会，2013 年）29-407 頁（第 2
　　章「韓国における国境を越える犯罪への対処」）がある。

4

◆ 第一節　研究の課題

ル・ガバナンス」論，国際刑事協力を一部分とする包括的な「アジア共同体」論，などが挙げられる。これらの研究における主な趣旨は，例えば，「逃亡犯罪人引渡しの促進」論は，逃亡犯罪人引渡しや刑事共助などにおける両者条約について，地域諸国を締約国とする多国間条約としてその法的枠組を拡大しようとし[4]，「東アジア共同体」論の構想は，「普遍的価値の実現とグローバル・ガバナンスの改善に貢献し，ともに平和と繁栄を享受」しようというものなどである[5]。しかし，逃亡犯罪人引渡しをめぐる先行研究には次のような限界があることを指摘しておきたい。①アジア刑事協力に関する国際法規範の創設のためには主要国の制度と実行についての研究が前提とされるが，そのような分析が欠如されている。日本を取巻く，中国，韓国などの各国における犯罪人引渡しなどについて，その国内法，引渡条約，引渡裁判，学説などを体系的に考察したものがない。②欧州で進展されつつある国際刑事協力の法的枠組をアジアにおいて機械的に導入しようとする。欧州では，既存の犯罪人引渡条約の体制から，締約国間の逮捕状を相互承認したうえ執行できるとする「逮捕状枠組決定」の体制への進展があるところ，そのような法的枠組の東アジア国際刑事協力への適用については十分な検討が求められる。③引渡協力をめぐる東アジア国際刑事協力について分析を欠いたままで地域的な法的枠組創設の当為の主張が先行し，その提言と方策において具体性と実効性が問われることである。三箇国間では，刑事分野の協力の他に，経済分野において緊密化が進められその法的枠組が形成されつつあるところ，これらの成果についても注目する必要がある。

二　研究の対象と方法

研究の対象と方法は，日本，中国および韓国の各犯罪人引渡制度について実

---

(4)　森下忠「アジア諸国における犯罪人引渡を促進するための若干の提言」『警察学論集』49 巻 5 号（1996 年）。なお，本稿でいう「刑事共助」とは，逃亡犯罪人引渡しが含まれない「狭義の刑事共助」として，主に捜査当局間の捜査共助および裁判所間の司法共助をいう。

(5)　中村民雄・須網隆夫・臼井陽一郎・佐藤義明編『東アジア共同体憲章案』（昭和堂，2008 年）17 頁。

序　章　はじめに

証的かつ比較法的に分析することである。各国の国内制度には，国内立法，引渡条約，引渡裁判，学説，国家実行などが含まれる。また，研究対象には，逃亡犯罪人引渡しの他に，これらの国における刑事共助，受刑者移送に関する国際協力も含まれる。とりわけ，三箇国の逃亡犯罪人引渡制度の考察においては，引渡しの要件と手続の相違，引渡裁判における争点，引渡協力と国益の関係などをとり上げ，引渡協力の実態について立体的なアプローチを試みる。地域的な対象には，三箇国の他に，香港，マカオ（澳門），台湾（中華民国）および北朝鮮（朝鮮民主主義人民共和国）が含まれる。香港とマカオは，中国の特別行政区として高度の自治権が与えられているが，中国の逃亡犯罪人引渡しめぐる国際協力においてどのように位置づけられるかなどのについて分析が加えられる。台湾は，国際社会の現状からすれば脆弱な地位にとどまるが，独自の国際刑事協力を展開させながら，中国との「両岸関係」でも刑事分野の協力が進められている。また，北朝鮮については，北朝鮮そのものの国際刑事協力ではなく，北朝鮮から脱出した「脱北者」について日中韓などの周辺国がどのように取り組んでいるかを考察するものである。中国が北朝鮮との間で締結した刑事共助条約および国内の出入国管理法令に基づいて取締りの対象と捉えるところ，韓国が自国民として取扱い，日本は個別の事案によって人道的な見地から保護および支援が必要であるものとする。

　研究方法は，日中韓の各国の逃亡犯罪人引渡しを中心とする国際刑事協力の制度について，総合的に分析することである。日本における逃亡犯罪人引渡しをめぐる国際協力は 19 世紀末から始まるが，その間の引渡条約の締結は，米国，ロシア，韓国の三箇国に過ぎず，現在有効なものは米韓両国との二つにとどまる。他方，中韓両国は 1990 年代から引渡条約を締結しながら国内法が整備されるようになり，それ以来それぞれ 30 以上の引渡条約を締結している。このような状況を勘案して，日本については戦前と戦後に分けて分析し，中韓については引渡条約上の規定と国内立法との比較などを含めて分析する。これらの考察に基づいて，東アジアの逃亡犯罪人引渡しをめぐる国際刑事協力の円滑な作用と促進のための提言を行うものである。

◆ 第一節　研究の課題

三　研究の意義

　研究の意義として次の四つを挙げておきたい。第一に，先行研究において死角地帯と残されていた引渡協力をめぐる東アジア国際刑事協力について考察のフォーカスをあてたことである。本研究によって引渡協力をめぐる日中韓の国際刑事協力の実態が浮き彫りになることを期待することができる。第二は，日中韓の国際刑事協力について，各国の特徴と相違点が見出されることにより，地域的な国際刑事規範の創設に向けてその制度的基盤の足がかりをつかむことである。第三は，日中韓の国際刑事協力にとどまらず，台湾の逃亡犯罪人引渡しをめぐる国際刑事協力，北朝鮮から脱出した脱北者に対する周辺国の取組みなどについて分析を加えたことである。とりわけ，脱北者をめぐる周辺国の対応について考察することは，朝鮮半島の有事の場合，脱北なだれ事態に対する日中韓三箇国のと取組みを含め[6]，北朝鮮当局者による反人道犯罪に対する刑事責任の追及と関連して逃亡犯罪人引渡しめぐる日中韓の国際刑事協力のあり方を講ずることができる。第四は，日本の逃亡犯罪人引渡しめぐる国際刑事協力の現状と関連して，中韓がそれぞれ 30 前後の犯罪人引渡条約と刑事共助条約を締結しながら国際協力を展開していることと対比されるところ，その特徴と原因を考察したことである。逃亡犯罪人引渡しをめぐる国際協力のためには引渡しについて条約前置主義を採用する国が少なくないが，条約締結の要件として，相手国の司法体系と刑事手続などの健全性の充足を前提とするか，それとも国家刑罰権行使の徹底という見地からそれらの条件を弾力的に適用すべきかなど，国際刑事協力における刑事政策の基調ともつながるものである。それは，日本国内の刑事政策の基本方針と係りながら，同時に，東アジア国際刑事協力の展望にも大きな意義をもつ。

---

(6)　脱北者事態等に対応するために日本の刑事司法の整備が求められているとの指摘について，座談会「日本法の国際化：国際公法の視点から」『ジュリスト』1232 号（2002年）20-21 頁。座談会では，脱北事態の他に，不審船沈没事件，瀋陽領事館駆込み事件等が言及され，これらと関連して将来に向け日本のイニシアティブの発揮，有事法制の整備等が求められると指摘する。

序　章　はじめに

四　本書の構成

　本書は，本文および付録から成り，巻末資料を除く本文は序章ないし第7章で構成され，そのなかに日中韓の三箇国の逃亡犯罪人引渡しがそれぞれ一つの章をなす。

　序章（はじめに）では，日中韓における逃亡犯罪の現状および各国の国際刑事協力の現状について考察する。三国間または各国における，人的交流および交易関係，逃亡犯罪の実態，引渡条約の締結関係などについて統計資料を提示しながらその実情をとらえる。これらの資料が示すものは，犯罪規制の徹底を図るために締結された引渡条約が存在していても円滑に作用しないこと，三箇国における犯罪人の国外逃亡先としてそれぞれの二箇国がしめる割合が多く，引渡協力の促進が求められていること，などである。第一章（逃亡犯罪人引渡しをめぐる国際刑事協力の法的構造と先行研究）では，犯罪人引渡しを中心として国際刑事協力の法的構造を考察し，先行研究について検討を加える。国際刑事協力の概念は，確立された定義はなく，広義または狭義の刑事共助などと言われ，各国において「逃亡犯罪人引渡し」をはじめとする「国際捜査共助」「受刑者移送」などと類型化したうえ，立法されることが一般的である。国際刑事協力の概念について，欧州における国際刑事協力の条約規定を中心に検討し，犯罪人引渡しについては，その法的性質，基本原則，人権保障との関係，地域条約の体制などについて考察する。また，先行研究については，研究分野を類型化してその傾向と特徴を現出することにより，その現状と限界が示される。

　第二章ないし第五章では，各章において日中韓三箇国の犯罪人引渡制度について考察する。共通事項として，国内立法および引渡条約における引渡しの要件，その手続き，引渡制限事由などを分析し，引渡裁判における争点について検討する。日韓両国は引渡協力に関する法規・裁判・実行などにおいて類似しているが，中国はその憲法秩序からして，両国と中国との間では相違点が少なくないことが浮き彫りにされる。個別事項として，第二章（日本国における逃亡犯罪人引渡し）では，引渡裁判において論争を呼び起こした「政治犯不引渡し」と「引渡犯罪に係る行為の嫌疑の相当性」について，検察側と逃亡犯罪人

8

◆ 第一節　研究の課題

側の各主張および学説等について考察する。戦前の引渡制度と関連して，「逃亡犯罪人引渡条例」，日本が米国およびソ連と締結した各引渡条約について考察する。また，罰金未納によって労役場留置に処せられる逃亡犯罪人について引渡請求が行われた場合の事例を検討する。

　第三章（中国における逃亡犯罪人引渡し）では，中国が，国内立法において「自国民不引渡し」を義務的な引渡拒否事由と定めながら，その対象のなかに香港・マカオのみならず台湾も含まれるとするところ，引渡条約の規定と比較しながら検討する。また，中国政府は，新疆ウィグルとチベットなど少数民族の自治独立の運動とかかわり，これらの活動を反国家テロ行為と位置づけるところ，中国が締結した引渡条約のなかにおいてどのように反映されたかについて明らかにする。国境を接する中央アジア諸国などとの引渡条約において「政治犯不引渡し」に関する規定がないが，それは中国が締結したその他の多くの引渡条約とは対照をなす。

　第四章（韓国における逃亡犯罪人引渡し）では，中国人が靖国神社の柱に火をつけ韓国へ逃亡し，続いてソウルの日本大使館に火炎瓶を投げつけたため逮捕されたところ，日本が韓国に対し身柄の引渡請求をなした「劉強事件」を取り扱う。この事件の引渡裁判では「政治犯不引渡し」が争点となったが，政治犯の認否および不引渡原則の国際慣習法としての判断において，日本の引渡裁判の判示とは相違がある。罰金未納による労役場留置の事案と関連して，日本が韓国の引渡請求により逃亡犯罪人を逮捕したところ，労役場留置が引渡し要件と適合するかについて検討する。

　第五章（省察）では，主に第3章ないし第5章で行われた考察に基づいて，各国の逃亡犯罪人引渡制度において浮き彫りにされた特徴と限界（課題）を要約する。そのうえ，結　び（結論と提言）においては東アジアにおける国際刑事協力の円滑な作用という見地から，今後，日中韓の三箇国が取組むべき実質的で具体的な提言を行う。最後に，付録として，中国および韓国における主な引渡裁判の決定書全文の日本語訳，三箇国がそれぞれ締結した引渡条約，刑事共助条約および受刑者移送条約の締結状況（表）などを添付する。

序　章　はじめに

◆ 第二節　日中韓における逃亡犯罪人引渡しをめぐる国際刑事協力
　　　　　の現状

一　日中韓の国際協力の現状

　人，物資，情報などの移動が世界的な規模で行われるようになったことは既
に久しい。日中韓の三国間においても，一国内の社会現象や自然現象の効果は
自国にとどまらず，様々な形で隣国および国際社会に影響を及ぼしている。日
中韓の三国間では，ときにより政治・軍事上の利害関係が対立す場合もあるが，
経済・文化などの分野を中心に相互依存が拡大される傾向も顕著である。とり
わけ，経済・環境・エネルギーなどの問題については，両者間の協力にとどま
らず，三国間で共同の協議体を設けたり若しくは制度上のメカニズムが形成さ
れることによって事前防止等の対策に取り組んでいる。その代表的な例として，
日中韓首脳会談における合意に基づいて 2010 年 12 月 16 日「三者間協力事務
局の設立協定」が締結されたことである[7]。三国協力事務局（Trilateral Coop-
eration Secretariat）は翌年 9 月からソウルで活動を開始して以来，経済，社会，
科学技術および環境など 18 の閣僚級会議を含む対話メカニズムが進められて
きた。2012 年 5 月 13 日には三国間の投資協定が締結され 2014 年 5 月 17 日発
効となり[8]，貿易・投資の拡大のための経済貿易大臣会合，2015 年末まで妥結

---

(7)　日中韓首脳会談は，1999 年に行われた「東南アジア諸国連合（ASEAN）プラス 3」
　　から始まったが，2008 年から三国独自の首脳会談が行われている。2009 年の首脳会談
　　において，三カ国首脳会議および閣僚会議等の三国間の協議の支援，協力案件の探求及
　　び実施を促進するなどを目的に，「日中韓協力事務局」の設立について合意がなされた。
　　また，日中韓協力事務局には，2014 年 5 月現在，同事務局には 18 の閣僚級会議を含む
　　50 以上の対話メカニズム，100 を越えるプロジェクトがある。なお，設立協定の正式名
　　称は「日本国政府，中華人民共和国政府及び大韓民国政府の間の三者間協力事務局の設
　　立に関する協定」で，事務局長は三箇国の輪番制で行い，2013 年 9 月から日本の岩谷滋
　　雄局長が 2 年の任期を務める。同事務局のウェブペイジを参照（http://jp.tcs-asia.org/
　　dnb/user/userpage.php?lpage = 1_2_1_overview. 2014 年 9 月 16 日閲覧）。
(8)　投資協定の正式の名称は「投資の促進，円滑化及び保護に関する日本国政府，大韓
　　民国政府及び中華人民共和国政府の間の協定」であり，その趣旨は，締約国間の経済関

◆ 第二節　日中韓における逃亡犯罪人引渡しをめぐる国際刑事協力の現状

〈三箇国間の旅行者の数（2011 年現在，単位：名）〉

日本 - 中国		日本 - 韓国		中 - 韓	
日本から	3,658,200	日本から	3,289,051	中国から	2,220,196
中国から	1,043,245	韓国から	1,658,067	韓国から	4,185,400

〈三箇国に居住する他の二箇国の国民の数（2010 年現在，単位：名）〉

日本		中国		韓国	
中国	韓国	日本	韓国	日本	中国
687,156	565,989	66,159	120,750	48,905	608,881

（注）　1. 韓国内の二箇国の国民は留学生及び短期居住者を含む。
　　　　2. 韓国内の中国人は韓国系中国人（中国朝鮮族）を含む。

〈三箇国の貿易規模における他の二箇国の割合（2011 年現在，単位：百万米ドル）〉

日本 1,673,863		中国 3,642,058		韓国 1,079,607	
中国	韓国	日本	韓国	日本	中国
344,954 (20.6%)	105,565 (6.3%)	342,888 (9.4%)	245,633 (6.7%)	108,000 (10.0%)	220,617 (20.4%)

を図ろうとする三国間 FTA の交渉，経済団体間のビジネスサミットなどが行われている。三箇国間の人的交流，交易などに関する統計資料は下記表のとおりである（出所はいずれも「日中韓三国協力事務局」の統計資料[9]）。

二　日中韓の逃亡犯罪人引渡しをめぐる国際協力

(1)　国外逃亡犯罪の現状

日本における逃亡犯罪人の実態について具体的な統計を見ると，2003 年末

　　係の強化のための投資の促進にあたって，投資のための安定・良好かつ透明な条件造り，投資の相互の促進・円滑化及び保護並びに投資の漸進的な自由化等をめざすところにある（協定前文）。

(9)　三国協力事務局のウェブペイジ（三国統計）参照（http://jp.tcs-asia.org/dnb/user/userpage.php?lpage＝3_6_2_contents．2014 年 5 月 25 日閲覧）。

序　章　はじめに

〈国外逃亡被疑者等の人員の推移〉

年次 （平成）	総　　数	日本人	外国人
10	381	93	288
15	703	146	557
20	775	142	633
21	845	162	683
22	879	174	705
23	847	170	677
24	818	164	654

（注）　1.　警察庁刑事局の資料による。
　　　　2.　人員は各年 12 月 31 日現在のものである。
　　　　3.　「外国人」は無国籍・国籍不明の者を含む。

〈国籍別・外国人の国外逃亡被疑者等（平成 24 年 12 月 31 日現在）〉

地域・国籍等	人　員	（％）
総　　数	654	（100.0）
アジア	476	（72.8）
中　国	270	（41.3）
台　湾	14	（2.1）
香港等	12	（1.8）
イラン	18	（2.8）
韓国・朝鮮	75	（11.5）
フィリピン	15	（2.3）
タイ	11	（1.7）
その他	61	（9.3）
ヨーロッパ	18	（2.8）
南北アメリカ	137	（20.9）
アフリカ・オセアニア	22	（3.4）
無国籍・国籍不明	1	（0.2）

で 703 人（うち外国人が 557 人）であったが，2012 年末には 818 人（うち外国人
654 人）と捉えられている。とりわけ，2012 年末現在，654 人の外国人の逃亡
犯罪人の国籍について見ると，中国（香港・マカオおよび台湾を含む．）296 人，
韓国（朝鮮を含む．）75 人で，合計 371 人で外国人全体の 56.7% を占めている。
また，2012 年末現在における国外逃亡犯罪人の主な逃亡先は，中国（台湾，香

◆ 第二節　日中韓における逃亡犯罪人引渡しをめぐる国際刑事協力の現状

〈罪種別・国外逃亡犯罪人〉(平成 24 年 12 月 31 日現在)〉

罪　　種	総数	外国人	日本人
総　　数	818　(100.0)	654　(100.0)	164　(100.0)
刑法犯	659　(80.6)	540　(82.6)	119　(72.6)
凶悪犯	253　(30.9)	218　(33.3)	35　(21.3)
粗暴犯	32　(3.9)	21　(3.2)	11　(6.7)
窃盗	189　(23.1)	173　(26.5)	16　(9.8)
知能犯	124　(15.2)	76　(11.6)	48　(29.3)
その他	61　(7.5)	52　(8.0)	9　(5.5)
特別法犯	159　(19.4)	114　(17.4)	45　(27.4)
薬物事犯	58　(7.1)	34　(5.2)	24　(14.6)
入管法	46　(5.6)	44　(6.7)	2　(1.2)
その他	55　(6.7)	36　(5.5)	19　(11.6)

港およびマカオを除く.）210 人，ブラジル 80 人，韓国およびフィリピンがそれ
ぞれ 53 人の順で捉えられる(10)。さらに，それら犯罪の罪種は，凶悪犯が 253
人で多数をしめながら，知能犯，窃盗，薬物事犯などにわたっている。従って，
日中韓における犯罪人引渡しなどの国際刑事協力の実効的な進展が求められて
いると思われる。日本における国外逃亡犯罪人などの現状を表す統計は下記表
のとおりである（出所はいずれも『平成 25 年版犯罪白書』）。

　中国において，収賄等の腐敗犯罪者の国外逃亡が本格的に始まったのは
1980 年代後半といわれる。2008 年から 2014 年 7 月現在まで，730 名以上の腐
敗犯罪に係わる逃亡犯罪者が，54 以上の国家と地域から中国へ引渡し及び
送還され，逮捕された。また，最高人民検察院によると(11)，2013 年には 762
名の収賄関係犯罪者が国内に連れ戻され，合計 100 億元以上の金額が没収され
たという(12)。国務院公安部の経済犯罪捜査局によると，これら逃亡犯罪人に

───────────
(10)　『平成 25 年版犯罪白書』第 7 編第 4 章第 2 節 3。

(11)　中国では，検察庁のことを「人民検察院」，裁判所のことを「人民法院」というと
　　　ころ，本稿では「人民」を省略して検察院または法院と表記することがある。

(12)　中国英字紙「China Daily」2014 年 7 月 24 日付け報道記事（http://www.chinadaily.

序　章　はじめに

〈引渡し及び引取りの件数〉

年　次 （平成）	外国から引渡しを 受けた逃亡犯罪人				外国に引渡した 逃亡犯罪人	
	検察庁の依頼		警察の依頼			
		条約締約国		条約締約国		条約締約国
15 年	-	-	2	2	-	-
16	-	-	1	1	-	-
17	-	-	2	2	3	3
18	-	-	-	-	1	1
19	-	-	5	4	2	1
20	-	-	5	5	2	2
21	-	-	3	2	-	-
22	2	2	1	-	-	-
23	-	-	1	1	1	1
24	-	-	-	-	1	1

（注）　法務省刑事局及び警察庁刑事局の資料による。

よる資金の海外流出にいより，中国に莫大な経済的損失を与えているといわれる。

　韓国の犯罪白書（2014 年版）[13]によれば，2012 年現在，国外逃亡犯罪人の数は 539 名，主な逃亡先は，米国 81，中国 51，フィリピン 44，日本 26，などの順になっている。引渡請求について，2012 年の 1 年間，外国からの請求が 7 件，外国へ向けての請求が 18 件となっている。また，刑事共共助は，2012 年の 1 年間，外国からの請求が 113 件，外国へ向けての請求が 103 件となる。

(2)　逃亡犯罪人引渡しをめぐる国際刑事協力の現状

　三国間の国際刑事協力に関する条約締結は，刑事共助条約はそれぞれ締結されトライアングルをなしてているが，犯罪人引渡および受刑者移送では日中両国の間で条約締結がない。また，国際刑事協力について三箇国の各国が締結した条約の場合，日本の条約締結の件数に比べ，中韓両国の件数が桁違いで多くなっているのが特徴である。日本と韓国が，受刑者移送について，二箇国間条

---

com.cn/china/2014-07/24/content_17917829.htm.　2014 年 8 月 3 日閲覧）。

(13)　韓国法務省（法務研修所）2014 年 3 月発刊，第 6 節「国際刑事司法共助」151-168 頁。

◆ 第二節　日中韓における逃亡犯罪人引渡しをめぐる国際刑事協力の現状

〈日中韓３箇国間の國際刑事協力に関する条約締結の状況(2014 年 10 月 31 日現在)〉

区分	日本 - 中国	日本 - 韓国	中国 - 韓国
犯罪人引渡条約	×	○	○
刑事共助条約	○	○	○
受刑者移送条約	×	○ 「CE 条約」	○

〈日中韓各国における國際刑事協力に関する条約締結の件数(2013 年 12 月 31 日現在)〉

区分	日本	中国	韓国
犯罪人引渡条約	2	35	32
刑事共助条約	6	50	29
受刑者移送条約	3	9	8

(注)　1. 韓国の犯罪人引渡条約には欧州犯罪人引渡条約が含まれる。
　　　 2. 日本・韓国の刑事共助条約には欧州刑事共助条約が含まれる。
　　　 3. 中国の刑事共助条約には「民事及び刑事共助条約」等が含まれる。
　　　 4. 日本・韓国の受刑者移送条約には「CE 条約」が含まれる。

約ではなく欧州評議会加盟国が中心となった「CE 条約」の加入をつうじて移送協力を行っており，刑事共助については欧州刑事共助条約にそれぞれ加入している。韓国の場合，欧州犯罪人引渡条約にも加入済みである。中国は，日本と韓国の他に，北朝鮮との間で「民事および刑事共助条約」(2003 年 11 月 19 日署名) が締結されており，犯罪人引渡しについて脱北者の取締りを目当てにした秘密合意がなされている。また，中国は，台湾との間でにおいて，「金門協議」(1990 年 9 月 12 日署名) および「両岸共助協議」(2009 年 4 月 26 日署名) 等をつうじて，犯罪人引渡しなどの刑事協力を行っている。三箇国の各条約締結の現況は下記表のとおりである。

　日中韓における逃亡犯罪人引渡しをめぐる国際刑事協力の特徴として次の二つが挙げられる。
　第一に，引渡請求に係る犯罪の新たな様相についてどのように取り組むかである。引渡協力の単純な仕組みは，ある国で罪を犯した者がその国を離れて外国へ逃亡したことにより，犯罪地国と逃亡先国との間で身柄引渡しをめぐって行われる国際協力である。しかし，「劉強事件」では，中国人が日本で罪を犯

序章　はじめに

し韓国へ逃亡したため，日本が韓国に対して身柄引渡しを請求したところ，引渡裁判では引渡制限事由としての政治犯罪と認められるか否かが争点となった。日本から引渡しを求められた犯罪は，2011年12月26日の深夜，中国籍である劉強が靖国神社神門の中央門の南側の柱にガソリンのような液体をふりまいて火をつけたというものである。日本は日韓引渡条約に基づいて身柄引渡しを請求し（2012年5月21日），中国はその行為が政治犯罪であると主張しながら中国への出国措置を求めた。引渡裁判では，靖国神社放火およびその後の一連の行為が日本の従軍慰安婦政策に対する政治的な抗議であるなどを理由に，引渡条約上の引渡制限事由である政治犯罪に該当するため，引渡不可の決定をなした（2013年1月3日）。すなわち，政治犯罪の定義，不引渡原則の国際法規として適用関係などについて，三箇国の捉え方に相当の齟齬が見受けられるところ，三箇国間の国際刑事協力がこれらの様相とどのように向き合っていくかが問われている。

　第二は，日中韓における引渡協力等の国際刑事協力をめぐる条約締結の偏差である。三箇国間では刑事共助について各両者条約が結ばれているが，日中間では，逃亡犯罪人引渡しおよび受刑者移送の各条約が締結されておらず，日韓および中韓の各条約体制と対比される。日中の各引渡法上，引渡協力について条約前置主義を採用せず，条約に基づかない場合でも相互主義の保証が得られることを条件に引渡しを行うことができると定める。但し，引渡条約に基づかない場合，引渡しの要件と手続における各国の国内法規定に相違が少なくなく，条約上の引渡しの義務がないことなどに照らしてみると，引渡協力の円滑な作用を期待することは困難となり，国際礼譲上の協力にとどまることになる。また，受刑者移送の国際協力は，日韓両国がともに条約前置主義を採っているため，日中間の移送協力が行われるためには条約締結が前提となる。

　第三は，日中韓の国際刑事協力における北朝鮮と台湾の位置づけである[14]。中国が「一つの中国」という外交政策を打ち出して以来，台湾は国際社会にお

---

(14)　東北アジアが国際組織化の「空白」として残された理由の一つして冷戦による朝鮮半島と中国の分断が挙げられる。城山英明「東アジアにおける国際規範実現の組織的基盤：国家間関係を基礎とする漸進的方式の意義と課題」『東亜の構想』（筑摩書房，2000年）242頁。

◆ 第二節　日中韓における逃亡犯罪人引渡しをめぐる国際刑事協力の現状

いて孤立されるようになったが，他方で，韓国は，北朝鮮と同時に国際連合の会員国として1991年に加入し，翌年には中国との間で外交関係を樹立した。日本が北朝鮮との間で外交関係が存在せず，韓国は北朝鮮との間で緊張関係が続いているなかで，中国は北朝鮮との間で外交関係および刑事共助条約等を締結している。中国の東北三省（吉林省・遼寧省・黒龍江省）には北朝鮮からの脱北者として10万人以上が散在しているともいわれ，台湾と関連しては，中国が国際刑事協力の枠組のなかで台湾人を自国民扱いするところである。これらの問題について国際刑事協力の観点から考察することは，既存の協力体制の円滑化を図るとともに，将来的に当地域における刑事分野の法的枠組を形成するうえで欠かせないものと解される。

◆ **第一章** ◆ **逃亡犯罪人引渡しをめぐる国際刑事協力の法的
構造と先行研究**

◆ 第一節　逃亡犯罪人引渡しをめぐる法的枠組

一　「逃げ得」と国際刑事協力の抜け穴

　グローバル化は，その順機能として交流と交易の当事者に利益と便宜をもたらすが，同時にその逆機能として犯罪の国際化をもたらすことも避けられない。「法なければ犯罪なし」といわれるところ，一国での犯罪が他国では犯罪とならないとか若しくは犯罪行為について処罰の軽重に格差があることなどのように，国家間の刑罰法の間で相違があるため「逃げ得」が生じることが少なくない。グローバル化に伴う犯罪の特性について，平成 25 年版『犯罪白書』では，「犯行場所，犯罪者や被害者などの国籍や所在地，犯行手段におけるサイバースペースの利用等，犯罪収益の移動等の様々な面で国際的な要素が帯びることが多くなり，犯罪者の特定，検挙や証拠収集などの刑事手続の場面で対処すべき課題となっている。」という[15]。すなわち，国内犯の国外逃亡若しくは国外犯の国内潜入などにより，逃亡犯罪人の所在地の特定のみならず証拠の収集などの捜査活動において多様な支障が生じ，身柄の検挙をはじめ訴追等の刑事手続が全うされないことが指摘されている。とりわけ，自国民不引渡しが憲法で定められたり（ブラジルなど）[16]，若しくはその他の法律において定められた

---

(15)　『平成 25 年版犯罪白書』第 7 編第 2 章第 2 節「グローバル化に伴う犯罪の動向」。

(16)　例えば，1999 年 7 月 26 日に静岡県浜松市で起きたひき逃げによる死亡事件の場合，その犯人であるブラジル人が自国に逃亡した事案について，ブラジル憲法が自国民不引渡しを定めるところ，日本政府はブラジル刑法上の国外犯規定による処罰を求めた。これに対し，サンパウロ州検察当局は 2007 年 1 月に過失致死罪などで同人を起訴し，第一審および控訴審で禁固 4 年が言い渡され，検察と被告人が上告せず，2009 年 9 月に刑

第一章　逃亡犯罪人引渡しをめぐる国際刑事協力の法的構造と先行研究

場合（中国の逃亡犯罪人引渡法など）において，国外犯がこれらの自国に逃亡したとき，犯罪地国としてはその犯罪人を処罰することが現実的に困難になる。その他に，各国の犯罪組織が国際的な連携を組み，薬物や拳銃の密売，資金洗浄，人身売買などを行ったり，若しくは自国の出稼ぎ労働者が群がる地域の利害関係をめぐって犯罪組織間の縄張り抗争が起きることもまれではない。

　犯罪人側から見ると，例えば，死刑に処せられるべき極悪の罪を犯した後，死刑制度が廃止された外国へ逃亡した場合，身柄引渡しを求められた国がその請求国に対して死刑不執行の保証が得られなければ引き渡さないという法的枠組の下では，その犯罪人は引き渡されないか若しくは引き渡されたとしても死刑の宣告や執行から免れることになる。また，憲法や引渡法において自国民を引渡さないと定めるときは，当事国間で刑事訴追の移管に関する条約がなく，自国民の国外犯の処罰が徹底されない限り，その犯罪人は処罰を受けないか若しくは犯罪に比べて軽い刑罰を受けるに過ぎない。さらに，外国の受刑生活の環境（労役収入や規律等の状況）若しくは仮釈放や赦免制度の緩やかさに着目し，あえて処罰されることを覚悟してでも国外犯罪を図ったり，国際刑事協力の齟齬に乗じて，共犯を分担させることなどにより犯罪の全貌を隠蔽することができる。

　犯罪人の国外逃亡がセイフ・ヘイブン（safe haven）をもたらすということは犯罪規制の国際協力に抜け穴（loophole）が存在するということであり[17]，その要因として次の四つが挙げられる。第一に，逃亡犯罪人引渡しをめぐる国際協力の法的枠組の欠如である。例えば，日中韓では，刑事共助について両者条約がそれぞれ締結されトライアングルを形成しているが，逃亡犯罪人引渡し

　が確定された。サンパウロ州で発行される「ニッケイ新聞」2009 年 9 月 3 日付け報道記事（http://www.nikkeyshimbun.com.br/090903-73colonia.html. 2014 年 9 月 25 日閲覧）。

[17]　セイフ・ヘイブンの対策として，刑事司法体系の脆弱な国に対する法整備支援（キャパシティ・ビルディング），「引渡すか訴追するか」の選択，普遍的管轄権等がとられる。その反面，国際人権法の向上，人権・難民条約等に基づくノン・ルーフルマン（non-refoulement），犯罪人引渡しにおける司法不審査の原則（rule of non-inquiry）の見直し等によって，引渡協力のハードルは高くなりつつあるとの指摘がある。尾崎久仁子「人権侵害行為に対する国家の刑罰権の行使とその範囲について」『国際法外交雑誌』102 巻 1 号（2003 年）41-45 頁。

◆ 第一節　逃亡犯罪人引渡しをめぐる法的枠組

及び受刑者移送については日中の両国間で条約締結がない。第二は、引渡条約などが締結されたとしても、国内法規定および引渡裁判などにおいて、締約国間で大きな相違があるとすれば条約上の引渡協力が円滑に作用できない。国内法において自国民であることを義務的な引渡拒否事由と定めたり、引渡裁判において政治犯罪の定義や政治犯不引渡しの国際法性の評価などについて相反することである。第三は、引渡請求から引渡協力が得られるまでには、相当の行政力と長期間を要するなどのコストがかかるため、引渡請求そのものが積極的になされないことがある。引渡請求が外交経路をつうじて行われ、逃亡犯罪人の所在の特定や引渡請求に係る資料の翻訳および相手国の司法体系の検討等のような事前措置が少なくない。第四は、これら問題の解決のためには、一国内では完結できず、域内の当事国が共同で取り組まなければならないところ、その進展が滞っていることである[18]。逃亡犯罪人について国家刑罰権の行使を徹底するためには、犯罪地国と逃亡先国との間で刑事管轄権の調整と集中が求められ、同時に引渡条約および国内法上の引渡制限事由の規定とその適用について実効力を向上させるための交渉が欠かせない。

　犯罪人の国外逃亡の阻止および逃亡犯罪人の処罰において抜け穴を防ぐための理想的な法的枠組は、「世界犯罪人引渡協約をつくり、その適用を世界国際刑事裁判所にゆだねることが考えられるべき」である[19]。逃亡犯罪人引渡しをめぐる国際刑事協力において世界的な規模での法的枠組の創設が謳われる理由は、規制の網が世界を張り巡らせることにより、もはや逃げ得が望めないからである。但し、「国連犯罪人引渡モデル条約」が制定されたが（1990年12月14日総会決議）、現実的な法規範として引渡しの国際協力が功を奏しているの

---

(18)　衆議院法務委員会によると、1999年から2007年までの間に日本で罪を犯し国外逃亡した者について、相手国が日本の警察当局による証拠などの提供に基づいて自国の国外犯処罰規定を適用した事例は30件46名である（第168回国会衆議院法務委員会議録第5号［2007年12月7日］4頁・警察庁刑事局組織犯罪対策本部長答弁）。なお、同法務委員会において、日本が外国から国外犯処罰の適用を求められた事例についての質問に対して、外務省領事局長からは関連データを持っていないとの答弁があった。

(19)　「犯罪人引渡しの現実問題」を採りあげた第10回国際刑法学会（1969年、ローマ）、団藤重光「ローマにおける第10回国際刑法会議に出席して(4)」『ジュリスト』443号（1970年）97頁。

第一章　逃亡犯罪人引渡しをめぐる国際刑事協力の法的構造と先行研究

は，両者条約若しくは一定の地域的・政治的な連結を有する多国間条約の体制にとどまる。国際刑事協力の発展段階として，二国間条約から多国間条約への進展が見られ，一定地域の多国間条約は域内の同質性または共同の目的に基づいて創設される。例えば，第一章でとり上げるように，欧州，米州，北欧，アラブ，英連邦などにおける多国間の引渡条約である。これら引渡協力の法的枠組では，引渡しのための伝統的な条件となっていた，領域主義，相互主義，政治犯および自国民の不引渡しなどの諸原則が緩和されるなど，引渡制限事由が縮小または引渡手続が迅速に行われるなどの進展がある。

二　逃亡犯罪人引渡しの概要

逃亡犯罪人引渡し（extradition）とは，刑事に関する手続が行われた者が国外逃亡した場合において[20]，刑事手続を行った国が逃亡先の国に対してその身柄引渡しを請求し，被請求国がその請求に基づいて身柄を請求国に送還することをいい，「広義の刑事共助」といわれる[21]。逃亡犯罪人引渡しの最も単純な形は，一国で罪を犯した者が外国に逃亡したことにより，両国間で身柄引渡をめぐって行われる刑事協力の手続である。このような犯罪は，犯人（共犯）の国外逃亡または証拠（証人）の国外散在，若しくは犯行の場所，犯人の国籍，証拠の所在など外国とかかわるもので，いわゆる「域外犯罪」または「越境犯罪」（transnational crime, cross-border crime）である。このような犯罪の構成要件は内国刑法に定められることから，被請求国は，逃亡犯罪人に対する自国の刑事管轄権の有無を検討したうえ，明らかに引き渡すことができないなどの事情がないと認めた場合，国内法上の手続をへて身柄を引き渡すことにより請求国の刑罰権行使の規律に協力することになる。他方，引渡条約上の引渡制限事由の認否に関する判断は，一般に，被請求国の裁判所によってなされることと定められ，引渡しの相当性は被請求国の裁量に留保される。

---

(20) 「逃亡犯罪人引渡法」上の「刑事に関する手続」とは，引渡しを求められた犯罪人が，捜査段階にある被疑者，訴追済みの被告人，または裁判が確定しその執行が終了していない者（いわゆる「遁刑者」）を含む。藤永幸治＝河上和雄＝中山善房編『大コンメンタール刑事訴訟法（第八巻）』青林書院（1999 年）257 頁。

(21) 山本草二『国際法（新版）』（有斐閣，2004 年）562 頁。

◆ 第一節　逃亡犯罪人引渡しをめぐる法的枠組

　引渡しの実施にあたっては，両国間または多国間の条約に基づいて行われこ
とが通例ではあるが，相互主義の保証を条件とするなどの国際礼譲（comitasu
gentium, comity）によって行われることもある[22]。引渡しにおいて引渡条約が
存在する場合には締約国間で双方の権利義務関係がその条約の規定に収斂され
るが，条約に基づかない場合には相互主義の保証を条件とすることが通例であ
るところ，それは法的に厳格な条件というより「政治的な指針」にとどまる場
合が多いといわれる[23]。とりわけ，引渡条約が存在せず，国内法上の相互主
義を条件として引渡協力が行われる場合，相手国の請求に政治的に対処できる
「裁量的な引渡し」となりうる。その反面，かつての請求国が，後になって国
内法令の改廃などによって引渡しの要件などが変更されたため，当時の被請求
国に相互主義の保証が実行されないことも生じうる。その意味で，国内法上の
相互主義に基づいて行われる引渡しは，引渡条約上の「義務的な引渡し」に代
替する機能を果たすものではないと解される。国際礼譲が便宜や儀礼上の性質
をもつものであることから，引渡しを求められた者が請求国の国民若しくは第
三国の国民であることが多く，被請求国が自国民を引渡すことは殆どない。逃
亡犯罪人引渡しは，歴史的に，友好関係をもつ一国が相手国に対して自発的に
逃亡者を引き渡す（rendition, 若しくは移送）ことから由来したもので，「広義
の引渡し」の一種であり公式の引渡手続であった[24]。引渡協力において条約

---

(22)　国際礼譲とは，国際社会において儀礼的，便宜的または恩恵的考慮につき一般的に
　　遵守される国際社会規範の一種である。従って，その不遵守は国際違法行為を構成せず，
　　国家責任の問題では生じないが，それが相手国に不快の念を生じさせ，不遵守国に政治
　　的または経済的な不利益をもたらすことはありうる。国際司法裁判所は国際礼譲につい
　　て「儀式及び儀典の分野ではほぼ不変的に行われながら法的意識ではなく，単に儀礼，
　　便宜又は伝統の考慮によって動機づけられるに過ぎない多くの行為がある」とする（北
　　海大陸棚事件 1969 年 2 月 20 日判決）。国際法学会編『国際関係法辞典（第 2 版）』三省
　　堂（2005 年）325 頁。

(23)　山本草二『国際刑事法』（三省堂，1991 年）213-214 頁の注(14)。

(24)　M.Cherif Bassiouni, *International Extradition : United States Law and Practice*, 4ed,
　　（Oceana Publications, 2002, p. 30. 逃亡犯罪人引渡しは，歴史的に，宗教異端者，脱走
　　兵および政治犯罪人などを対象に行われていた。島田征夫「逃亡犯罪人引渡思想の系
　　譜」島田征夫=古谷修一編『国際法の新展開と課題（林司宣先生古稀祝賀）』（信山社，
　　2009 年）71 頁。

第一章　逃亡犯罪人引渡しをめぐる国際刑事協力の法的構造と先行研究

が締結される目的として次の五つが挙げられる[25]。①締約国は，原則として，逃亡犯罪人の訴追・処罰については属地的管轄の優位を認めることにより，犯罪実行地の裁判所の刑事管轄権に犯罪人を引き渡すことについて義務関係を定める。②犯罪処罰の徹底に取り組むことは正義の発展に資することであり，また，逃亡犯罪人を放置することは自国が犯罪人の避難所（safe haven）として悪用されることになるためそれを防止することである。③引渡条約が存在しない場合，引渡しの要件および制限事由について法的根拠がないことから，引渡しの拒否をめぐり当事国間で国際的な緊張関係が惹き起こされるような事態を防止するためである。④英米法系の諸国のように，引渡協力が行われるためには，引渡条約の存在を前提とする条約前置主義がとられる[26]。⑤行政機関の判断として逃亡犯罪人をみだりに強制退去また追放することがあるため，条約締結により人権保障の確保が図られる。逃亡犯罪人引渡しが引渡条約に基づいて若しくは国際礼譲で行われる場合，伝統的には，引渡しの基本的な要件として双方可罰性および特定性の原則などが求められ，引渡制限事由として政治犯不引渡しの原則などが適用されてきた。

　かつて米国とソ連を各軸とする東西冷戦が崩れ，世界的な規模でのイデオロギー体制の対立が弱化されたとはいえ，東アジアには相変わらず冷戦の影がきえず，朝鮮半島では南北間の休戦状態が続き，中国と台湾が各憲法において相手の地域を自国の領土と規定する。また，日中韓の三角関係では，歴史問題や領土問題が浮上するたびに刑事分野での国際協力に亀裂が生じたり，本来，政治犯罪と認められるべきでないものが政治犯罪化することが惹き起こされるこ

---

(25)　山本草二「犯罪人引渡制度における政治性の変質」『東北大学法学』49 巻 3 号（1985 年）364-368 頁。同書では，学説として，条約ではなく相互主義の保証によって引渡協力を行おうとすることは，被請求国の条約上の義務にかえて特別の合意に基づくものであるから，引渡協力の促進という趣旨に反するので，各国は条約に基づいて国際協力を促進することが望ましい，との主張が記されている。

(26)　米国引渡法　18 U.S.C. Chapter 209 (extradition) ∮ 3181 (a). 引渡しについて「条約前置主義」が採られる理由として，①適法手続の保障，②相手国の刑事訴訟手続に対する危惧から条約で最低限の条件を確保，③引渡協力に関する国内法を欠く場合，引渡しにおいて行政機関による権限の濫用がありうることからそれを防止する必要があること，などが挙げられる。山本草二『国際刑事法』（三省堂，1991 年）201 頁。

◆ 第一節　逃亡犯罪人引渡しをめぐる法的枠組

ともありうる。すなわち，逃亡犯罪の政治性がますます多元的に捉えられることにより，逃亡犯罪人引渡しをめぐる国際刑事協力において，引渡制限事由の内包が広がる傾向がうかがわれる。前述の「劉強事件」のように，逃亡犯罪が日中韓の歴史問題とかかわる場合，政治犯不引渡原則の解釈と適用関係をめぐり，各国の捉え方には相当の相違があるものと受け止められる。

　もっとも，欧州の場合，逃亡犯罪人引渡しを始めとする各分野の国際刑事協力が積み重なったところ，2001年におきた同時多発テロの事態をきっかけに，逃亡犯罪人引渡しをめぐる国際協力の体制にも大きな変化が見られるようになった。すなわち，逃亡犯罪人引渡条約に替わる「欧州逮捕状枠組決定」(27)である。この枠組決定でいう「逮捕状」とは，「刑事訴追を行い又は自由刑若しくは自由剥奪を伴う保安処分を執行する目的で，一加盟国が他の加盟国の被請求者の逮捕及び引渡しを求めるために発付する司法的決定」をいう（第1条第1項）。引渡協力をめぐるこのような変化の背景には，国際テロ行為などの重大な国際犯罪の事前防止および処罰の実効力と即応力を高めるため，伝統的に適用されていた引渡要件と引渡制限事由などの改変が求められたからである。例えば，枠組決定では，一定の犯罪について，双方可罰性の原則を排除すると定めたり（第2条第2項），引渡制限事由の緩和若しくはその適用が抑制される。また，欧州地域の共同体としての親密化に伴い，普通犯罪の引渡しについても，引渡手続にかかる労力とコストを軽減させることをつうじて，域内の秩序と安全を確保するうえで一層容易な警察作用が必要となったからである。EU条約で定められた警察及び刑事司法協力の目的は「加盟国間における共同行動を発展させることにより，また，人種的偏見や外国人排斥を防止し，撲滅することによって，自由・安全・司法領域内における高水準の安全を市民に提供する」ことにあるとして（第29条），逮捕状枠組決定がEUにおける警察及び刑事司

---

(27)　欧州逮捕状枠組決定（Council Framework Decision of 13 June 2002 on the European arrest warrant and the surrender procedures between Member States (2002/584/JHA)）。逮捕状枠組決定に関する最近の研究成果として次を参照。北村泰三「ヨーロッパ諸国間における犯罪引渡法制の現代的変容(1)」：効率性と人権原則との調和・両立を目指して」『中央ロー・ジャーナル』9巻4号（2013年），「同(2)」第10巻1号（2013年），「同(3・完)」第10巻4号（2014年）。

第一章　逃亡犯罪人引渡しをめぐる国際刑事協力の法的構造と先行研究

法協力の成果であることを示している。逮捕状枠組決定は欧州連合によって2002年に採択され，2004年から実施されたが，その要旨は引渡協力における迅速化と簡易化が図るものであった。すなわち，逃亡犯罪人に対する訴追及び刑の執行のための逮捕状が締約国間で相互に執行され，一定の犯罪については，双罰性と特定性の要件が排除されたり，政治犯と自国民であることについて引渡制限の適用が抑制される。さらに，国際協力の手続においても，外交経路や中央当局を経由せず，捜査当局間で直接の連絡が可能となり，効率が向上されるようになった。

　欧州逮捕状枠組決定でいう相互承認（mutual recognition）とは，本来，欧州域内の貿易における物品の自由移動の原則と関連して，EU理事会によって1999年に「相互承認の原則」が採択されたことから刑事分野の国際協力でも活用されたものである[28]。欧州において，域内諸国の同質性に根付いて地域の安全保障などの見地（「欧州連合条約」前文）から国際刑事協力にも採り入れられ，「欧州連合内の刑事事件における国際協力は，判決及び裁判所の決定の相互承認の原則に基づいて……」行われるようになった（「EU運営条約」第82条第1項）。すなわち，逃亡犯罪人引渡しをめぐる国際協力は，下記表が示すように，旧来の主権国家システムとしての互恵的・裁量的な性質から，共同体の一員としての義務的な履行が強く求められることが法的枠組として具現されたのである[29]。但し，「相互承認」の実施については，各加盟国の憲法秩序を

---

(28)　相互承認とは，貿易障壁と関連して，「一加盟国において適法に生産され，売買されている限り，当該生産品が他の加盟国においても輸入を認められるべきである」という考え方から出発する。庄司克宏「"自由・安全・司法領域"とEU市民：欧州逮捕状と相互承認原則」田中俊郎・庄司克宏『EUと市民』（慶応大学出版会，2005年）145頁。国際刑事協力における相互承認のモデルとなったのは，域内の商品サービスの自由な流通における相互承認，および裁判管轄をめぐる民商事件に関する相互承認であった。末道康之「ヨーロッパ刑事法の現状：刑事実体法の調和の動向(2)・完」『南山法学』28巻2号（2004年）43頁。

(29)　EU条約における法的枠組は，立法構造や規範力などによって，「規則」「指令」「枠組決定」等に分けられる。EU条約の主な構成は，第一の柱「EC」（第2編），第二の柱「共通安全保障政策」（第5編）および第三の柱「警察及び刑事司法協力」からなる。各柱の立法構造及び実施においては相違があり，第三柱による「枠組決定」の場合，加盟

◆ 第一節　逃亡犯罪人引渡しをめぐる法的枠組

〈欧州における国際刑事協力と統合の関係〉

欧州の主な国際刑事協力	欧州統合の変遷
・逃亡犯罪人引渡条約(1957 年締結，1960 年発効) ・刑事共助条約(1959 年締結，1962 年発効) ・刑事訴追移管条約(1972 年締結，1978 年発効) ・受刑者移送条約(1983 年締結，1985 年発効) ・加盟国間の逃亡犯罪人引渡条約(1996 年締結) ・加盟国間の刑事共助条約(2000 年締結，2005 年発効) ・逮捕状及び移送の枠組決定(EU，2002 年採択)	・欧州評議会(CE)1949 年設置 ・欧州石炭鉄鋼共同体(ECSC)1952 年設立 ・欧州経済共同体(EEC)1958 年発足 ・欧州原子力共同体(EURATOM)1958 年設立 ・欧州共同体(EC)1967 年発足 ・欧州連合(EU)1993 年発足 ・欧州憲法条約　2009 年発効

はじめとするその他刑事司法の仕組みとの間で不具合が解消されないうちに，逮捕状法的枠組が先行されたことは拙速であるとの批判もある[30]。

三　逃亡犯罪人引渡しの法的性質

逃亡犯罪人引渡しは，本来，逃亡犯罪人に対する実効的な処罰を確保するた

国に対する法的効果は第一柱及び第二柱に比べて，緩やかである。第一柱は加盟国に対して法的拘束力もつ独自の立法権を行使し，制定される派生法（「規則」，「指令」，「決定」）には加盟国国内法より優越性が認められる。第二柱は立法権は加盟国と閣僚理事会に留保され，具体的な措置（「共通の立場」，「共同行動」）の実施は加盟国政府に委ねられる。「欧州逮捕状枠組決定」などの「枠組決定」という立法様式は「加盟国の法律や規則の接近を目的として」として作られ（第 34 条），その法的効果は「達成されるべき結果について加盟国を拘束するが，方式及び手段の選択は加盟国政府に委ねられる」。大藤紀子「EU 第三の柱の枠組決定への適合解釈義務」『貿易と関税』54 巻 5 号（2006 年）75 頁，中村民雄『欧州憲法条約：解説及び翻訳』衆議院憲法調査会事務局委託調査報告書（衆憲資第 56 号，2004 年）9-12 頁

(30)　髙山佳奈子「国際刑事証拠法」『理論刑法学の探求(3)』（成文堂，2010 年）171 頁。原文は，Kai Ambos, Internationales Strafrecht, 2. Aufl., 2008, p.535. Michal Plachata, Cooperation in Criminal Matters in Europe : Different Models and Approaches, in : Cherif M. Bassiouni（ed）, 2008, International Criminal Law, 3rd ed., Vol. II, 2008, p.457.

第一章　逃亡犯罪人引渡しをめぐる国際刑事協力の法的構造と先行研究

めに各国間で行われる相互主義的な協力であり，引渡請求に応ずるか否かの決定は被請求国の判断に委ねられていた。例えば，引渡しに関する国内立法および条約上，引渡制限事由の存否などについては被請求国がそれを行うものと定められたり，若しくは引渡裁判で引渡可能との決定があった場合でも，政府が引渡しの相当性を検討したうえでそれを執行しないことができると定める（日本引渡法の第2条および第14条第1項）。引渡しに係わる犯罪について，犯行地国の刑事法の構成要件をみたすものとして，その訴追や処罰は第一次的には犯行地国の裁判管轄に属する。すなわち，逃亡犯罪人引渡しは，引渡犯罪に対する刑罰権をめぐって属地主義に基づく刑法の適用に優位を認め，犯行地の国内裁判所に刑事管轄権を集中するための手段として働いていた。その後，各国は，国外犯についても，犯罪発生と法益侵害に基づく諸基準[31]を用いて，自国の刑法の適用範囲の拡大をはかった。逃亡犯罪人引渡しをめぐる国際協力は，同一の国際犯罪について複数国の刑事管轄権が競合することにより，当事国間の権利義務関係を調整するための手続きとして整備されるようになった[32]。

　身柄引渡しの法的性質について，「国際刑事裁判所に関するローマ規程」は同裁判所への引渡しとその他の引渡しを区別する（第102条，下線は筆者）。すなわち，前者の引渡し（surrender）とは，ローマ規程に基づいて，国家がいずれかの者を国際刑事裁判所に引き渡すことをいい，後者の引渡し（extradition）とは，条約または国内法に基づいて，一国がいずれかの者を他国に引き渡すこ

---

(31)　1935年にハーバード・ロー・スクールの国際法研究（Harvard Research on International Law）が作成した「犯罪についての管轄権に関する条約案」は，内国刑法の適用基準として五つの類型を提示した。すなわち，①属地主義，②積極的属人主義（国籍主義），③保護主義，④普遍主義，⑤消極的（または受動的）属人主義等である。これらの各基準は，本来，各国の「内国法益の保護」または国際犯罪の規制に関する「国際的な連帯性」という基本概念によって構成された。例えば，属地主義・保護主義・消極的属人主義などは前者の基準（いわば，国家の自己保存の必要性からの基準）であり，そのほかは，一種の国際分業主義に立つ国際協力のための基準とみなされた。山本草二『国際刑事法』三省堂（1991年）139-140頁。Harvard Research in International Law, Piracy, 26 *A. J.I.L.* Supp. (1932), pp. 739, 754, 759-760.

(32)　山本草二「犯罪人引渡制度における政治性の変質」『東北大学法学』49巻3号（1985年）10頁。

◆ 第一節　逃亡犯罪人引渡しをめぐる法的枠組

とをいう。日本では，「国際刑事裁判所に対する協力等に関する法律」におい
て「surrender」を「引渡犯罪人の引渡し」として（下線は筆者），「逃亡犯罪人
引渡法」および日米・日韓の各引渡条約上の逃亡犯罪人引渡し（extradition）
とは用語を区別する。また，逃亡犯罪人引渡しとして「rendition」が用いられ
ることもあるが，それは英連邦を構成する国家間の引渡し（extradition）をい
うことで用いられ，引渡条約がない場合，国内立法のなかに編入された取極め
に基づいて行われることを意味する[33]。さらに，「surrender」は次の三つの
用法で区別する解釈もある[34]。第一に，イギリスとアイルランドとの間にお
いて「欧州逮捕状枠組決定」の効力より優先して行われる引渡しの文脈で用い
られる。欧州逮捕状枠組決定の体系の裏打ち（backing of warrants）といわれる。
第二は，①旧ユーゴ国際刑事裁判所（ICTY），ルワンダ国際刑事裁判所
（ICTR）および国際刑事裁判所（ICC）などのような国際刑事裁判機関との関
連で用いられる。ICTY，ICTR は国連憲章第 7 章に基づいて設立されたもの
であって[35]，すべての会員国は国際刑事裁判所によって訴追された犯罪人を
引き渡すべき義務を負い，その手続きは国内法若しくは他国からの引渡請求よ
りも優先される（ICTY 裁判所規程第 29 条 2 項 e）。②東ティモールパネルの場
合である。同パネルは東ティモール暫定行政機構が採択した規程に基づいて設
立されたため[36]，締約国は同パネルによる協力または遵守命令の請求などに
ついて拘束されない。但し，同パネルが，国連憲章第 7 章ではなく，他の国際
法上の根拠に基づいて設立されたとしても，そのパネルによって訴追された犯
罪者を引渡さなくてもよいことを意味するものではない。同パネルが，裁判権
を行使するうえで，犯罪の性質に鑑みて異例的に引渡しを求める法的手続が取
られることがありうる。③「国際刑事裁判所に関するローマ規程」第 102 条に

---

(33)　John R W D Jones, *Extradition and Mutual Legal Assistance* Handbook (2d ed),
　　　Oxford University Press (2010), pp.9.

(34)　*Ibid.*, pp.9-10.

(35)　「International Criminal Tribunal for the former Yugoslavia」は国連安全保障理事会
　　　の決議第 827 号（1993 年），「International Criminal Tribunal for Rwanda」は同理事会
　　　の決議第 955 号（1994 年）によって各設立された。

(36)　「東チモール暫定行政機構」（U.N. Transitional Administration in East Timor,
　　　UNTAET）は国連安全保障理事会の決議第 1272 号によって 1999 年に設立された。

基づく同裁判所への引渡しである。第三は，欧州逮捕状枠組決定の体制のなか
で用いられる。しかし，欧州逮捕状枠組決定の体系を採り入れて立法されたイ
ギリスの「2003 年逃亡犯罪人引渡法」の場合，第 1 部（カテゴリー I に属する
引渡し）及び第 3 部（イギリス内の引渡し）では，「surrender」ではなく，「ex-
tradition」が用いられるなど，両方の間で明確に区別されるものではないと解
される。

四　逃亡犯罪人引渡しにおける主な原則

　原則として引渡請求国の刑法の適用が及ぶ犯罪である限りで引渡請求の対象
となるが[37]，引渡条約が締結される場合，通常，一定の刑期以上の刑罰に該
当するもの若しくは列挙された罪名に該当するものについて引渡対象と定めら
れる。また，請求国の領域外で行われた国外犯であっても刑事管轄権の適用範
囲内であれば引渡請求の対象となるところ，引渡協力における特徴として次の
二つが挙げられる。第一に，引渡条約の存否及び相互主義（reciprocity）であ
る。逃亡犯罪人引渡しは，通常，両国間で締結された引渡条約に基づいて行わ
れるが，相互主義の保証[38]を条件とする国内法令または国際礼譲に基づいて
行われる場合もある。引渡協力において，条約の存在を前提とするか否かにつ

---

(37)　韓国引渡法は「韓国の法律を違反した犯罪人が外国にいる場合，その外国に対して
　　　犯罪人引渡し若しくは仮拘禁を請求することができる」と定める（第 42 条第 1 号）。
(38)　日本引渡法の第 3 条第 2 号および第 23 条第 2 項には，引渡しと仮拘禁の請求が引
　　　渡条約に基づかないで行われる場合に「……日本国が行う同種の請求に応ずべき旨の保
　　　証がなされ…」と定め，相互主義の保証が明記されている。相互主義の保証は，通常，
　　　口上書の形式をとりながら引渡請求と同時に行われ，その保証に関する認定は一次的に
　　　は外務大臣の裁量に委ねられる。伊藤栄樹「逃亡犯罪人引渡の一部改正について」『警
　　　察学論集』17 巻 7 号（1964 年）59-60 頁。但し，引渡条約に基づかない，もっぱら国内
　　　法上の相互主義は，その保証が得られたとしても請求国が後になって一方的に国内法令
　　　の改廃等の事情から実行されないおそれも少なくない。このような相互主義の保証は条
　　　約に基づく義務的な引渡しに代替する機能を果たしうるものではないと解される。山本
　　　草二『国際刑事法』（三省堂，1991 年）214 頁。E.Decaux, *La Réciprocité en droit in-
　　　ternational* (1980), p. 227; A. Françon, Réciprocité, II *Dalloz Répertoire de droit
　　　international* (1969), pp.714-715; M.Cherif Bassiouni, *International Extradition : United
　　　States Law and Practice* 4th ed (Oceana Publications, 2002), pp.461-465.

◆ 第一節　逃亡犯罪人引渡しをめぐる法的枠組

いて，英米法系と大陸法系の諸国の間では相違がある。英米法系の諸国の場合，引渡について相手国との条約の存在を前提とする「条約前置主義」の法制がとられる[39]。英米法系の諸国が引渡協力において条約前置主義をとる理由として，刑事管轄権について属地主義がとられていることから自国民の国外犯を請求国に引き渡す場合，適法手続による人権保障，相手国の刑事手続に対する危惧若しくは行政機関の権限の濫用防止などの必要があるという事情がある[40]。他方，大陸法系の諸国は，属人管轄がとられているため，犯罪人引渡しの条件として必ずしも引渡条約の締結を要せず，相互主義を条件として引渡しを行うこともある[41]。第二は，引渡しの要件である。引渡可否に関する適法性の判断については，被請求国の裁判所が，引渡条約上の請求若しくは引渡条約によらない場合は相互主義の保証が得られることを条件として，条約規定および国内引渡法に基づいて審査したうえ，引渡可否について決定することになる。すなわち，被請求国の裁判所が，引渡請求に係る犯罪について，引渡条約と国内引渡法が定めた引渡制限事由が存在するか否かを判断し，若しくは引渡裁判を経由することなく明らかにその制限事由が存在すると認められたとき，被請求国は引渡請求を拒否できるとするものである。引渡協力において引渡しが可能となるための基本的な前提として次の要件が挙げられる。

(1)　双方可罰性（dual criminality）の原則[42]

双方可罰性とは，引渡しを求められた行為について，被請求国においていか

---

(39)　例えば，米国の連邦法典第 18 編第 3181 節など（18 U.S.C. §§ 3181-3195）。

(40)　山本草二「犯罪人引渡制度における政治性の変質」『東北大学法学』49 巻 3 号（1985 年）11-12 頁。

(41)　引渡法制における大陸法系と英米法系の相異は国内法の刑罰適用の基準の違いによるものと解される。すなわち，英米法系において，国家管轄権の適用基準は属地主義を採用しており，自国民が外国で犯罪を犯した後に帰国した場合にこれを処罰できる管轄権を有しないので引渡条約に基づいて身柄を引き渡すこととする。その反面，大陸法系の諸国では，自国民の国外犯についてもその処罰を広範に認める法制を採用してるから，引渡条約の必要性は少ないといえる。梶木寿「国際捜査共助法および逃亡犯罪人引渡法における"相互主義の保証"」『判例タイムズ』562 号（1985 年）62-63 頁。

(42)　1880 年の万国国際法学会オックスフォード決議第 11 条は，引渡しを求められた犯罪事実について，「庇護国の特定の社会制度ないしその地理的な状況に従えば，犯罪を

第一章　逃亡犯罪人引渡しをめぐる国際刑事協力の法的構造と先行研究

なる犯罪に該当するかを法的に評価し，請求国と被請求国の双方で一定の刑罰に処せられるべき罪にあたることが求められるというものである。引渡協力が，司法体系や刑罰法制などにおいて相違であることを前提として，双方の権能と義務関係に基づいて行われるところ，引渡請求の対象となる犯罪を引渡条約でどのように規定するかは重要な課題となる。双方可罰性の原則は，逃亡犯罪人引渡しの国際協力という趣旨に沿うものとして規定されるべき必要性が求められるが，他方で，引渡裁判では裁判規範として作用することから，自国の引渡法との整合性も考慮されなければならない。すなわち，引渡協力において双方可罰性が求められる理由は，逃亡犯罪人を拘束して引渡裁判が行われるなどの人権保障の側面があること，国家間の引渡手続において多大な労力とコストがかかること，および一定の重罪に集中することにより処罰の実効性を確保できる，などの事情があるからである。このような引渡請求となる犯罪の範囲については，引渡条約上でこれを具体的に罪名として列挙する方式（罪種列挙主義または閉鎖方式）と一定の法定刑を基準にして定める方式（包括主義），または両者を混合した方式（開放方式）がある。日本の引渡法は，双方可罰性について，「当該行為が日本国の法令により死刑又は無期若しくは長期三年以上の懲役若しくは禁固に処すべき罪にあたるもの」（日本引渡法第 2 条第 4 号），「引渡犯罪に係わる行為が日本国内において行われ，又は引渡犯罪に係わる裁判が日本国の裁判所において行われたとした場合において，日本国の法令により逃亡犯罪人に刑罰を科し，又はこれを執行すること」ができるものと定める（同法第 2 条第 5 号）。また，日韓引渡条約には「両締約国の法令における犯罪であって，死刑又は無期若しくは長期一年以上の拘禁刑に処することとされているもの」（第 2 条第 1 項），日米引渡条約では「……付表に掲げる犯罪であって両締約国の法令により死刑又は無期若しくは一年を越える拘禁刑に処することされてい

構成する実際の状況が存在し得ない場合を除いて，犯罪人引渡の対象となる行為が，両国の法によって処罰可能であると言うことが原則として要件とされる」と定めた。洪恵子「国際協力における双方可罰性の現代的意義について（一）」『三重大学法経論叢』三重大学社会科学学会 18 巻 1 号（2000 年）4 頁。Charles K. Burdick (reporter), Research in International Law, Extradition, *A.J.I.L. Supplement* vol.29(1935), Appendix, p. 274.

◆ 第一節　逃亡犯罪人引渡しをめぐる法的枠組

るもの」（第2条第1項）などと定められている。中韓引渡条約は日韓引渡条約
の規定と同様である。

　双方可罰性には，引渡請求に係る行為が双方の刑罰法令において犯罪の構成
要件に該当すべきであるという「抽象的可罰性」（引渡法第2条第4号）と，仮
にその行為が被請求国で行われとして裁判になった場合には一定の刑罰を科し
若しくはその刑を執行できるとする「具体的可罰性」（同法第2条第5号）があ
る。具体的可罰性の主なものとして，公訴時効，恩赦，違法性阻却事由や責任
阻却事由などが挙げられ，引渡犯罪においてこれらの事由がある場合には訴追
や処罰ができず，双方可罰性が否認され引渡制限事由となる[43]。引渡協力に
おいて双方可罰性をその要件とする趣旨は，「自国で犯罪として処罰されない
ような場合にまで身柄を拘束して他国に引渡すのは妥当でないと考えられる」
からである[44]。「妥当でない」理由として[45]，①被請求国では罪にあたらず
若しくは刑罰を科すことができない行為について，その犯罪人の引渡しに協力
することは，請求国での処罰に協力することになり，被請求国の刑罰体系およ
び憲法に抵触するおそれがあること，②各国の刑罰基準には相違が少なくない
ところ，被請求国では身柄拘束に該当しないものについて引渡手続のために拘
束の措置をとることは，逃亡犯罪人に過剰な負担を負わせることになり，人権
保護の見地から好ましくないこと，などが挙げられる。

(2)　特定性（specialty）の原則

　特定性の原則とは，請求国，引渡しの理由となった犯罪以外の犯罪であって
引渡しの前に行われたものについて，逃亡犯罪人を拘禁し，訴追し，審判し，
または刑罰を執行してはならず，若しくはその者を第三国に引き渡してはなら
ない，というものである。日本引渡法には特定性の原則を定めた条項はないが，
日米引渡条約，日韓および中韓の各引渡条約には規定がある（日米引渡条約第

---

(43)　藤永幸治・河上和雄・中山善房編『大コメンタル刑事訴訟法(第八巻)』（青林書院，
　　1999年）268-269頁。

(44)　東京高裁決定（平成元年3月30日）『判例時報』1305号（1989年）150頁。

(45)　古田佑紀「国際共助における双罰性の考え方」『研修』533号（1992年）18頁。ま
　　た，人権保護の見地から好ましくないと解したものとして，伊藤栄樹「逃亡犯罪人引渡
　　法解説」『法曹時報』16巻6号（1964年）793頁。

33

第一章　逃亡犯罪人引渡しをめぐる国際刑事協力の法的構造と先行研究

7条，日韓引渡条約第8条，中韓引渡条約第15条）。特定性原則は，請求国が逃亡犯罪人について刑罰権を行使するうえで，引渡条約の規定により，一定の制限がつけられるものである。特定性原則の法的性質は請求国が被請求国に対して義務を負うものであるが，その例外として，引き渡された逃亡犯罪人が請求国を離れてから自発的に戻ってきた場合，被請求国の同意がある場合，などがある（日韓引渡条約第8条など）。このような例外が認められる理由は，特定性原則が一律に貫徹されることは，引き渡された犯罪人が不当に刑罰を免れることになる事態を防止するためである[46]。

　特定性原則は政治犯不引渡しとの関連で発達したものといわれる[47]。例えば，反政府活動を行い国外逃亡した犯罪人について，請求国が窃盗等の普通犯罪を引渡犯罪として逃亡先国から身柄の引渡を受け，反政府活動の政治犯罪について訴追・処罰することがある。引渡条約のなかで特定性の則が定められる場合もあれば，引渡条約に基づかない引渡協力においても，請求国から引渡犯罪以外の犯罪事実について訴追・処罰しないことの保証を得てはじめて引渡しを行うことが一般的である。

(3)　政治犯不引渡し（non-extradition of political offenders）の原則

　政治犯不引渡しが国際慣行として認められたのは，フランス革命をきっかけに，政治的自由の思潮が自由な周辺国（イギリス，オランダ，スイス等）が革命に係った逃亡犯罪人を庇護する権利の根拠として主張したことから由来する[48]。その後，1834年に締結されたベルギーとフランス間の引渡条約をはじめ，多くの引渡条約で採り入れられるようになった。この原則は，犯罪人引渡しや刑事共助などの国際刑事協力において，請求の対象が，政治犯罪（political offence），政治犯罪と係る犯罪（offence connected with a political offence）若しくは政治的動機から触発された犯罪（offence inspired by political motives）であ

---

(46)　馬場俊行「日米犯罪人引渡条約の全面改正について」『法律のひろば』31巻8号（1978年）62頁。

(47)　島田征夫「逃亡犯罪人引渡思想の系譜」島田征夫・古谷修一編『国際法の新展開と課題(林司宣先生古稀祝賀)』（信山社，2009年）90頁。

(48)　西井正弘「政治犯不引渡原則の形成過程(二・完)」京都大学『法学論叢』95巻3号（1974年）52頁，山本草二『国際法(新版)』（有斐閣，2004年）564頁。

34

◆ 第一節　逃亡犯罪人引渡しをめぐる法的枠組

る場合，被請求国はその請求を拒否できるというもので，引渡条約上の協力義
務の例外となる。但し，引渡条約のなかには，国家元首や政府首班若しくはそ
の家族構成員の生命と身体に対する侵害行為（「ベルギー加害条項」[49]），多国
間条約により被請求国が「引き渡すか訴追するか」（aut dedere aut judicare）の
選択義務を負うもの，国際テロ行為など多数の人命と身体の殺傷をもたらす行
為などについて，政治犯不引渡原則の例外（political offence exception）と定め
たものが少なくない（日韓引渡条約第3条 c の i 及び ii，中韓引渡条約の第3条第
1項但書き，韓国引渡法の第3条第1項など）。他方で，このような政治犯不引渡
原則の例外によって犯罪の政治性が否認されるところ，仮に引き渡される場合，
政治的意見などを理由に拷問または非人道的な刑罰や取扱いを受けられ若しく
はその他の迫害を受けられると認められるとき，人権保障の見地から引渡請求
を拒否できると定めた条約も多い[50]。

　第二章で考察するように「尹秀吉事件」の裁判では，政治犯罪について「純
粋な政治犯罪」と「相対的な政治犯罪」に分けられるとし，政治犯不引渡原則
の国際法上の位置づけと裁判規範としての適用関係が争点となった。韓国でも
「劉強事件」の引渡裁判において同様の問題が争点となったが，中国の引渡裁
判では政治犯罪が争点となった事例が見当たらない。但し，第三章で論ずるよ
うに，中国が締結した引渡条約のなかには，引渡制限事由として政治犯罪が含
まれないものがあるところ，自国の民族独立運動をめぐって周辺国との利害関
係が絡み合っているものと解される。

---

(49)　「ベルギー加害条項」とは，引渡請求に係る行為が，元首またはその家族に対する
　　殺人等の犯罪を構成するとき，これを政治犯とみなさないという規定をいう。1856年，
　　ベルギーの犯罪人引渡法にはじめて明記され，その後同様の規定は「欧州犯罪人引渡条
　　約」（1957年）などに採り入れられた。国際法学会編『国際関係法辞典（第2版）』（三省
　　堂，2005年）143頁。

(50)　イギリスの「2003年犯罪人引渡法」において政治犯不引渡しに関する言及が削除さ
　　れ，その代わりに，引渡しを求められている者について，人種，宗教，国籍，民族的出
　　身，政治的意見若しくは性を理由に訴追若しくは処罰する目的で請求がなされていると
　　被請求国が認めるに足りる十分な理由がある場合の規定が入れ替わった。John R W D
　　Jones, *Extradition and Mutual Legal Assistance Handbook* 2d ed. (Oxford University
　　Press, 2010), p.137.

第一章　逃亡犯罪人引渡しをめぐる国際刑事協力の法的構造と先行研究

(4)　自国民不引渡し（non-extradition of nationals）の原則

　この原則は，自国民が外国に引き渡されることによって政治体制や司法体系などが異なる刑事手続に服せしめることは，国家が自国民を保護する義務を負っている見地から適当でないとし，引き渡さないことである。主に大陸法系の諸国が採用していることから由来したもので，刑罰体系において自国民の国外犯について処罰可能な属人的管轄権を有するため，その身柄を引き渡さなくても自国で処罰でき，犯罪規制の国際協調にも符合するといわれる。他方，英米法系の諸国は，属地的管轄権を優先するため，引渡条約の存在などを条件に国外犯について請求国に引き渡すこととする。ドイツ，フォーランドおよびブラジルなどは，憲法規定において自国民不引渡しが明記され，自国民の引渡協力などの国際刑事協力を行ううえで国内法との調整が求められる[(51)]。

　日中韓における自国民不引渡しの取扱いは，日本および韓国の引渡法の場合，逃亡犯罪人が自国民であることを裁量的な引渡拒否事由と定めるが，中国引渡法は義務的な引渡拒否事由と定める。引渡条約では，日韓両国が裁量的な拒否事由と定めるが，中国が締結した引渡条約には義務的な拒否事由と定めたものと裁量的な拒否事由と定めたものが混在する。また，中国は香港・マカオおよび台湾の人員についても，自国民不引渡しの対象になるという。

　真相解明と適正な刑罰権が行われるためには，証拠収集などのように，捜査，裁判等の刑事手続が犯罪地で行われることが望ましい。それにもかかわらず，自国民不引渡しの維持を主張する場合は，請求国の請求に基づいて，その国民に対する刑罰権が適正に行使されるよう努力し，そのために国内立法の措置などが取られるべきである[(52)]。あるいは，自国民が請求国の捜査や裁判に応じ

---

(51)　ドイツ，フォーランド，チェコ，キプロスなどが憲法で自国民不引渡しを定めたところ，欧州における逮捕令状枠組決定による自国民引渡しの事案と関連して，各国の憲法裁判所の判断および国内法の整備について，北村泰三「ヨーロッパ諸国間における犯罪人引渡法制の現代的変容(3・完)」『中央ロージャーナル』10 巻 4 号（2014 年）35-51頁。

(52)　憲法およびその他の法律において自国民不引渡しが定められたり若しくはその他の制限事由が存在することを理由に，一国が他国の引渡請求を拒否した場合，被請求国が自国内でその逃亡犯罪人を処罰することを「代理処罰」といわれることがあるが，それは間違いである。例えば，ブラジル人が日本で罪を犯して自国に逃亡した場合，ブラジ

◆ 第一節　逃亡犯罪人引渡しをめぐる法的枠組

られるように不引渡しを緩和しながら，ただし，請求国で言い渡された判決の
執行は本国に留保されることが講じられるべきであるという[53]。

(5) 列挙主義と包括主義

　引渡しが可能となる犯罪の範囲については，引渡条約で具体的に罪名として
列挙する方式(罪種列挙主義または閉鎖方式)と一定の法定刑を基準にして定め
る方式(包括主義)，または両者を混合した方式(開放方式)がある。日本の引渡
法は，双方可罰性について，「当該行為が日本国の法令により死刑又は無期若
しくは長期三年以上の懲役若しくは禁固に処すべき罪にあたるもの」(第2条
第4号)，「引渡犯罪に係わる行為が日本国内において行われ，又は引渡犯罪に
係わる裁判が日本国の裁判所において行われたとした場合において，日本国の
法令により逃亡犯罪人に刑罰を科し，又はこれを執行すること」ができるもの
と定める（第2条第5号）。19世紀から20世紀の初頭にかけての引渡条約は列
挙主義に基づいて引渡犯罪を2ないし30種の普通犯罪に限定していたが，第
二次世界大戦後は包括主義へ移行する傾向にある[54]。包括主義の長所は，法

　　ルが日本を代理してその犯罪人を処罰するということになるが，法理上，代理行為（ブ
　　ラジルの刑罰権行使）の効果は本人（日本）に直接に帰属する。このようなブラジルの
　　処罰は，日本の代理行為ではなく，自国の刑罰法上の国外犯規定に基づいて訴追および
　　刑を科するものである。その過程において，訴追および有罪判決に求められる証拠等の
　　確保については，両国間の刑事共助などをつうじて提供されることがある。但し，欧州
　　の刑事訴追移管条約（1972年5月15日締結）の場合，一方の締約国が他方の締約国に
　　対して逃亡犯罪人を相手国内で訴追するよう請求でき，被請求国は双方可罰性などの要
　　件が充たされる限りで訴追を行うことができる定める。

(53)　第10回国際刑法会議「犯罪人引渡しの現実問題（actual problems of extradition)」
　　の勧告。国際刑法会議のウェブペイジ（http://www.penal.org/?page = mainaidp&id_
　　rubrique = 13&id_article=17．2014年5月30日閲覧)。同会議の概要については，団藤
　　重光「ローマにおける第10回国際刑法会議に出席して（1～5完)」『ジュリスト』440
　　号（1969年）及び441～444号（1970年）を参照。

(54)　列挙主義がとられた引渡条約として，仏・ポルトガル条約(1854年)，仏・スイス条約
　　(1869年)，仏・イタリア条約(1870年)，仏・イギリス条約(1876年)，仏・米条約(1909
　　年)，仏・イスラエル条約(1958年)などがある。包括主義の引渡条約として，仏・ドイツ
　　条約(1951年)，仏・マダガスカル司法共助協定(1960年)，仏・オーストリア条約(1975
　　年・いずれも重罪又は1年以上の拘禁刑にあたる軽罪)などがある。国内引渡法で列挙主

第一章　逃亡犯罪人引渡しをめぐる国際刑事協力の法的構造と先行研究

定刑期を引渡対象の基準とすることにより一定以上の引渡犯罪の悪質性について規律することができるため，仮にその犯罪が列挙罪種のなかに特定されないとしても，引渡協力における抜け穴を防ぐことができる。日韓引渡条約には「両締約国の法令における犯罪であって，死刑又は無期若しくは長期一年以上の拘禁刑に処することとされているもの」と定め（第2条第1項），包括主義を採用し，中韓引渡条約も同趣旨の規定を設ける。他方，列挙主義は，戦前の日米渡条約で見られるように，「引渡犯罪目録表」を作成し，これらの犯罪に限り引渡請求が可能とする仕組みである。列挙主義の長所として，引渡犯罪が罪名として明確であるため，引渡請求の際に個々の案件ごとに相手国の法令を調べて引渡対象に該当するか否かを検討し判断する労力が軽減できるということが挙げられる。その反面，犯罪を網羅的に特定することが技術的に困難であることから，犯罪の軽重について締約国間の整合性を取ることが困難であるという短所がある。また，多様な新種犯罪に対応するためには，随時，条約の改正が避けられず，個々の事案ごとに相手国の法令を点検せざるを得ないことになる。近来には，列挙主義を採用する場合であっても，締約国間において法定刑期の格差があまりに異なる犯罪が引渡対象となることを防ぐため，一定の刑期を限定しながら両方を並行するのが一般的である[55]。

五　逃亡犯罪人引渡しと人権保障

⑴　人権保障条項（「人道上の保証条項」humanitarian safeguard）

逃亡犯罪人引渡しをめぐる国際協力において，被請求国が引渡しを拒否でき

　義を採用したものとして，ベルギー引渡法(1874年・33種)，オランダ引渡法(1875年・27種)，スイス引渡法(1892年・37種)があり，包括主義がとられた国内引渡法として，フランス引渡法(重罪又は2年以上の拘禁刑)，ドイツ引渡法(1929年・ドイツ法上の重罪又は軽罪)，イタリア刑法(請求国及び被請求国で犯罪として規定されたもの)などが挙げられるる。馬場俊行「日米犯罪人引渡条約について」『ジュリスト』720号（1980年）73-74頁。

[55]　例えば，韓国と香港間の犯罪人引渡協定（2006年6月26日署名）の場合，第2条において，引渡対象となる犯罪について付表で定めるほかに，1年以上の拘禁刑に処せられる犯罪と定める。

◆ 第一節　逃亡犯罪人引渡しをめぐる法的枠組

る制限事由と認められたものとして、「政治犯罪」と「人権保障条項」がある[56]。政治犯不引渡しにおける政治犯罪の場合、国際法上、相対的な政治犯罪についてはそれに結合された普通犯罪の重大性などにより不引渡しの対象から排除されたり、「引き渡すか訴追するか」の選択の義務を負うなど、不引渡しの適用範囲が縮小されつつある。他方では、逃亡犯罪人が請求国に引き渡された場合に受けられる非人道的な取扱いなどについて、人権保障の見地から引渡可否の審査において重要な判断の根拠として作用する傾向が現れるようになった。人権保障条項は、引渡しの請求が政治的な迫害の目的でなされたものと信ずるに足りる理由がある場合、若しくは請求国で公正な裁判を受けられないと信ずるに足りる実質的な根拠がある場合などには、被請求国がその請求を拒否することができる、というものである。人権保障条項には、拷問または残虐な取扱いからの保護および難民に準ずる扱いをするものなど、「拷問条項」と「難民条項」の二つの系譜がある[57]。前者は、世界人権宣言（第5条）、自由権規約（第7条）および拷問等禁止条約（第3条第1項）が定めた、拷問または残虐で非人道的な取扱いを禁止し、そのような禁止事項が行われるおそれがあると信ずるに足りる実質的な根拠がある他の国へ追放・送還または引渡してはならないというものである。後者は、難民条約（第33条第1項）および人質行為禁止条約（第9条第1項a）が定めたものとして、人種、宗教、国籍若しくは特定の社会的集団の構成員であること又は政治的意見のためにその生命又は自由が脅威にさらされるおそれのある領域の国境へ追放・送還または引き渡してはならないというものである。逃亡犯罪人の人権の側面では、人権保護の向上によって、引渡しを求められた犯罪人について一定の法的資格が与えられ、その範囲内で権利を主張できるようになったが、歴史的に見てその権利が主権を制限するものではなかった[58]。

　日本引渡法および日米引渡条約にはこのような人権保障に関する条項がない

---

(56)　山本草二『国際刑事法』（三省堂、1991年）237頁。

(57)　山本草二・同上書・217-218頁, The American Law Institute, 1 *Restatement of the Law Third, the Foreign Relations Law of the United States* (1987), pp.235-237.

(58)　M.Cherif Bassiouni, *International Extradition : United States Law and Practice*, 4ed, (Oceana Publications, 2002, p.29.

第一章　逃亡犯罪人引渡しをめぐる国際刑事協力の法的構造と先行研究

が，日韓引渡条約には難民条約上の保障が採り入れられている（第3条 f）。日米引渡条約において人権保障条項が規定されないのは，米国における「司法不審査の原則」（rule of non-inquiry）[59]が反映された側面と，これに対して日本は引渡法上の引渡しの相当性の判断で対応できるという側面から，両国間で合意の了解が得られたものと解される。司法不審査の原則は，裁判所での引渡審査おいて，外国から引渡請求の動機，引渡後の請求国における刑事手続上の処遇などについては審査対象に含まれないという原則で，判例によって確立されたものである。すなわち，これらの人権保障条項が請求国の司法制度に対する不信と非難を前提とするもので，本来，被請求国の行政機関の裁量に委ねられるべき性質の事柄で，司法審査の対象に適しないという[60]。これらの人権保障条項については，被請求国の引渡裁判において，確立された国際法規として認められるか否か，それを裁判規範として適用しうるか否かをめぐり，引渡可否を決定する重要な要因となる。

　人権保障条項のなかで逃亡犯罪人引渡しとの関連で特に注目されるものとして「ノン・ルフールマン（non-refoulement）」原則が挙げられる。ノン・ルフールマン原則は，迫害を受けるおそれのある国や地域への追放・送還・引渡しを禁止するもので，難民条約の規定（第33条第1項）が代表的であるが，米州人

---

(59)　尾崎久仁子『国際人権・刑事法概論』信山社（2004年）257-258頁，M.Cherif Bassiouni, *International Extradition : United States Law and Practice*, 4ed, （Oceana Publications, 2002, pp.569-570. なお，司法不審査の原則は，19世紀の北米における逃亡奴隷に対して，カナダ及び各州間での引渡しに適用するものとして立法が行われた。Christopher H. Pyle, *Extradition, Politics, and Human Rights*, Temple University 2001, p. 119. 逃亡奴隷と引渡しについて，1793年米国連邦議会で制定された「逃亡奴隷法」の立法趣旨は，①逃亡犯罪人の引渡しの促進，②奴隷所有者が暴力等に訴えることなくその財産の回復を支援，することであった。その後1850年の修正法は，逃亡奴隷に通常の裁判権を与えないこと，引渡事件において正式の裁判を行わずともよく，裁判所によって任命されたコミッショナーがこれを行うことができた。山口房司「逃亡奴隷法と人身自由法：地域間危機の復活」『大阪経済法科大学論集』8号（1979年）27頁。

(60)　山本草二『国際刑事法』（三省堂，1991年）236-238頁。また，18 U.S.C. Chapter 209(extradition). 米国引渡法上，引渡審査の主な対象となるものは，双方可罰性および犯罪の政治性（第3181条 b），犯罪嫌疑の十分性および請求国における公正な裁判（第3185条）などとし，引渡しの命令は国務大臣の権限と定める（第3186条）。

◆ 第一節　逃亡犯罪人引渡しをめぐる法的枠組

権条約第22条第8項，拷問等禁止条約第3条などにも同趣旨が定められている。保護を受けられない難民に対しては，他国が代わって保護を与えるという，国際公共利益の実現をはかるものと解される[61]。この原則について例外が認められるか否かについて，難民条約第33条第2項は，難民が締約国の国家・社会の安全に危険となるにいたった場合に例外を認めるが，条約機関の解釈によれば，欧州人権条約第3条や拷問等禁止条約第3条，自由権規約第7条は絶対的な性格を有し，いかなる例外も認められないものと解される。その裁判例として「ゾーリング事件」がある[62]。ドイツ国籍のゾーリングは，米国（バージニア州）で殺人を犯しイギリスに逃亡中に逮捕されると，米国から引渡請求を受けた。ゾーリング側は「欧州人権委員会」に対し，米国に引き渡されれば死刑を宣告され，死刑執行までの数年間にわたる収監生活が，拷問などの残虐で非人道的な取扱い若しくは刑罰を禁じた「欧州人権規約」第3条に反するとして申立を行った。欧州人権委員会をへて，欧州人権裁判所は，次の理由を挙げながら，イギリスが引渡しを実行することは欧州人権条約第3条の違反になるとした。すなわち，①請求国に引き渡されれば，請求国において拷問など残虐で非人道的で取扱い若しくは刑罰を受ける現実の危険に直面すると信じられる実質的な根拠がある場合には，欧州人権条約第3条の問題を惹き起こし，締約国である被請求国に欧州人権条約上の責任が生み出される。②バージニア州の郡検察が死刑を求刑することを決めた以上，「死刑の順番待ち現象」（death row phenomenon）にさらされる蓋然性が高く，バージニア州の受刑慣行などから受刑者が死刑執行まで待機する期間は6ないし8年間にわたり，その間，苦悩と緊張にみちた収監生活が避けられない。

　ノン・ルフールマン原則は，政治犯罪が政治犯不引渡原則という引渡制限事由と定められるのに加えて，普通犯罪を訴追するという名目上の請求に隠された政治的訴追が行われることを避けるために導入されたものといわれる[63]。

---

(61)　山本草二『国際法(新版)』(有斐閣，2004年) 521頁。

(62)　「Soering v. the United Kingdom」欧州人権裁判所1989年7月7日判決。戸波江二・北村泰三・建石真公子・小畑郁・江島晶子編『ヨーロッパ人権裁判所の判例』(信山社，2008年) 124-128頁。ECHR Series A no.161.

(63)　北村泰三「国際人権法判例研究(二):ヨーロッパ人権裁判所ゾーリング事件判決」

第一章　逃亡犯罪人引渡しをめぐる国際刑事協力の法的構造と先行研究

(2)　死刑不引渡し

　引渡しの被請求国は死刑廃止国[64]であって請求国が死刑存置国である場合，引渡裁判などの手続をへて引渡可能との決定がなされたとき，請求国における死刑の宣告や執行が引渡制限の事由となるかが問題となる。とりわけ，国際人権法上，生命保護権の保障若しくは拷問などのような残虐で非人道的な刑罰の禁止と関連して，被請求国においてこれらの人権問題が引渡可否とかかわって争点となる。自由権規約第6条第2項では，死刑制度を維持する国において，最も重大な犯罪について適正な裁判手続に基づいてこれを執行することができると定める。続いて規約第7条では拷問などのような残虐で非人道的な取扱い若しくは刑罰を受けないと定め，死刑の限定的な執行および残虐な刑罰の禁止を明記する。「キンドラー事件」（Joseph Kindler v. Canada）[65]では，死刑制度が維持される米国で殺人罪を犯し死刑廃止国であるカナダへ逃亡した事案で，米国が逃亡犯罪人であるキンドラーの引渡しを請求したところ，国際人権法上，請求国における死刑制度が引渡制限事由となりうるかが争点となった。米国とカナダ間の引渡条約では，被請求国は，請求国から死刑を執行しないとの保証が得られない限り，引渡しを拒否することができると定められる[66]。この事件について自由権規約人権委員会は，キンドラーの犯行が殺人という重罪であり，適正な裁判手続がとられたため，自由権規約第6条の生命権保護の規定に反せず，カナダにおいて米国（ペンシルバニア州）から死刑不執行の保証を得るべきとの義務は生じないとした。その後，「ジャッジ事件」（Roger Judge v. Canada）[67]において，自由権規約人権委員会は，死刑を廃止した締約国（カ

　　『熊本法学』64号（1990年）99頁。

(64)　死刑廃止国には，すべての犯罪について廃止した法律上の廃止国の他に，長期間死刑を執行しない事実上の廃止国，また，軍事犯罪などを除いて普通犯罪に対してのみ死刑を廃止している国が含まれる。2013年末現在，廃止国は140箇国，存置国は58箇国である。http://www.amnesty.org/en/death-penalty/abolitionist-and-retentionist-countries#ordinary（2014年9月15日閲覧）。

(65)　松井芳郎編『判例国際法（第2版）』（東信堂，2006年）250-252頁，RHRC（1993）138；ORHRC（1992/93-Ⅱ）559.

(66)　米・カナダ間の犯罪人引渡条約（1971年12月3日署名，1976年3月22日発効）第6条。

◆ 第一節　逃亡犯罪人引渡しをめぐる法的枠組

ナダ）が死刑不執行の保証を得ることなく死刑宣告がなされた国（米国）へ追放することは，自由権規約第6条第1項（生命権）に違反し，また，上訴の機会を与えることなく死刑宣告国へ追放するとの決定をなしたことは，同規約第6条および第2条第3項（効果的な救済措置）の違反であるとの見解を示した。

　日本が締結した引渡条約には引渡制限事由として死刑が規定されたものはないが，中国民航機奪取の「張振海事件」では，日本が中国から死刑の刑罰を適用しないとの保証を得たうえ，身柄を中国へ引き渡した事例がある。中国がスペインなどと締結した引渡条約，韓国がブラジルなどと締結した引渡条約には，引渡しの条件として，請求国により死刑不執行の保証が得られることが定められる。引渡協力における死刑制度の存する位置は，日本が死刑廃止国との間で犯罪人引渡条約の締結交渉を行う場合，相手国から死刑不執行等の保証に関する規定を求められたときが問題となる。死刑不執行などの保証を前提に引渡協力が可能として引渡条約が締結されたり，あるいは引渡協力を得るためにそのような保証を与えるとすれば，逃亡犯罪人と，そうでない犯罪人との間で不公正が生ずるとの批判が惹き起こされることがある。それは，国家刑罰権の行使の適正さについて刑事政策上の基調が問われることになる。

(3)　偽装引渡し（disguised extradition）

　偽装引渡しとは，被請求国において国内法または引渡条約によって犯罪人引渡しの手続がとられるものではなく，行政措置である退去強制などにより，刑罰権を行使しようとする国に身柄を送還することをいう。偽装引渡しは，逃亡犯罪人をかかえる国が，その犯罪人について退去強制の措置をとることより，その犯罪人について訴追や処罰を求めていた国に送還されることになったり，若しくは逃亡犯罪の処罰を求める国の官憲が逃亡先国に潜入してその身柄を連行するなど[68]，実質的に引渡しの効果がもたらされることである[69]。刑事管轄

---

(67)　松井芳郎編『判例国際法（第2版）』（東信堂，2006年）225-229頁，RHRC（2003-Ⅱ）64.

(68)　日本における事例として「金大中拉致事件」が挙げられる。1973年8月8日，韓国野党の指導者であった金大中氏が日本滞在中の都内ホテルで，韓国情報機関及び大使館員らによって拉致され船舶で移動し，韓国ソウルに連行された。この事件では，日本の主権が侵害されたこと，日本当局の拉致犯の出席要求に対する拒否などが問題となった

第一章　逃亡犯罪人引渡しをめぐる国際刑事協力の法的構造と先行研究

権について属地主義の優位を認める英米法系の諸国は，大陸法系の諸国に比べ，犯罪人引渡しに関する国内法の整備が遅れていたため，行政機関の判断に基づく退去強制や追放の措置がとられることが多かった。しかし，送還された国において逃亡犯罪人が政治的な理由で処罰されたり若しくは非人道的な取扱いを受けるなどのように，逃亡犯罪人の人権が侵害されるなどの問題が指摘された。引渡条約の締結または逃亡犯罪人引渡法の立法などのように，引渡協力に関する法制の整備が求められる理由は，引渡要件と引渡制限事由などについて法的根拠を設けることにより，引渡しをめぐる各国の権利義務の関係を明確にし，逃亡犯罪人の人権を保障する見地から偽装引渡しを防ぐことができるからである[70]。

　条約または引渡法に基づく引渡協力ではなく，偽装引渡しが行われる事情として，引渡協力が行われるためには，当事国間の外交的な努力をはじめ，身柄の拘禁および引渡裁判などのように，相当の労力とコストがかかることが挙げられる[71]。しかし，送還，追放などの行政措置によって引渡協力の法的手続が回避されることは望ましくなく，このような偽装引渡しを防ぐためには，引渡協力の当事国において刑事司法当局間の直接交信を認めるとか，若しくは逃

　　　が，犯罪人引渡しや刑事共助などの刑事協力ではなく，外交的な妥結が図られた。

(69)　山本草二『国際刑事法』（三省堂，1991 年）210 頁。

(70)　日本において犯罪人引渡しの実行が稀であるのは偽装引渡しが行われているからではないかとの疑問をもたらしたという逸話がある。日本の刑法学者が，1981 年にフランスで開かれた学術交流の場で，日本の犯罪白書によれば犯罪人引渡しを行ったり引渡しを受けたりする件数が年に 2 件ないし 3 件に過ぎないと言及したところ，出席者から「日本では，犯罪人引渡しの件数がそのように少ないとは，なにか上手に偽装引渡しをしているのですか。差支えなければ，その手口，方策を教えていただきたい」との質問を受けたという。その質問に対して，引渡件数が少ないのは「犯罪人引渡条約は 1980 年の日米犯罪人引渡条約のみである」と答えたところ，多くの出席者がさらに驚いたという。1981 年当時，フランスは，欧州犯罪人引渡条約をはじめ 50 箇国以上との間で引渡条約を締結しており，引渡協力の執行件数が年間およそ 500 件にのぼっていたという。森下忠『国際刑法の新しい地平』（成文堂，2011 年）129-130 頁。

(71)　寺谷広司「国際人権保障と国際的な刑事統制-国際制度と国内制度の交錯・対立・融合」『ジュリスト』1299 号（2005 年）34 頁。 M.C.Bassiouni, *International Extradition: United States Law and Practice* (1996), pp.831-834.

44

◆ 第一節　逃亡犯罪人引渡しをめぐる法的枠組

亡犯罪人の同意を条件に引渡手続を容易にするなど，引渡しをめぐる国際協力の手続の簡易化が求められていうるという指摘がある[72]。

(4)　国連犯罪人引渡モデル条約における人権保障条項

国連犯罪人引渡モデル条約は，国連犯罪防止被拘禁者処遇会議[73]に基づいて犯罪防止および犯罪者の処遇に関する国連会議の勧告を受け，国連総会の決議をへて 1990 年に採択されたもので，「刑事共助モデル条約」などとともに国際刑事協力に関するモデル条約の一つである[74]。国際犯罪に関する各種の規制において多国間による条約が多く締結されるようになったものの，犯罪人引渡しについては二国間条約に頼ることが多かった。しかし，両者条約では各条約ごとに規定の相違が見られて整合性と一貫性が乏しく，その結果，多国間条約の実効的な執行に障害となるおそれがあった。そこで，二国間の引渡条約についても国際的なガイドラインを提示し，犯罪規制のための多国間条約の実効性を図ることを目的に作成されたものである[75]。

他方，犯罪人の人権保障について，難民条項および拷問条項などのような引渡制限事由を比較的に広く定め，犯罪人引渡条約が存在せずこれから締結しようとする場合若しくは引渡条約を改正する場合に，モデル条約を考慮するよう

---

(72)　第 10 回国際刑法学会（1969 年，ローマ）第四節「犯罪人引渡しの現実問題」勧告 12。10th International Congress of Penal Law（Rome, 29 September–5 October 1969），Ⅳ Section（Actual problems of extradition）Recommendation 12.

(73)　国連犯罪防止被拘禁者処遇会議（United Nations Congress on the Prevention of Crime and Treatment of Offenders）は 1955 年に設立された。同会議は，被拘禁者処遇に関する基準規則を制定し，法的拘束力はもたないものの，総会決議等をつうじて規則の国内実施を求めている。詳述については次の文献を参照。北村泰三「犯罪人引渡しと人権基準の要請」『国際法外交雑誌』98 巻 1・2 号（1999 年）162 頁。Roger S. Clark, *The UN Crime Prevention and Criminal Justice Program ; Formulation of Standards and Efforts at their Implementation*, University of Pennsylvania Press, 1994.

(74)　その他に，刑事訴追移管（Transfer of Proceedings in Criminal Matters），保護観察移管（Transfer of Supervision of Offenders Conditionally Sentenced of Conditionally Released），文化財犯罪防止（Prevention of Crimes that Infringe on the Culture Heritage of Peoples in the Form of Movable Property）などに関するモデル条約がある。

(75)　瀬戸毅「犯罪人引渡しに関する日本国と大韓民国との間の条約(1)」『現代刑事法』41 号（2002 年）70 頁の注（8）。

第一章　逃亡犯罪人引渡しをめぐる国際刑事協力の法的構造と先行研究

〈条約における主な人権保障規定と保障措置〉

条約	保障要旨	保障条項の立証の程度	保障の措置
難民条約 （1951年） 第33条第1項	人種，宗教，国籍，特定の社会的集団の構成員，政治的意見	生命又は自由が脅威にさらされるおそれがある	追放及び送還の禁止
欧州犯罪人引渡条約（1957年）第3条2項	人権，宗教，国籍若しくは政治上の意見	裁判に付し，又は処罰することを目的ととしてなされたか又はその者の立場がこれらのいずれかの理由のために害されるおそれがあると信ずべき実質的な理由がある	引渡しの禁止
人質行為禁止条約（1979年）第9条1(a)	人種，宗教，国籍，民族的(ethnic)出身，政治的意見	訴追し又は処罰するために行われたと信ずるに足りる実質的な根拠がある	義務的な引渡拒否事由
拷問等禁止条約（1984年）第3条の1	人道的な取扱い	行われるおそれがあると信ずるに足りる実質的な根拠がある	追放，送還，引渡しの禁止
国連犯罪人引渡モデル条約（1990年）第3条b，f	b）人種，宗教，国籍，種族的出身，政治的意見，性，地位	1）迫害し若しくは処罰する目的で行われたか又は，それらの理由により引渡しを求められた者の地位が損なわれる恐れがあると信じる実質的な理由を有している場合	義務的な引渡拒否事由
	f-1）拷問，残酷な・非人道的な・品位を傷つける取扱い又は刑罰	f-1）受けたか又は受ける場合	
	f-2）自由権規約第14条に定める刑事手続きの最低限度の保障	f-2）受けなかったか又は受けない場合	

◆ 第二節　国際刑事協力の法的構造

加盟国に勧告している。犯罪人引渡モデル条約では，第3条を義務的な引渡拒否事由とし，いかなる場合でも引渡しを行ってはならない事由が列挙される。例えば，難民条項として，第3条(b)は，被請求国が，「引渡しの請求が引渡しを求められている者を人種，宗教，国籍，民族的出身，政治的意見，性若しくは地位に基づいて迫害し若しくは処罰する目的で行われたか，又は，それらの理由により引渡しを求められた者の地位が損なわれるおそれがあると信じる実質的な理由を有している場合」を，引渡しの義務的な拒否事由と定める。拷問条項として，第3条(f)は「引渡しを求められた者が，請求国において，拷問又は残虐な，非人道的な若しくは品位を傷つける取扱い又は刑罰を受けたか又は受ける場合，あるいは当該の者が市民的及び政治的権利に関する国際規約の第十四条に定める刑事手続の最低限度の保障を受けなかったか又は受けない場合」に，義務的な引渡拒否事由と定める。多国間条約および国連犯罪人引渡モデル条約等において，逃亡犯罪人の人権保障に関する条項とその主な保障措置は以下表のとおりである。

◆ 第二節　国際刑事協力の法的構造

一　国際刑事協力の法的性質

国際刑事協力（international cooperation in criminal matters）とは，各国が外国との刑事協力の実施にあたり，その要件と手続などを定めた国内法または条約などの国際合意に基づいて，若しくは互恵的な国際礼譲に基づいて行われる活動をいう。条約は，両者条約に限らず，欧州犯罪人引渡条約などのように多国間の地域条約であることも少なくない。日本の場合，米国および韓国との間でそれぞれ引渡条約が締結されているところ，欧州の受刑者移送および刑事共助の各条約に加入したことによりその締約国となっている。これらの多国間条約の締約国は，相手国との両者条約が存在しない場合でも，多国間条約の会員国としてその分野の刑事協力を行うことができる。日韓両国がともに欧州の受刑者移送条約に加入したことから，両国間の移送協力について，別途の受刑者移送条約を要しないのである。犯罪人引渡条約などの締結交渉にあたっては，相

第一章　逃亡犯罪人引渡しをめぐる国際刑事協力の法的構造と先行研究

手国における司法体系の健全性および人権福利の保障などに対する信頼関係，実務上の必要性などが考慮される。また，刑事協力の事案が条約条項では充分に担保されない場合，若しくは相手国との間で刑罰体系の重大な相違があるなどのときは，当事国との間で一定の保証が求められることがある。例えば，犯罪人引渡しにおいて，死刑廃止国[76]から死刑執行国へ引渡される場合は，その犯罪人ついて死刑を執行しないとの保証が得られたこと条件に引渡しが実行される。

　国際刑事協力に関する各条約の範囲は，主に，刑事手続の各段階に対応する形で分けられ，捜査共助，司法共助，逃亡犯罪人引渡し，受刑者移送などが挙げられる。各国は，これらの条約の国内実施法として若しくは条約に基づかない国際協力の要件と手続として，国内立法を整備することになるところ，日本では，「国際捜査共助法」，「外国裁判所の嘱託に因る共助法」，「逃亡犯罪人引渡法」，「国際受刑者移送法」などが制定されている。国際受刑者移送法は，他の法律と異なり，移送に関する国際協力について条約前置主義を採用している。また，捜査共助や嘱託共助などのように共助の実施について，国内官憲が行政事務としてその裁量で決めることができると定めたものもあるが，逃亡犯罪人引渡しのように裁判所による審査を経由しなければならないと定めたものもある。

　捜査共助は，その固有の機能として捜査に関する要件と対象を有するものであるが，逃亡犯罪人の所在を確かめるなどのように引渡協力の準備段階としての役割も少なくない。捜査共助の主な対象として，人または物の所在地の調査，証拠の取得及び証拠の提出，尋問，文書の送達，場所の検分，捜索及び差押さえの実施，記録及び文書の提供，被害者及び証人の保護並びに証拠の保全などが挙げられる。捜査共助の実施において，検察や警察等の係官が外国に出向して直接に証拠の収集等の活動を行う必要があると認められる場合は，条約または相互主義の保証の下に共助要請を行い，相手国との口上書等の交換に基づいて，共助要請国の捜査権を発動しないことおよび被要請国の捜査機関の統制に

（76）　死刑が刑法上の刑罰として規定されていて制度存置であるにもかかわらず，長期間にかけて執行されない，事実上の廃止国を含む。

◆ 第二節　国際刑事協力の法的構造

従うことなどの範囲内で制限的に行われることがある（日中刑事共助条約第9条第2項，日韓刑事共助条約第9条第2項）[77]。

(1)　司法共助と刑事共助

「司法共助」の辞典的な意味は「裁判所が，裁判事務について互いに必要な補助をすること」と解されるが，それは「裁判所法」が定めた国内裁判所間の「裁判上の共助」である（第79条）。国際協力としては，「外国裁判所ノ嘱託ニ因ル共助法」において「裁判所ハ外国裁判所ノ嘱託ニ因リ民事及刑事ノ訴訟事件ニ関スル書類ノ送達及証拠調ニ付法律上ノ輔助ヲ為ス。」と定め，刑事事件に限られず，民事事件を含めて訴訟事件を国際協力の対象とする。すなわち，犯罪捜査およびその訴追と裁判手続に関する司法共助は，刑事共助の一部をなし，「刑事司法共助」ともいわれる。「捜査共助」は，共助対象となる事案が捜査段階にあり，共助主体が捜査当局になるところ，主に起訴以前の段階で行われる相互援助である。

「司法共助」（mutual legal assistance）とは，主に，犯罪捜査および訴訟手続について国家間の公式な協力を意味する[78]。一般的な司法共助の条約では，外国の強制管轄に関する情報や証拠（証人を含む.）の提供，資産の凍結および回収若しく司法文書の提供について定める。司法共助は，非公式の協力若しくは警察当局間の情報照会のような行政協力と区別されることがある。非公式の協力は，裁判所による命令や強制力の行使を要しない内偵等の段階において，公式の共助の請求では得られない諜報や情報の協力が得られることである。すなわち，司法共助の範囲には，身柄の逮捕および逃亡犯罪人引渡し，刑事手続の移管，受刑者移送等は含まれない。

「刑事共助」（mutual assistance in criminal matters）とは，「犯罪捜査，訴追その他の刑事手続について，請求国と被請求国の相互援助」である。同様の定義として用いられたものとして，「日・欧州連合刑事共助協定」第1条，「日・米刑事共助条約」第1条，「国連憲章」第49条（相互援助。「The Members of the

---

(77)　座談会「犯罪の国際化と刑事司法協力」『ジュリスト』720号（1980年）18頁。

(78)　John R W D Jones, *Extradition and Mutual Legal Assistance Handbook* 2d ed. (Oxford University Press, 2010), p.147.

49

第一章　逃亡犯罪人引渡しをめぐる国際刑事協力の法的構造と先行研究

United Nations shall join in affording <u>mutual assistance</u> in carrying out the measures decided upon by the Security Council.」）などが挙げられる（下線は筆者）。刑事共助に関する別の用例として，「日・欧州連合刑事共助協定」では，逃亡犯罪人引渡し，刑事手続移管および刑執行は，協定上の共助対象に含まれないと明記されたものがある（第1条）。また，犯罪処罰のための刑事事件について，捜査若しくは裁判手続に関する共助を講じると定めたものとして，「刑事共助に関する国連モデル条約」[79]第1条，「刑事共助に関する欧州条約」[80]第1条，「シェンゲン条約」[81]タイトル3（警察と安全）第2章（刑事共助）第48条等が挙げられる。

　逃亡犯罪人引渡しと刑事共助との位置づけについて，一般的に，逃亡犯罪人引渡しに「狭義の刑事共助」を加えて「広義の刑事共助」といわれるが，国際刑事協力に関する個別の条約などにおいてその具体的な適用対象を定めることがある。「逃亡犯罪人引渡し」及び「狭義の刑事共助」などについて条約が締結されている場合，その実施のための要件や手続及び制限事由等が定められ，国際協力の被請求国はこれらの条約に基づいて協力を果たす責任を負うことになる。もっとも，かかる協力を求められた被請求国としては，協力事案が条約上の制限事由に該当しないことから引渡しや共助が可能な場合であっても，協力請求に応じる義務はなく，終局的な決定は被請求国の裁量に任されている。例えば，引渡協力において，被請求国の裁判所により引渡可能との決定があったとしても，行政機関（法務大臣）が引渡しの相当性を判断して引渡しを執行しないことができる（逃亡犯罪人引渡法第14条第1項）。これに対して，外国刑事判決の執行及び刑事手続（訴追）の移管等においては，被請求国は請求国に対して義務を負うとされる。すなわち，被請求国の協力に関する義務性を基準として，「刑事訴追移管ベネルックス条約」（1974年5月11日締結）の理由書では，外国刑事裁判の執行及び刑事訴追の移管を「第一次の共助」，これより義

---

(79)　UN Model Treaty on Mutual Assistance in Criminal Matters (New York, 14 December 1990).

(80)　European Convention on Mutual Assistance in Criminal Matters (Strasbourg, 20 April 1959).

(81)　Schengen Convention – Title Ⅲ – Chapters Ⅱ and Ⅲ (Schengen, 19 June 1990).

◆ 第二節　国際刑事協力の法的構造

務性が劣るものとして犯罪人引渡及び狭義の刑事共助を「第二次の共助」として説明することもある[82]。本稿における「刑事共助」とは，逃亡犯罪人引渡しを除いて，捜査当局間の捜査共助および裁判所間の司法共助に関する国際協力をいう。

(2)　逃亡犯罪人引渡しと「狭義の刑事共助」の関係

「狭義の刑事共助」は，歴史的に「逃亡犯罪人引渡し」の付随的な形で行われてきたが，身柄の引渡しが先行されない場合でも，自国の刑罰権行使において外国の協力が求められるようになったことから独自の規律として発達してきた。例えば，「ブスタマンテ法典」（Bustamante Code）の場合[83]。同法典は四巻で構成され，第三巻が「国際刑法」（第 296 条ないし第 313 条），第四巻が「国際訴訟法」（第 314 条ないし第 437 条）と定められる。「国際訴訟法」第三編の「犯罪人引渡し」（第 344 条—第 381 条），第四編の「出廷権及びその態様」に続いて「刑事共助」（第 388 条）が定められる。第三編（犯罪人引渡し）のなかで，犯罪から得たもの若しくは証拠に関するものの引渡しが明示された（第370 条）。引渡しが実施される前に当該犯罪人が死亡したり，或いは第三国への逃亡等によって所在不明になったときは身柄とは別に証拠物等の引渡しができると定める（第 371 条）。また，「犯罪人引渡及び刑事共助に関するベネルックス条約」（1962 年 6 月 27 日締結，1967 年 12 月 11 日発効）においては，序章の「犯罪人引渡」（第 1 条ないし第 21 条）に続いて，第一章「刑事共助」（第 22 条ないし第 43 条）が定められた。ベネルックス三国間では，すでに十九世紀末か

---

(82)　森下忠『国際刑事司法共助の研究』（成文堂，1981 年）225 頁。

(83)　「ブスタマンテ法典」は，第 6 回アメリカ国際会議（1928 年 2 月 20 日，キューバ）において締結された「国際私法条約」の付属法典である。条約は，米国および中南米 20 箇国の締約国があり，1928 年 11 月 25 日に発効した。アメリカ国際会議は，同法典がハバナ大学のブスタマンテ教授により提案され，その功績をたたえるため，「ブスタマンテ法典」と称することを決議した。「ブスタマンテ法典」の第四巻（国際訴訟法）第二編（裁判権）から第三編（犯罪人引渡し）までの英語条文は Isidoro Zanotti, *Extradition in Multilateral Treaties and Conventions*, Martinus Nijhoff Publishers, 2006. pp.116-120. また，第三巻及び第四巻の和訳として，森下忠「ブスタマンテ法典第三巻及び第四巻の邦訳」『広島法学』第 5 巻第 2 号（1981 年）117-129 頁がある。

第一章　逃亡犯罪人引渡しをめぐる国際刑事協力の法的構造と先行研究

ら犯罪人引渡しに関する両者条約が締結され，犯罪人引渡しの付随手続として刑事共助の内容が含まれていた[84]。その後，ヨーロッパにおいて，逃亡犯罪人引渡しと刑事共助についてそれぞれの条約が締結されるようになった。

二　国際刑事協力の範囲

　国際刑事協力は，国際犯罪の規制のために，一国の刑事続について当事国間で行われる相互援助であるが，「協力」と「援助」が同質のものとして混用されることがある。「国際刑事裁判所に関するローマ規程」第9部では，国際協力と司法援助（International cooperation and judicial assistance）について定めるところ，協力と援助の用語が互換的に用いられている。すなわち，一般的な協力義務「General obligation to cooperate」（第86条）および他の形態の協力「Other forms of cooperation」（第93条）と定めながら，第96条では「Contents of request for other forms of assistance under article 93」として，協力と援助が置換されている（下線は筆者）。相互援助を意味する「共助」(mutual assistance)について各種の「協力」を組み入れて説明することがある。例えば，共助と態様として，警察協力(police cooperation)，行政協力(administrative cooperation)，司法協力(judicial cooperation)などに分けられる場合である[85]。ここでは，警察協力は，国際刑事警察機構（ICPO）の目的として定められたように，「各国の国内法の範囲内で，かつ，世界人権宣言の精神にもとづき，すべての刑事警察当局間における最大限の相互援助を確保し，及び促進すること」と定める（インターポール憲章第2条ａ）。欧州刑事警察機構（Europol Convention 1995）は，二以上の締約国にまたがる組織犯罪等の防止および制圧のため，締約国の警察当局間で協力を行うための組織である（ユーロポール協約第2条）。また，行政協力とは，商品の輸出入，通過等についてその円滑な運用のため，締約国の行政当局間の協力であるという[86]。その主な対象は，農

---

(84)　森下忠『国際刑事司法共助の研究』（成文堂，1981年）198頁。

(85)　Christine Van den Wyngaert, *International Criminal Law : A Collection of International and European Instruments* (Kluwer Law International,1996), pp. 245-355.

(86)　EC Council Regulation No 1468/81 of 19 May 1981 on Mutual Assistance between the Administrative Authorities of the Member States and Cooperation between the Latter

◆ 第二節　国際刑事協力の法的構造

産物をはじめとする物品であり，締約国間または締約国とその他の国との貿易関係において，関税法令等の的確な適用に重点が置かれる。

　国際刑事協力の範囲について包括的に定義したものとして，「国際刑事裁判所に対する協力等に関する法律」（平成十九年五月十一日法律第三十七号）がある。同法における「協力」とは，証拠の提供，裁判上の証拠調べ，書類の送達，受刑者証人等移送，引渡犯罪人の引渡し，仮拘禁及び執行協力，と定義される（第2条第11号）。すなわち，国際刑事司法協力とは，刑事事件について，協力請求の受理，受理事項に関する審査と措置，審査と措置の結果の通知，これらの関連事項の協議である，と定義することができる。

　「協力」と「共助」の相違は，共助の対象が捜査，訴追および裁判に関する物的資料の提供（証言等のための被拘禁者の移動が含まれる。）であるが，「協力」はその他に犯罪人引渡しなどが含まれるということである（日本・欧州連合間の刑事共助協定，欧州刑事共助協定等）。国際刑事協力は，刑事共助，犯罪人引渡し，受刑者移送，その他の関連事項に関する協議を含む包括的な概念である。すなわち，＜国際刑事協力＝刑事共助（捜査共助＋司法共助）＋犯罪人引渡し＋受刑者移送＋その他の関連事項に関する協議＞となる。同様の趣旨として，米州機構（OAS Organization of American States）締約国間の「汎米犯罪人引渡条約」（Inter-American Convention on Extradition,1981 年署名）前文「Reaffirming their goal of strengthening international cooperation in legal and criminal law matters, ….」，刑事訴追移管ベネルックス条約などがある（下線は筆者）。「刑事訴追移管に関するベネルックス条約」（1974 年 5 月 11 日締結）の理由書には，国際刑事協力の範囲について，①犯罪人引渡し（extradition），②狭義の司法共助（minor judicial assistance），③外国判決の執行（execution of foreign sentence），④刑事訴追の移管（transfer of proceedings in criminal matters）など，四つの類型に分けられる[87]。

---

　　　and the Commission to Ensure the Correct Application of the Law on Customs or to Ensure the Correct Application of the Law on Customs or Agriculture Matters (Brussels, 19 May 1981).

（87）　森下忠『国際刑事司法共助の研究』（成文堂，1981 年）225 頁，同『国際刑法の新しい地平』（成文堂，2011 年）166 頁。

第一章　逃亡犯罪人引渡しをめぐる国際刑事協力の法的構造と先行研究

三　逃亡犯罪人引渡しをめぐる地域協力

　引渡協力の理想的な法的枠組は「世界犯罪人引渡協約をつくり，その適用を世界国際刑事裁判所にゆだねること」である[88]。引渡しをはじめとする国際刑事協力において，世界的な規模での規範秩序の創設が謳われる理由は，犯罪規制の目的と効率が全うされ，国家刑罰権行使から免脱される犯罪が防げるところにある。規制の網が世界を張り巡らすということは，二箇国間または限定的な地域間の国際協力よりも，犯罪者の野放しを許さず，もはや逃げ得が望めないということである。しかし，現実として，逃亡犯罪人引渡しなどの国際協力が功を奏しているのは一定の地域協力であり，近隣諸国または政治的な連結を有する諸国の範囲内にとどまる。その反面，政治経済やイデオロギーなどの体制の対立，または司法体系の異質性などのために条約締結が好ましくないと判断されたり，若しくは人的交流や交易の規模が少ないために条約締結の実務上の必要性が少ないなどの事情によって，地域協力が展開されないこともある。例えば，自国民引渡しの可否，政治犯罪の認定，死刑制度の存廃，人権保障の程度，公正な裁判の確保などのように，引渡制限事由の存否およびその判断について，各国の法制や見解に齟齬があり，地域共同の規範作りには慎重な対応をとることである。このような事情に注目して，政治的に同質な法制度をもつ国の相互間[89]，若しくは国境を接していて交流や交易が盛んであることから犯罪規制の必要がある域内の諸国間，などにおいて緊密な引渡協力を行うことが現実的であり，犯罪人引渡制度の進展に資することである指摘される。

　欧州における「逮捕状枠組決定」の体制では，引渡手続の簡易化と迅速化が図られ，これまでのような外交経路や中央当局を介さず，締約国の訴追機関間で直接に協力しあうこととなった。また，その枠組決定で定められた32の犯

---

(88)　「犯罪人引渡しの現実問題」を採りあげた第10回国際刑法学会（1969年，ローマ），団藤重光「ローマにおける第10回国際刑法会議に出席して(4)」『ジュリスト』443号（1970年）97頁。

(89)　山本草二「犯罪人引渡制度における政治性の変質」『東北大学法学』49巻3号(1985年)368頁の注10。Doehring, K., New Problems Raised in Matters of Extradition, 59- I *Annuaire de Institut de Droit International* (1981), pp. 165-166.

◆ 第二節　国際刑事協力の法的構造

罪類型（カタログ犯罪）については，双罰性および特定性の各要件，自国民お
よび政治犯の不引渡原則などが排除される。それに伴って，イギリスの「逃亡
犯罪人法」制定（2003年），ドイツにおける「欧州逮捕状法」制定（2004年）
及び「国際刑事司法共助法」の改正など，締約国の国内法が整備されるように
なった。他方で，自国民不引渡しを憲法で定めていたドイツなどでは逮捕状枠
組決定に基く自国民引渡しの決定が連邦憲法裁判所により違憲判決がなされた
り（2005年），逮捕状枠組決定において双方可罰性を排除した規定が国内法と
抵触することから整合性の確保のために国内法の改正が行われることになっ
た[90]。多国間条約に基づく地域的な犯罪人引渡条約として[91]，欧州犯罪人引
渡条約と欧州連合犯罪人引渡条約などの他に，「米州犯罪人引渡条約」（1981年
2月25日署名）[92]，「アラブ連盟犯罪人引渡協定」（アラブ連盟評議会により
1952年9月14日承認），「犯罪人引渡及び刑事共助に関するベネルックス条約」
（1962年6月27日署名），「犯罪人引渡に関する英連邦枠組」，「北欧犯罪人引渡
枠組」などが挙げられる。このような刑事分野の地域協力は，各国の法制度の
相違を前提としながら，「加盟国において適用可能な規則の適合性の確保」を
図ることで，犯罪規制の徹底を期するものである[93]。

---

(90)　「逮捕状枠組決定」における相互承認について，各加盟国の憲法秩序その他刑事司
　　法の仕組みとの間で不具合が解消されないうちに，法的枠組が先行したことは拙速で
　　あったとの批判があった。高山佳奈子「国際刑事証拠法」『理論刑法学の探求(3)』（成
　　文堂，2010年）171頁。Kai Ambos, Internationales Strafrecht, 2. Aufl., 2008, p.535.
　　Michal Plachata, Cooperation in Criminal Matters in Europe : Different Models and
　　Approaches, in : Cherif M. Bassiouni (ed), 2008, International Criminal Law, 3rd ed., Vol.
　　Ⅱ, 2008, p.457.

(91)　M.Cherif Bassiouni, *International Extradition : United States Law and Practice* 4ed
　　(Oceana Publications, 2002), pp.42-47.

(92)　Isidoro Zanotti, *Extradition in Multilateral Treaties and Conventions* (Martinus
　　Nijhoff Publishers, 2006), pp.8-10.

(93)　フィリップ・オステン「ヨーロッパにおける受刑者移送制度の動向：ドイツの状況
　　を手がかりに」『慶応大学法学研究』84巻9号（2011年）139頁。

55

第一章　逃亡犯罪人引渡しをめぐる国際刑事協力の法的構造と先行研究

四　逃亡犯罪人引渡し以外の国際刑事協力

(1)　刑 事 共 助

　刑事共助は，ある犯罪について刑事管轄権の行使を主張する一国について，その処罰の手続をめぐり当事国が相互援助することであって（1959年締結の欧州刑事共助条約第1条），請求国と被請求国との間で，捜査，訴追その他の刑事手続について行う相互支援である（日中刑事共助条約第1条第1項）。すなわち，刑事共助の対象は広義の刑事共助のなかで逃亡犯罪人引渡および刑の執行などを除いたもので（日・欧州連合刑事共助協定第1条），狭義の刑事共助ともいわれる。共助の主体を基準として，捜査当局が行う捜査共助と裁判所が行う司法共助のように振り分けることもできるが，刑事共助は，逃亡犯罪人引渡しに付随する形で展開されてきた。例えば，1927年のフランス引渡法は，第一章ないし第三章では逃亡犯罪人引渡しの要件・手続・効果についてそれぞれ定めながら，第四章において「若干の付随的手続」を定め，狭義の刑事共助について規定した[94]。引渡法の名称が「外国人の逃亡犯罪人引渡しに関する法律」となっており，主に逃亡犯罪人の身柄の引渡しについて定め，それに付随して，逃亡犯罪人の所持品や証拠物などの引渡しが行われていたことを意味する。次いで，1929年のドイツ引渡法においても，第一章で逃亡犯罪人の引渡し，第二章で物の引渡しおよび第三章でその他の刑事共助を定め，その後ドイツが外国と締結した引渡条約ではこのような形式がとられることが多くなった[95]。

　刑事共助の主な内容は次のとおりである（日中刑事共助条約および日韓刑事共助条約など）。すなわち，①証拠（証言，供述及び書類，記録その他のものを含む。）の取得，②捜索または差押え，③鑑定及び見分，④人，物，書類等の所在地の特定，⑤立法機関，行政機関，司法機関または地方公共団体が保有する書類等の提供，⑥請求国により出頭が求められる者の招請の協力，⑦被拘禁者の移送について，証言，捜査，訴追その他の刑事手続における協力，⑧刑事手続に関する文書の送達，⑨犯罪の収益または道具の没収，その他これに関連す

---

(94)　森下忠『国際刑事司法共助の研究』（成文堂，1981年）18頁。

(95)　森下忠・同上書・19頁。

◆ 第二節　国際刑事協力の法的構造

る措置，⑩犯罪記録の提供，⑪その他の共助であって締約国の中央当局間で合意されたもの，などである。共助請求の方式は，書面が原則であるが，被請求国が認める場合には書面以外の信頼しうる通信とし，その後速やかに書類を提出することが求められる。また，刑事共助条約には，外交経路ではなく，事前に中央当局が指定されることが一般的で，その当局間で直接の連絡によって共助が実施されることが定められる場合が多い。例えば，日中刑事共助条約では，中央当局として，日本では法務大臣若しくは国家公安委員会委員長（又は各指定者），中国では国務院の司法部又は公安部が指定される。

　共助制限事由としては，共助を求められた犯罪に双方の法令において犯罪を構成しないこと，共助が政治犯罪に関連すること，被請求国の主権・安全・公共秩序その他の重要な利益が害されるおそれがあること，共助請求が人種・宗教・国籍・民族的出身・政治的意見若しくは性を理由になされていること若しくはそれらの理由により共助を求められた者の地位が害されると信ずるに足りる実質的な根拠があること，その他に共助請求が条約上の要件に適合しないこと，などについて被請求国が認める場合が挙げられる。また，被請求国の法務大臣によって共助の相当性が認められないときなどにおいて，共助が制限されることもある（日本「国際捜査共助法」第5条）。但し，被請求国が共助を拒否する場合，被請求国の中央当局は共助拒否に先立ち，条件付きの共助実施について請求国の中央当局と協議することが定められる（日中刑事共助条約第3条第2項など）。

　他方，欧州の刑事共助においては，進展された情報通信の基盤を用いて技術的に向上された共助方式が採り入れられたり，関係国の当局間で合同捜査が行われるなどがある。例えば，EU刑事共助条約（2000年5月29日締結，2005年8月23日発効）の場合，ビデオ会議（video conference）方式による証言聴取（第10条），電話会議（telephone conference）方式による承認および鑑定人の聴取（第11条），複数の加盟国の当局により捜査を行うための合同捜査チームを構成し活動することができる（第13条），秘密捜査（第14条），通信傍受（第18条），などの方式が採用される。

57

第一章　逃亡犯罪人引渡しをめぐる国際刑事協力の法的構造と先行研究

(2)　受刑者移送

　国際刑事協力において，犯罪人などの身柄の移動（受刑者証言移送を除く.）
に訴追段階を前後して，①刑事訴追のため，②刑の執行（開始）のため，③刑
の執行（継続）のため，などに分けられる。1と2については犯罪人引渡しに
関する国内法および条約に多く定められことから引渡しの範疇に含まれ，3が
「受刑者移送」となる。例えば，日米および日韓の各犯罪人引渡条約では「訴
追し，審判し，又は刑罰を執行するために」引渡しを行うと定める（各条約第
1条）。また，これらの条約では，受刑者移送の対象として，締約国の裁判所
によって刑が確定された者に限られ（第3条第1項 b），行政機関による保安処
分などで拘禁された者は含まれないとする[96]。

　受刑者移送とは，外国人受刑者に対して本国において刑を服させることによ
り，社会復帰の促進を図るための國際共助である（「CE 条約」前文）。移送共助
が行われる背景には，犯罪の國際化にともなって，外国人が訴追・裁判にかけ
られる事例が増加するという事情がある。國際刑事協力において，犯罪人引渡
及び刑事共助の焦点が刑罰権行使の徹底に当てられているところ，受刑者移送
の場合は受刑者の処遇改善と社会復帰等のような人権尊重に重点が置かれてい
る側面で相違点がある。

　「刑を言い渡された者の移送に関する条約」（Convention on the Transfer of
Sentenced Persons：CE 条約）[97]では，移送共助の要件として，①当該受刑者

---

(96)　受刑者のこと「prisoner」は，本来，捜査，訴追及びその他の刑事手続において身
　　体の自由が剥奪された者として，幅広い概念で用いられる。田中英夫編『英米法辞典』
　　（東京大学出版会，1991 年）。そうすると，逮捕または勾留された者，裁判所によって刑
　　が言い渡された者若しくはその執行が開始された者，その他に保安処分のような行政処
　　分により拘禁された者などが含まれる。すなわち，日本の「刑事収容施設及び被収容者
　　等の処遇に関する法律」第2条で定めた「被収容者」及び「被留置者」が含まれ，合わ
　　せて「被拘禁者」と解される。このような包括的概念としての用例として，国連「被拘
　　禁者処遇最低基準規則」（Standard minimum rules for the treatment of the prisoners,
　　1955 年）が挙げられる。

(97)　「CE 条約」は，欧州評議会の主導で作成，1985 年 7 月 1 日発効され，欧州諸国の
　　他に日本（2003 年 6 月 1 日発効）・韓国・米国・カナダ等の域外諸国も加入している。
　　条約名称に「ヨーロッパ」が付かないのは「移送」の対象と実施が域内にとどまらず世

◆ 第二節　国際刑事協力の法的構造

が執行国の国民であること，②裁判の確定，③残余刑が6月以上であるか若しくは不定期刑に服していること，④受刑者が移送に同意すること，⑤双方可罰性の原則を満たすこと，⑥裁判国と執行国がともに移送に同意すること，などが定められている（第3条）。欧州において「CE条約」の対象となるものは被拘禁者であり，「逮捕状枠組決定」の対象は逃亡犯罪人ということになる。

　受刑者移送は，刑罰の裁判国とその執行国間の刑事協力であるところ，受入移送を受けた国（執行国）における執行方式には刑の「執行継続」（continued enforcement）と「刑の転換」（conversion of sentence）がある（「CE条約」第9条ないし第11条）。転換方式とは，裁判国で確定された刑について執行国の刑事法令が定める手続きを適用し，その結果改められた刑を執行することをいう。執行国が行う転換の条件として，裁判国での判決上の事実認定に拘束され，転換された刑が裁判国での量刑より重いものとなってはならないなどが挙げられる。転換方式においては，裁判国の判決上の事実認定をめぐって，執行国による法的評価が問題となる。例えば，裁判国であるオーストリアでは謀殺罪と認められて終身自由刑が言い渡されたが，執行国のドイツにおいて当該犯罪事実は故殺罪に該当して通常15年の自由刑に当たるに過ぎない場合である。転換方式をとる執行国（ドイツ）は，裁判国（オーストリア）での量刑認定を尊重して，執行国法上の「重大な故殺罪」を適用したことにより終身自由刑を維持し，転換における偏差の防止策が講じられたのである[98]。継続方式は，原則として，裁判国で言い渡された刑をそのまま適用する。ただし，刑の性質上若しくは刑期が執行国の法令に適しない場合，執行国の裁判所または行政上の命令等によって自国の刑罰または措置に合わせることができる（「CE条約」第10条第2項）。

　　界的な規模で行われることが期待されたからである。フィリップ・オステン「ヨーロッパにおける受刑者移送制度の動向：ドイツの状況を手がかりに」慶応大学『法学研究』84巻9号（2011年）135頁。なお，「CE条約」の締結経緯および条文解説については，森下忠『刑事司法の国際化』（成文堂，1990年）第2章（ヨーロッパ理事会の受刑者移送条約）を参照。

（98）　フィリップ・オステン「ヨーロッパにおける受刑者移送制度の動向：ドイツの状況を手がかりに」慶応大学法学研究』84巻9号（2011年）150-151頁。

59

第一章　逃亡犯罪人引渡しをめぐる国際刑事協力の法的構造と先行研究

「受刑者移送モデル協定」（Model Agreement on the Transfer of Foreign Prisoners）は，国際連合の主導で外国人受刑者の本国移送を促進すべき趣旨として作成された。国連犯罪防止会議及び國際刑法学会等の議論をへて，1984年，国連犯罪防止委員会によって採択された。移送要件は，「CE 条約」上の要件と殆ど同じだが，移送先として本国の他に「居住国」が含まれていること（第 1 条），移送制限事由（第 3 条）として政治犯罪，租税犯罪，軍事犯罪（軍刑法違反の事件）等が定められたことなどに違いがある[99]。

(3)　刑事手続の移管

　訴追移管とは，ある犯罪人について，一国が他国に対してその犯罪人を訴追するよう請求し，被請求国は，双方可罰性などの一定の要件に基づいて，訴追を行うことができるとする国際協力である。代表的なものとして，欧州刑事手続移管条約（Eurpean Convention on the Transfer of Proceedings in Criminal Matters, 1972 年 5 月 15 日締結）が挙げられる。同条約の場合，訴追移管の対象となる犯罪について，被請求国は「自国の刑法に従って」訴追する権限を有する（第 2 条）。被請求国において，当該犯罪について適用しうる国内刑罰法の規定が存在しないときは，本条約上の訴追移管の請求により，裁判権が創設されるというものである。但し，訴追移管の請求は，無制限に行えるものではなく，自国で訴追が不可能であり若しくは訴追しないことが確認された場合に限られる。条約上の「自国の刑法に従って」当該犯罪人を訴追することは，締約国間において刑法の共通適用という法的仕組みを創設させることであり，その法的性質は代理主義に基づくものといわれる[100]。

　欧州刑事訴追移管条約では，訴追移管の請求が可能な対象として次のものを定める（第 8 条）。犯罪人が，①被請求国に住居をもつこと，②被請求国の国民であること，③被請求国において自由刑の刑に服せられ若しくは服せられるべきであるとき，④被請求国において訴追対象であるとき，⑤訴追移管が事件

---

(99)　芝原国爾『刑事司法と国際準則』（東京大学出版会，1985 年）236-241 頁。また，同モデル条約の締結刑及び条文解説については，森下忠『刑事司法の国際化』（成文堂，1990 年）第 3 章（外国人受刑者の移送に関する模範協定）を参照。

(100)　森下忠『国際刑法の新動向』（成文堂，1979 年）284-285 頁。

◆ 第二節　国際刑事協力の法的構造

の真相解明に役立ち若しくは特に重要な証拠が被請求国に存在するとき，⑥被請求国において刑が執行されることがその犯罪人の社会復帰などの更生に役立つと認められるとき，⑦犯罪人が被告人である場合において，請求国の公判では出席できず，被請求国の公判では出席が確保されるとき，⑧請求国では逃亡犯罪人引渡しによって引渡しを受けても刑の執行ができないが，被請求国では刑執行が可能であると認められるとき，などである。

(4)　外国刑事判決の執行

　外国刑事判決の執行とは，他の締約国の刑事裁判所において確定された，刑罰又は処分などの制裁について，その制裁を自国で執行することをいう。その代表的な法的枠組として「刑事判決の国際的効力に関する条約」(European Convention on the International Validity of Criminal Judgements, 1970 年 5 月 28 日締結) が挙げられる。その趣旨として，国際犯罪の規制のために域内諸国が共同で取組むべき有効な手段が求められ，域内の安全と秩序の確保するために，共通の刑事政策を遂行し，犯罪者の人権保障及び更生などの必要性が認められるという（欧州刑事判決条約前文）。条約上の刑事判決執行の対象は，自由剥奪の制裁，財産刑または没収，政治的権利等の停止などの三つである（第 2 条）。当該犯罪者について，刑を言い渡した国が裁判国となり，執行を行う国が執行国で，裁判国の請求により被請求国が執行することになる。被請求国において条約上の執行が行われるための要件として，双方可罰性および特定性などが定められ，執行請求に対する義務的な拒否事由として一事不再理 (ne bis in idem) などが定められる（条約第 3 章第 1 節）。

　判決執行の国際協力が，その対象として，自由刑のみならず，財産刑および権利剥奪などの刑罰と処分を網羅する点で，一定の重罪であることを実施要件とする逃亡犯罪人引渡し，および既に外国で執行中の受刑者について残余の刑期を執行する受刑者移送などとは対比される。すなわち，このような外国判決の執行協力が，逃亡犯罪人引渡しをめぐる国際協力などの抜け穴を補完するものとして，有効な法的枠組であることは否定できない。但し，逃亡犯罪人引渡しを含めて，刑事共助，受刑者移送等の多様な分野の刑事協力の法的枠組が実現されるためには，地域内の諸国間において，刑罰法体系の調和，人権保障の

61

第一章　逃亡犯罪人引渡しをめぐる国際刑事協力の法的構造と先行研究

ための装置などの整備，その他の刑事協力の実績の蓄積などが求められる。日中韓の場合，外国刑事判決の効力と関連して，外国での刑の執行について国内で減軽または免除する（日本刑法第5条），外国での刑の執行について国内で減軽または免除することができる（中国刑法第10条および韓国刑法第7条）などと定め，日韓の各国際受刑者移送ではこれを否認する特則が設けられている。従って，国際刑事協力の進展が行われるためには，国内法と条約の立法と改正にとどまらず，刑事政策の基調について当事国の緊密な協議と合意を伴うものである。

◆ 第三節　先行研究の検討

一　「アジア諸国における犯罪人引渡を促進するための若干の提言」

　アジア国際刑事協力の法的枠組に関する代表的な提言として森下忠博士の「アジア諸国における犯罪人引渡しを促進するための若干の提言」が挙げられる[101]。提言の要旨は，アジア諸国は経済発展の段階および司法体系などにおいて相当な格差あるなどの特殊な事情があるため，同地域において犯罪人引渡しを促進するためには「伝統的な犯罪人引渡しの諸原則を大いに緩和する必要がある」というものである。具体的な内容として，相互主義の緩和，双方可罰主義の緩和および引渡手続の簡素化等が挙げられる。また，の課題として，欧州の「シェンゲン情報システム」にならった「アジア情報システム」の設立をはじめ，刑事共助，受刑者移送，刑事訴追移管などにおいてもアジア地域条約（協定）の締結が望ましいというものである。

　同氏は，アジア諸国は経済発展の段階および司法体系において相当な格差あるなどの特殊な事情があり，それゆえに同地域内での犯罪人引渡しを促進するためには「伝統的な犯罪人引渡しの諸原則を大いに緩和する必要がある。」という。すなわち，伝統的な犯罪人引渡しの諸原則は19世紀ヨーロッパの国家

(101)　森下忠「アジア諸国における犯罪人引渡を促進するための若干の提言」『警察学論集』49巻5号（1996年）。提言は，1995年，タイで開かれた第4回「アジア刑政財団」世界大会において行ったものである。

62

◆ 第三節　先行研究の検討

主権システムに基づくもので「刑法の国家性の原則」に固執されるために国際化された犯罪を実効的に規制できず，従って「国際的連帯性を強化すべき」であるという趣旨である。提言の具体的な内容として，犯罪人引渡しにおける相互主義の緩和，引渡手続の簡素化，双方可罰主義の緩和などが挙げられた。また，今後の課題として，欧州のシェンゲン条約に基づいて設けられた「シェンゲン情報システム」にならった「アジア情報システム」の設立，犯罪人引渡しにとどまらず，刑事共助，受刑者移送および刑事訴追移管などの分野でアジア地域条約（協定）の締結が望ましいというものである。このような法的規範の枠組創設の提言に対して，人権保障などの見地から，刑事司法体系が大いに異なる国家間の刑事協力には慎重であるべきとの見解もある。國際刑事協力の効率の側面が重視されることによって内国法上の人権保障の水準が後退することは望ましくなく，日本の刑事司法手続では認められない方法で獲得された証拠を用いることは困難であり[102]，相互承認の原則などが実施されるためには人権保障も担保できる措置が伴わなければならず，中国などのように日本の刑事司法体系と大きな相違がある場合は慎重な接近が求められる[103]，というものである。

二　法制度整備支援

法制度整備支援とは，開発途上国が行う法制度整備のための自助努力を支援することをいい，基本的な支援内容として，具体的な法令案作成，法令の執行および運用のための体制整備，法律専門家などの人材育成などが挙げられる[104]。このような支援が求められる理由は，破綻国家などのように統治能力を失った国について，その混乱が一国の領域にとどまらず隣接の諸国にも影響

(102)　髙山佳奈子「国際刑事証拠法」川端博＝山口厚＝井田良編『理論刑法学の探求(3)』（成文堂，2010 年）171-172 頁。

(103)　髙山佳奈子「国際刑事法をめぐる課題と展望」『刑事法ジャーナル』27 号（2011年）8 頁。同様の趣旨から，米国が，法治主義または裁判所の独立が確立されていない韓国などの諸国との間で犯罪人引渡条約を締結したことに対する批判として，Christopher H. Pyle, *Extradition, Politics, and Human Rights* (Temple University 2001), pp.6-7.

(104)　法務省（「国際協力部による法整備支援活動」）(http://www.moj.go.jp/housouken/houso_lta_lta.html. 2014 年 9 月 22 日閲覧)。

第一章　逃亡犯罪人引渡しをめぐる国際刑事協力の法的構造と先行研究

を及ぼすことが少なくないからである。民族紛争や利害関係の衝突などから内戦や戦争をへた国家において，国家機能の建直しとして平和構築が求められたところ[105]，その活動において法の支配の重要性が着目されるようになった。すなわち，紛争後の平和構築と長期的な平和維持を推し進めるため，健全な刑事司法行政の確保が避けられないというものである。その主な課題として，刑事司法の組織のあり方，公権力の正当な執行，基本的人権の確保，これらに係る人材の育成などであり，国家における刑事司法機能の再建を目標とするものである。また，法制度整備支援には犯罪規制のループホール（loophole）を防止するための方策として講じられ，開発途上国の刑事司法の能力を向上させることにより国際刑事協力の強化が図られるとする[106]。例えば，国連組織犯罪防止条約では，締約国間で，法執行の職員または組織犯罪の探知および取締りに係る職員などについて，派遣・交流などをつうじて最新技術の訓練若しくは体系的な法令制度の整備などの訓練を行うことができると定める（第29条）。また，このような国際協力により開発途上国における捜査手法などの犯罪規制の能力を向上させるために対外援助および資金協力が奨励される（第30条）。

---

(105)　平和構築という概念が本格的に採り上げられたのは，1992年当時の国連事務総長であったブトロス・ガリにより発表された『平和への課題』という報告書に由来する。Boutros Boutros-Ghali, An Agenda for Peace : Preventive Diplomacy, Peacemaking and Peace-keeping(Report of the Secretary-General Pursuant to the Statement Adopted by the Summit Meeting of the Security Council on 31 January 1992), UN Document A/47/277-S/24111, 17 June 1992. また，2000年に発表された『国連平和活動に関する委員会報告』（委員長の名前になぞって「ブラヒミ・レポート」と呼ばれる）において，平和構築とは，平和の基盤を再確立するための道具を提供する諸活動を指す。その例として挙げられるのは，地元警察の訓練と再編，刑事司法制度の改革などをつうじて法の支配を強化することなどである。篠田英明『平和構築と法の支配：国際平和活動の理論的・機能的分析』（創文社，2003年）12頁

(106)　九州沖縄サミット首脳宣言では「我々は，犯罪グループが，より脆弱な国の社会，経済及び政治構造を脅かし，また，犯罪に対抗する世界的な枠組みの抜け穴としてそれらの国を利用することを防ぐため，そのような国が刑事司法制度を強化するためのキャパシティ・ビルディングの努力を支援しなければならない。」とした（パラ49）。尾崎久仁子「人権侵害行為に対する国家の刑罰権の行使とその範囲について」『国際法外交雑誌』102巻1号（2003年）41頁および同頁の注75。

64

◆ 第三節　先行研究の検討

　日本における法整備支援の活動は，単に法務的な見地に限られず，外交政策，国際協力事業，政府開発援助（ODA）などとの連携の一環であり，その基本方針として，①自由，民主主義，基本的人権などの普遍的価値観の共有による開発途上国への法の支配の定着，②持続的成長のための環境整備およびグローバルなルール遵守の確保，③日本の経験・制度の共有，日本との経済連携強化，地域的連携・統合の基盤整備，④日本企業の海外展開に有効な貿易・投資環境整備や環境・安全規制の導入支援，⑤ガバナンス強化を通じた日本が実施する経済協力の実効性の向上と国際開発目標達成への寄与，などが挙げられる[107]。日本の法整備支援は，1990 年代からベトナムを対象に本格的に始まり，ミャンマーやラオス等の東南アジア，モンゴル，ウズベキスタンなどに及んでおり，支援対象の実質的な選択を尊重するという方式が特色であるといわれる。法整備支援の目的は「良い統治」（good governance）[108]の実現であり，それに必要不可欠のものが「法の支配」であるとされる[109]。

　日本における法整備支援の具体的な活動として，「国連アジア極東犯罪防止研修所」（UNAFEI, The United Nations Asia and Far East Institute for the Prevention of Crime and the Treatment of Offenders）[110]およびアジア刑政財団（ACPF, Asia Crime Prevention Foundation）[111]による国際刑事司法協力が挙げ

---

(107)　外務省（「法制度整備支援に関する基本方針(改訂版)」）（http://www.mofa.go.jp/mofaj/gaiko/oda/bunya/governance/hoshin_1305.html. 2014 年 9 月 23 日閲覧）。

(108)　国際協力における「グッド・ガバナンス」とは開発途上国における行政能力の向上をいう。外務省（http://www.mofa.go.jp/mofaj/gaiko/oda/bunya/governance/. 2014 年 9 月 23 日閲覧）。

(109)　横溝大「"法の支配"の確立と法整備支援：抵触法的観点から」『国際法外交雑誌』111 巻 3 号（2012 年）40-41 頁。

(110)　1954 年ミャンマーで開催された第 1 回の国連犯罪防止及び犯罪者処遇アジア会議において，アジアに国連地域研修所を設立すべきである旨の決議が行われた。この決議を受けて 1961 年に国連と日本国政府の間で同研修所の設立に関する協定が締結され，翌年 3 月に研修所が正式に発足された。研修所ウェブペイジ（http://www.unafei.or.jp/index.htm）。

(111)　アジア刑政財団は，「国連アジア極東犯罪防止研修所」の事業の支援および関連活動を推進することにより，アジア及び世界の平和と繁栄に貢献することを目的として，1982 年東京で設立された財団法人である。1991 年，国連経済社会理事会において「国

第一章　逃亡犯罪人引渡しをめぐる国際刑事協力の法的構造と先行研究

られる。UNAFEI は，各国の刑事司法実務家を対象とする国際研修とセミナーの実施，犯罪防止及び犯罪者処遇に関する調査と研究などであり，とりわけアジア太平洋地域の開発途上国における刑事司法制度の発展と相互協力の強化に努めている。各国の裁判官，検察官，矯正保護などの実務家による研修とセミナーをつうじて形成されたネットワークは刑事司法における国際協力に役立っている。UNAFEI の事業活動について積極的に支援しながらアジア地域における国際刑事司法協力を促進する役割を担っているのが ACPF である。ACPF はアジアにおける犯罪防止及び刑事司法について効果的な地域協力を促進することを目的にし，関連課題に関する研究大会などを開催している。とりわけ，犯罪人引渡しの促進に注目して，「アジア犯罪人引渡条約（案）」の作成にも取り組もうとしている[112]。

三　グローバル・ガバナンスとしての国際刑事協力

グローバル・ガバナンスとは「越境する問題のマネジメント」といわれる[113]。現代では，人間・物資・情報・犯罪・汚染などの動きは一定の領域内にとどまらず，国境をこえて流動する。東アジアにおいても，サーズ（SARS・重症急性呼吸器症候群），鳥インフルエンザ，アジア通貨危機，脱北者（北朝鮮から離脱した住民）の行列等のように，一国の管轄ではおさまらない国際問題が生じている。主権国家システムでは，このような越境問題に対処するために，当事国を中心とする域内の国家間の外交や協力を行ったり若しくは市場メカニズムに頼るなどの方策が採られてきた。もっとも，主権国家システムに基づく政府間の協力と市場原理では，問題解決の機能が効果的に作用せず，充分に対処できないという問題意識がある。すなわち，越境問題の解決のためには，解決の主体が国家（政府）にとどまらず，多様な主体または機能について模索することである。多様な主体または機能のなかでは，主権国家システム

　　連 NGO」の認可を受け，2000 年には同理事会により新たな検討事項を提案することができる総合諮問資格（general consultative status）が与えられた。財団ウェブペイジ（http://www.acpf.org/index.html）を参照。

(112)　森下忠『犯罪人引渡法の研究』（成文堂，2004 年）24 頁。

(113)　遠藤乾編『グローバル・ガバナンスの最前線』（東信堂，2008 年）5 頁。

◆ 第三節　先行研究の検討

にもとづく政府間の協力の強化と拡大の他に，域内の国際機関，地方政府や市民社会などが含まれる。例えば，国際犯罪の規制について，すでに締結された政府間の条約や取極めにおいてその制限事由または協力手続を緩和することによって効率を高めたり，若しくは新しい国際機関を設立することもある。越境問題に取り組む主体として，領域主権に限定されず，解決の機能を有するものであればその機能を重視して様々な主体を見出すことに焦点が当てられる。

　国際刑事協力におけるグローバル・ガバナンスとして採り上げられるのが国際刑事裁判所である。国際刑事裁判所の設立の目的は，世界の平和と安全と福祉を脅かす犯罪について，国際協力を高めることにより，これらの罪を犯した者の免責を防止し（免責に終止符を打つ），犯罪予防に寄与することである（「ローマ規程」前文）。国際刑事裁判所が裁判権を行使して処罰しうる犯罪は，ジェノサイド，人道に反する犯罪，戦争犯罪，侵略犯罪と定める（第5条「裁判所の管轄犯罪」）。ただし，国際刑事裁判所の管轄権の行使は，主権国家システムによる国家の裁判権から超越して行使されるものではなく，国家裁判権が実行されない場合に限って，補完的に適用されるものである。

四　国際刑事分野におけるアジア共同体論

　欧州連合および東南アジア連合などの成果に注目して，東アジアの共同体の創設を構想する試みがある。いわゆる「東アジア共同体論」である。犯罪や環境問題等のように社会と自然を取り巻く諸現象が一国の領域にとどまらず，国境をまたがるようになり，それゆえ領域主権にもとづく管轄権の行使では充分に対処できなくなった。国際連合システムでは，安全保障常任理事国間の利害関係の相衝，強制力の欠如などによって，一定の国家や地域の問題が解決されないことが多い。そうして越境問題の解決のために近隣諸国の協力が模索され，地域主義が台頭された。1997年12月，アセアンの創設30周年をきっかけに，日中韓の3箇国を加えた「アセアン+3」首脳会議が開催された。同会議では，「グローバル化と情報化の進展による東アジア地域の相互依存」が高まっているという認識の下に，「東アジアの人々の生活水準に対して目に見える成果をもたらす東アジア地域協力の深化と拡大」していくという共同声明が出された。これらの政府間の展開とは別に，日本の学界の議論として，東アジアにおける

67

第一章　逃亡犯罪人引渡しをめぐる国際刑事協力の法的構造と先行研究

国際協力の深化と拡大について，その枠組の制度化をはかったのが「東アジア共同体憲章案」である[114]。

　この憲章案は，東アジア共同体の目的について，「この地域の人々の平和，安全保障，安定，より高い水準及び質の生活並びに格差のない繁栄を推進すること」，「この地域の人々と諸国が平和に生き，開かれた民主的な環境において繁栄するために，この地域の政府と人々の間の常時一貫した協議と協力を強化すること」と定める（第2条）。憲章の目的を推進するための活動目標のなかに，「テロリズム，海賊，薬物及び人身の売買，通貨偽造，資金洗浄などの国際犯罪に対する協力の強化」を定める（第3条ｂ）。とりわけ，国際犯罪（International Crimes）について，「……，テロリズム・海賊・薬物及び人身売買・通貨偽造・資金洗浄を含む国際犯罪に対抗しなければならない。」と定める（第8条）。また，経済・環境・エネルギーなどの協力の他に，司法協力について，「構成国は，立法・法曹養成教育・法曹に対する実務訓練を含む法に関連する分野において，共同体内における協力に合意する。」と定める（第20条）[115]。憲章案の付属書は，国際犯罪（第8条）について，締約国の行動計画に含まれるべき事例として，「国際テロ・海賊等の国際犯罪の共通定義」，「構成国捜査当局間の情報交換」，「構成国間における逃亡犯罪人引渡のための法的枠組みの確立」，「警察・検察を始めとする法執行機関間の協力強化」が挙

(114)　中村民雄・須網隆夫・臼井陽一郎・佐藤義明編『東アジア共同体憲章案』（昭和堂，2008年）。また，東アジア共同体論として，森嶋通夫著『日本にできることは何か：東アジア共同体を提案する』があり，それを素材にしながらEUとの比較で検討したものとして，座談会「東アジア国家間秩序の展望」及び「アジアにおける国際経済法秩序」『法律時報』74-4（2002年）がある。座談会では，森嶋の東アジア共同体の提案がバブル崩壊後の不況から立ち直れない日本の救済案であるとともに（EUのような地域統合は普遍的な現象として）歴史的な必然であると位置づけられる。東アジアにおける地域共同体の構築段階として，市場競争が確保されるよう制度基盤を整備し，さらに経済以外の分野に拡大していくことが望ましい。しかし，制約要素として，各国の法制度の実効性や法意識の格差，日中韓を取り巻く歴史認識の相違等が挙げられる。今後，日中韓の政府当局者などによるトライラテラルで話し合えるフォーラムが求めれられ，それを多層的に創っていくことが望ましいと指摘する。

(115)　司法協力の説明について次を参照。中村民雄・須網隆夫・臼井陽一郎・佐藤義明編『東アジア共同体憲章案』（昭和堂，2008年）111-112頁。

げられる。さらに，司法協力（第20条）については，「共同体における立法・法曹養成教育・法曹に対する実務訓練に関する相互協力」，「裁判所・検察庁・弁護士会を含む司法機関間の交流促進」が行動計画の事例として挙げられる。

　他方，アジア共同体の創設における構造的な問題点として，欧州と比べたときに，キリスト教のような共通の精神的な文化がなく多様であること，地域安全保障および地域人権保障などのような共通規範とそれを実現するための制度的基盤が存在しないこと，中国などのように立法・行政・司法の国家権力を一党に集中させる人民独裁国家の存在などが指摘される[116]。すなわち，アジアの地域的な規範秩序を実現するうえで必要不可欠となる構造的な基盤が脆弱であるといわざるをえないという。

◆ 第四節　小　括

　逃亡犯罪人引渡制度は，本来，犯罪の実効的な処罰を確保するため各国間で行われる相互主義的な協力であり，引渡請求に対するその実行の決定は被請求国の判断に委ねられていた。被請求国は，国内引渡法または引渡条約の規定に基づいて，引渡制限事由の存否の判断について裁判所の審査を経由させるが，裁判の結果として引渡可能との決定があった場合でも，さらに引渡しの相当性を検討したうえ，引渡しを執行しないことができる（日本引渡法の第2条および第14条第1項）。引渡しに係る犯罪は一般に請求国（犯行地国）の刑法の構成要件をみたすものとして，その訴追と処罰は，第一次的には犯行地国の管轄に属する。しかし，引渡しについて条約の存在を前提とする「条約前置主義」を採用する国とそうでない国では引渡条約が締結されていなければ引渡協力ができず，また，憲法などの法律において逃亡犯罪人が自国民であることを理由に引き渡すことを禁ずると定めた国もある。自国民不引渡しを法律で定めながら，その国が刑法上の国民の国外犯の規定に基づいて刑事責任の追及を徹底にしない限り，国民である逃亡犯罪人は刑罰権行使の管轄から抜け出して野放しにな

（116）　吉川元「西欧的国際政治システムへ回帰するアジア：受容，抵抗，そして衝突の軌跡」中村雅治,イーブ・シュメイユ編『EUと東アジアの地域共同体：理論・歴史・展望』（上智大学出版，2012年）55頁。

第一章　逃亡犯罪人引渡しをめぐる国際刑事協力の法的構造と先行研究

ることになる。あるいは，受刑生活における労役収入や規律の緩さなどの条件に着目し，外国での服役をあえて受忍して国外犯罪を犯すこともありうる。そうして，逃亡犯罪人引渡しをめぐる国際刑事協力の抜け穴として次の点が挙げられる。①引渡条約の不在である。例えば，日中韓の各国は，外国人犯罪または逃亡犯罪人の逃亡先において他の二箇国が占める割合が非常に大きいが，日中間では引渡条約締結されず，引渡協力の実施において限界をもたらす。②引渡条約が締結されていても，各国の引渡法における引渡制限事由の法的性質若しくは引渡裁判における国際法規の評価において締約国間で偏差があるため，引渡条約の趣旨が円滑に作用しないことがある。③引渡しに関する要件と手続において長期の時間と労力等のコストがかかるため，引渡条約の締結または引渡法制上の引渡請求を控えることがある。④引渡協力の実効性を向上するためには，二箇国間条約にとどまらず，諸箇国間の地域協力が求められるが，そのような法的枠組の成立について共同の努力が功を奏しないことである。これらの理由によって国際協力の抜け穴（loophole）が生じ，結果的に逃亡犯罪人に避難所（safe haven）を与えることがある。その意味で，欧州における引渡しの地域協力の進展は注目すべきである。欧州における「逮捕状枠組決定」は，締約国の一国で発付された逮捕状が他方の締約国でも相互に承認され，その締約国は逃亡犯罪人を検挙し引き渡すことが義務付けられるというものである。この枠組決定の特徴として，引渡協力においてこれまで主な原則とされていた要件，引渡制限事由および手続などについて，排除または緩和され，国際協力が迅速かつ実効性の向上が図られたことである。

　引渡協力における伝統的な基本要件とは双方可罰性および特定性の原則が挙げられ，引渡制限事由として，政治犯不引渡し，自国民不引渡しなどがある。また，逃亡犯罪人の人権保障の見地から多国間条約において，迫害等を受けられるおそれがある認められる場合，引渡しまたは送還の禁止を定めた人権保障条項により，引渡制限の効果として機能することがある。他方で，このような引渡協力にかかる要件と手続などには，相当な労力と長期の期間を要し，これらのコストを避けるために行政措置として退去強制を行い，実質的に引渡しの効果をもたらすことがある。いわゆる「偽装引渡し」というものである。偽装引渡しは，引渡しについて条約前置主義を採用する諸国において引渡協力が求

◆ 第四節　小　括

められる相手国との間で条約が存在しない場合，若しくは国内法として引渡手続などに関する法令が存在しないなど，引渡協力に関する法的仕組みが整備されないなどの事情によって行われることがある。この場合，被請求国において，国際人権法規などで保障された引渡制限事由の存否について，裁判所の審査を経由しないため，行政便宜上の引渡しの実施により，引き渡された後に請求国おいて拷問や迫害を受けたり若しくは公正な裁判を受けられないなどの人権侵害が惹き起こされることもありうる。その他に，死刑存置国と死刑廃止国との間で引渡協力が行われる場合，逃亡犯罪人が存置国に引き渡されることによって死刑に処せられるおそれがあるときは，死刑を執行しないなどの保証が得られことを条件に引き渡すという死刑不引渡しなどがある。刑事分野の国際協力には，逃亡犯罪人引渡しの他にも，捜査当局間または裁判所間で相互援助を行う「狭義の刑事共助」，受刑者の更生改善および社会復帰のために外国人受刑者を本国に送出して服役させる「受刑者移送」，一国の訴追等の刑事手続を逃亡犯罪人の所在地に移転して処罰をすることを目的とする「刑事手続（訴追）移管」，他国の裁判で確定された判決を自国で執行する「刑事判決の国際的認定」などがある。

　先行研究では，逃亡犯罪人引渡しをめぐり，中国および韓国における国内立法，条約，裁判例，実行等に関する研究は，これまで死角地帯にとどまっているといわざるをえない。引渡しをめぐるアジア国際刑事協力の法的枠組に関する代表的な提言は森下忠博士の「アジア諸国における犯罪人引渡しを促進するための若干の提言」である。提言の要旨は，アジア諸国は経済発展の段階及び司法体系等において相当な格差があるなどの特殊な事情により，同地域において犯罪人引渡しを促進するためには「伝統的な犯罪人引渡しの諸原則を大いに緩和する必要がある」というものである。主な内容として，相互主義の緩和，双方可罰主義の緩和および引渡手続きの簡素化などが挙げられる。また，今後の課題として，欧州の「シェンゲン情報システム」にならった「アジア情報システム」の設立，刑事共助，受刑者移送，刑事訴追移管等の分野においてもアジア地域条約の締結が望ましいというものである。このような提言がある反面，人権保障等の見地から，刑事司法体系が大いに異なる国家間の刑事協力には慎重であるべきとの見解もある。國際刑事協力の効率の側面が重視されることに

第一章　逃亡犯罪人引渡しをめぐる国際刑事協力の法的構造と先行研究

よって内国法上の人権保障の水準が後退することは望ましくなく，日本の刑事司法手続では認められない方法で獲得された証拠を用いることは困難であり，相互承認の原則が実施されるためには人権保障を担保できる装置が伴わなければならず，中国などのように日本の刑事司法体系と大きな相違がある場合は慎重な接近が求められる，というものである。これらの先行研究の限界として次の点を指摘することができる。まず，東アジアにおける国際刑事協力のための法的枠組創設の提言などと関連して，中国や韓国等の主要国の制度と実行について分析が欠如されたことである。次に，欧州において進展中の法的枠組をアジアに機械的に導入しようとしたことである。欧州では，既存の逃亡犯罪人引渡条約に基づく協力体制から，締約国間の逮捕状を相互承認し執行できるとする「逮捕状枠組決定」へと移行したところ，その効率の側面に注目し，規範作りの当為の主張が先行したことである。

◆ 第二章 ◆ 日本国における逃亡犯罪人引渡し

　日本において，国際刑事協力に関する本格的な論議が行われたのは主に1970年代であり，その背景には国際犯罪の増加とその規制のための国内立法の整備が求められることにあった。ロッキード事件，日本赤軍による国際テロ行為，犯罪人の国外逃亡，保険金目当てなどの国外での犯行，国外犯罪人の国内への潜入，国際的な企業犯罪などが生じたことから，国内でこれらの犯罪人を訴追および処罰するために，若しくは外国の刑罰権の行使について国際刑事協力が避けられなくなった。とりわけ，「ロッキード事件」の訊問嘱託などをめぐって，米国当局との国際共助に追われ，1980年に「国際捜査共助法」が制定されたのは代表的な事例といえる[117]。ロッキード事件の当時，日・米間では犯罪人引渡条約が締結されただけで，刑事共助に関する法的合意がなく，当該事件の真相解明と訴追手続を行うために国際刑事協力の取極めが求められるようになった。そうして，外交交渉をへて，日本国法務省と米国司法省との間で「ロッキード・エアクラフト社問題に関する法執行についての相互援助のための手続」という合意が行われた（1976年3月24日）。同合意は一種の司法取極めとして，当該事件に関する刑事共助の実現に最善の努力をすることなどが定められ，米国から関係資料の入手ができる法的根拠となった[118]。その後，

---

(117)　座談会「犯罪の国際化と刑事司法協力」『ジュリスト』720号（1980年）14-36頁。座談会では，国際犯罪について，国際刑事共助の側面から次のような事例が紹介されている。犯罪人の国外逃亡により外国に対して身柄引渡しを求めたものとして「富士銀行雷門支店の不正融資事件」（フランス）及び「裁判所書記官に対する銃撃事件」（米国），捜査段階で外国において嘱託訊問が行われたものとして「ロッキード事件」（米国），捜査官の国外派遣調査を行ったものとして「ラストボロフ事件」（米国），検察官の国外派遣捜査として「エールフランス機長の拳銃密輸入事件」等である。さらに同座談会によると，1980年1月1日現在，犯罪人（被疑者）の国外逃亡件数は約100人と数えられ，主な逃亡先として東南アジアが多数をしめ，アメリカ，ヨーロッパなどにわたる。

(118)　第78回国会「ロッキード問題に関する調査特別委員会」における稲葉修法務大臣

第二章　日本国における逃亡犯罪人引渡し

「航空機疑惑問題等防止対策に関する協議会」が設けられ，再発防止の対策として関連法規の整備の提言が行われると（1976 年 9 月 5 日），国際犯罪に対処するための改正立法及び条約改正等のように国際刑事協力のための法制整備が進められた[119]。その代表的な成果として「國際捜査共助法」の制定が挙げられ，同法は 1980 年 5 月 29 日公布（法律第 69 号），同年 10 月 1 日から施行された。

　日本において近代的な逃亡犯罪人引渡しに関する最初の国内立法は「逃亡犯罪人引渡条例」（以下「引渡条例」という．）である（明治 20 年勅令第 42 号）。同条例は，1886 年（明治 19 年）に締結された「日本国と亜米利加合衆国との間の犯罪人引渡条約」（以下「日米旧引渡条約」という．）に伴って，国内施行のための手続き及び要件等を定めた条約実施法であった。その後，引渡条例は 1953 年に「逃亡犯罪人引渡法」（以下「日本（の）引渡法」または「引渡法」という．）の制定によって廃止され，引渡法は 1964 年と 1978 年の実質的な一部改正をへて今日にいたっている。また，戦前において犯罪人引渡し以外の国際刑事協力に関する国内立法としては「外国裁判所ノ嘱託ニ因ル共助法」がある。同法は，1905 年（明治 38 年）に制定され，刑事事件及び民事事件の訴訟における裁判所間の共助について定めた（第 1 条）。

　逃亡犯罪人引渡し，捜査及び裁判の共助の他に，刑執行の共助に関する国内法として 2002 年に制定された「國際受刑者移送法」がある。同法の趣旨は，外国人受刑者を本国に移送して残余刑を執行することにより，当該受刑者の改善更生及び円滑な社会復帰を促進することを目的とする（第 1 条）。逃亡犯罪人引渡しや刑事共助では，主に刑事事件の真相解明と処罰徹底に焦点が当てられ，刑事管轄権（国家刑罰権）に係わる当事国間の協力が求められるが，受刑者移送の場合は受刑者本人の利益が尊重されるため両者の間で相違がある。それゆえに，受刑者移送にあたっては，仮に裁判国と執行国との間で共助の合意がなされたとしても，当該受刑者の同意がなければ移送できないと定め（受刑者移送法第 5 条第 1 号及び第 28 条第 1 号），同意有無が移送の基本的な要件となる。

　　の答弁。衆議院会議録・同委員会第 4 号（1976 年 10 月 15 日）。

(119)　第 90 回国会「航空機輸入に関する調査特別委員会」における倉石忠雄法務大臣の答弁。衆議院会議録・同委員会第 2 号（1979 年 12 月 10 日）。

74

◈ 第一節　戦前の逃亡犯罪人引渡し

◈ 第一節　戦前の逃亡犯罪人引渡し

一　「逃亡犯罪人引渡条例」

　引渡条例は日本とアメリカ合衆国間の逃亡犯罪人引渡条約の国内実施法として制定されたが，立法の背景には二つの点が挙げられる[120]。第一に，対内的な要因として，米国で偽造罪をおかした米国人が日本に潜入したため米国からその身柄の引渡請求があり（「カルヴィン・プラット事件」），犯罪人引渡しに係る要件との手続等の法的根拠が求められていた。第二は，対外的な要因として，列強諸国がその支配領域を拡大していく国際社会の現実のなかで，日本の地位向上が緊急な課題となっていたことから，国内法制の整備でもって引渡条約の締結にあたり交渉力を高めるためである。日本政府は，日米旧引渡条約が条約批准の日から 60 日後である 1886 年 11 月 26 日に発効されるため，発効前に国内法の施行に追われていたが間に合わず，1887 年 8 月 3 日に勅令第 42 号として引渡条例を公布および施行することになった[121]。

　引渡条例上，日本が引渡請求を受けた引渡しを行う場合の主な流れは以下のとおりである。①締約国からの引渡請求　→　②外務大臣は，締約国より逃亡犯罪人に対する逮捕状または判決書等が発せられたことの通知若しくはその旨の保証に基づき，司法大臣に対して逃亡犯罪人の身柄の逮捕を請求　→　③司法大臣は検察官に対してその犯罪人の逮捕を命令　→　④検察官によってその犯罪人の逮捕および訊問（引渡請求書類の確認及び公正さの認定等），訊問書および意見書を司法大臣に具申　→　⑤法務大臣は引渡可否について決定し，引き渡す場合は引渡状の発付若しくは引渡不可である場合は身柄を釈放（引渡条例上，身柄の逮捕は仮逮捕を前提としていて，仮逮捕の期限内に正式の引渡請求がない場合に釈放しなければならない。なお，仮逮捕および逮捕の各期限は 2 箇月であり，引渡状の有効期限は 1 箇月である。），となる。

---

(120)　神山晃令「明治期の犯罪人引渡条約と政治犯不引渡原則」『国史学』121 号（1983 年）84-87 頁。

(121)　神山晃令・同上論文・88 頁。

第二章　日本国における逃亡犯罪人引渡し

　引渡条例は，引渡しについて，引渡条約の存在を前提とする条約前置主義を採っていた。引渡条例第1条では「引渡犯罪ト称スルハ外国ト締結シタル犯罪人引渡条約ニ掲クル犯罪ヲ謂フ」，また，第8条は「一逃亡犯罪人ヲ二カ国以上ノ締約国ヨリ各其国ニ於テ犯シタル罪ノ為メ引渡請求ヲシタルトキハ……」と定め，引渡しが実行されるためには条約締結が前提となることを明記している[122]。引渡しの対象となる犯罪は，日本が外国と締結した引渡条約において定められた犯罪とする（第1条第2項）。引渡条例上，「逃亡犯罪人」とは，外国人であって，引渡犯罪について告訴や告発を受けた者若しくは有罪の宣告を受けた者をいう。すなわち，日本国民は，原則として「逃亡犯罪人」に含まれず，引渡条約において自国民を引渡すことを定めた条項があるときに限り，引渡請求の対象になる旨を定める（第1条第3項）。なお，請求国において欠席裁判によって有罪宣告を受けた者は，引渡条約において別段の条項がないかぎり，告訴や告発を受けた者とみなす（第19条）。逃亡犯罪人の身柄を拘束するには，裁判所が発する令状ではなく，検察官の発する逮捕状に基づいて執行され，拘束期間は，仮逮捕に次ぐ逮捕においては各2箇月，引渡しの執行のための引渡状が1箇月である。また，引渡可否については，検察官の訊問とその意見に基づいて，司法大臣がそれを審査し最終的に決定する。引渡制限事由として，引渡犯罪が政治犯罪であるとき（第3条第1号），引渡請求の目的が政治犯罪の捜査，訴追および処罰にあるとき（第3条第2号）が設けられた。

二　逃亡犯罪人引渡条約

(1)　日本国と亜米利加合衆国間の逃亡犯罪人引渡条約

　日本が米国との間で引渡条約について締結交渉のきっかけとなったのはいわゆる「カルヴィン・プラット事件」である[123]。米国で証券偽造の罪を犯した

（122）　現行の「逃亡犯罪人引渡法」では，「この法律において"請求国"とは，日本国に対して犯罪人の引渡しを請求した外国をいう。」（第1条第2号），また，「この法律において"引渡犯罪"とは，請求国からの犯罪人の引渡しの請求おいて当該犯罪人が犯したとする犯罪をいう。」と定め（第1条第3号），引渡しの請求国が引渡条約の締約国であることを要件としないい。

（123）　神山晃令「明治期の犯罪人引渡条約と政治犯不引渡原則」『国史学』121号（1983

76

◆ 第一節　戦前の逃亡犯罪人引渡し

カルヴィンが日本に逃亡してきたことにより，米国は1885年11月に日本に対して同人の身柄引渡しを求めた。当時外務大臣であった井上馨は，米国が引渡条約の締結交渉に応じるならば，その要求を正式の引渡請求として認めると答え，両国間で合意がなされたため交渉が進められるようになった。日米旧引渡条約は，1886年（明治19年）4月29日に東京で署名が行われ，同年9月27日に批准書の交換をへて同年10月6日に公布および施行された。

　日米旧引渡条約は，引渡請求が可能な犯罪として，締約国の管轄内において一定の犯罪について有罪の宣告を受けたもの若しくは告訴や告発を受けたものと定めた（第1条）。引渡請求の対象となる一定の犯罪とは，殺人等の14種の犯罪について，条約第2条でその罪種を具体的に列挙している。引渡制限事由としては，「若シ請求ニ係ル人ヲ政事上ノ犯罪ニ付審判シ若クハ処刑セントスルノ目的ヲ以テ引渡ヲ請求シタルト認ムルトキハ其引渡ヲ為ササルヘシ又引渡サレタル人ハ其引渡前ニ犯シタル政事上ノ犯罪若クハ其引渡ヲ許シタル犯罪ノ外ニ付審判若クハ処刑セラルルコト無ルヘシ」と定め（第4条），政治犯不引渡しの原則および特定性の原則が明記された。

　同条約は，引渡犯罪の追加のため一部改定が行われ，1906年（明治39年）5月17日東京において「追加犯罪人引渡条約」が締結された。改定要旨は，第2条で列挙した引渡対象となる犯罪の他に，一定の金額以上の財産犯罪および窃盗罪の条項が追加されたのである。その後，日米旧引渡条約は1953年（昭和28年）において存続または復活の通告等をへて，現在の日米引渡条約にいたる。明治政府は，メキシコ，ベルギー，フランス，ドイツ，イギリスなど諸国との間で条約締結の交渉を行っていたが，結局，日米旧引渡条約を除けば，露西亜との条約締結にとどまった（以下「日米旧引渡条約」は「追加犯罪人引渡条約」を含む .）。

　年）84頁。なお，日本が日米旧引渡条約に基づいて米国に引渡しを請求した最初の事例は，1891年1月，スイス人貿易商ファブル・ブランド（J. Favre Brandt）の雇い人である尾山憲一が文書偽造罪を犯し，米国へ逃亡した事件であった。宮本平九郎「犯罪人引渡論」『国家学会雑誌』13巻153号（1899年）47頁。

77

第二章　日本国における逃亡犯罪人引渡し

(2)　日本国と露西亜間の逃亡犯罪人引渡条約

　日本がロシアとの間で引渡条約を締結するきっかけとなったのはロシアからの要請による。1906年8月，在日ロシア公使が日本の外務大臣に条約締結を提案したことにより，交渉が始まるようになった。当時，日本とウラジオストクの間では人と物資等の交易と往来が盛んに行われ，これに伴う犯罪も頻発したことから犯罪規制のための両国の刑事協力の必要性が高まっていた。ウラジオストク駐在の貿易事務官が外務大臣にあてた書簡では，「日露犯罪人引渡条約ノ締結ハ日露両国間相互的権利補助ノ方法トシテ必要アルノミナラス当地方在留民ノ秩序保持ノ点ヨリ見ルモ亦必要已ム可ラスサル事」として，逃亡犯罪人等の取締りのための対策が求められていた[124]。但し，ロシア側による引渡条約の締結提案の背景には政治的な意図が強く働いていた。すなわち，ロシア極東地域などから脱出した革命家たちが長崎等の地域に定着しながら反政府活動を組織化していたため，その取締りの対策に苦心していたのである。1908年2月，ロシアから日本側に提案された引渡条約の草案には，政治犯不引渡しの原則を定めながらも，例外として「重罪者若ハ軽罪カ或政治上ノ目的ヲ有シタルトキ」および「重罪若ハ軽罪カ国際条約中ニ於テ政事上ノ罪トシテ指示セラルル重罪若ハ軽罪ト同時ニ若ハ之ト連結シテ行ハレタルトキ」を設け，幅広い例外が認められるような条約案を構想していた[125]。また，ウラジオストク駐在官が外務大臣あてに送付した上申書には，「露国ハ犯罪人引渡条約ヲ締結スル以上ハ政治犯ヲモ引渡スヘキモノト規定スルコトニ甚ダ重キヲ置ケリ然ルニ政治犯ヲ引渡スハ我国ノ犯罪人引渡ニ関スル法律ニ違反ス」と記され[126]，ロシアが日本との間で引渡条約を締結しようとする背景に政治犯の引渡しを受けようとする意向がうかがわれていた。

---

(124)　和田春樹「日露逃亡犯罪人引渡条約付属秘密宣言」『東大社会科学研究』27巻4号（1976年）89頁。

(125)　神山晃令「明治期の犯罪人引渡条約と政治犯不引渡原則」『国史学』121号（1983年）91頁。

(126)　明治35年4月12日付，在浦潮貿易事務官川上俊彦より小村寿太郎外務大臣宛，機密送第6号，「日露犯罪人引渡条約締結ノ必要ニ付上申ノ件」に添付の付箋。神山晃令・同上論文・97頁の注(4)。

78

◆ 第一節　戦前の逃亡犯罪人引渡し

　このようなロシアの提案に対して，日本は，国内法である引渡条例が政治犯罪を引渡制限事由と定めていることなどを理由に，ロシアの提案に対して慎重な姿勢をとっていた[127]。その後，日本の立場としても，ロシア極東地域において朝鮮の国権回復の活動が激化するなどの情勢の変化にともなってその取締りが求められたため，引渡条約の締結をめぐり両国の利害関係が一致するようになった。日ロ間の引渡条約の締結交渉は，文書偽造犯の身柄引渡しをきっかけに交渉が行われた日米間の経過と違い，当初から政治犯の取扱いが争点となっていた。すなわち，相手国の支配領域に散在する反政府活動について，政治犯罪を引渡しの対象としようとする思惑により，引渡協力をつうじて取締りが行われることを想定していたといえる。両国間の犯罪人引渡条約は，交渉のすえ，1911 年（明治 44 年）6 月 1 日締結され，同年 9 月 16 日に公布された[128]。

三　逃亡犯罪人引渡条例の特徴と引渡手続の司法化の主張

　引渡条例上，引渡しの可否に関する審査および決定の各権限は司法大臣の専属管轄と定められていた。引渡条例第 6 条は「引渡犯罪ニ付帝国裁判所ニ於テ締約国裁判所ト均等ノ裁判権ヲ有スト雖モ若シ司法大臣ノ意見ニ於テ其審判ヲ便ナラシメンガ為メ逃亡犯罪人ノ引渡ヲ可トスルトキハ之ヲ引渡スコトアルヘ

---

(127)　在日ロシア公使は 1906 年 5 月，本国の外務大臣に対して日本との引渡条約の締結の必要性を言及しながら，引渡犯罪として「政治的性格の若干の犯罪」が含まれるべきであることを報告している。和田春樹「日露逃亡犯罪人引渡条約付属秘密宣言」『東大社会科学研究』27 巻 4 号（1976 年）88 頁。

(128)　日露引渡条約の効力をめぐって，ロシアのボリシェヴィキ革命により 1922 年にソビエト政権が樹立されたことから，帝政時代に締結された条約の効力は消滅したとの主張と，政体等の変革があったとしても有効であるとの主張があった。当時，ソビエト政権は前者の立場をとり，日本当局は後者の立場をとっていた。両国間の会議の結果，日露基本条約（1925 年）により，「ポーツマス条約以外のものは両政府間に追って開かるべき会議に於て審査せらるべく且つ変化したる事態の要求することあるべき所に従ひ改訂又は廃棄せられ得べき」ことを約したことから，法律上および事実上，両国間の諸条約はその効力が停止された。松藤正憲「刑事渉外事件の取扱に関する事項」『司法研究』第 2 巻 2 号（1926 年）322 頁。

第二章　日本国における逃亡犯罪人引渡し

シ。」としている。すなわち，引渡犯罪について，その裁判権が日本に存在するとしても，司法大臣が当該犯罪を相手国において審判することが相当であると判断すれば，これを引き渡すことができるとしたのである。また，司法大臣は，外務大臣から引渡請求書およびその他の関係書類を受けると，その請求が妥当であると認めるときは検察官として逃亡犯罪人の逮捕状を発するよう命じなければならない（第12条）。さらに，逃亡犯罪人について取調べる権限を有するのも検察官と定められていて（第9条，第12条ないし第16条），一連の手続において裁判所が関与する余地がなく，逃亡犯罪人引渡しは全体として行政機関（司法大臣）の専属管轄というものであった。引渡条例が，引渡可否の審査およびその決定について司法大臣の専属事項としたのは，欧州諸国の犯罪人引渡法の類型を参考にしてその特徴をとりいれたからである。当時，イギリス，フランスおよびベルギーなどの犯罪人引渡しの法制を参照したといわれるところ，その主な引渡手続の類型およびその特徴は以下のとおりである[129]。

　第一に，イギリス主義である。引渡請求事件を審査し，その結果，引渡しの許否を決定する権限は司法機関である裁判所に一任される。行政機関としての外務大臣は，引渡請求が条約に基づくものであるかどうか若しくは引渡犯罪が政治上の性質の有無について審査し，明らかに政治犯と認めるときは引渡しを拒否することができる。普通犯罪である場合，外務大臣から通知を受けた内務大臣は，司法警察官または治安裁判官に対し逮捕状を発するよう命じる。但し，逮捕状を執行するにあたっては，逃亡犯罪人を法廷に引致し，裁判官の審問を経由しなければならない。さらに，引渡許否についても審理がが行われ，裁判所が最終的に決定する仕組みである。第二は，フランス主義である。英国主義とは反対に，引渡しの決定は行政機関の権限に属する。司法大臣が単独で引渡しの許否について審査および決定を行うが，引き渡すことが相当であると認めるときは，大統領の認可を得たうえで，引渡しを執行することになる。第三は，ベルギー主義である。裁判所が引渡しの要件等について審問するが，イギリス主義と異なる点は，裁判所が逃亡犯罪人を自国の犯罪人とみなして審査するのではなく，引渡請求の適法性を判断することにとどまる。裁判官は裁判結果を

（129）　宮本平九郎「犯罪人引渡論」『国家学会雑誌』13巻153号（1899年）48-52頁。

◆ 第一節　戦前の逃亡犯罪人引渡し

意見書として司法大臣に送付するが，司法大臣は，この意見書に記された決定
に拘束されることなく，引渡可否をみずから決定することができる。すなわち，
司法大臣は，引き渡すことが相当であると決定したとき，国王の裁可を得て，
引渡しを実施することになる。

　上記の三つの類型において[130]，引渡手続における行政機関と裁判所の権限
分担の側面からすれば，引渡条例は「フランス主義」を採用したものと解され
る。もっとも，フランスにおいて引渡状を発するには大統領の裁可を得なけれ
ばならないが，引渡条例では司法大臣が単独で引渡状を発することができると
される。1880年の万国国際法学会のオックスフォード決議第20条は，「被請
求国は，裁判所がその引渡要求を受理すべきでないと判定したときは引渡しを
なすべきでない」とし，さらに，決議第21条は「審査の範囲は引渡しの一般
的要件と訴追の真実さを対象とするものである」とした。その後，フランス引
渡法（1927年法）及びドイツ引渡法（1929年法）では，裁判所が引渡不可とす
る決定に限ってその効力が行政機関を拘束するものとし，裁判所がなした引渡
可能の決定は，行政権が行使されるうえで単なる諮問的な効果しか有しないと
定められた[131]。

　逃亡犯罪人引渡しの法的性質について，大権行為，行政行為，または司法行
為等といわれ，各国の国内法上の取扱いによって異なるところ，沿革的には大
権行為からしだいに司法行為化へと移行していく傾向にあるとする[132]。引渡

（130）　三つの類型の長短として，イギリス主義は，司法機関により審査および決定が行
　　われることから，逃亡犯罪人の人権尊重がはかられる。その反面，手続きの長期化や費
　　用がかかる他に，引渡犯罪が自国の犯罪とみなされて裁判が行われるため，引き渡され
　　た後に請求国において有罪の先入と心証を与えることから犯罪人が不利益をうけられる
　　おそれがある。フランス主義は，手続きの迅速をはかられるが，請求国の裁判権行使の
　　協力に便宜を与えることに重点がおかれ，犯罪人の人権が犠牲されるおそれがある。こ
　　のような評価に基づいて，裁判所として一次的な審査を行い，その後に司法大臣の決定
　　の諮問的な機能と位置づける「ベルギー主義」が妥当とする見解が提示されたことがあ
　　る。宮本平九郎・同上論文・55頁。

（131）　フランス引渡法の第17条及び第18条，ドイツ引渡法第7条。佐瀬昌三「犯罪人
　　引渡制度の立法的傾向」『法曹界雑誌』10巻2号（1932年）48頁。

（132）　佐瀬昌三『政治犯罪並びに犯罪人引渡し制度に関する研究』（司法省調査課司法研

第二章　日本国における逃亡犯罪人引渡し

条例は明治憲法の施行（1890年）以前からすでに施行（1887年）されていたことを考えると，引渡しの法的性質が大権行為であるかについて，実務上の仕組みはともかく，少なくとも立法上では肯定されないと解されていた。すなわち，明治憲法第1章において，天皇は，立法・司法・行政などのすべての国の作用を究極的に掌握し，統括する権限を有し，かつ行使する，と定める。しかし，引渡条例は，引渡許否の決定が司法大臣の専権に委ねられており，しかも，司法大臣は，その実施にあたって「フランス主義」のように大統領の裁可を得ることなく，その権限を行使することになっているからである。但し，少なくとも，引渡条例がその手続において引渡行為を行政機関の自由裁量の領域としたところ，その意味では統治行為の概念として説明することができると思われる。統治行為とは，一般に，「直接国家統治行為の基本に関する高度に政治性のある国家行為」であり，法律上の争訟として裁判所による法律的な判断が理論的には可能であるのに，事柄の性質上，司法機関の審査の対象から除外される行為をいう。司法作用の限界と例外として，行政機関の自由裁量に属する行為などのように法律上の係争ではあるが，事柄の性質上から裁判所の審査に適しないと認められるものである[133]。

　引渡条例は，引渡犯罪の政治性の効果とその評価において，逃亡犯罪人の人権保障の観点からすれば次のような特徴をもつ。①政治犯不引渡原則の例外として「ベルギー加害条項」を規定していない。②政治犯罪を義務的引渡拒否事由とする。③政治犯罪の挙証責任を当該犯罪人の負担とする。このような規定からすれば，引渡条例は，引渡しを求められた犯罪人の人権保障の側面で，積極的な保障規定をもつものであったといえる。但し，このような規定にもかかわらず，引渡手続においてその趣旨が実質的に反映されたとは言い難い。例えば，検察官が当該犯罪人を取り調べ，その結果を司法大臣に報告し，司法大臣が引渡しの可否を最終的に審査および決定するという手続からして，司法大臣が引渡しについて全権を行使する仕組みになっていた[134]。さらに，逃亡犯罪

　　究19巻4号，1935年）213頁。

(133)　芦部信喜『憲法（第四版）』岩波書店（2007年）325頁。

(134)　引渡条例第15条ないし第18条。例えば，第18条は，司法大臣が引渡状を発する
　　場合として，「一引渡犯罪ニ付告訴告発ヲ受ケタル者ノ場合ニ於テハ若シ其告訴告発ヲ

◆ 第一節　戦前の逃亡犯罪人引渡し

人の身柄を拘束する場合には，裁判所がその必要性の審査を行う令状主義は排
除され，検察官の発する逮捕状によるものとする[135]。そのため，逃亡犯罪人
の人権保障の見地から，引渡可否について裁判所の審査を経由すべきだとして，
引渡手続の司法化を求める主張がなされるようになった[136]。

　引渡条例の制定にあたってはヨーロッパ諸国の法制を参照していたが，手続
に関する法的枠組は概ねに「フランス主義」を採用したものである。その反面，
政治犯罪を義務的な引渡拒否事由としながら，その挙証責任を引渡しを求めら
れた犯罪人の本人に負わせることを認めたことなどは，「英国主義」の要素を
とり入れたものである。なお，引渡条例が引渡しについて引渡条約の存在を前
提とする条約前置主義をとっていたが，実際には国際礼譲に基づいて行われる
ことも少なくなかった[137]。国際礼譲のかたちで引渡しを行ったさいに，その

受ケタル罪ヲ帝国内ニ於テ犯シタルモノトセハ帝国ノ法律ニ拠リ被告人ヲ審判ニ付スル
ニ充分ナル犯罪ノ証拠アリト認メタルトキ」，そして「二　有罪ノ宣告ヲ受ケタル者ノ
場合ニ於テハ相当裁判所ニ於テ其宣告ヲ為シタルコトヲ認メタルトキ」と定める。

(135)　逃亡犯罪人の身柄の拘束が検察官の発する逮捕状によって執行されることについ
て，引渡条例の第13条「上席検事前条ニ掲ケタル司法大臣ノ命令ニ接シタルトキハ附
録第二号書式ニ依リ逮捕状ヲ発スヘシ」。さらに，第9条は「司法大臣ハ外務大臣ノ請求
ニ依リ一名若クハ二名以上ノ上席検事ニ命シ逃亡犯罪人ヲ仮ニ逮捕スル為メ附録第一号
書式ニ依リ仮逮捕状ヲ発セシムルコトヲ得」と定める。

(136)　佐瀬昌三「犯罪人引渡制度の立法的傾向」『法曹会雑誌』10巻2号（1932年）38
頁。なお，「司法」とは，「当事者間に，具体的な事件に関する紛争がある場合において，
当事者からの争訟を前提として，独立の裁判所が統治権に基づき，一定の争訟手続に
よって，紛争解決の為に，何が法であるかの判断をなし，正しい法の適用を保障する作
用」をいう。司法の概念の構成要素として，①「具体的な争訟」の存在すること，②適
正手続の要請などに則った特別の手続（例えば，口頭弁論，公開主義など，伝統的に認
められてきた公正な裁判を実現するための諸原則）に従うこと，③独立して裁判がなさ
れること，④正しい法の適用を保障する作用であること，などが挙げられる。芦部信喜
『憲法（第五版）』（岩波書店，2011年）326-327頁。

(137)　戦前における国際礼譲による引渡協力は，日本が外国から引渡請求を受けた事例
は合計83件の91人（このうち引渡しを実施したのは25件の28人）であり，日本が外
国に対して引渡しを請求したのは合計6件で6人（このうち引渡しを受けたのは3件の
3人）とされる。伊藤栄樹「逃亡犯罪人引渡法解説」『法曹時報』16巻6号（1964年）
782-787頁。国際礼譲に基づく引渡しに関する解釈論として，憲法第98条第2項が定め

83

第二章　日本国における逃亡犯罪人引渡し

保証条件として提示された主な内容は，①当該事件をもって先例としないこと，②日本より逃亡犯罪人の引渡しを請求する場合にこれに応じるべきであること，③犯罪人引渡条約の締結に関する協議を開始すべきであること，④請求された犯罪以外の犯罪について処罰しないこと，⑤費用を償還すべきこと，などであった[138]。

四　政治犯罪の取扱い

(1)　引渡条例と政治犯罪

引渡条例が制定される以前，日本は既に政治犯の引渡しをめぐって対外的な交渉を行った事例がある。朝鮮で政変をおこした主導者等が，政変が失敗にいたったことから刑罰を避け，日本へ逃亡してきたことがきっかけとなった。朝鮮当局が使節を日本に派遣して政変首謀者らの引渡しを求めた，いわゆる「金玉均等引渡要求事件」である。この引渡交渉において朝鮮使節は，「国乱を起こした奸党が貴国に潜伏したことについて，国王の訓令により彼等を捕まえて帰国する云々」とし，政変を起こした者を逃亡犯罪人と位置づけ，その引渡しを求めていた。これに対し日本は，引渡しの要求を拒否し，その理由として「政治犯不引渡しの原則」を挙げながら次のように述べている。すなわち，①引渡犯罪の性質が政治犯（「国事犯」）である，②日朝間では犯罪人引渡条約が締結されていない，③国際慣習法（万国公法）によれば国事犯を引き渡すことは出来ない，と対応した[139]。

　　た「確立された国際法規」が類推適用されていた。辻辰三郎「逃亡犯罪人引渡法解説（一）」『警察研究』24巻10号（1953年）36-37頁。

(138)　松藤正憲「刑事渉外事件の取扱に関する事項」『司法研究』2巻2号（1926年）338頁。国際礼譲による引渡事例については同論文の330-332頁を参照。

(139)　「金玉均等引渡要求事件」は，1884年12月4日，朝鮮でおきた政変事件の首謀者等が日本へ逃亡したことから，その引渡しをめぐる両国間の交渉である。当日，漢城（現在のソウル）で開催されていた郵政局開局の祝宴を機に，金玉均など若手の知識人たちが，清朝との従属関係の国策を推進する閔氏政権を打ち倒すために政変を起こした。金玉均等は政敵を粛清すると同時に，改革派の人物で軍事権および財政権等を掌握させ，親日的な政権を発足させた。しかし，政変の決起後まもなく，清国の軍事力による巻き返しとともに朝鮮国王の改革政策の公表等が行われ，クーデターは失敗に終わった。朝

84

◆ 第一節　戦前の逃亡犯罪人引渡し

　引渡条例は，引渡制限事由として，引渡しを求められた犯罪が政治犯罪であること，引渡犯罪人が自国民であること[140]，などを定める。引渡条例第3条は「左ノ場合ニ於テハ逃亡犯罪人ヲ引渡スコトヲ得ス」とし，第1項「引渡ノ請求ニ係ル者ノ所犯政事上ノ犯罪ナルトキ」，第2項「引渡ノ請求ハ実際政事上ノ犯罪ニ付審問シ若クハ処刑セントスルノ目的ニ出テタル旨ヲ本人ニ於テ証明シタルトキ」と定め，政治犯不引渡しの原則を明記している。すなわち，引渡犯罪それ自体が政治犯罪であることが明白な場合，若しくは引渡請求の意図からして引渡し後に請求国において政治犯罪として処罰されうると認められる場合は，引渡請求を義務的に拒否すべきと定める。本条において注目すべき点は引渡犯罪の政治性についての挙証責任の問題である。引渡条例の第3条第2項が，引渡犯罪に対して政治犯罪としての抗弁の余地を認めると同時に，その挙証責任を引渡しを求められた本人の負担にすることを明記したことである。

　これは引渡しを求められた犯罪人の人権保障の見地からすれば，次のような点で評価されるものである[141]。第一に，引渡しを求められた犯罪人の立場からすれば，引渡犯罪が政治犯罪であること若しくは引渡請求が政治的な目的でなされたことを争点として主張できるということである。当該犯罪人が，政治犯罪に関する主張を裏付ける何らかの証拠を提出することにより，検察官は引

　　鮮は1885年2月，使節を日本に派遣し，日本滞在中の金玉均など政変の主謀者らの引渡しを求めたのである。国際法先例研究会「明治期における犯罪人引渡の先例」『京都大学法学論叢』69巻3号（1961年）126頁。

(140)　引渡条例上，引渡し求められた犯罪人が自国民であることは，引渡しの義務的な拒否事由ではなく，引渡条約において引渡しを認める限りで引渡可能とする裁量的な拒否事由と定める（第1条）。

(141)　現行「逃亡犯罪人引渡法」第2条第2号は，「引渡しの請求が，逃亡犯罪人の犯した政治犯罪について審判し，又は刑罰を執行する目的でなされたものと認められるとき」として，条文上では挙証責任の所在は不明である。なお，挙証責任とは，刑事訴訟法上，裁判所が証拠調べを尽くしても，認定すべき事実の存否について確信に到達しなかった場合に不利益な認定を受ける当事者の地位をいう。刑事訴訟において，無罪推定の原則から，原則として犯罪事実等の挙証責任は検察官にあるが，例外的に被告人に負担させる場合もある（挙証責任の転換）。川出敏裕「挙証責任と推定」『刑事訴訟法の争点（第3版）』ジュリスト増刊号（2002年）158-161頁。田中開・寺崎嘉博・長沼範良著『刑事訴訟法（第3版）』（有斐閣アルマ，2008年）261-266頁。

第二章　日本国における逃亡犯罪人引渡し

渡犯罪の政治性の不存在について立証の必要に迫られるからである。第二は，引渡犯罪の政治性をめぐる事柄の性質上，仮に，逃亡犯罪人がそれを証明すべき資料などの証拠をもっているとき，若しくは政治犯罪であることの証明が容易であったりするときは，政治犯罪として認められることになるから逃亡犯罪人の便宜に適うからである。さらに，引渡条例は，引渡しを求められたものが政治犯罪である場合，自国民であることのように裁量的な引渡拒否事由ではなく，義務的な拒否事由として規定されているということである。当初，引渡条例の外務省案には政治犯罪の挙証責任に関する規定が設けられなかった[142]。それにもかかわらず条文化されたのは，保障の司法省の法律顧問であったカーク・ウッド（W. M. H. Kirkwood）[143]の働きかけがあり，イギリスで1870年に制定された犯罪人引渡法の内容を受け容れたからである。その経緯は，外務省の「政治犯罪人ノ引渡二就テ」[144]と題する調査報告書が収録されているが，その第5項「現行逃亡犯罪人引渡条例第三条」のなかに，「本条第三号ハ英国主義（英国千八百七十年八月ノ法律）ヲ採用シタルモノニシテ箇人ノ権利ヲ尊重スルノ精神ハ之ヲ無視スヘカラサルモ是実二外国官憲ノ誠実ヲ疑フノ甚シキモノニシテ各国ノ法機関ノ組織漸ク完備シタル現状二鑑ミル時ハ当ヲ得タルモノ

---

(142)　1886年（明治19年）9月に起草された引渡条例の外務省案第5条は「引渡シノ請求二係ル犯罪シテ国事罪又ハ違警罪ナルトキハ犯罪人ヲ引渡サス」と定めた。神山晃令「明治期の犯罪人引渡条約と政治犯不引渡原則」『国史学』121号（1983年）88頁。

(143)　カークウッドは，イギリス籍で，1887年10月21日に設立された司法省の法律顧問および同省法律取調委員会の委員を務めた。法律取調委員会は，日本が西欧列強の裁判管轄条約案を受け入れたことから，国内の裁判所制度，刑法，民法，商法など国内法制の整備のために構成されたが，当初は外務省（井上馨委員長）に設けられていた。福島正夫「法の継受と社会=経済の近代化（三）」『早稲田大学比較法学』6巻1号（1970年）21-23頁。

(144)　外務省記録「逃亡犯罪人引渡条約審査委員会一件」（二・八・一・十八）のなかに「松島」名の明治41年3月31日付「政治犯罪人ノ引渡二就テ」と題する調査報告書が収録されている。なお，カークウッドが提出した条例案は，引渡拒否事由として，「引渡ノ請求二係ル人ノ所犯政治上ノ犯罪ナルカ或ハ本人二於テ之ヲ審問スル予審判事若クハ司法大臣二対シ其引渡請求ノ目的ハ実際政治上ノ犯罪二付処断スルニ在ルコトヲ証明シタルトキ」というものであった。神山晃令「明治期の犯罪人引渡条約と政治犯不引渡原則」『国史学』121号（1983年）88頁，90頁。

86

◆ 第一節　戦前の逃亡犯罪人引渡し

ト云フヘカラス」と記述している。

　引渡条例における政治犯罪の位置づけは，政治犯罪と認められる場合に義務的な引渡拒否事由とななり，その挙証責任が逃亡犯罪人の本人に負われていたことなどに照らしてみると，一応，人権保障的な条項として評価することができる。しかし，後述するように，日露引渡条約では，日米引渡条約には規定されない「ベルギー加害条項」が追加され，政治犯罪の挙証責任の所在に関する条項が原案から削除されるなど，政治犯罪不引渡原則において例外を認めるようになる。

(2)　引渡条約と政治犯罪

　明治政府が，諸国との間で犯罪人引渡条約の締結交渉にあたり，その準拠としたのは引渡条例および日米引渡条約であった。また，政府内には，条約草案の立案および検討などの作業を行うため，「逃亡犯罪人引渡条約審査委員会」が設けられていた[145]。同委員会は，日露引渡条約の締結後の 1912 年 6 月，引渡条約の締結交渉の手引きともいうべき「犯罪人引渡条約締結方ニ関スル協議事項」[146]というものを起草した。その第 1 項に「一，帝国政府ヨリ諸外国ニ提出スヘキ対案及修正ハ日露条約及日英条約ノ我対案ヲ基礎トシ成ルベク前者ニ依ルコト」と定め，引渡条約の締結にあたっては，日露引渡条約をモデルとして対外交渉にのぞむことを基本方針としていた。また，政治犯および政治犯罪については，第 11 項に「政治犯及之ニ附帯スル犯罪ハ日露条約第 4 条ノ通トスルコト」とし，この協議事項が引渡条約の締結交渉の重要な方針となっていたことを示している。例えば，日米引渡条約には規定されなかった「ベルギー加害条項」について，日露引渡条約で条文化されたのは，この「協議事項」の方針に基づくものであった。日本は，「ベルギー加害条項」を明記しようとするロシアの主張に対し，当初は消極的であった。ロシアは，1887 年に締結された米露引渡条約第 3 条が「外国ノ元首又ハ其ノ家族ノ一員ニ対スル加

---

(145) 「逃亡犯罪人引渡条約審査委員会」は 1908 年 11 月に設けられ，主に，外務省，司法省および法制局の参事官クラスの官僚で構成されていた。神山晃令「明治期の犯罪人引渡条約と政治犯不引渡原則」『国史学』121 号（1983 年）104 頁。

(146) 国立公文書館・アジア歴史資料センター（http://www.jacar.go.jp/），レファレンスコード「B07080233600」0322 頁。

第二章　日本国における逃亡犯罪人引渡し

害ハ第二条第一号ニ列挙シタル行為ニ居ルトキハ政治犯又ハ之ニ関係セル行為ト看做サス」として，ベルギー加害条項を定めていたことを挙げ，同条項が各国の犯罪人引渡条約において広く規定されていることを強調した[147]。

　日本は，日露引渡条約のなかに「ベルギー加害条項」を挿入しようとするロシアの主張を拒み続けていたところ，その立場を変え，同条項の規定を受け容れたきっかけとなったのは幸徳秋水などが逮捕された「大逆事件」（1910年5月）であるといわれる。同条約では，政治犯不引渡原則の例外となる犯罪の範囲について，君主およびその家族の身体に対する危害行為に限らず，その名誉に対する犯罪までに拡大していた。すなわち，条約第4条の日本側の修正案は，「一，逃亡犯罪人引渡請求ノ原因タル行為カ政治上ノ性質ヲ有スル罪ナルトキハ其ノ引渡ヲ為サス但シ君主又ハ皇族ノ身体又ハ名誉ニ対スル行為ハ政治上ノ性質ヲ有スル罪ト認メス。二，逃亡犯罪人ニ於テ引渡請求ノ実際ノ目的カ前項ニ依リ引渡ヲ為ササル罪ニ付審判シ又ハ処罰スルニ在ルコトヲ証明シタルトキモ亦其ノ引渡ヲ為サス」とした。しかし，ロシアは，引渡しを求められた犯罪人に政治犯罪の挙証責任の地位を認めた，第二項の規定に強く反発した。その後，明治政府は，「日露逃亡犯罪人引渡条約付属秘密宣言」を提案し，ロシアがこれを受け容れることとしたことから，上記の第二項の削除にも同意したのである[148]。この秘密宣言の要旨は，ロシア極東地域における朝鮮独立運動と長崎在留のロシア人革命運動の各活動家について，所在地国の官憲がその犯罪を取り締まることに合意するものであった。

(3)　政治犯不引渡しをめぐる明治政府の対応

　日米引渡条約第4条は，政治犯罪について，「若請求ニ係ル人ヲ政事上ノ犯罪ニ付審判シ若クハ処刑セムトスルノ目的ヲ以テ引渡ヲ請求シタリト認ルトキハ其ノ引渡ヲ為ササルヘシ又引渡サレタル人ハ其ノ引渡前ニ犯シタル政事上ノ犯罪若クハ其引渡ヲ許シタル犯罪ノ外ニ付審判若クハ処刑セラルルコト無カルヘシ」と定めた。すなわち，引渡請求に係る行為が政治犯罪であり，若しくは

---

(147)　神山晃令「明治期の犯罪人引渡条約と政治犯不引渡原則」『国史学』121号（1983年）92頁。

(148)　神山晃令・同上論文・94-95頁。

◆ 第二節　戦後の逃亡犯罪人引渡し

それを訴追または処罰する目的で引渡請求が行われたことと認められるときは，犯罪人を引き渡してはならないとしている。

政治犯不引渡原則を明記した日米引渡条約は，この原則について，何らの例外規定を設けなかった。当時，多くの君主国が引渡条約のなかに政治犯不引渡しの原則を規定しながら，その例外としてベルギー加害条項を設けていたことに照らしてみると，日米引渡条約の特徴といえる。但し，引渡条例に明記されていた，政治犯罪であることの証明に関する挙証責任の地位については規定されなかった。日米引渡条約において，政治犯不引渡原則について例外を設けることなく条文化されたことは，逃亡犯罪人の人権という観点からすれば積極的にこれを保障する趣旨を示したものである。もっとも，このような人権保障条項は，引渡条例上，引渡可否に関する審査において裁判所が介入する余地がなく，行政機関の自由裁量に委ねられていたことは前述のとおりである。

明治政府が，政治犯罪について，日米引渡条約および引渡条例において義務的な引渡拒否事由と定めながら，引渡条例にはその挙証責任を逃亡犯罪人に負わせたことなどは，欧米の人権保障の思想を意識的に制度化したものであるとは言い難い。むしろ，当時，国際社会における日本の地位向上が緊急な課題であったため，欧米の法制度を積極的に受け容れなければならないという国際情勢によると解される[149]。

◆ 第二節　戦後の逃亡犯罪人引渡し

日本は，米国より，サンフランシスコ平和条約7条(a)の規定[150]に基づい

---

(149)　神山晃令・同上論文・87頁。

(150)　サンフランシスコ平和条約第7条(a)は，「各連合国は，自国と日本国との間にこの条約が効力を生じた後一年以内に，日本国との戦前のいずれの二国間の条約又は協約を引き続いて有効とし又は復活させることを希望するかを日本国に通告するものとする。こうして通告された条約及び協約は，この条約に適合することを確保するための必要な修正を受けるだけで，引き続いて有効とされ，又は復活される。こうして通告された条約及び協約は，通告の日の後三箇月で，引き続いて有効なものとみなされ，又は復活され，且つ，国際連合事務局に登録しなければならない。日本国にこうして通告されないすべての条約及び協約は，廃棄されたものとみなす。」と定める。従って，米国から通

第二章　日本国における逃亡犯罪人引渡し

て日米旧引渡条約が引き続いて有効とする旨の通告を受け，通告があった3箇月後の1953年7月22日から改めて効力を有することとなった[151]。引渡条例は，戦後になってからもその効力を有していたとはいえ，旧憲法が制定される前の勅令であったため，国内外の事情や国際規範の変化に適合しない条項が少なくなかった。日本政府は，日米旧引渡条約が引き続いて効力を有することとなったことを機に，犯罪人引渡しに関する国内手続を整備するため，同条例を廃止するとともに新たに逃亡犯罪人引渡法案を立案することとなった。政府が提出した法案は，議会審議おいて一部修正をへて1953年7月17日に国会を通過し，同21日に「逃亡犯罪人引渡法」（昭和28年法律第68号）として公布され，翌日から施行された。また，同法は，東京高等裁判所の審査に関する手続などについて必要な事項を最高裁判所が定めるとしたことから，その最高裁規則も同年7月23日「逃亡犯罪人引渡法による審査等の手続に関する規則」（最高裁規則第11号）として制定され，同日付で施行されるようになった。

一　「逃亡犯罪人引渡法」

引渡法の特徴の一つは，引渡条例が引渡しの審査および決定についてもっぱら行政機関の専属管轄と定めたのに対し，引渡しの可否について裁判所の審査を経由させたことである。引渡条例では，検察官の認定審問及び意見に基づいて司法大臣がその裁量により引渡可否を最終的に決定するよう定められていたため，司法機関である裁判所が介入する余地はなかった。引渡法が引渡手続において裁判所の作用を必要とした背景には，逃亡犯罪人の身柄を拘束するなどのように，重大な人権保障に係る事柄の性質上，刑事訴訟的な要件が求められたからである。すなわち，当時から主張されていた「引渡手続の司法化」が具現されたことで，行政機関による裁量権の濫用などを制限するができ，国際規範の変化にも対応できるようになった。また，引渡条例が引渡しについて条約

　　告が行われたのは，引渡条約が効力を発する3箇月前の1953年4月22日付けであった。奥脇直也編『国際条約集（2008年版）』有斐閣（2008年）785頁。

(151)　日米旧引渡条約の効力について，両国が戦争状態にあった間は一時停止していたものと解される。藤永幸治・河上和雄・中山善房編『大コメンタール刑事訴訟法（第八巻）』青林書院（1999年）248頁。

◆ 第二節　戦後の逃亡犯罪人引渡し

前置主義を採用していたところ，法改正をつうじて，相互主義の保証が得られることを条件に引渡しを行うことができと定めた。さらに，引渡要件として一定の法定刑に処せられるべき犯罪に限られるという，双方可罰性の原則を明記して引渡協力の円滑な作用および人権保障の向上が図られた。

（1）　引渡手続の司法化

引渡手続の司法化とは，相手国から引渡請求を受けたときから最終的に引渡しを実施するか否かの決定に至るまでの間，裁判所が一定の審査および判断の機能を果たすことである。引渡法では，逃亡犯罪人の身柄を拘束するためには原則として裁判官があらかじめ発する令状によるものとして，令状主義が導入されたこと[152]，また，引渡請求の事案が裁判所の審査を求めることなく明らかに引渡しを行うことができない場合に該当するときを除き，裁判所が引渡可否について審査し決定すること，などが採り入れられた[153]。引渡手続の司法化は，逃亡犯罪人の人権保障という側面の他に，国際紛争の予防の側面からして効果的であるという見方もある[154]。例えば，1891 年の「大津事件」[155]等

---

(152)　令状主義について，引渡法大 5 条第 1 項は「東京高等裁判所の裁判官のあらかじめ発する拘禁許可状により，逃亡犯罪人を拘禁させなければならない。但し，逃亡犯罪人が定まつた住居を有する場合であつて，東京高等検察庁検事長において逃亡犯罪人が逃亡するおそれがないと認めるときは，この限りでない。」と定める。令状主義の例外として，東京高裁が引渡可能と決定したうえ法務大臣が引渡状を発したとき，東京高検検察官が発する「拘禁状」により逃亡犯罪人を拘禁することである（引渡法第 17 条第 2 項）。

(153)　裁判所による審査及び決定について，引渡法第 9 条第 1 項は「東京高等裁判所は，前条の審査の請求を受けたときは，すみやかに，審査を開始し，決定をするものとする。」と定める。

(154)　第 16 回衆院法務委員会における佐瀬昌三委員の発言を参照。第 16 回衆院法務委員会第 11 号（昭和 28 年 7 月 11 日）44 頁。

(155)　「大津事件」は，1891 年（明治 24 年）5 月 11 日，訪日中のロシアの皇太子（後の皇帝ニコライ 2 世）に対して，滋賀県大津市で警備にあたっていた津田三蔵巡査が突然もっていたサーベルを抜いて皇太子に切りかかり負傷させた事件である。当時の松方内閣は，この事件によって対ロシア関係の悪化をおそれ，犯人を大逆罪として死刑に処するよう裁判所を圧迫していた。しかし，大審院長の児島惟謙らは政府の干渉を退け，普通謀殺の未遂罪を適用して犯人を無期徒刑に処したことから，行政の干渉を排除して司

第二章　日本国における逃亡犯罪人引渡し

のように，国家間の外交的及び政治的な利害関係が先鋭に対立する犯罪である
場合，国内裁判所が三権分立に基づいて司法判断をしたということにより，国
家間の緊張関係の緩和に役立つと評価するものである。裁判所も，引渡審査請
求事件の法的性質について，「引き渡すのが相当であるか否かを行政機関の裁
量的判断のみに委ねず，引渡しを相当とするためには，あらかじめ法律で一定
類型の制限規定を定め，個別の事案がそれに触れていないかどうかについてさ
きに司法機関の判断を経由することとしているのである（法8条-10条）。問題
がすぐれて人権に関する法律的判断であることに着目しての手続規定である。」
と示している(156)。逃亡犯罪人の引渡手続において刑事訴訟法の規定が準用さ
れることにより，行政権の裁量を牽制しながら，当該犯罪人を引き渡すことが
できる場合に該当するか否かについて司法判断がなされることになる(157)。

　日本国憲法第31条ないし第34条の規定は，人の自由を保障しながら，それ
を剥奪する逮捕や拘禁等が執行されるためには法律上の手続および要件等を定
めた刑事手続によらなければならないという。その意味で，単純形式的にすれ
ば，基本的には行政手続と解される逃亡犯罪人引渡しの手続について直接に適
用はないものである。もっとも，引渡しを求められた犯罪人の自由を拘束する
性質上，人権保障の見地から，身柄拘束については原則として裁判官が発する
令状によって執行するものである(158)。「引渡手続の司法化」の意義は，人権

　　法権の独立を守ったといわれる。

(156)　「中国民航機ハイジャック犯引渡事件」に対する東京高裁（平2・4・20）決定『判例
　　時報』1344号（1990年）35頁。

(157)　犯罪人の引渡手続において刑事訴訟法の規定が準用されるものとしては，身柄の
　　拘束などの他に，次のような規定が挙げられる。①東京高裁の合議体で取扱う（裁判所
　　法第18条），②審問期日の手続は原則として公開の法廷において行う（「逃亡犯罪人引
　　渡法による審査等の手続に関する規則」（以下「審査規則」という。）第20条），③逃亡
　　犯罪人はこの審査に関し弁護士の補佐を受けられる（引渡法第9条第2項，審査規則第
　　15条および第16条），④弁護士は，拘禁されている犯罪人と接見等をすることができ
　　（審査規則第16条），審問期日の手続に立ち会って意見を述べ，また証人等を尋問する
　　ことができる（引渡法第9条第3項および第4項，審査規則第22条），⑤裁判所の決定
　　について理由を付し裁判書を作ること（審査規則第25条），などである。

(158)　辻辰三郎「逃亡犯罪人引渡法逐条解説」『警察研究』24巻10号（1953年）36頁。
　　日本刑法学会編『改正刑事訴訟法』（有斐閣，1953年）178頁。

◆ 第二節　戦後の逃亡犯罪人引渡し

保障の側面から，引渡手続において法治主義の要請が実現されたということである。行政の主要部分が議会で制定した法律によって行われ，その行政行為の適法性を審査について，独立の裁判所によって司法統制が行われるのである。すなわち，行政に対する司法統制は，法律による行政の原理として，主に「法律の優位」の原則と「法律の留保」の原則を意味するものと解される[159]。

(2)　逃亡犯罪人引渡法の改正

引渡法の主な内容が改正されたのは 1964 年（昭和 39 年）の法改正であるところ，その要旨は次のとおりである。第一に，引渡条約が存在しない場合でも，相互主義の保証が得られることを条件に引渡請求に応ずることができると定めたことである。改正法が引渡しについて条約前置主義を廃するようになったきっかけは，スイスから逃亡犯罪人の身柄を引き取る際，同国から法制上の欠点を指摘されたことであるといわれる[160]。日本が，1963 年，スイスに逃亡していた詐欺罪等の被告人（いわゆる「遁刑者」）2 人について身柄引渡しを請求したとき，スイス当局から相互主義の保証を求められた。しかし，当時の引渡法では条約前置主義がとられていたため，相互主義に基づく引渡しを担保できる明確な法的根拠が乏しかったのである。日本当局は，スイスの要求について，今後スイスから引渡請求がある場合，スイス当局が当該犯罪人の旅券を無効にする措置をとれば出入国管理法令によってその犯罪人を引渡すことができると約束したことで，引渡協力の了解が得られた。第二は，双方可罰性の原則を整備したことである。双方可罰性について，犯罪の構成要件に該当することの抽象的可罰性（第 2 条第 3 号および第 4 号）と，刑罰法規による具体的な処罰が可能とする具体的可罰性（同条第 5 号）を分けて定めた。引渡しを求められた行

---

(159)　「法律の優位」の原則は，法律の規定と行政の活動が抵触する場合，前者が優位に立ち，違法な行政活動は取り消されたり若しくは無効となったりするということを意味する。また，「法律の留保」の原則は，行政活動を行う場合に，事前に法律でその根拠が規定されていなければならないとするものである。これらの原則は立法と行政との機能分担を明確にしようとするもので，権力分立の原則を基礎としている。宇賀克也『行政法概説 I （第 2 版）』（有斐閣，2006 年）26 頁。

(160)　川村忠太郎「逃亡犯罪人引渡し制度の諸問題(一・二)：富士銀行不正融資事件をめぐって」『警察学論集』25 巻 2-3 号（1972 年）78 頁。

第二章　日本国における逃亡犯罪人引渡し

為が，一定の刑期以上の犯罪に該当するものであっても（抽象的可罰性），正当防衛などであって違法性阻却事由があるとき，若しくは公訴や刑執行について時効の完成，赦免などによる公訴権の消滅などのときには，「刑罰を科し，又はこれを執行することができない」場合に該当する。改正前の引渡法では，第2条第3号において，いかなる犯罪についても引渡可能と定め，双方可罰性について区別されていなかった。また，改正前の法では，引渡犯罪に係る行為が日本国内において行われた場合，日本国の法令により逃亡犯罪人に刑罰を科すことができないと認められるときは引渡制限事由と定めていたため（第2条第3号），刑罰の軽重に関する基準がなく，軽微な犯罪についても引渡可能となっていた。それは，引渡条約が，一定の悪質の犯罪を引渡しの対象とすること，引渡しにおいて身柄が拘禁されることなどに照らしてみると，逃亡犯罪人の人権保障の見地から好ましくなく，諸外国の立法例などに合わせて改正が行われた。第三は，引渡請求が引渡条約に基づかない場合について，外務大臣および法務大臣の措置を定めたことである。外務大臣および法務大臣の各措置として，引渡請求が引渡条約に基づくものでない場合，外務大臣が相互主義の保証の存否を審査し（第3条第2号），法務大臣が引渡しの相当性の認否を判断することについて（第4条第1項第3号）定めたものである。

　その他に，1978年の法改正では，1975年に起きたいわゆる「クアラルンプール事件」などのテロ行為の規制および日米新引渡条約が締結されたことなどをきっかけに，引渡条約に基づかない場合でも相互主義の保証が得られるときは逃亡犯罪人の仮拘禁の請求に応じることができるようにした（第23条第2項）。また，逃亡犯罪人の通過護送について，その承認に関する法務大臣の措置が追加されるなどの改正が行われた。

(3)　引渡手続の主な流れ

　日本が外国から引渡請求を受けた場合，引渡法において，東京高裁による引渡しの適法性の審査および決定をへて，引渡しの相当性の有無の判断にいたるまでの主な流れは次のとおりである（引渡しが行われる場合）[161]。すなわち，

---

(161)　引渡手続の流れについて，原田明夫「刑事に関する国際協力について」『法律のひろば』25巻11号（1972年）56頁，前田宗一「日米犯罪人引渡条約に基づく逃亡犯罪人

94

◆ 第二節　戦後の逃亡犯罪人引渡し

①外国から外務大臣へ引渡しを請求，②外務大臣：請求方式の適正，相互主義の保証等に関する審査（法務大臣へ送付），③法務大臣：東京高裁への審査請求の該当性等の審査（審査請求の命令），④東京高裁：引渡制限事由の存否等の審査及び決定（請求却下・引渡不可・引渡可能），⑤法務大臣：引渡しの相当性の有無の判断（引渡命令），となる。法務大臣は，引渡しを執行するために行う措置として，引渡状を発してこれを東京高検検事長に交付すること，身柄の引継ぎのための受領許可状を外務大臣に送付することである（引渡法第16条）。引渡状が東京高検検事長に交付されると，東京高検検察官は同検察官が発する拘禁状によってその逃亡犯罪人を拘禁しなければならない（引渡法第6条，第27条第2項および同条第3項）。

　引渡請求国の官憲が逃亡犯罪人の身柄を引き取るための場所と期限については，引渡条約または引渡法の規定による。例えば，日韓引渡条約では，引渡しの場所については被請求国の領域であって両締約国がとり入れることが可能な場所とし，その期限は被請求国の法令に定められた期限内と定める（第12条）。仮に所定の期限内に引渡請求国が引き取らない場合，被請求国は，その身柄を釈放し，その後に当該引渡犯罪についての引渡請求を拒否することができる。引渡しの場所について，引渡法上，東京高検検察官の指揮により，逃亡犯罪人が拘禁された刑事施設の長が被請求国の官憲から受領許可状の提示を確認したうえ身柄を引き渡す（第20条第1項）。引渡しの期限は，引渡命令の日の翌日から起算して30日目の日である（第15条）。法務大臣が発する受領許可状において予め記載されたことにより，被請求国官憲が引渡しを受けたときは速やかに請求国内に護送することになる（第17条第5項および第21条）。被請求国官憲がその犯罪人を護送する場合，主に被請求国の国籍機が用いられるところ，自国の法令により発せられた逮捕状などの執行は，実務上，飛行機が公海上にさしかかった際に行うものとされる[(162)]。

の引渡請求手続について」『警察学論集』29巻1号（1976年）86-88頁の別添表などを参照。とりわけ，後者は警察庁所管の事件処理における手続が詳細に記されているところ，警察による請求は，その請求関係記録について法務省（刑事局参事官）の認証が得られたうえ，外務省に依頼することになる（同論文64頁）。

(162)　座談会「犯罪の国際化と刑事司法協力」『ジュリスト』720号（1980年）18頁，前

第二章　日本国における逃亡犯罪人引渡し

二　法務大臣の措置：「審査請求の該当性」と「引渡しの相当性」

　引渡法の制定により，引渡手続の司法化がはかられたことから，行政機関の裁量範囲は裁判所の審査範囲との調整は避けられないことになった。引渡法において法務大臣が行う措置として主に二つの命令がある。すなわち，東京高等裁判所による審査を前後にして，①引渡請求事件についてこれを裁判所の審査を求める場合に該当するか否かの判断であり（以下「審査請求の該当性」という．），②東京高裁によって引渡可能との決定があった場合に引渡しを執行することが相当であるか否かの判断である（以下「引渡しの相当性」という．）。審査請求の該当性について，法務大臣は，引渡請求が東京高裁の審査から除外されるべき事由（引渡法第4条第1項が定める各号の一）に該当するか否かを審査し，その事由に該当するものであると認められるときは東京高裁への審査請求を行ってはならない。引渡しの相当性は，東京高裁の審査の結果により当該事件が「引き渡すことができる場合に該当する」との決定があったとき，法務大臣は引渡し執行の相当性の有無を判断し，その旨の命令をしなければならないことになる（引渡法第14条）。

　法務大臣が外務大臣から引渡しの請求に関する書面及び関係書類の送付を受けた場合，その書面等について，引渡法第4条第1号から第4号までに掲げる場合（東京高裁の審査対象から除外される事由）に該当するかどうかを審査することになる。例えば，引渡法第4条第1号の「明らかに逃亡犯罪人を引渡すことができない場合」とは，引渡請求が引渡条約に基づいてなされた場合に，引渡条約に定められた要件を満たさず，または引渡法第2条各号の一に該当する引渡制限事由の存在が客観的で明らかに認められるときなどである。引渡請求が引渡条約に基づかない場合には引渡法第2条で定める引渡制限事由の存在が客観的に明らかなときをいう[163]。

　　田宗一「日米犯罪人引渡条約に基づく逃亡犯罪人の引渡請求手続について」『警察学論集』29巻1号（1976年）74頁。

（163）　伊藤栄樹「逃亡犯罪人引渡法解説」『法曹時報』16巻6号（1964年）802頁。

◆ 第二節　戦後の逃亡犯罪人引渡し

(1)　「審査請求の該当性」の判断

　法務大臣は，外務大臣から引渡しの請求に関する書面と関係書類の送付を受けたときは，引渡法第4条により，その請求が同条第1項の1号ないし4号に掲げる場合のいずれかに該当するか否かを審査する。審査の結果，同項各号のいずれに該当する場合でなければ，引渡しの可否について東京高裁の決定を求めるために，東京高等検察庁検事長に対し審査請求を命じなければならない。他方，法務大臣が第4条に基づいてかかる審査をした結果，各号のいずれに該当すると判断した場合は，東京高裁の審査をまつことなく，引渡しの相当性を判断した上でその旨の命令を行わなければならない。同条が定めた法務大臣の措置の内容は大きく二段階に分けられる。第一段階では，引渡請求について，①引渡法上，明らかに引き渡すことができない場合に該当するかどうかの判断，②引渡条約上，裁量的な引渡拒否事由が存在する場合にその引渡しの相当性の有無，③引渡条約に基づかない事案に対する引渡しの相当性の有無，などを審査することである。その審査の結果，いずれにも該当する場合でなければ東京高裁の決定を求めるために，第二の段階として，東京高等検察庁検事長に対し審査請求を命じなければならない，という流れである。

　法務大臣は，外務大臣から送られた引渡請求があったことを証明する書面および関係書類を審査するところ，その審査範囲は引渡請求の形式および実体の両面にわたって行うものである[164]。すなわち，引渡請求が引渡条約に基づいて行われた場合には，その手続が当該条約および国内法の規定に適合しているかどうかを含む。さらに，引渡条約上の要件を充足するかどうか，若しくは引渡犯罪に係るものである場合には引渡法第2条各号に定められた引渡制限事由に該当するか否か，などについて審査が行われる。審査の結果，引渡請求が，その方式に不適合があったり，あるいは引渡法第4条第1項各号に該当する場合であると認められるきは，東京高裁に審査を請求してはならない。引渡法第4条第1項第1号および第2号は，原則として引渡しを行わないことを明記した第2条各号に定められた引渡制限事由に該当する場合であり，その該当性の審査に関する法務大臣の認定には明白性が求められると解される。同条第1項

（164）　辻辰三郎「逃亡犯罪人引渡法逐条解説」『警察研究』24巻10号（1953年）56頁。

第二章　日本国における逃亡犯罪人引渡し

第3号は，引渡法上の引渡制限事由の存在とは別に，引渡条約に基づいて一定の裁量的な引渡拒否の事由に該当するか否かの審査である。従って，第1号及び第2号のような明白性は求められないが，引渡請求に応じない場合は，締約国との外交上の考慮等から第4号と同様，法務大臣はその認定について外務大臣と協議することになる。

審査請求の該当性について，法務大臣の審査範囲が問題となるのは，引渡しを求められた者が行ったとする犯罪の被疑事実において，その相当性（証拠の十分性）をどのように評価するかである。その認否しだいでは，裁判所の審査を経ることなく明らかに引渡すことのできない場合に該当するとの判断をなすことができるからである。法務大臣が東京高裁の審査を求めるにあたって，その該当性の有無の判断基準は，引渡しの相当性を欠いているかどうか，あるいは審査の請求が無用であるかどうかについて客観的に明白な事由の存否に求められる。東京高裁が審査請求事件について引渡すことができる場合に該当するとの決定をなした後でも，法務大臣は引渡しが相当でないと認めるときは引渡しの命令をすることはできない（引渡法第14条）。従って，引渡しの相当性が存在しない場合について，法務大臣の（東京高裁への）審査請求命令の除外事由としているのは（引渡法第4条第1項），その手続きを要しない旨を定めたにすぎず，これを審査請求のための適法性の要件とするものではないということである(165)。

審査請求に先立ち，法務大臣が判断する引渡しの相当性の有無は，東京高裁の審査において「引き渡すことができる場合に該当する」旨の「決定がなされる見込み」があるかどうかの程度まで審査するものではなく，審査請求が無用であるほど，引渡制限事由が客観的で明白に存在する場合に該当するかどうかの判断にいたるところで足りると思われる。

(2)　「引渡しの相当性」の判断

引渡法第14条は，東京高裁が引渡すことができる場合に該当する旨の決定

---

(165)　法務大臣は，東京高裁への審査請求の命令をした後に，請求国から引渡請求の撤回を通知されたり若しくは引渡法第4条第1項各号に該当することになったときは，直ちに審査請求の命令を取り消さなければならない（引渡法第11条）。

98

◆ 第二節　戦後の逃亡犯罪人引渡し

をしたとき，その後の法務大臣がとるべき措置を定めたものである。すなわち，裁判所によって引渡可能との趣旨の決定があったとしても，法務大臣がその決定に反して引渡しを執行しないことができるという権限を明記したものである。裁判所がその審査の結果に基づいてなす決定の法的性質は，引渡審査の請求が引渡条約および引渡法の定めるところにより，引渡手続の適法性および引渡可否を確認する裁判であると解される[166]。本条による法務大臣の措置は，裁判所が引渡請求の事案について「逃亡犯罪人を引き渡すことができる場合に該当するとき」と判断し，その旨を決定したことに基づいて行う行政処分の性格をもつ。従って，東京高裁の決定それ自体は，引き渡すべき旨を命ずるものとして行政機関の措置を拘束するものではなく，終局的に引渡しを実施するか否かについての判断は法務大臣に委ねられることになる。

　東京高裁が引渡可能との決定をした後，引渡制限事由が新たに生じたり若しくはその存在が明らかになった場合などのような例外的なときは，法務大臣が引渡しの相当性を判断する際にそのような例外を検討の対象とすることができると解される[167]。裁判所の決定について，さらに法務大臣による引渡しの相当性の判断が加えられる理由として，引渡手続が犯罪人の人権にかかわるものであることが挙げられる。引渡しの相当性判断と人権保障との関係について裁判所は次のように示した。すなわち，「引渡法の定める引渡手続は，通常の行政手続の場合とは異なり，一定の時期において，その手続を続行していくための要件の存否について東京高等裁判所の司法審査を経ることが要求されている。すなわち，法務大臣は引渡しの命令を発するには，まず東京高検検事長に対し

---

(166)　藤永幸治・河上和雄・中山善房編『大コメンタール刑事訴訟法（第八巻）』（青林書院，1999 年）306 頁。「確認訴訟」とは，原告が主張する法的地位を判決の既判力により確定することを目的とする訴訟をいうものの，東京高裁の引渡しに関する審査は本質上非訟事件の裁判である。

(167)　法務大臣が，例外的に，引渡しの相当性について判断することができる場合として，東京高裁の審査を求めることなく明らかに逃亡犯罪人を引渡すことができない場合に該当すると認めるときである（引渡法第 4 条第 1 項）。従って，法務大臣にも，東京高裁による審査で行われるような，一定の限度において引渡しの要件ないし引渡制限事由の存否に関する判断権限が与えられているとする。大野恒太郎「犯罪人引渡しの現況と実務上の諸問題」『法律のひろば』37 巻 7 号（1984 年）36-37 頁。

99

第二章　日本国における逃亡犯罪人引渡し

て，引き渡すことができる場合に該当するかどうかについて東京高裁に審査の請求をなすべき旨を命じなければならず（法4条），東京高裁が引き渡すことができる場合に該当するとの決定をしたとき（法9条・10条）に初めて，さらに逃亡犯罪人を引き渡すことが相当であるか否かの判断を行ったうえで，引渡命令を発することができることとされているのである（法14条）。引渡法が逃亡犯罪人を引き渡しについてこのような慎重な手続を要求している理由が，この手続が引渡しを求められている者の人権に深くかかわる手続であることにあるのはいうまでもないところであり，……」[168]と判示している。従って，法務大臣の引渡しの相当性の審査は，原則として裁判所の審査と決定の性質に適しない，高度の行政行為をその対象とするものである[169]。

(3) 「引渡しの相当性」判断の審査範囲

　法務大臣の引渡し相当性の判断の審査範囲をめぐっては，①引渡しの相当性に限らず，東京高裁の審査対象をも包括するとの見解と，②東京高裁の審査範囲とは切り離して引渡しの相当性に限定されるという見解に分かれる。前者は，法務大臣がなす引渡しの相当性の判断には，東京高裁が行う司法審査の対象も含まれるという[170]。その主な根拠として，東京高裁の決定に対しては不服申立が認められないが，法務大臣の引渡命令については行政訴訟による救済手続をとることが認められているというものである。相当性の判断において，引渡制限事由の存否等を除き，仮に裁判所の審査に適しない高度の政治的・行政的なものに限定されると解すれば，法務大臣の引渡命令は行政機関の裁量処分にすぎず，従って行政訴訟による不服申立の対象となる余地はないとする。なお，

---

(168)　東京地裁・逃亡犯罪人引渡命令取消請求事件（平成2年4月25日）決定。『判例タイムズ』726号（1990年）97-98頁。

(169)　「引渡しの相当性」判断について，その権限が司法機関ではなく，行政機関である法務大臣に与えられるたのは立法趣旨にも表れている。立法当時の衆院法務委員会において法務委員長は，「国際的紛争の渦中にある人物の引渡し等の責任を裁判所に負わしめることとするのは適当でない」こと，外国の立法例を参考にしたこと，などと説明している。第16回国会本会議第23号（昭和28年7月16日，議事日程第22号，日程第6・逃亡犯罪人引渡法案）における小林かなえ法務委員長の報告。

(170)　辻辰三郎「逃亡犯罪人引渡法逐条解説」『警察研究』24巻12号（1953年）38頁。

◆ 第二節　戦後の逃亡犯罪人引渡し

　この見解において，東京高裁の決定に対して不服申立が認められない理由として次の二つが挙げられる。まず，引渡法第 10 条第 1 項が定めた東京高裁の決定の性質から，同項第 1 号の決定（請求が不適法であって却下）は形式的な裁判にとどまり，第 2 号の決定（引渡不可の場合に該当）は不服申立の実益がなく，第 3 号の決定（引渡可能の場合に該当）は引渡執行の決定でなく，引渡しの執行は法務大臣の相当性の判断に委ねられているという(171)。次に，立法裁量として，引渡法の制定当時の政府原案(172)に設けられていた「逃亡犯罪人を引き渡すことができ，且つ」の文言が削除された経緯が挙げられる。その削除理由によれば，法務大臣の相当性判断において，引渡可否に関する法的審査を必ずしも否定したものではないと解されるという。後者の見解は，引渡し相当性の判断範囲は，裁判所の審査対象とは切り離され，高度の政治的・行政的な側面

---

(171)　辻辰三郎・同上論文・35 頁。伊藤栄樹「逃亡犯罪人引渡法解説」『法曹時報』16 巻 6 号（1964 年）813 頁。なお，この見解については，引渡しの可否に関する裁判所の決定の性質自体に不服申立てを認めない理由を求める考え方であるとし，批判的な指摘がする。すなわち，引渡の要件ないし制限事由の存否の判断には，一定の事実認定や法律解釈が含まれるから，「仮に，地方裁判所がその判断を行うこととした場合等においては，上訴等によってその判断の是正を図ることが考えられない訳ではなく，また，引渡しを不可とする決定については，これが法務大臣を拘束するものである以上（引渡法 12 条等参照），同決定に対する不服申立の実益がないとはいえない」，とする。従って，「引渡しの可否に関する裁判所の決定の性質から直ちに不服申立てが認められないとの結論を導き出すことには，疑問の余地がある。」とする。むしろ，「端的に，引渡法が引渡手続きの迅速性の要請等に基づき引渡しの要件の存否の判断を特に東京高裁に委ねた制度の趣旨から，その判断に対する不服申立てを認めていない」，と理解すべきであるという。大野恒太郎「犯罪人引渡しの現況と実務上の諸問題」『法律のひろば』37 巻 7 号（1984 年）35 頁。

(172)　引渡法第 14 条第 1 項の政府原案は，「法務大臣は，第十条第一項第三号の決定があった場合において，逃亡犯罪人を引き渡すことができ，且つ，引き渡すことが相当であると認めるときは，東京高等検察庁検事長に対し逃亡犯罪人の引渡を命ずるとともに，逃亡犯罪人にその旨を通知し，逃亡犯罪人を引き渡すことができず，又は引き渡すことが相当でないと認めるときは，直ちに，東京高等検察庁検事長及び逃亡犯罪人にその旨を通知するとともに，東京高等検察庁検事長に対し拘禁許可状により拘禁されている逃亡犯罪人の釈放を命じなければならない。」と設けられていた（下線は筆者）。第 16 回参院法務委員会 13 号（昭和 28 年 7 月 15 日）。

第二章　日本国における逃亡犯罪人引渡し

に限定されるというものである[173]。この見解の論拠としては，まず，立法趣旨が挙げられる。政府から提出された引渡法の原案には，裁判所が行う審査の性質は法律的な適否に関する確認裁判であるとしたものの，裁判所の決定について拘束力が認められない。すなわち，行政機関である法務大臣が重ねて同一の争点について自由な判断をなすことは司法機関の決定を覆す結果になりかねない。すなわち，犯罪人の人権尊重等の見地から，政府原案の一部文言を削除した経緯があるというものである。次に，引渡法の趣旨に求められるという。法務大臣は，引渡制限事由の存在が客観的に明白である場合，若しくは東京高裁の決定後に引渡要件や引渡制限事由の存否が新たに生じるなどの例外を除き，引渡可否について東京高裁に審査請求を命じるよう義務づけられている（引渡法第4条第1項）からだという。

　政府が提出した引渡法原案について，国会審議の末，第14条第1項の「引き渡すことができ，且つ，」および同項と同条第3項の「引き渡すことができず，又は」を削除するようになったが，その理由として次のような説明がなされた。すなわち，「政府提案の原案によりますれば，裁判所が引き渡すことができると裁判した者に対し，更に法務大臣が独自の立場から引き渡すことができるかどうかを判断し，且つ，その上に引き渡すことが相当であるかどうかを判断した上，その裁量によって引渡命令を出すべきものと解されるが，これでは引き渡すことができるかどうかという法律的適否に関する確認的裁判に対し，何等の拘束的価値を認めず，政府が重ねて同一の争点について自由な判断をなし，その措置上裁判所の決定を無視した結果になる場合もでき，それでは折角，逃亡犯罪人引渡手続の過程において，人権擁護と近代的立法のため，その司法化を図った精神が没却されるので，この誤解を解消するため，」原案から削除されるようになった。[174]

　引渡手続のなかに裁判所の審査が導入されたのは，逃亡犯罪人の人権保障の見地から手続の司法化が図られたことであり，それゆえ裁判所の決定の効力が

---

(173)　大野恒太郎「犯罪人引渡しの現況と実務上の諸問題」『法律のひろば』37巻7号（1984年）36頁。

(174)　第16回参院法務委員会（第13号，昭和28年7月15日）において，法務省刑事局総務課長（津田實）による逃亡犯罪人引渡法案の修正についての説明。

◆ 第二節　戦後の逃亡犯罪人引渡し

認められるべきである，というものである。しかし，他方では，「依然として引渡命令を出すべきかどうかは，右の裁判の上に立つて法務大臣がなお引渡すことを相当とするかどうかを大局的見地に立つて判断し，その自由裁量によつて決することができるように規定いたしておいて，引渡命令そのものの性格が終局的にはやはり政府の自由裁量により，而もこれは先ほど政府の質疑応答にも明らかにされたごとく，法的判断を含んだ上の裁量処分であるから，これに不服な引渡犯人は行政訴訟を提起することができるとなし，この新制度の司法化と行政との調節をはからんとするのが，本修正の最大眼目である。」[175]として，司法機関と行政機関の各審査範囲およびその限界について確然とせず，相違な解釈がなされる余地が残されているように思われる。

　当初，政府は，裁判所による「引渡し可能との決定」の効果と法務大臣の「引渡しの相当性判断」との関係について，二つの類型を研究対象としていた。すなわち，①行政機関は東京高裁の当該決定に拘束される，②東京高裁の決定は諮問的・留保的な決定であって行政機関の措置を拘束するものではない，である。最終的な政府原案として，行政機関の措置は司法機関の当該決定に拘束されず，別段の審査を行うことができるとしたが，その背景には次のような点が挙げられる[176]。①犯罪人引渡しは国際的に非常に大きな効果をもたらすことがある事柄の性質上，裁判所が，引渡可否の決定をなし，すべての責任を負うことは司法機関のあり方からして適切でない[177]。②裁判所の決定があった後，多様な社会情勢や国際情勢の変遷などにより，新たな事実が発見されることがありうる。③裁判所において引渡可能との決定があったとしても，重ねて行政機関がこれを審査することは人権保障を全うするという考慮がある。④行政機関がその裁量のみに基づいて行う処分は行政訴訟の対象にならないが，そ

---

(175)　政府説明（説明員:津田實），第16回参院法務委員会13号（昭和28年7月15日）。

(176)　政府委員（岡原昌男）答弁，第16回衆院法務委員会11号（昭和28年7月11日）。

(177)　引渡審査に関する司法機関のあり方の例として，フランス，ドイツおよびベルギーの各引渡法の場合，裁判所の決定は政府に対する諮問機関的な効果を与えること，また，「犯罪管轄権に関するハーバード研究・条約案」（1935年）の第18条においても，司法決定の効果について同様の考え方を採用していることを挙げている。政府委員（岡原昌男）答弁，第16回衆院法務委員会11号（昭和28年7月11日）。

第二章　日本国における逃亡犯罪人引渡し

れが適法および不適法という判断である場合には行政訴訟の対象になり得ることから，法務大臣の措置が行政訴訟の対象になり得るということを想定したものである。

　政府原案はこのような検討をへて国会に提出されたが，国会では，裁判所に対して行政機関の介入を招くおそれがあること，逃亡犯罪人の人権保障の観点からも望ましくないこと，などの批判が行われた[178]。すなわち，原案規定によれば，結果的に裁判所の決定は拘束力がないことに帰着するため行政が裁判に干渉するような誤解を招き得ること，人権保障の考慮からして東京高裁と法務大臣との間で役割が分担されるべきであること，などである。東京高裁と法務大臣との役割分担とは，裁判所は国内法上・条約上若しくはその他の諸般事情から引渡しの適法性を審査決定するものであり，法務大臣はその決定について適否の判断を加えず，ただ，引渡しの実行段階において国際紛議の予防と人権保障等の観点から審査を行うことを意味する。すなわち，東京高裁は法律的な適否の判断を行い，法務大臣は国策および国益等に影響を及ぼすと考えられる高度の政治的な検討を行ったうえで引渡しの執行の当否を判断すべきであるというものである。

　国会における指摘により，引渡法第14条の政府原案に設けられていた当初の文言は削除されることになった。もっとも，東京高裁の審査範囲と法務大臣の相当性判断におけるその限界が明確に位置づけられたとは解されない。東京高裁の決定について，「法務大臣がなお引渡すことを相当とするかどうかを大局的見地からその自由裁量によつて決することができるように規定し，引渡命令そのものの性格が終局的には政府の自由裁量により，法的判断を含んだ上の裁量処分である」とする。法務大臣の引渡しの相当性の判断は，引き渡すことができる場合に該当するかどうかといった法律的適否，すなわち，引渡しの可否の判断をも含むものと解される。さらに，法務大臣の引渡命令について行政訴訟を提起することができるとしたことは，相当性の判断のなかに，行政裁量に限らず，行政訴訟の要件となる適法および不適法の判断基準が包含されることを前提にするという政府の説明からもその趣旨がうかがわれる。

（178）　佐瀬委員質問，第16回衆院法務委員会11号（昭和28年7月11日）。

104

◆ 第二節　戦後の逃亡犯罪人引渡し

⑷　法務大臣の措置（引渡しの相当性の判断）に対する不服申立

　法務大臣が，引渡しの相当性について審査したところ，引渡すことが相当であると判断した場合は東京高検検事長に対して引渡しの実行を命じなければならない。この措置について不服申立を行うことは引渡命令の取消しを求める訴訟として提起される。言い換えれば，法務大臣と東京高裁の審査範囲の境界は，引渡命令の取消しを求める訴訟において，その訴訟対象の中に東京高裁のなした法的判断が含まれるか否かによって明らかに振り分けられることになる。この不服申立の法的性質について主に二つの見解に分かれる[179]。第一に，法務大臣が行う引渡命令は，裁判所が行った司法判断の対象も含まれ，重ねて行った審査の結果である。引渡可能とする裁判所の決定は，引渡しの実施を命令するものでないため，これに対して不服申立を行うことは認められない。すなわち，法務大臣による引渡しの相当性の審査範囲のなかには，引渡しの可否の審査内容が含まれるから，引渡要件や引渡制限事由の存否に関する適法性について争うことができるというものである[180]。第二は，東京高裁の決定について不服申立が認められない理由は，その決定の性質上の問題というより，犯罪人引渡事件の重大性・困難性および引渡手続の迅速性等の要請のため，引渡要件の存否の判断をもっぱら東京高裁に委ねたという制度の趣旨に求められるとする見解である[181]。この場合，引渡命令の取消請求訴訟では引渡手続の適法性について争うことはできないとする。

　法務大臣の裁量である引渡しの相当性判断に対する異議申立については，裁量権行使の違法性に加え，その不当性も理由とすることが認められているのに対し[182]，引渡命令の処分取消しの訴えについてはは，裁量権の範囲を超えた

---

(179)　「逃亡犯罪人引渡法10条1項3号の決定に対する不服申立の許否」『最高裁判例解説・刑事編（平成2年度）』（1992年）57頁。

(180)　辻辰三郎「逃亡犯罪人引渡法逐条解説」『警察研究』24巻12号（1953年）35頁，伊藤栄樹「逃亡犯罪人引渡法解説」『法曹時報』16巻6号（1964年）813頁，芹田健太郎「中国民航機ハイジャック犯引渡事件」『判例時報』1367号（1991年）229頁（判例評論384号67頁）。

(181)　大野恒太郎「犯罪人引渡しの現況と実務上の諸問題」『法律のひろば』37巻7号（1984年）34-35頁。

(182)　行政不服申立について，行政不服審査法第第1条第1項は「この法律は，行政庁

105

第二章　日本国における逃亡犯罪人引渡し

り若しくはその濫用があるなど，裁量権の違法性のみを理由とすることにとど
まるものと解される[183]。

(5)　裁判所の解釈

　中国民航機奪取犯の引渡しと関連して[184]，法務大臣により引渡命令がなさ
れたが，その命令の取消しを求める訴訟が行われた[185]。取消請求訴訟におい
て，東京地方裁判所は，審理の対象は法務大臣の引渡命令における違法事由の
存否にあることを明らかにした。引渡可否に関する法的判断は，もっぱら東京
高裁の審査事項であるから，この点について法務大臣の判断の誤りが違法事由
を構成する余地はないとする。そうするとこの命令取消請求訴訟において，裁
判所が審理及び判断すべき対象は引渡しの可否に関する法的判断を除いた事項
に限られる。すなわち，法務大臣の「引渡しの相当性」判断は，東京高裁の司
法判断とは異なる行政的な観点から審査するものであり，「請求国に対する外
交的配慮，国内の法秩序維持上の必要，当該逃亡犯罪人の人権保護その他の要
素を総合考慮してなされる高度に政治的，裁量的な」ものに限定されるという。
　東京地裁は，法務大臣の裁量について，その判断が「社会通念に照らし著し
く妥当性を欠くことが明らかでない限り，裁量権の範囲を超え又はその濫用が
あったものとして違法とされることはないものというべきである。」と判示し

　　　　の違法又は不当な処分その他公権力の行使に当たる行為に関し，国民に対して広く行政
　　　　庁に対する不服申立てのみちを開くことによって，簡易迅速な手続による国民の権利利
　　　　益の救済を図るとともに，行政の適正な運営を確保することを目的とする。」と定める。
　(183)　行政訴訟について，行政事件訴訟法第 30 条は「行政庁の裁量処分については，裁
　　　　量権の範囲をこえ又はその濫用があった場合に限り，裁判所は，その処分を取り消すこ
　　　　とができる。」と規定する。
　(184)　いわゆる「張振海事件」である。1989 年 12 月 16 日，北京発（上海経由）ニュー
　　　　ヨーク行の中国民航機が中国人によって不法に奪取され，福岡空港に非常着陸した。犯
　　　　人の張振海について，日本は中国から身柄引渡しを求められ，東京高裁によって引渡可
　　　　能との決定がなされた（1990 年 4 月 20 日）。次いで法務大臣が引渡しの相当性を認めた
　　　　ことから，同人は 1990 年 4 月 28 日中国当局に引渡された。引渡裁判では，引渡要件に
　　　　おける双方可罰性および特定性の問題，引渡制限事由としての政治犯罪の認否，人権保
　　　　障条項（自由権規約第 7 条）などが主な争点となった。
　(185)　東京地裁（平成 2 年 4 月 25 日）決定『判例タイムズ』726 号（1990 年）98 頁。

106

◆ 第二節　戦後の逃亡犯罪人引渡し

た。さらに，東京地裁は，法務大臣の相当性判断が違法であるとすることは困難であるゆえに命令取消請求に理由はなく，従って引渡命令執行停止[186]の申立も同様に理由がないとして却下したのである。その抗告審である東京高裁（平成2年4月27日）の決定も原審を支持するものとなった。命令取消訴訟の原告は，東京高裁による引渡可能との決定について不服し，刑事訴訟法に準拠した特別抗告が許されるべきであるとして最高裁に抗告したが，最高裁はこれを棄却した。最高裁による棄却の理由は，東京高裁の決定について，「逃亡犯罪人引渡法に基づき東京高等裁判所が行った特別の決定であって，刑事訴訟法上の決定でないばかりか，逃亡犯罪人引渡法には，これに対し不服申立を認める規定が置かれていないのであるから，」不服申立は許されないとした[187]。

　最高裁の判断は，東京高裁の決定について不服申立が許されない理由として，当該決定の性質自体あるいは引渡手続の趣旨といった理由のみに限らず，「引渡法の枠組みの特性および立法・行政・司法の各作用を全体的にとらえて検討」したものである。すなわち，東京高裁が行う引渡法上の決定について，その性質上，「純然たる司法作用を必要とする裁判ではなく，立法裁量にもとづく非訟事件の裁判」であるとする。さらに，引渡しに関する要件と手続などは，本質的に，引渡しを求められた被請求国が自由に決定しうる事柄であり，かつ，立法裁量の事項であるとした。従って，引渡法について，逃亡犯罪人の権利義務の事項と見てそれらを定める必要はないと解される[188]。

　最高裁は，引渡可否の決定は，あながち裁判所が行う必要があるものではなく，法務大臣等の行政機関が行うこしても差し支えないものとする。但し，犯罪人の引渡しという事柄が，国家間の信頼関係や逃亡犯罪人の人権にかかわるところ，手続等の公正性を保つために裁判所にこれを行わせるのが適当であるという立法的判断により，東京高裁に委ねられたという。引渡可否について東

---

(186)　行政事件訴訟法25条第3項は，執行停止の実施について「裁判所は，前項に規定する重大な影響を及ぼすおそれがあるとき，又は本案について理由がないとみえるときは，することができない。」と定める。

(187)　「逃亡犯罪人引渡審査請求事件」最高裁（平成2年4月24日）決定『最高裁判所判例集』44巻3号（平成2年度）302-303頁。『判例タイムズ』726号（1990年）102頁。

(188)　『最高裁判例解説・刑事編（平成2年度）』（1992年）56-57頁。

第二章　日本国における逃亡犯罪人引渡し

京高裁が行う決定は，刑事訴訟法上若しくは民事訴訟法上の決定でもなく，逃亡犯罪人引渡法上の特別の決定であり，本質上，非訟事件の決定であると解される。従って，東京高裁による引渡可否に関する決定については，特別の規定がない限り，訴訟法上の抗告が許されないことは明らかであるとする[189]。

三　逃亡犯罪人引渡条約

(1)　日本国と米国間の引渡条約

1978年3月3日に調印された「日本国とアメリカ合衆国との間の犯罪人引渡しに関する条約」は，同年4月21日に国会の承認がなされ，1980年3月26日発効した[190]。この日米新引渡条約の発効により，1886年に締結された「日

---

(189) 『最高裁判例解説・刑事編（平成2年度）』（1992年）49頁。さらに，最高裁は，東京高裁の当該決定に対して特別抗告が認められないのは憲法第81条（法令審査権と最高裁判所）に違反するとの原告の主張について，当該決定は刑事訴訟法上の決定でないために抗告は許されないと判示した。すなわち，抗告が認められるべきかの認否については，問題となる裁判が「法律上の実体的権利義務自体を確定する純然たる訴訟事件」の裁判であるか，または「本質的に非訟事件」の裁判であるかを判断すべきであるする。前者は「固有の司法権の作用」であることから，憲法上，公開対審の手続きと最高裁への上訴を保障する必要があるが，後者は，性質上は行政機関等に判断させることもできる事柄であって，立法裁量により非訟事件として裁判所に判断を委ねているものであるから（裁判所法第3条第1項の「法律において特に定める権限」），公開対審の手続にするか否か，上訴を認めるか否かについても立法裁量に委ねられていることになる。訴訟事件かそれとも非訟事件かの判断基準は，まず，実定法がある種の権利義務を所与のものとして定めているか否かによる。そして，訴訟事件か非訟事件かを判別するには，裁判所の裁判により決める他ない性質の事件か，それとも行政上の処分によって決定することとしてもよい性質の事件かという角度から検討しなければならない。なお，その判別に疑念がある場合は，裁判所の裁判があってはじめて権利義務が生じるものであるとき，または裁判手続等について実定法がその事件を非訟事件と定めていると解されるときには，非訟事件と考えるべきである。次いで，実定法がある事件を非訟事件としていると考えられる場合に，その規定が違憲となるか否かを検討することになる。同書，53-55頁。

(190) 日米間の引渡しをめぐる国際協力には逃亡犯罪人引渡条約の他に「日米地位協定」上の引渡協力がある。同協定上，米国軍隊の構成員または軍属若しくはそれらの家族が日本領域内で犯した一定の犯罪について，その裁判権は米国の軍当局に専属権または優

◆ 第二節　戦後の逃亡犯罪人引渡し

本国亜米利加合衆国犯罪人引渡条約」および 1906 年の「追加犯罪人引渡条約」
は効力を失うことになった[191]。日米新引渡条約の締結の背景には，引渡犯罪
の対象について，日米旧引渡条約がその付表により罪種が主に伝統的な犯罪に
限られていたため，時代の変化に伴った新種犯罪に対する規制の実効性が求め
られたからである。例えば，旧引渡条約のままでは，ハイジャック，略取誘拐
等のテロ行為，贈収賄等といった新たな犯罪手法や態様について引渡協力が困
難になったことなどか挙げられる。

　日米新引渡条約はその本文の 16 箇条および付表から構成され，日米旧引渡
条約と対比して，次の三つの特徴が挙げられる[192]。第一に，引渡犯罪の対象
の拡大である。日米新引渡条約では，旧引渡条約が 15 種の引渡犯罪を定めた
のに対しこれを 47 種に拡大し，引渡対象の罪種についても包括主義を採用す
ることによって列挙主義と併用されるようになった。列挙罪種の拡大とともに
包括主義が取り入れられたことにより，将来あらたに国内立法や法改正が行わ
れても，条約を改正することなく引渡犯罪として取り扱うことができるように
なった。また，旧引渡条約には規定されなかった国外犯について一定の条件の
下に引渡犯罪の対象とした[193]。すなわち，基本的には被請求国の法令上にお
いて国外犯処罰の規定を前提にこれを引渡しの対象としながら，ただ，引渡し
を求められた者が請求国の国民である場合は国外犯処罰規定を要することなく

　先権が与えられると定めるところ，日本当局は当該犯罪者の身柄を米軍当局に引き渡す
　ことになる（第 17 条第 5 項 a）。日米引渡条約では，条約締結の署名当日に作成された
　駐日大使と外務大臣との交換公文において，当引渡条約のいかなる規定も日米地位協定
　上の権利および義務に影響を及ぼすものではないことを束した。韓国の場合，2014 年現
　在で約 2 万 8 千人の米軍をかかえといわれ，韓米地位協定により類似の規定が設けられ
　ている。

(191)　日米新引渡条約の第 16 条第 3 項。
(192)　敷田稔「日米犯罪人引渡条約の締結について」『ジュリスト』665 号（1978 年）85
　頁。
(193)　日米旧引渡条約において締約国の管轄権内とは領域内を意味するものと解され，
　一方の管轄権内で罪を犯した者が他方の管轄権内で発見された場合は引渡しを行うべき
　とし，請求国の国外犯についての引渡しは認められなかった。馬場俊行「日米犯罪人引
　渡条約の全面改正について」『法律のひろば』31 巻 8 号（1978 年）61 頁。

第二章　日本国における逃亡犯罪人引渡し

引渡しを行うと定める（第6条第1項）。日米新引渡条約の適用上，領域の範囲は，陸地・水域・空間とともに，締約国に登録された船舶および航空機をも含むと定めた（第6条第2項）。第二は，犯罪処罰の実効性の確保である。逃亡犯罪人に対する刑事手続が請求国において適正に行われるためには，被請求国との間での緊密な協力が必要である。日米新引渡条約では，特定主義の緩和（第7条），追加証拠の請求（第8条第7項），証拠物などの引渡し（第13条），通過護送（第15条）など，引渡要件と手続を整備することにより，逃亡犯罪に対する処罰の実効性を確保しようとした。とりわけ，特定主義の緩和において，請求罪名と訴追罪名とが異なるとしても，「引渡しの理由となった犯罪を構成する基本的事実に基づいて行われる限り，」引き渡された者に対して刑罰を執行することができると定める（第7条第2項）。この場合の「基本的事実」の同異の判断基準は，刑事訴訟法における公訴事実の同一性の概念が応用されると解される[194]。第三は，引渡手続の迅速化と明確化である。引渡請求に添付すべき書面などを詳細に定めるとともに，引渡しを求められた犯罪人の同意に基づく簡易引渡手続（第10条），引渡し決定後の措置（第12条）を定め，引渡手続の円滑な進行をはかっている。すなわち，被請求国は，「引渡しを求められた者が，被請求国の裁判所その他の権限のある当局に対し，その引渡しのために必要とされる国内手続における権利を放棄する旨を申し出た場合には，被請求国の法令の許す範囲内において，引渡しを促進するために必要なすべての措置をとる。」とした（第10条）。さらに，被請求国は，引渡請求についての結果を速やかに通知すること（第12条第1項），一定の期限内に請求国が引渡犯罪人の身柄を引き受けない場合にはその者を釈放し，その後に同一の犯罪および犯罪人の引渡請求を拒否することができると定めた（第12条第2項）。

---

(194) 「公訴事実の同一性」は，一般に訴因変更の限界を画する基準のみならず，判決の一事不再理効や公訴時効の及ぶ範囲を画するなどの基準とされる。なお，公訴事実とは，検察官が起訴状に記載する「罪となるべき事実」だと解される。田中開・寺崎嘉博・長沼範良著『刑事訴訟法（第3版）』（有斐閣アルマ，2008年）172頁。松尾浩也・井上正仁『刑事訴訟法の争点（第3版）』（有斐閣，2002年）122頁。

◆ 第二節　戦後の逃亡犯罪人引渡し

ア．列挙主義と包括主義の併用

　引渡しの対象とする犯罪の範囲を規定する方法として，法定刑による刑の重さ（刑期）を基準にして定めるものと，特定の犯罪類型を列挙するものがある。列挙主義は，日米旧引渡条約で見られるように，引渡対象の犯罪について「引渡犯罪目録表」を作成し，これに基づいて引渡しの請求が行われる仕組みである。米国において列挙主義がとられた背景にはその法体系の特徴に求められる。すなわち，刑罰法上の法定刑が一定せず多様な州法と連邦法との二本立てであること，条約が発効すればそのまま国内法となること，逃亡犯罪人引渡しにおいて条約の締結を前提とする条約前置主義をとっているいること，などの事情が挙げられる(195)。もっとも，日米新引渡条約の締結にあたり，日本は引渡しが相当と考えられる罪種を網羅的に列挙した上，その罪名に制限されることなく将来にも対処できるように，包括主義を併用することが必要と考えて交渉に臨んだ(196)。こうして日米新引渡条約は，引渡対象となる犯罪は付表で定める47の罪種の他に，条約本文で定める一定の法定刑の犯罪もその対象としている。すなわち，「引渡しは，この条約の規定に従い，この条約の不可分の一部をなす付表に掲げる犯罪であって両締約国の法令により死刑又は無期若しくは長期一年を超える拘禁刑に処することとされているものについて並びに付表に掲げる犯罪以外の犯罪であっても日本国の法令及び合衆国の連邦法令により死刑又は無期若しくは長期一年を超える拘禁刑に処することとされているものについて行われる。」と定める（第2条第1項）(197)。

---

(195)　敷田稔「日米犯罪人引渡条約の締結について」『ジュリスト』665号（1978年）85-86頁。

(196)　日米間の引渡条約の締結交渉において，結局，米国はそれまで伝統的に保持していた列挙主義に加えて包括主義が併用された条文に合意したところ，米国が包括主義を採用した最初の条約となった。敷田稔・同上論文・86頁。

(197)　「逃亡犯罪人引渡法」が引渡対象となる犯罪の法定刑について「長期3年以上の拘禁刑」としているのに対し，日米引渡条約が「1年を超える」ものと定めたのは，主として，米国では通常1年以上の自由刑に相当する犯罪を「重罪」とする事情がある。敷田稔・同上論文・86頁。

第二章　日本国における逃亡犯罪人引渡し

イ．引渡制限事由と人権保障

　日米新引渡条約において，人権保障条項について具体的に設けた規定はない。裁判所の審査は，法令に基づきながらその手続の適法性および引渡制限事由の存否に限られ，引渡しを求められた者が引き渡された後に受けられる取扱いはその範囲に及ばないという。両国間の引渡条約において人権保障条項が規定されなかったのは，引き渡された後の犯罪人に対する人道的考慮は，とくに成文法として明記する必要性が認められなかったためと解される[198]。すなわち，逃亡犯罪人が請求国においていかなる処遇に直面するかの人権保障の問題は，もっぱら行政機関の裁量に委ねられるべきであるとし，それは両国の法務大臣と国務大臣の所管事項として，日本法上の「引渡しの相当性」，米国法上の「司法不審査の原則」によるものと解される。その理由は，請求国に引き渡された後に逃亡犯罪人が受けられる処遇の問題が，国家間の高度の政治的評価の対象であるものという認識がある。もっとも，引渡協力に関する多国間条約および二国間条約において，「難民条項」や「拷問条項」などの人権保障条項の趣旨が義務的な引渡拒否事由として明記されるとともに，逃亡犯罪人の個人的な事情について人道的な見地から引渡制限事由と定められるものもある。後述するように，日韓引渡条約では，逃亡犯罪人が請求国に引渡された後に受けられる処遇等も含めて，人権保障について比較的に広範に定められた。引渡条約において人権保障条項が設けられることにより，逃亡犯罪人の人権問題が行政機関の裁量ではなく，裁判所によって引渡制限事由の存否の問題として適用されることになる。

(2)　日本国と韓国間の引渡条約

　引渡条約の締結にあたっては，相手国の司法体系，政治的安定性，文化的特性などの諸般の状況を総合的に考慮される[199]。日韓間で犯罪人引渡条約の締結の交渉が具体化したのは，1998年，当時の小渕恵三首相と金大中大統領と

---

(198)　瀬戸毅「犯罪人引渡しに関する日本国と大韓民国との間の条約(3)」『現代刑事法』43号（2002年）83頁。

(199)　敷田稔「日米犯罪人引渡条約の締結について」『ジュリスト』665号（1978年）89-90頁。

◆ 第二節　戦後の逃亡犯罪人引渡し

の間で「日韓共同宣言 − 21 世紀に向けた新たな日韓パートナシップ」が発表され，同宣言において引渡条約の締結を開始することを明らかにしたことに始まる。その後，2002 年 4 月 8 日，引渡条約の署名（平成 14 年条約第 4 号）が行われ，同年 5 月 29 日に国会承認を経て同年 6 月 21 日に発効した。引渡条約の締結については韓国の方から先にその必要性を認識し，日本側に締結の交渉を積極的に働きかけていたものと思われる。韓国政府は，1988 年に国内立法として犯罪人引渡法が制定された当時から，引渡条約の締結の必要性が最も高い相手国として米国および日本を名指し，締結交渉を働きかけていたことがうかがわれる[200]。日本側も上記宣言の合意に基づいて条約締結の本格的な交渉に乗り出したことから，両国の実務的な調整が積み重なった結果，2002 年のワールドカップサッカー大会の共催をきっかけに条約締結の署名にたどり着いた。

　日本が，米国以外に，引渡条約の相手国として韓国と締結することになった背景には主に次の二つの事情がある[201]。第一に，自国民の引渡しが行われても良いとされる認識があったことである。両国の引渡法では，原則として，引渡対象となる逃亡犯罪人が自国民である場合を引渡制限事由と定める。しかし，両国間において人々の往来が頻繁になったことから犯罪規制の必要性が高まったため，引渡条約をつうじて，国際刑事協力を拡大強化を図ろうとしたものと思われる。第二は，相手国の司法体制に対する理解が深まったことである。両国を往来する人が増加するに伴って自国民である犯罪人引渡しの必要性も高ま

---

(200)　韓国政府（法務省）が国会に提出した「犯罪人引渡法案」について，国会法制司法委員会の審査会議における当時の丁海昌法務大臣の答弁。国会事務處「第 143 回国会法制司法委員会会議録」第 2 号（1988 年 7 月 20 日）8 頁。

(201)　日韓間の犯罪人引渡条約に署名した当時の森山真弓法務大臣は，条約締結の背景として「相手国が日本と非常に緊密な関係にあって，司法制度も健全に機能しているような場合には，罪を犯して逃げ帰ってきた日本人を引き渡しても問題がないと思われる。同じことは相手国の国民についても当てはまるので，来日する人が多い国については，引渡条約で『自国民であっても引き渡す』という合意をしたほうが良いと考えられる。その意味で両国は，往来する人が多く，韓国の司法事情というのもかなり理解できているため，両国の利益を考えて，引渡条約を結んだほうが良いという結論になった」としている。森山真弓『法務大臣の 880 日』（河出書房，2004 年）82-83 頁。

第二章　日本国における逃亡犯罪人引渡し

ることになる。自国民である犯罪人が請求国に引き渡された後，その刑事手続などにおいて公正な裁判を受けられるかどうか若しくは処遇上の問題などのように，人権保障の観点から信頼性が認められたことである。

ア．双方可罰性

引渡請求がなされた場合，被請求国は，引渡しを求められた犯罪について双方可罰性が認められるかどうかを判断するため，条約に定められた引渡犯罪であることを確認しながら，自国においていかなる犯罪に該当するかを法的に評価しなければならない。日韓両国において共に引渡対象の犯罪であること，かつ，可罰性が認められることが要求される。すなわち，引渡しの対象となるものは，「死刑又は無期若しくは長期一年以上の拘禁刑」に処せられる行為と定める（第２条第１項）。しかし，両国の刑事法制やその手続において基本的に共通の点があるとしても，法律もまた各国の法文化や歴史を反映するものであるため，その具体的な適用には必ずしも一致するものではない。とりわけ，引渡請求に係る犯罪について，犯罪事実の同一性，罪責立証をめぐる準拠法若しくは犯罪嫌疑の相当性などをめぐり，その解釈をめぐって紛議の余地がある。そこで，双方可罰性に関する基準を示し，柔軟に行うことを目的に本規定が設けられた(202)。

日韓引渡条約の第２条第３項(a)は，「両締約国の法令において同一の区分の犯罪とされていること又は同一の罪名を付されていることを要しない。」と定め，引渡請求に係る犯罪事実について，法制度上同一の犯罪類型であることや罪名が同一であることは要しない(203)。また，同項(b)は，「引渡しを求められている者が犯したとされる行為の全体を考慮するものとし，両締約国の法令上

---

(202) 瀬戸毅「犯罪人引渡しに関する日本国と大韓民国との間の条約(1)」『現代刑事法』41号（2002年）68頁。

(203) 例えば，韓国からの引渡請求の事案が，金銭を払って17歳の少女と性交したというもので，公序良俗を害する行為として売春防止法違反の罪で請求したのに対し，日本の法令上，17歳の児童の権利を侵害する行為であるとして児童買春の罪にあたるものとして双方可罰性を認めることが考えられる。瀬戸毅「犯罪人引渡しに関する日本国と大韓民国との間の条約(1)」『現代刑事法』41号（2002年）68頁。

◆ 第二節　戦後の逃亡犯罪人引渡し

同一の構成要件により犯罪とされることを要しない。」として，引渡対象となる犯罪行為の要件を包括的に解釈するものと明記した[204]。

イ．犯罪嫌疑の相当性の準拠

　日韓引渡条約の第3条(a)は，引渡犯罪の嫌疑の相当性について，「引渡しを求められている者が請求国において引渡しの請求に係る犯罪について有罪の判決を受けていない場合であっては，被請求国の法令上当該犯罪をその者が行ったと疑うに足りる相当な理由がない場合」に該当するときには，これを義務的な引渡拒否事由として定める。これは，引渡法第2条第6号および日米引渡条約第3条で定められた引渡制限事由にそれぞれ相当する規定である。「被請求国の法令上」と規定されているのは，引渡対象となる犯罪嫌疑について，「相当な理由」の判断基準が日韓両国の間で完全に同一であるとは限らないことから，その判断基準は被請求国にあることを明確に示すものである。

　日米引渡条約第3条は，有罪の判決を受けていない者に限らず，確定判決を受けた者についても，それを「証明する十分な証拠がある」ことを引渡しの要件とする。この意味は，「確定判決が存在するという実質的要件を満たしていることを被請求国に認識してもらうために提供する情報の信頼性」の問題であり，引渡しの具体的な手続を定めた条項（例えば，日韓引渡条約第9条）において規定すれば足りるものであると解される[205]。また，日米引渡条約では，引渡犯罪の嫌疑をめぐる証拠の十分性について，引渡制限事由を定めた第4条と区別して独立の条文として定める。しかし，引渡法第2条はこれらを区別することなく一つの条文で規定しており，かつ，両者を区別しなければならない理由もないと認められたことから，日韓引渡条約では他の引渡制限事由と併せて

（204）　例えば，韓国からの引渡請求が，集金業務を行いながら顧客を騙して代金の交付を受けたというもので，詐欺罪であったのに対し，日本国の法令上，顧客を騙したとの認否の判断が微妙であるが，少なくとも顧客から預かった代金を自己のために勝手に消費した事実は認められるとして，交付を受けた代金の処分行為まで考慮したうえで横領罪にあたるものと捉え，双方可罰性を認める場合が考えられる。瀬戸毅・同上論文・68頁。

（205）　瀬戸毅「犯罪人引渡しに関する日本国と大韓民国との間の条約(2)」『現代刑事法』42号（2002年）82頁。

第二章　日本国における逃亡犯罪人引渡し

第3条に定めたとする[206]。

ウ．人権保障に関する規定

　逃亡犯罪人の人権保障について，日米引渡条約では，条文として明記されず，もっぱら行政機関の裁量に委ねられている。日韓引渡条約においては，それを引渡制限事由として定め，引渡制限事由の性質によっては義務的な引渡拒否事由としたり若しくは被請求国の裁量に委ねられるものと定める。その主な内容として以下の二つが挙げられる。第一に，義務的な引渡制限事由である（第3条(f)）。日韓引渡条約は，「引渡しを求められている者を人種，宗教，国籍，民族的出身，政治的意見若しくは性を理由に訴追し若しくは刑罰を科する目的で引渡しの請求がなされていると，又はその者の地位がそれらの理由により害されるおそれがあると被請求国が認めるに足りる十分な理由がある場合」には，引渡しを当然に拒むべき事由とする。これは，引渡法第2条に定められた引渡制限事由の各号との整合性が考慮されたものである。同条項の意義は，仮に引渡しが実施されるとすれば，その犯罪人が請求国においてどのような処遇を受けるかに着目し，被請求国が人道上の保障の観点から引渡しを拒むべき事由の存否についてあらかじめ審査することにある。引渡し後の犯罪人の人権保障について，条約上明記されたのは，国連犯罪人引渡モデル条約の関連条項の趣旨を参照したといわれる[207]。すなわち，国連モデル条約の第3条(b)は，引渡後の請求国における犯罪人の取扱いについて，具体的な迫害の形態を明示しながら，その理由がある場合には引渡制限事由とする。日本が条約締約国として，「性」を理由に迫害されるおそれがあることを義務的な引渡拒否事由としたものとして，2003年に発効した「国際組織犯罪防止条約」がある[208]。第二は，

　　(206)　瀬戸毅・同上論文・78頁。

　　(207)　但し，日韓引渡条約では，国連モデル条約に定められた「地位 status」について，はその内容が曖昧で恣意的な運用を招くおそれもあるとして採択されなかった。瀬戸毅・同上論文・82頁。

　　(208)　日本は「国際的な組織犯罪の防止に関する条約」について2000年に署名，2003年5月14日に国会承認が行われた。同条約16条14項は，本文同様の理由によって迫害されると「信ずるに足りる実質的な根拠がある場合には，引渡しを行う義務を課するものと解してはならない。」と定める。

◆ 第二節　戦後の逃亡犯罪人引渡し

裁量的な引渡拒否事由である（第4条(c)）。日韓引渡条約は，裁量的な引渡拒否事由として，「引渡しを求められている者の年齢，健康その他個人的な事情にかんがみ，引渡しを行うことが人道上の考慮に反すると被請求国が認める場合」には，被請求国の裁量によって引渡しを拒否することができると定める（条約第4条(c)）。同条項は，引渡しを求められた犯罪人の個人的な事情を鑑み，被請求国が人道的な観点からその引渡しの実行が適当かどうかについて判断する根拠を定めたものである。日韓引渡条約第3条(f)は，「引渡しを求められている者を人種，宗教，国籍，民族的出身，政治的意見若しくは性を理由に訴追し若しくは刑罰を科する目的で引渡しの請求がなされていると，又はその者の地位がそれらの理由により害されるおそれがあると被請求国が認めるに十分な理由がある場合」を義務的な引渡拒否事由と定める。仮に犯罪人が引き渡されたとした場合，請求国によって当該犯罪人に対し行われうる具体的な迫害の要素を想定して明記したものである。迫害として訴追または刑罰を科されることについて，被請求国がそれを事前に判断するよう定めたことにより，逃亡犯罪人の人権保障が一層図られているいえる。

　その反面，第4条(c)は，請求国の裁判権等によって犯罪人に加えられる具体的な迫害ではなく，引渡しを求められた者の一身上の切迫した事情について，包括的な形で人道的に考慮するものである。但し，「人道上の考慮」の具体的な要件が何かについて明確な基準を設定することは困難であるため，本項を根拠にその裁量が濫用されるおそれもあり得る。従って，裁量権の濫用を防ぐ趣旨で「引渡しを求められている者の年齢，健康その他個人的な事情」が，人道上の考慮すべき要件として例示されている[209]。本項と関連して，韓国「引渡法」は，「引渡犯罪の性格と犯罪人が処した環境等に照らし，犯罪人を引き渡すことが非人道的であると認められる場合」に該当すると被請求国が認めるときは，裁量的な引渡拒否事由と定める（9条5号）。但し，その場合であっても，引渡しを求められている者の同意が得られれば，裁判所の決定に制限が加えられる

---

(209)　日韓引渡条約の第4条(c)の例として，「出産予定日まで1箇月未満の妊婦で引渡しを行うことにより母体に危険を及ぼす可能性がある場合など」が挙げられる。瀬戸毅「犯罪人引渡しに関する日本国と大韓民国との間の条約(3)」『現代刑事法』43号（2002年）82-83頁。

第二章　日本国における逃亡犯罪人引渡し

と定める。韓国引渡法において，「犯罪人が，請求国への引渡しに同意する場合，（裁判所は）同法第9条に該当するという理由で引渡拒絶の決定をすることはできない。」と定め（第15条の2），当該犯罪人の同意の存否により，裁判所の決定が制限される仕組みとなっている[210]。同じ趣旨として，日米引渡条約第10条は「被請求国は，引渡しを求められた者が，被請求国の裁判所その他の権限のある当局に対し，その引渡しのために必要とされる国内手続における権利を放棄する旨を申し出た場合には，被請求国の法令の許す範囲内において，引渡しを促進するために必要なすべての措置をとる。」と定める。このような規定は，一定の要件の下，引渡し実施の迅速性を期するためであり，簡易引渡手続[211]の主な要件をなすものである。その意義は，引渡しを求められている者がその権利を自ら放棄することによって，被請求国において長期間の拘禁が避けられるほか，引渡しが早期に執行されことから請求国において刑事手続の迅速な進行が期待される[212]。

◆ 第三節　引渡裁判の事例

引渡法上，引渡裁判の管轄は東京高等裁判所に専属され，東京高裁は法務大

---

(210)　本項は引渡手続を迅速に行う目的として2005年に新設された。すなわち，裁判所が，逃亡犯罪人の一身上において裁量的な引渡拒否事由と認められる事情がある場合，その犯罪人の同意を前提に，引渡不可の決定をなすことはできないとする。なお，同意の形態について，書面でもって裁判所に提出されなければならず，さらに裁判所はその真意を直接に確認しなければならない（第15条の2の第2項）。改正理由（2005年12月14日，法律第7727号）。

(211)　簡易引渡手続は，正式裁判に対する略式裁判の制度にたとえ，「略式引渡手続」ともいわれる。このような簡易手続きの法的効果について，本来の引渡手続に適用される特定主義の原則とどのような関係にあるかが問題となる。例えば，ベネルックス犯罪人引渡及び刑事司法共助条約（1962年）の第19条および米国と西ドイツ間の犯罪人引渡条約（1978年）第18条の場合，引渡しを求められた犯罪人の同意による略式手続は特定主義の原則を緩和する効果があるとする。森下忠『犯罪人引渡法の研究』成文堂（2004年）97-99頁。

(212)　瀬戸毅「犯罪人引渡しに関する日本国と大韓民国との間の条約（4・完）」『現代刑事法』44号（2002年）71頁。

◆ 第三節　引渡裁判の事例

臣の請求により引渡可否について審査及び決定を行い，逃亡犯罪人が拘禁され
ているときは，遅くとも，拘束された日から2箇月以内に決定をしなければな
らない（第9条）。東京高裁の決定には，却下，引渡不可および引渡可能があ
り（第10条第1項），決定の効力は決定主文を東京高等検察庁の検察官に通知
することにより生ずる（同条第2項）。却下の決定は，引渡可否をめぐる審査の
請求が不適法であるときになされ，審査請求の手続きにおいて瑕疵があること
を理由にすることから，当決定があったとしてもその瑕疵を補完して再び審査
請求をすることができる。引渡不可の決定は，「引き渡すことができない場合」
に該当するときになされる。引き渡すことができない場合とは，引渡請求が引
渡条約に基づいて行われたときには，引渡条約および引渡法が定めた引渡制限
事由があることであり，引渡条約に基づかないときには，引渡法第2条各号が
定めたいずれかに該当することである。この決定は，引渡条約および引渡法の
各規定によって引渡しが制限されるべきと定めた事由が存在することを確認す
る裁判でり，法務大臣はこの決定に拘束される。従って，法務大臣が引渡しの
相当性の判断に基づいて引渡しを執行することはできない。引渡可能の決定は，
「引き渡すことができる場合」に該当するときになされる。引渡請求の事案に
ついて引渡条約および引渡法が定めた引渡制限事由が存在しないことを確認す
る裁判である。しかし，この決定により引渡しが執行されるものではなく，法
務大臣が引渡しの相当性を認めたうえで，引渡命令を発することにより最終的
に執行される。法務大臣は，司法審査とは別に，請求国などとの外交関係，国
際情勢など考慮について審査を行い，引渡しの相当性が認められないときは執
行しないことができる。

一　政治犯不引渡しの原則をめぐる裁判

(1)　「尹秀吉事件」

　尹秀吉（ユン・スギル）は，韓国政府の日本留学生に選ばれたが，1950年に
朝鮮戦争が勃発すると留学が不可能となったため，翌年4月に日本へ密入国し
た。東京大学研究生および独学等で理論物理学を学んでいたが，その後社会活
動に転じ，新聞社運営および政治運動をつうじて反政府活動を行ったとして軍

第二章　日本国における逃亡犯罪人引渡し

事政権により死刑に処せられた趙鏞壽（ゾ・ヨンス）の後任として，在日韓国民団栃木県本部の事務局長に就任し，韓国政府に批判的な活動を行っていた。1961年8月，密入国の嫌疑で東京入国管理当局に収容され，翌年6月送還先を韓国として退去強制令書の発付を受けた。尹秀吉は，これらの活動等を根拠に，みずから政治犯罪人および政治難民と主張し，同令書発付の処分取消請求の訴訟を東京地方裁判所に起こした。その後，東京地裁では退去強制令書発付処分の取消し（1969年1月25日），控訴審の東京高裁では被告控訴の棄却（1972年4月19日），最高裁では原告上告の棄却（1976年1月26日），などの各判決がなされた[213]。裁判では，政治犯不引渡原則について裁判規範としての国際慣習法の認否が争われたが[214]，第1審と上訴審との間で相違な判決となった。以下では，裁判における主な争点，および第一審において政治犯不引渡原則について国際慣習法と認められるとした鑑定（高野雄一）要旨を考察する。

ア．第一審（東京地方裁判所）[215]

　東京地裁は，原告の行為は純粋な政治犯罪に該当し，政治犯不引渡原則は国際慣習法として確立されているところ，不引渡原則は行政処分である退去強制

---

(213)　祖川武夫・小田滋『日本の裁判所における国際法判例』（三省堂，1991年）268-277頁，松井芳郎編『判例国際法（第2版）』（東信堂，2006年）230-234頁。

(214)　本件の他に国内裁判所で国際慣習法の成否が争われた事例として自国民捕虜補償原則が争点となった「シベリア抑留訴訟」がある。第1審判決（東京地裁1989年4月18日）では，国際慣習法成立の要件などについて基準が示されたところ，①その規則が慣習法化になじむ性質のものであるか否かが前提となる，②成立要件として「一般慣行」と「法的確信」を要する，などの二点であった。また，裁判では，国際慣習法の成立要件とは別に，それが裁判規範として認められるためには，条約慣行，国内立法，判例，学説，実行例などによって充分な証明が行わなければならない，との厳格な基準が示された。『判例タイムズ』703号（1989年）63-93頁。国内裁判と国際慣習法の適用について，村瀬信也「国内裁判所における慣習国際法の適用」広部和也・田中忠等編『国際法と国内法：国際公益の展開（山本草二先生還暦記念）』（勁草書房，1991年）133-170頁を参照。

(215)　東京地方裁判所判決（昭和44年1月25日）・昭和37年(行)第129号・退去強制令書発付処分取消訴訟事件。

120

◆ 第三節　引渡裁判の事例

にも適用されるので，退去強制処分は違法であるとしてその処分を取消した。主な争点および裁判所の判断は次のとおりである。第一に，政治犯罪人の取扱いに関する国際的な一般慣習について[216]，最近の一世紀以来，政治犯罪人を引渡しの制限事由と定め，殆どの引渡条約において義務的・命令的な用語で規定し，多数の各国の憲法およびその他の国内法において政治犯不引渡しを規定している。また，具体的な実行においても政治犯罪人を引渡請求に応じず拒否してきたことなどから，政治犯罪人不引渡しの国際慣習が成立していることは疑問の余地がない。第二は，政治犯不引渡原則の国際慣習法の認否について，相対的な政治犯罪はともかく，純粋な政治犯罪に限り，一定の条件を付したうえで，政治犯不引渡原則の国際慣習法性が肯定される。また，政治犯不引渡原則の国際慣習法の認否に関する学説の対立は，不引渡原則が前提とされたところ，政治犯罪の概念の相違によって惹き起こされたものと推察される。第三は，純粋な政治犯罪の認否について，政治犯罪は，純粋な政治犯罪および相対的な政治犯罪に分けられる。純粋な政治犯罪とは，もっぱら特定の国の政治秩序を侵害する行為であって，例えば，反逆・革命・クーデターなどの企図や陰謀，禁止された政治結社の結成等のため，処罰の対象となるものである。相対的な政治犯罪とは，政治犯罪と普通犯罪を同時に構成する単一行為として現れる複合犯罪，政治犯罪と普通犯罪がそれぞれ行われる結合犯罪のことをいう。日本における原告の活動は，韓国の政治秩序に対する侵害行為であり，韓国国内法によって処罰の対象であることから，本件の行為は純粋な政治犯罪に該当する。

---

(216)　鑑定書は，政治犯不引渡原則の国際慣習法の成否について，肯定した見解（高野雄一）と否定する見解（大平善梧，小田滋）が提出されていた。肯定説の鑑定書において，政治犯不引渡原則が国際慣習法として確立されたか否かについて，認められないとする学説として，立作太郎，田岡良一（個別的な条約において多数の国家が一致したことに過ぎない．），嘉納孔（規範的な意味での「原則」ではなく，「主義」という方が適当である．）が挙げられ，認められるとする学説として，横田喜三郎（純粋な政治犯罪に限り），田村幸作，一又正雄を挙げている。鑑定書とは別に，「十九世紀おそくとも二十世紀前半には政治犯罪人不引渡原則は慣習国際法としての成立していた」との見解として，芹田健太郎「政治犯罪人不引渡原則の確立：歴史的・実証的研究」『国際法外交雑誌』71 巻 4 号（1972 年）386 頁を参照。

第二章　日本国における逃亡犯罪人引渡し

イ．控訴審（東京高等裁判所）[217]および上告審（最高裁判所）[218]

　東京地裁の判決に対して東京入管が控訴したところ，東京高裁は，控訴側の主張を認め，原判決を棄却した。その理由として次の三つが挙げられる。第一に，政治犯不引渡原則について，これは自由と人道に基づく国際慣行であるが，未だ確立した国際慣習法であるとは認められない。不引渡原則は，ある国の憲法およびその他法律においてその原則を定めたとすれば，その国内法の範囲内で確立されたといえる。また，国家は原則としてその領域にある逃亡犯罪人を引き渡す義務がなく，引渡条約がある場合，その締約国間では一定要件によって引渡しの義務が生じるが，政治犯罪は引渡しの制限事由として引渡しを拒否できる権能を有する。日本引渡法は，一般に引渡条約の有無を問わず政治犯罪人の不引渡しを規定したものとは認められない。さらに，政治難民についても，その意思に反して迫害の待ち受ける国に引き渡してはならないということは，国際慣習法として確立されていない。従って，仮に尹秀吉の行為が政治犯罪と認められ若しくはそれに準ずるものと認められるとして，退去強制処分が国際慣習法に違反し，憲法第98条第2項に反するため[219]，その処分が無効であるとの主張は到底採用されない。第二は，政治犯不引渡原則の本件への適用について，鑑定人（高野雄一）の鑑定によれば，政治犯不引渡原則が適用されるためには，その政治犯罪について有罪判決・起訴・逮捕状の発付などの事実，または政治犯罪の処罰のために引渡請求がなされるなどの事実の証明が必要である。しかし，本件では，本国で逮捕状が発付される可能性があり若しくは処罰されるおそれがあるとか，そのための引渡請求がなされるかもしれないとかなどのように，本人の主観的な判断に基づいて引き渡されてはならないという

---

(217)　東京高等裁判所判決（昭和47年4月19日）・昭和44年(行コ)第5号・退去強制令書発付処分取消請求控訴事件。

(218)　最高裁判所判決（昭和51年1月26日）・昭和47年(行ツ)第65号・退去強制令書発付処分取消請求上告事件。

(219)　憲法第98条第2項にいう「確立された国際法規」とは，大多数の国家によって承認および実施される国際慣習法をいい，日本が承認したものであることを要しない。また，このような国際慣習法は，国内において立法措置をまつまでもなく，当然にすべて国内法として法的拘束力をもつと解される。山本草二『国際法（新版）』（有斐閣，2004年）99頁。

◆ 第三節　引渡裁判の事例

当為性を主張があるにととまる。本人の主張を裏付ける客観的な事実の証明がないかぎり，それは不引渡原則の対象とはならない。第三は，本国送還における人道上の許否について，政治犯罪であることの疑いの余地がないほど顕著な場合以外において，政治犯罪の認定は韓国が決定するべき問題であって，他国がみだりに断定し，同国の法律の適用を云々することは許されない。本件に関する各証拠を検討したところ，韓国に送還された場合，本人が政治犯罪であると主張する活動について確実に処罰されたり若しくは迫害が待ち受けているなどの的確な証拠がない。また，本件の退去強制処分は，出入国管理令に基づいて密入国者を送還する手続であって，政治犯不引渡しの原則とはその性質が異なり，不引渡原則が適用される対象ではない。

　東京高裁の判決に対して被控訴人（尹秀吉側）が上告したところ，最高裁は，証拠関係に照らして原判決に違法がなく，その論旨は正当であるとしながら上告を棄却した。

ウ．第一審における鑑定（高野雄一）要旨[220]

　第一審の裁判では，政治犯不引渡原則の国際慣習法の成否について，肯定した鑑定書（高野雄一）と否定する鑑定書（大平善梧，小田滋）がそれぞれ提出された。同裁判では，肯定説が採用されたものと解され，以下においてその要旨を紹介する。

　ハーバード引渡条約草案第5条aにおいて，被請求国は「引渡しを拒否することができる」と定めたが（「A requested State may decline to extradite a person claimed if the extradition is sought for an act which constitutes a political offense,…」），それには次のような理由がある。すなわち，①多国間条約として，多数の参加を想定し，各参加国の多様性を考慮したものであるため，義務・命令的な用語より許容的な表現が適合であるとの考慮，②「政治犯罪」の概念の定義において，純粋な政治犯罪および相対的な政治犯罪などの概念の多義性，ベルギー加害条項および罪質の残虐性・重大性などのように，不引渡原

---

(220)　高野雄一「退去強制と政治亡命の法理：尹秀吉事件の鑑定をして(1·2·完)」『法学セミナー』158号および159号（1969年）。

第二章　日本国における逃亡犯罪人引渡し

則の例外が認められていること，などである。

　また，政治犯不引渡原則は，以下のような理由によって，一定限度において国際慣習法であって，引き渡してはならないという義務的・拘束的な意味をもつものと解される。①（1969年現在）歴史的にこの一世紀の間，政治犯不引渡しは，諸国の主義原則となって一般の国際慣行となり，最後までこの原則を受け入れなかったロシアにおいてもその国内法および引渡条約のなかに明記するようになった。②外国人の入出国に関する規律が国家の裁量に属するという状況下で，引渡条約または国内引渡法において例外なく不引渡原則の条項が定められていることは，政治犯罪は引き渡してはならないという規範が歴史的・社会的に定着してきたことの表れである。③狭義の政治犯罪人については，政治的処罰のため引き渡されるべきではないという実質的な意義が，政治思想や人道主義の基礎の上にここ百年ほどの間に固まっている。④政治犯罪人と認めたうえでその犯罪人を引き渡す事例はまずない。⑤政治犯罪の概念が多義的であることは否定できないが，不引渡原則の存在を否定しなければならないほど不確定的とはいえない。

　政治犯罪の概念について，ハーバード引渡条約草案では，「政治犯不引渡しの実施が普遍的に受け入れられているにもかかわらず，その実施の適用にあたって，政治犯罪の構成要件を決定することが困難であるため，極めて微妙な問題が惹き起こされる」[221]と評釈した。従って，狭義の政治犯罪の概念は，①「特定の国」の政治秩序を侵害する行為である。あらゆる国家の政治秩序を否定し破壊しようとする無政府主義的な活動は，不引渡原則が適用される政治犯罪に該当しない。②「もっぱら政治的秩序を侵害」する行為であって，例えば，反逆・クーデター・革命などの企図や陰謀などに限られる。さらに，引渡請求または引渡しの形式的条件として，請求国において，引渡しを求められたその政治犯罪について，有罪判決，起訴，逮捕令状の発付などのような客観的な事実が証明され，若しくはそのような措置を行うために引渡請求がなされたことの証明がなければならない。

（221）　原文は「In spite of the now universal acceptance of the practice of non-extradition for political offense, the application of this practice may raise very delicate problems due to the difficulties in determining what acts constitute a political offense.」である。

◆ 第三節　引渡裁判の事例

(2)　「張振海事件」[222]

　中国籍の張振海は，1989 年 12 月 16 日，北京発で上海経由ニューヨーク行きの中国旅客機が北京を離陸してまもなく，航空機を爆破させると威嚇して機長らの抵抗を制圧し，同機を福岡空港に強制着陸させるなどの航空機不法奪取の行為をした。当時，旅客機には合計 223 人が搭乗し，そのなかには犯人の妻子 2 人も同乗していた。当初，犯人の要求により韓国行きを強いられたが，韓国から着陸不許の通告および燃料不足などの事情のために福岡空港に緊急着陸した[223]。着陸後，犯人は機内から地面に突き落とされ重傷を負い，当局によって身柄が確保された。中国当局は，ハイジャックなどの犯罪嫌疑で発付された逮捕状などを示しながら，同年 12 月 23 日，日本に対して身柄の仮拘禁を請求したところ，東京高裁から発付された仮拘禁許可状によって同月 31 日拘束された。次いで，中国は，同人の航空機奪取の行為を引渡犯罪とし，1990年 2 月 22 日，日本に対して身柄引渡しを請求した。法務大臣の審査請求を命令により，東京高裁において審査が行われ，同年 4 月 20 日，東京高裁は引渡可能な場合に該当すると決定した。法務大臣は，引渡しが相当であることと認めて引渡しを命じたが，犯罪人側は，東京高裁の引渡可能との決定を不服とし，最高裁に対して，刑事訴訟法に準拠した特別抗告が許されるべきであるとして特別抗告を申し立てた。最高裁は，同年 4 月 24 日，その特別抗告を棄却し

---

(222)　本件を集中的に取扱ったものとして「特別企画・張振海事件がのこしたもの」『法学セミナー』433 号（1991 年）があり，同誌に所収された論説等は次のとおりである。「いま考えなければならないことは何か：同種の事件はまた起こる」（編集部），「ハイジャックと政治犯不引渡し原則：東京高裁決定には誤解がある」（本間浩），「国際人権の国内的救済：この事件で実効的救済手段は存在したか」（今井直），「犯罪人引渡しと難民認定：国際的要請にかなう運用の可能性をさぐる」（阿部浩己），「国際人権活動には何ができるか：日本における可能性と課題」（寺中誠・北井大輔）。

(223)　犯人である張振海の目的は韓国経由で台湾への政治亡命であったという。『判例時報』第 1344 号（1990 年）41 頁。なお，張振海が韓国行きおよび台湾亡命をはかった理由として，第四章でとりあげる航空機奪取事件の「卓長仁ら事件」と類似するところがあると解される。中国籍の卓長仁ら 6 人は，1983 年 5 月 5 日，瀋陽から上海行きの中国民航機をハイジャックし韓国内に強制着陸させた。犯人らは，台湾への亡命を求め，その理由として中国共産党の政治に不満をいだき，自由と民主社会を勝ち取るためだったと述べた。

125

第二章　日本国における逃亡犯罪人引渡し

た[224]。また，犯罪人側は，法務大臣の引渡命令に対して執行停止申立および取消請求を行ったが，4月25日東京地裁により各却下された。同却下の不服について，4月27日東京高裁による抗告棄却，5月1日最高裁によって再抗告棄却となった[225]。人身保護請求があったが，28日東京高裁によって棄却された。その間，4月28日，逃亡犯罪人に対する引渡状が執行され，身柄が中国官憲に引渡されたところ，引渡裁判における主な争点と裁判所の判断は以下のとおりである。

ア．双方可罰性

　ハイジャック行為は，日本法令で無期または7年以上の懲役で処罰され，中国では刑法第10条に該当する航空機不法奪取罪として3年以上10年以下の自由刑に処せられることにより，双方可罰性の要件がみたされる。引渡法上，引渡しの要件として，「引渡犯罪が請求国の法令により死刑又は無期若しくは長期三年以上拘禁刑にあたるもの」であり（第2条第3号），かつ「引渡犯罪に係る行為が日本国の法令により死刑又は無期若しくは長期三年以上の懲役若しくは禁固に処すべき罪にあたるもの」であること（第2条第4号），が具備されなければならない。本件行為について，日本国法令上，「航空機の強取等の処罰に関する法律」第1条に該当し，無期または7年以上の懲役刑に処せられる。すなわち，「暴行若しくは脅迫を用い，又はその他の方法により人を抵抗不能の状態に陥れて，航行中の航空機を強取し，又はほしいままにその運航を支配」する行為をいい，その未遂も罰せられる。

　中国では，ハイジャック行為を直接に規律する国内立法は存在せず，「航空機不法奪取防止条約」（ハーグ条約）第1条(a)および中国刑法第10条等に基づいて処罰する。ハーグ条約では「暴力，暴力による脅迫その他の威嚇手段を用いて当該航空機を不法に奪取し又は管理する行為（未遂を含む。）」をハイ

---

(224)　不服申立の解説について，最高裁判例解説・刑事篇（平成2年）46-58頁を参照。

(225)　本件引渡決定と関連する裁判について，各決定要旨および解説については，「中国民航機ハイジャック事件東京地・高裁決定（4件）」『判例タイムズ』77-104頁を参照。また，最高裁の決定については『刑集』（最高裁判例集）44巻3号（平成二年）301-320頁を参照。

◆ 第三節　引渡裁判の事例

ジャック犯罪とする。また，中国刑法第 10 条は，国家主権の危害，反社会主
義革命および社会主義建設の破壊，その他社会に危害を及ぼす行為で，法律に
基づいて処罰されるべきものについて，犯罪と定める[226]。

　中国は，ハーグ条約の締約国として（1980 年 9 月 10 日加入，同年 10 月 10 日
発効），同条約の国内法的な効力が認められる。中国刑法第 100 条は，反革命
を目的として破壊活動等を行ったものについて無期懲役または 10 年以上の有
期懲役に処せられるが，軽減の事由があるときは 3 年以上 10 年以下の有期懲
役に処せられると定める。本件行為は，中国刑法第 79 条および第 107 条に
よって航空機不法奪取罪と特定され，第 107 条によって「3 年以上 10 年以下
の有期懲役」に処せられる。ハイジャック行為について，中国の刑法各則に明
文の規定はないが，第 79 条において「本法の各論に明文の規定がない犯罪に
ついては，本法各論の最も類似した条文に照らして罪を認定し，刑を言い渡す
ことができる。」と定めた。刑法第 107 条が，航空機等について破壊等のよう
な重大な結果に至らなかった場合は 3 年以上 10 年以下の有期懲役に処すると
定め，本件犯行と最も類似する条項と認められる。中国当局から提出された捜
査結果に照らしても，当該犯罪人について反革命の目的があったことは認めら
れない。東京高裁は，引渡法が定める双罰の要件が具備された，と判断し
た[227]。

---

(226)　本件裁判に適用された中国刑法は 1980 年 1 月 1 日施行されたものであるが，現行
　　　刑法は，全面改正のうえ 1997 年から施行されており，その後も一部改正等が行われた。
　　　木間正道・鈴木賢・高見澤磨・宇田川幸則『現代中国法入門（第 6 版）』（有斐閣，2012 年）
　　　282-283 頁。

(227)　本件の補佐人は，ハイジャック行為について，中国の刑罰法において明確な規定
　　　がないことが「罪刑法定主義」に反するなどと主張した。しかし，裁判所は，「類推定
　　　罪」と「罪刑法定主義」の関係について，そのような批判は中国以外の法制度の前提と
　　　立場であること，引渡法が双方可罰性の要件として第 2 条第 3 号を求める趣旨は，法解
　　　釈の準拠は中国の司法体系に内在するものであって，日本の法秩序の立場から当否の法
　　　的評価をなすべきではないこと，中国外交部の当局者作成の法律鑑定書，法務省検察官
　　　作成の報告書，中国最高法院の刑事裁定書，黒龍江省ハルピン市中級人民法院の刑事判
　　　決書等に照らして，中国においては本件のような場合に刑法第 107 条を解釈し適用する
　　　ことが実務上すでに行われていることなどから，日本の「憲法規定その他による法秩序
　　　と積極的に抵触し違法としなければならないものとまではいえないと考えるのが相当」

第二章　日本国における逃亡犯罪人引渡し

イ．政治犯罪の認否

　一般に政治犯罪とは，一国の政治体制の変革を目的としたり，若しくは国家の基本政策に影響を与える目的とした行為が，その国の刑罰法令を違反することをいう。政治犯罪には「純粋政治犯罪」と「相対的政治犯罪」（関連的政治犯罪）に分けられる。「相対的政治犯罪」とは政治犯罪のなかに普通犯罪が含まれているものであるが，それが「政治犯不引渡しの原則」でいう政治犯罪として認められるか否かが問題となる[228]。相対的な政治犯罪のなかには，政治的目的のために例えば君主を殺害する場合のように，単一の行動が政治犯罪と普通犯罪の両者を同人構成する複合犯罪の場合と，政治的目的のために例えば放火や略奪をする場合のように，二つ以上の犯罪があって，政治犯罪と普通犯罪が結合している結合犯罪（牽連犯罪）の場合がある。不引渡しのための政治犯罪の認否の準拠は，犯行の政治的な目的性，目的達成における犯行の直接性および有用性，行為の内容と性質，結果の重大性などとである。犯行の動機や内容と犯罪結果の被害等と比較したところで，全体として不引渡しに相当するかどうかについて事案ごとに判断しなければならない。

　当該犯罪人は，1989 年 6 月の「天安門事件」に参加したことで，同年 10 月 11 日当局により逮捕され取調べを受けたので，韓国経由で台湾への政治亡命を図ったと供述する。これに対し検察側は，中国政府から送付された関係書類にもとづき，同人が工場長を勤めていた工場の公金着服等の疑いで河北省邯鄲市の公安当局に逮捕されたにすぎず，天安門事件とは全く関係ないとした。また，検察側から出された関係書類によると，同人の妻，父（郵便局の定年退職），長兄（現職警察官），次兄（配送業職員）などの身内のみならず，自宅周辺の隣人たちも，上述の汚職事件で逮捕されたことを除いて，政治活動を理由に逮捕されたことはないと記されている。当時，北京と自宅のある河北省邯鄲市との間では列車で 8 時間を要する距離にあって，政治活動のために頻繁に往来できる場所ではなく，仮に往来ができたとすれば家族や隣人等に知らされないこと

　　であると，判断した。

（228）　本件決定について，主に犯罪の政治性の評釈として，渥美東洋「中国民航機ハイ
　　　ジャック犯人の中国側への引渡しが認められた事例」『判例タイムズ』726 号（1990 年）
　　　70-76 頁を参照。

128

◆ 第三節　引渡裁判の事例

は客観的に見て説得力がないといわざるを得ない。

　ハイジャック行為は国際約束などによって処罰が徹底されるべきであるから，不引渡しが正当化されるためには，航空機の乗客が受けた不利益に比べてそれ以上に保護されるべき法益が求められる。本件犯罪人は，北京にある政治組織の一員として，天安門事件においてデモに参加したため逮捕，投獄などされたと主張する。しかし，関連証拠等に検討したところ，同人は公金横領等で逮捕されたことはあるものの，天安門事件について政治的な活動を行ったために拘禁されたとの供述の信用性には疑問がある。すなわち，ハイジャックにより国外逃亡にいたった目的は，横領罪若しくはその他の政治的な活動の理由で処罰されるよりも，刑事責任からの免脱および外国生活による経済的利益の追求の側面があったと理解される[229]。また，仮に犯人が供述したとおり，天安門事件の活動を理由に処罰されることをおそれ犯行にいたったとしても，被害規模および罪質の重大性等が犯行の目的と比較しても一層大きいことは明白である。従って，引渡法が定めた引渡制限事由としての政治犯罪と認めることはできない。

ウ．引渡し後の請求国における別罪の処罰のおそれ

　中国の政府代表は，日本当局に対して，引渡しが行われた後に同人に適用される中国法令上の処罰は 3 年以上 10 年以下の懲役であり，反政府活動等を取締る刑罰を定めた刑法第 100 条は適用されないことを政府見解として表明した。また，死刑の適用をしないこと，本件ハイジャック以外の犯罪について刑罰を科しないことについて，政府が保証するとの見解を明らかにした。中国政府はそのような意思表明について口上書でもって日本政府に提出したところ，公式の保証であることが認められ，これは特別の理由がない限り国際信義上信用されるべきである。

---

　(229)　本件犯罪の政治性について，検察側から考察したものとして，三浦守「中国民航機ハイジャック犯人を引き渡すことができる場合に該当するとした決定」『法律のひろば』43 巻 9 号（1990 年）58-60 頁を参照。なお，三浦氏は，法務省刑事局付の検事として，本件裁判に際して東京高裁に提出された報告書の作成者である。

第二章　日本国における逃亡犯罪人引渡し

エ．自由権規約第7条（拷問条項）との関係

　犯罪人側は，中国内の刑事手続において，過度な取調べが行われるなど「公正な裁判を求める国際的な準則」が保障されないとの指摘があることは少なくないと，主張した。しかし，東京高裁は，引渡可否について行う審査は，引渡条約および国内法の引渡法が定めた引渡しの要件が充たされていかどうか，引渡制限事由の存否等，法律上の引渡しの適否に限られる，とした。身柄が引渡された後に，請求国においてどのような処遇を受けられるかなどの事情については，法務大臣が行う引渡しの相当性の審査に含まれるものであって，その判断に委ねられている[230]，という。裁判所の判断は，「審査対象となっている個別の事案が，引渡しを制限する規定に触れていないかどうか，具体的には法第2条各号が挙示する引渡し制限規定のいずれかに該当しないかどうかの点に関してなされるにとどまり，法が定める右の制限規定に触れていない場合に，総合的な見地から見て引き渡すのが最終的に相当であるか否かの判断には及ばないのである。」と記す。

オ．難民条約第33条第1項との関係

　東京高裁は，民間航空機に対するハイジャックという犯罪の重大性が多く，「政治犯罪不引渡しの原則」上の政治犯罪と認められないことから，難民条約上の難民としての適用を受けられないと判断した。

(3)　「張振海事件」裁判の検討

　本件の引渡裁判と関連して次の三つを指摘しておきたい。第一に，本件ハイ

---

(230)　本件について，人権保障上の見地から解説したものとして，山本草二「中国民航機不法奪取犯引渡事件」『ジュリスト』980号（1991年）251-253頁を参照。また，「ゾーリング事件」の裁判において（欧州人権裁判所1989年7月7日判決），イギリスが米国から死刑不執行の保証を得たとしても身柄を引渡したのは，欧州人権条約第3条（拷問等禁止，自由権規約第7条とほぼ同一の規定）を違反したとの判決と対比して，この事例をそのまま本件に当てはめることは難しいとの評価がある。芹田健太郎「犯罪人引渡：中国民航機乗っ取り事件を契機に」『法学教室』117号（1990年）6-7頁。さらに，芹田教授が行った本件引渡裁判および関連裁判の評釈として「中国民航機ハイジャック犯引渡事件」『判例時報』1367号（1991年）222-229頁がある。

130

◆ 第三節　引渡裁判の事例

ジャック行為でもって国外逃亡しようとした理由となるべきものが特定されな
かったことである。裁判では，ハイジャック犯行の理由について，①公金横領
等の汚職という普通犯罪によって受けられる処罰を恐れて逃亡したか，②また
は本人が供述するとおり天安門事件への参加等の政治活動を行ったために処罰
されることを恐れて逃亡したか，③若しくは国外で中国共産党の政権を変革す
るなどの反政府活動を行うために逃亡したか，などがとり上げられた。東京高
裁は，①の場合は犯罪の政治性が乏しいこと，③については現実的な裏づけが
ないこと，などを理由に政治犯罪とは認められないと示した。また，東京高裁
は，②について，旅客機の乗客が受けた被害以上に保護されるべき法益はなく，
「……，政治的性質が普通犯罪的性質をはるかにしのぎ，そのために逃亡犯罪
人引渡法上保護を要する犯罪であるとは認められない。」と示した。東京高裁
は，本件犯行を相対的政治犯罪であるとしながら(231)，引渡法が定めた引渡制
限事由としての政治犯罪に該当するか否かについて検討を加えた。東京高裁が，
相対的政治犯罪は複合犯罪と結合犯罪（牽連犯罪）とに分けられるというとこ
ろ，上述のような逃亡の目的となったと推察される犯行について検討したこと
は，本件を結合犯罪として判断したものと解される。すなわち，本件のハイ
ジャック行為自体は，東京高裁が示したような「一国の政治体制の変革を目的
とし，あるいはその国家の内外政策に影響を与えることを目的とする行為」で
はなく，複合犯罪とは認められない(232)。

　第二は，本件犯罪人は，国外逃亡および犯行の理由として，上述の②ないし
③のことを主張したが，中国の公安当局は，引渡請求を行う時点で，これらの
犯罪について認知していなかったようである。中国が，引渡請求にあたり，ハ
イジャック行為の他に国外逃亡の理由となるような犯罪を特定できず，そのた

---

(231)　本件について相対的政治犯の概念の観点から考察したものとして，北村泰三「相
　　　対的政治犯の概念：張振海事件」『別冊ジュリスト：国際法判例百選』156号（2001年）
　　　106-107頁を参照。

(232)　航空機奪取行為が相対的な政治犯罪として，結合（牽連）犯罪ではなく，「複合犯
　　　罪」であるためには次の様相がありうる。例えば，航空機内に大統領が搭乗していて，
　　　その支配体制に反発する者がハイジャック行為によって国外逃亡を図ったり，若しくは
　　　機内で「ベルギー加害条項」に該当するような行為を犯した場合などが考えられる。高
　　　野雄一「張振海引渡事件・高裁決定批判」『ジュリスト』959号（1990年）65頁。

131

第二章　日本国における逃亡犯罪人引渡し

めに請求書などに含まれた逮捕状は引渡請求のために緊急に発付されたものであった[233]。また，日本政府も，事件当初の対策会議では，犯罪人が天安門事件に関与していたとの主張について確認がとられていなかった[234]。

　第三は，引渡法上，東京高裁は，引渡可否をめぐる審査について必要があるとき，証人尋問，鑑定を行うことができると定める（第9条第4項）。しかし，本件審査において，重要参考人となりえた妻などを福岡空港着陸後まもなく中国に送還したことなどにより，東京高裁として直接に獲得可能と期待された尋問および鑑定ができなくなったことである。本件裁判では，張振海の供述の信憑性を判断するにあたって，主に中国官憲により作成提出された書類に依存せざるをえず，審査結果の客観性について指摘されることがあった[235]。これらの事情に照らしてみれば，本件犯罪人が主張し，引渡法が定める引渡制限事由となるべく政治犯罪について，その存在を証明することができる客観的な根拠は見当たらない。そうすると，当犯罪人がハイジャック行為および国外逃亡を行った目的は，政治活動と係って重い刑罰を免れるために中国から脱出しようとしたというより，生活の便宜と向上などのために台湾への逃亡にあったと解される情況が強く，当初，犯人が韓国行きを要求していたのもそれを裏付ける。

---

(233)　中国当局は，双方可罰の要件として，引渡犯罪が3年以上の自由刑に処せられるべき行為でなければならないところ，その要件を充たすものとしてハイジャック行為について逮捕状の発付を受けていた。中国政法大学国際法教研室編『国際公法案例評釈』（中国政法大学出版社，1995年）311-312頁。また，引渡法上，法務大臣は，引渡請求の事案が東京高裁の審査請求に該当する場合，東京高検をつうじて書面でもって審査請求を行うと定める（第8条）。同条に基づいて，「逃亡犯罪人引渡法による審査等の手続に関する規則」では，その審査請求書に記載されるべき事項として「引渡犯罪名及び引渡犯罪にかかる行為」が定められている（第10条第1項および第5条第2項第2号）。

(234)　日本政府は，当初，乗客の大部分と航空機等が中国籍であることおよび訴訟経済などの観点から，送還先を中国とする退去強制の策も講じていた。しかし，外務省は，「尹秀吉事件」などを想起しながら，逃亡犯罪人の引渡しについて，行政機関の裁量のみで措置を行うより，逃亡犯罪人引渡法に基づいて裁判所の審査を求めることが人権保護の見地から妥当であると判断したといわれる。小松一郎『実践国際法』（信山社，2011年）224-225頁。なお，著者は，事件当時，外務省の条約局法規課長の職に着いていて，対策会議の主な担当官であった。

(235)　高野雄一「張振海引渡事件・高裁決定批判」『ジュリスト』959号（1990年）67頁。

◆ 第三節　引渡裁判の事例

その限りで，東京高裁の判断は妥当なものと思われる[236]。張振海は，中国に引渡された後，1990年6月30日公共安全危害罪（刑法第52条）に問われて起訴され，同年7月18日北京市中級法院により懲役8年および政治権利剥奪2年の判決を言い渡されると[237]，上訴せず同判決が確定された[238]。

二　犯罪嫌疑の十分性をめぐる引渡裁判：「遺伝子スパイ事件」

(1)　事件概要

いわゆる「遺伝子スパイ事件」[239]とは，米国の検察が，当時米国内の研究所及び大学に勤めていた二人の日本国籍の研究者について，経済スパイ罪等で訴追したが，一人が日本に帰国したことから米国が日米引渡条約に基づいて身柄引渡しを請求したものである。事件概要は次のとおりである[240]。1999年当

---

(236)　高野雄一教授は，事件当時，本件の進行について，犯罪人の政治活動の経歴，引渡請求の政治的な目的，引渡された後の迫害等から引渡制限事由としての犯罪の政治性が認められるゆえに，日本が中国の引渡請求を拒否し，国内において「航空機の強取等の処罰に関する法律」および「ハーグ条約」第7条の「引渡すか訴追するかの選択」規定によって訴追・処罰できるだろうと想定していたという。高野雄一・同上論文・68頁。

(237)　中国刑法上，「政治権利剥奪」は，原則として主刑に付加される一種の資格刑であるが，軽罪について独立刑として科されることができると定める（第34条）。「政治権利」とは，①選挙権及び被選挙権，②言論，出版，集会，結社，行進，示威の自由の権利，③国家機関職務の担当権，④国営企業及び人民団体の指導的職務の担当権，をいう（第54条）。

(238)　中国政法大学国際法教研室編『国際公法案例評釈』（中国政法大学出版社，1995年）313頁。

(239)　「遺伝子スパイ事件」東京高裁（平成16年3月29日）決定『判例時報』1854号（2004年）35-40頁。

(240)　「遺伝子スパイ事件」の経緯および米国における展開については，芹沢宏明の手記により，比較的詳細に記されている。芹沢宏明「遺伝子スパイ事件：芹沢の手記」『日経バイオビジネス』2003年8月〜2004年1月各号（6回連載）。また，同誌による関連資料として，「トレードシークレッド盗用とは？何をやったら疑われるのか（解説・米国経済スパイ法）」2001年11月号，「原因は研究者間の確執（遺伝子スパイ事件・岡本元研究員が語る事件の顛末）」2002年8月号，「遺伝子スパイ事件で新展開，芹沢元被告が岡本元被告を告訴」2003年1月号，「遺伝子スパイ事件で被告が拘束，待たれる事実関係の立証」2004年3月号等がある。

133

第二章　日本国における逃亡犯罪人引渡し

時，岡本卓と芹沢宏明の両氏は，日本国籍を有しながら，医科学の研究者として米国内で研究員および大学教員として勤めていた。岡本はオハイオ州所在のクリーブランド研究所の研究員，芹沢はカンザス州所在のカンザス大学の教員であった。事件の発端は，岡本と同じ研究室に勤める研究員が同室の試薬がなくなったことを研究所側に報告，研究所の告発によって FBI が捜査に乗り出し，二人について経済スパイ罪等の嫌疑で捜査し，2001 年 5 月，検察により同罪等で訴追された。岡本が日本に帰国して米国当局の捜査に応じなかったことから，米国は，2002 年 3 月，その身柄引渡しを請求した(241)。引渡請求を受け，東京高検は，2004 年 2 月 2 日，東京高裁が発した拘禁許可状を執行し同人を拘束したが，3 月 29 日，東京高裁の引渡不可の決定により当日釈放された。その間，芹沢は，オハイオ州アクロン地区連邦地方裁判所における司法取引により（2002 年 5 月 1 日），同人が FBI 捜査官の尋問（1999 年 9 月）に偽証したことを認める代わりに，検察側は同人に対する経済スパイ罪等の刑事訴追を取消すこととなった。アクロン連邦地裁は，2003 年 5 月 28 日，芹沢に対して偽証罪について保護観察 3 年の判決を言い渡し，確定された。この事件は，研究室の盗難被害がアルツハイマー病に関連する DNA サンプルであったこと，そのサンプルが一種の秘密情報であって外国に盗用されてはならない法的保護に値するものであるということから，「遺伝子スパイ」事件と呼ばれるようになった。研究者二人は，米国連邦法典第 18 編第 1831 条が定める経済スパイ罪で起訴されたが，起訴状の罪状は，①共謀罪，②経済スパイ罪（トレード・シークレッドの窃取および破壊，連邦法第 1831 条）(242)，③経済スパイ罪の幇助罪

---

(241)　米国当局が本件について 2001 年 5 月に訴追しながら，岡本に対する引渡請求を2002 年 3 月に行ったのは，岡本の共謀者とされる芹沢が司法取引に応ずることを決めため，岡本の経済スパイ罪等の起訴事実が認められたことを踏まえての措置と解される。芹沢が司法取引に応ずることになったのは，岡本の証言の協力が得られず，共謀罪の有罪が認定されればそれだけでも数年の禁固刑に処せられること，既に数千万円の弁護費用がかかり引き続いて莫大な費用がかかること，などの事情があった。「遺伝子スパイ事件：芹沢の手記」最終回（司法取引後の窮状と民事訴訟で判明した真実）（『日経バイオビジネス』2004 年 1 月号）90 頁，および同手記の第 5 回（司法取引という苦渋の決断）（『日経バイオビジネス』2003 年 12 月号）72-73 頁。

(242)　経済スパイ法（Economic Espionage Act）は 1996 年 10 月連邦法令として制定さ

◆ 第三節　引渡裁判の事例

（連邦法第2条），④州を越えて5千ドル以上の盗品を輸送した罪（盗品州外輸送罪）などの四つであった。

（2）　裁判の争点（本項下線は筆者）

本件裁判ので争点は二つである。第一に，日米引渡条約第3条が引渡しの要件として犯罪嫌疑の相当性および証拠の十分性を求めるところ，請求国の法令に基づく引渡犯罪の嫌疑が認められなければならいのか，それが認められなくても，被請求国の法令に基づく犯罪の嫌疑が認められれば足りるのか，である。第二は，上述の起訴状に示された各犯罪の嫌疑の有無である。検察側は，逃亡

れた。その背景には，米国の知的財産がスパイ行為によって盗用され，その被害額が毎年およそ数百万ドルに及ぶという報告があり，産業界および捜査当局等からその対策が求められていた事情がある。トレード・シークレッド（trade secret）とは，あらゆる形態または類型の財政的・科学技術的な情報，計画，装置，デザイン等が網羅される。トレード・シークレッドであるための要件は，①現実的または潜在的に経済的な価値があり，一般に知らされず公衆において容易に確かめられないもの，②所有者がそのものについて秘密維持のために適切な措置をとっていること，である。経済スパイ法は，第1831条「経済スパイ（economic espionage）」および第1832条「トレード・シークレッドの盗用（theft of trade secret）」の二つの条項から構成される。主な内容は，前者が外国の政府機関などに利益をもたらす目的でトレード・シークレッドを盗むこと，後者は外国政府とは関係なく所有者以外の他人にそのシークレッドを盗むことである。同法違反の罰則として，第1831条を違反した場合は15年以下の禁固刑または罰金50万ドル（法人等の組織の場合は1000万ドル），第1832条違反では10年以下の禁固刑または罰金50万ドル（法人等の組織の場合は500万ドル）に処せられ，両条項ともに両罰規定が設けられている。「解説・米国経済スパイ法」『日経バイオビジネス』（2001年11月号）134頁，18 U. S. C. § 1831-1839 および米国農務省（http://www.dm.usda.gov/ocpm/SecurityGuideEmployees/Espionage.htm. 2014年7月20日閲覧），また，米国における経済スパイ事例の概要について，R. Mark Halligan のウェブペイジ（http://tradesecretshomepage.com/indict.html#_Toc9924990.）を参照。なお，「経済スパイ罪」に相当する日本法令上の犯罪として「不正競争防止法」で定めた「営業秘密侵害罪」がある。同法における「営業秘密」の要件とは，秘密として管理されていること，有用な営業上または技術上の情報であること，公然と知られていないこと，などである（第2条）。同罪の罰則として，10年以下の懲役若しくは1000万円以下の罰金，またはこれを併科すると定められる（第21条）。但し，同罪について，日本法は親告罪と定めるが，米国ではその限りでない。

135

第二章　日本国における逃亡犯罪人引渡し

犯罪人の行為が日本で行われたとすれば窃盗罪等に該当するため双方可罰性の要件を充たし，窃盗罪等を認める嫌疑が存在するから，引渡条約第3条および引渡法第2条第6号により引渡可能な場合に該当すると主張した。これに対し，逃亡犯罪人側は，引渡法第2条第6号でいう「引渡犯罪に係る行為」とは，日本法上の窃盗罪等では足りず，米国法上の経済スパイ罪等の嫌疑の存在が必要であると主張しながら，その嫌疑を認めるべき証拠が十分でないため，引き渡すことができない場合に該当すると主張した。以下では，裁判において犯罪嫌疑が認められなかった第2のことを除き，第一について考察する(243)。

　日米引渡条約第3条は，「被請求国の法令上引渡しの請求に係る犯罪を行ったと疑うに足りる相当な理由があること」を「証明する十分な証拠がある場合」に限り，引渡しを行うことができると定める。これと関連して，引渡法第2条第6号は，「引渡犯罪に係る行為を行ったことを疑うに足りる相当な理由がないとき」を義務的な引渡拒否事由と定める。東京高裁は，引渡法の同条項の趣旨について，「人権保障の見地から，引き渡される者が請求国の裁判で有罪とされる見込みがあるかどうかを被請求国において審査することにあると解するのが自然である。」といい，その理由として次の二点を挙げる。①引渡条約第8条が引渡請求に添えるべき資料を定めたところ，その第2項(c)の「引

---

(243)　犯罪嫌疑の程度については「嫌疑の相当性」若しくは「嫌疑の十分性」などといわれるところ，両者の区別および日米引渡条約第3条との関連から，本件事例と関連しては「嫌疑の十分性」を用いることにし，その理由は次のとおりである。①引渡制限事由を定めた引渡法第2条第4号にいう「当該行為が日本国の法令により死刑又は無期若しくは長期三年以上の懲役若しくは禁固に処すべき罪にあたるもの」とは刑事訴訟法の「緊急逮捕」（第210条）の要件と同じあること，②同条第6号が定めた「逃亡犯罪人がその引渡犯罪に係る行為を行ったことを疑うに足りる相当な理由」とは刑事訴訟法の「勾留」（第60条第1項）の要件と同じ程度の嫌疑であると解されること，である。すなわち，後述するように（「イ．引渡犯罪の嫌疑と刑事訴訟法との関係」），勾留の要件とされる「相当な理由」は，緊急逮捕の「充分な理由」ほどではないが，通常逮捕の「相当な理由」よりは高度な嫌疑が要求されること，また，本件裁判では，引渡法第2条第6号が日米引渡条約第3条（引渡しの要件）と相応して展開されるからである。また，本稿では，日米引渡条約第3条が，引渡要件として，嫌疑の相当性とともに証拠の十分性が求められると解されることから，両方を合わせて「嫌疑の十分性」として言い表すことがある。

136

◆ 第三節　引渡裁判の事例

渡しの請求に係る犯罪の構成要件及び罪名を定める法令の条文」でいう「引渡しの請求に係る犯罪」は，請求国の法令に基づく引渡犯罪を意味する。②最高裁規則である「逃亡犯罪人引渡法による審査等の手続に関する規則」第5条第2項第3号は，拘禁許可状の審査の請求書に「引渡犯罪にかかる行為に適用すべき請求国の罰条及び日本国の相当罰条」を記載することを義務付けており，ここにいう「引渡犯罪にかかる行為」が請求国の法令に基づく引渡犯罪及び被請求国の法令に基づく犯罪の双方を念頭においたものである。すなわち，引渡条約にいう「引渡しの請求に係る犯罪」と，引渡法にいう「引渡犯罪に係る行為」とは，本来は請求国の法令に基づく引渡犯罪ないしこれに該当する行為を含んで用いられるが，場合によって，被請求国の法令に基づく犯罪ないしこれに該当する行為を含んで用いられることがある，という。従って，少なくとも請求国の法令に基づく引渡犯罪の嫌疑が認められなければ，引渡条約第3条および引渡法第2条第6号が要求する犯罪の嫌疑が認めらないことは明らかである，というものである[244]。

　検察側は，引渡法第2条第6号の「引渡犯罪に係る行為」について，請求国における法的評価を離れ，構成要件的要素を捨象した社会的事実のなかに日本国法で犯罪行為と評価される行為があるとすれば，その行為の嫌疑があるか否かを審査することと解すべきである，と主張した。また，検察は，引渡条約は，

---

[244]　請求国の法令に基づく犯罪の嫌疑が必要であると解する見解として，愛知正博『判例評論』370号（1989年）233頁，伊藤栄樹「逃亡犯罪人引渡の一部改正について」『警察学論集』17巻7号（1964年）797頁。他方，請求国準拠法に批判的な論調として，「引渡しの裁判において罪責についての攻撃防御を行わせることは，請求国で行われるべき裁判を被請求国で実質的に先取り実施することに帰するので」，引渡法2条6号の嫌疑立証の要件については検討の余地がある，とする。馬場俊行「日米犯罪人引渡条約について」『ジュリスト』720号（1980年）75頁。さらに，「逃亡犯罪人の人権保障と国際協力の要請のバランス」をはかる観点から，「請求国で処罰される証拠があるかどうかを事前に審査するという観点よりも，請求国への協力がわが国の国内法体系と矛盾することがあるかどうか」を判断しなければならないとする。田辺泰弘「逃亡犯罪人を引き渡すことができない場合に該当するとされた事案に関して，審査請求及び拘禁の違法を理由として提起された国家賠償請求が棄却された事例」『法律のひろば』60巻3号（2007年）76-77頁。

第二章　日本国における逃亡犯罪人引渡し

第4条第1項(2)において，「被請求国において引渡しの請求に係る犯罪について訴追されている場合」を引渡制限事由と定めるなど，請求国および被請求国のいずれにおける手続についても「引渡しの請求に係る犯罪」というところ，引渡犯罪そのものの嫌疑は請求国法に基づくべきだと解釈するのは無理がある，などと主張した。これに対し，裁判所は，引渡条約第4条第1項(2)の趣旨は，請求国の法令に基づく引渡犯罪と（日本における「公訴事実の同一性」と同じような意味における）事実の同一性が認められる被請求国の法令に基づく犯罪について，被請求国で訴追されている場合等を引渡拒否事由と定めたものである。その要件を充足しているかどうかを検討するためには，まず，請求国の法令に基づく引渡犯罪はいかなるものかをとりあげ，次いで当該犯罪と被請求国において訴追されている犯罪とはどのような関係にあるのかを考察することになる。仮に同条にいう「引渡しの請求に係る犯罪」が直接的に被請求国の法令に基づく犯罪を意味するものであれば，当該犯罪と請求国の法令上の引渡犯罪との相関関係を規定する部分が存在しなくなってしまうのである。すなわち，「引渡しの請求に係る犯罪」とは，被請求国において同一性の認められる犯罪によって訴追されている場合等という趣旨であり，「引渡しの請求に係る犯罪」はあくまで請求国の法令に基づく引渡犯罪である，という。

　また，検察は，引渡条約第3条が嫌疑の相当性判断の準拠として「被請求国の法令上（according to the laws of the requested Party）」と明記しているとの検察の主張に対し，裁判所は，当該条文の全体（「Extradition shall be granted only if there is sufficient evidence to prove either that there is probable cause to suspect, according to the laws of the requested Party, that the person sought has committed the offense for which extradition is requested or that the person sought is the person convicted by a court of the requesting Party.」）を挙げながら，ここにいう「被請求国の法令上」とは，「疑うに足りる相当な理由があること」に係ると解されるので，被請求国の法令に従って嫌疑を判断しなければならないとの趣旨にすぎず，請求国の裁判で有罪と見込みがあるかどうかについて審査することを制限するものではない，と示した。

　その他に，検察は，引渡法第2条第6号の制定経緯として引渡条例第18条第1項を挙げ[(245)]，引渡しの要件としての犯罪嫌疑の程度およびその準拠につ

◆ 第三節　引渡裁判の事例

いて，その犯罪が日本国内において行われたと仮定したときに，裁判に付する（公訴を提起する）に充分な証拠があれば引渡しの要件を充たすものである主張した[246]。

ア．犯罪嫌疑の程度をめぐる比較法的検討

　引渡法上，引渡制限事由を定めた第 2 条において，第 3 号の「引渡犯罪」とは請求国の法令上のものをいい，第 4 号の「引渡犯罪に係る行為」とはその「引渡犯罪」を日本の法令に当てはめた場合の事実の同一性をなす行為と解される。第 3 号の引渡犯罪を「拘禁刑にあたるもの」とし，第 4 号の行為を「懲役若しくは禁固に処すべき罪にあたるもの」と対比させた。「拘禁刑」としたのは，自由刑について，日本国刑法上の刑と外国の法制に相違があることから，日本の懲役と禁固に相当する自由剥奪の刑を言い表したものである[247]。このような用例は，下記表が示すとおり，逃亡犯罪人引渡法に限らず，国際捜査共助法，国際受刑者移送法および国際裁判所協力法などの規定でも見られる。国際刑事協力を求める請求国からの犯罪（請求書に記載された犯罪）について，被請求国として，双方可罰性などの要件を日本国の法令と対比させるために，請

---

(245)　明治政府は，日米引渡条約第 1 条の「…, all persons, who being accused or convicted of one of the crimes of offences …」にいう「accused」について，「有罪ノ宣告若クハ告訴告発ヲ受ケタル者」と訳したことにより，そのまま引渡条例の条文とした。しかし，英米法における「accused」とは起訴の意味を含むものであることから，条例において「公訴ノ提起ヲ受ケタル者」と訳すべきであったという。宮本平九郎「犯罪人引渡論」『国家学会雑誌』13 巻 149 号（1899 年）43-44 頁。

(246)　「遺伝子スパイ事件」の国家賠償請求事件において被告（国）が主張したものである。東京高裁（平 18・10・31）判決，田辺泰弘「逃亡犯罪人を引き渡すことができない場合に該当するとされた事案に関して，審査請求及び拘禁の違法を理由として提起された国家賠償請求が棄却された事例」『法律のひろば』60 巻 3 号（2007 年）77 頁。引渡条例第 18 条第 1 項は，「引渡犯罪ニ付告訴告発ヲ受ケタル者ノ場合ニ於テハ若シ其告訴告発ヲ受ケタル罪ヲ帝国内ニ於テ犯シタルモノトセハ帝国ノ法律ニ拠リ被告人ヲ審判ニ付スルニ充分ナル犯罪ノ証拠アリト認メタルトキ」の場合に限り，司法大臣は「引渡状」を発することができると定めた。

(247)　藤永幸治・河上和雄・中山善房編『大コメンタル刑事訴訟法（第八巻）』（青林書院，1999 年）270 頁。

第二章　日本国における逃亡犯罪人引渡し

求国がいう「犯罪」（経済スパイ罪）を「係る行為」（スパイ行為）と捉えたうえ，その行為を日本法上の罪（窃盗罪）との適用関係を求めるものと解される。すなわち，国際刑事協力の請求国の法令で犯罪とされる行為が，被請求国の法令上，その罪名と構成要件該当性などにおいて必ずしも一致するとは限らないため，請求上の犯罪に係る行為の全体を考慮して，被請求国の犯罪に相当するものに当てはめるということである。例えば，引渡協力の場合，引渡請求から日本法への適用関係は，引渡犯罪　→　引渡犯罪に係る行為　→　日本国の法令上罪に当たるもの，という流れとして説明することができる。その意味で，本件でいう「引渡犯罪」と「引渡しの請求に係る犯罪」が請求国の法令に基づいて捉えたものと解することができる。

〈国際刑事協力の対象とその対象に「係る行為」の用例〉

区分	逃亡犯罪人引渡法	国際捜査共助法	受刑者移送法	国際刑事裁判所協力法
協力請求の対象	引渡犯罪（第1条第2号）	共助犯罪（第1条第3号）	受入移送犯罪（第2条第11号）	請求犯罪（第2条12号）
日本国内で行われた場合	引渡犯罪に係る行為（第2条第4号）	共助犯罪に係る行為（第2条第2号）	受入移送犯罪に係る行為（第5条第3号）	請求犯罪に係る行為（第6条第1項第4号）

（注）　筆者作成

犯罪嫌疑の程度について，大陸法系と英米法系ではその取扱いが異なる[248]。大陸法系の諸国では，裁判所による引渡審査において，一般に罪責立証のための証拠の提出を要件とせず，逃亡犯罪人からの罪責に関する主張（無実の主張等）は審理の対象外とする法制度がとられている。すなわち，犯罪嫌疑の有無は，引き渡された後に請求国の裁判で争われるべきであり，被請求国としては請求国で発せられた逮捕状，あるいは訴追されていること自体により相応の嫌疑があるものと信頼することとし，これに協力すべきであるとの考えに立つものである。実務的にも，引渡審査の裁判で罪責を審理することは，引渡しの迅速性を阻害するとともに[249]，罪責立証のための多量の証拠資料の提出や弁解

（248）　馬場俊行「日米犯罪人引渡条約について」『ジュリスト』720号（1980年）75頁。

◆ 第三節　引渡裁判の事例

に応じた追加資料の提出（いずれも翻訳が必要となる .）を要することから，手続きの煩雑を避けようとする配慮によるものである[250]。他方，英米法系の諸国では，犯罪嫌疑の提出を引渡しの要件とし，引渡しを執行するためには相応の嫌疑の立証を欠かせないとする。刑事管轄権について属地主義を原則とする英米法系の場合，引渡しを求められた者が領域内に所在する自国民の国外犯であるとすれば，引き渡さない限りでは自国内で訴追・処罰を免れることになる。引渡しについて条約前置主義をとる英米法系の国は，逃げ得の事態を避けるため，諸外国と間で引渡条約を締結して自国民を引き渡すという立場をとる。条約上の義務として自国民を引渡す以上，引渡犯罪について，一定程度の犯罪嫌疑に関する証拠の提示を引渡しの要件とするのである[251]。

---

(249)　引渡法上，引渡しを求められた者は原則として身柄を拘束されることになる（第5条及び第6条）が，この場合，24時間以内に引渡審査を東京高裁に請求し（第8条），東京高裁は拘束された日から2箇月以内にその審査結果に基づいて決定をしなければならない（第9条）。

(250)　例えば，仏・ドイツ条約第8条，仏・オーストリア条約第10条は，罪責立証の資料としては，逮捕状または有罪判決をもって足りることとしている。馬場俊行「日米犯罪人引渡条約について」『ジュリスト』720号（1980年）75頁。フランス引渡法（1927年3月10日）第16条第2項，およびドイツ引渡法（1929年12月23日）第8条第2項。なお，1880年国際法学会オックスフォード決議第21条は，引渡審査の範囲は「引渡しの一般的要件」と「訴追の真実さ」を対象とするものであるとした。故に，フランスおよびドイツの各引渡法では，後者を審査範囲から除外したのである。佐瀬昌三「犯罪人引渡制度の立法的傾向」『法曹会雑誌』10巻2号（1932年）40頁の注(4)。

(251)　イギリスにおいて通常の犯罪人引渡事件を担当する地区裁判官（district judge）の審査基準は次の二つといわれる。すなわち，①双方可罰性の有無，②引渡請求書及び関連資料がイギリス法令に照らして令状発付を正当化するほど十分なものであるかである。後者の場合，その書類等が，引渡対象の犯罪を行ったと信ずる合理的な根拠となりうるか否かの問題となる。中野目喜則編『国際刑事法』（中央大学出版部，2013年）511頁。また，仏米間の引渡条約第1条は「引渡しは，当該犯罪の存在が，逃亡犯罪人の発見された国の法律によりその重罪又は軽罪が当該国において行われたとした場合において，その逮捕及び裁判に付することを正当化するよう立証された場合に限り，行われる。」とする。浦川紘子「犯罪人引渡手続における有罪証拠要件の評価」『熊本大学社会文化研究』3号（2005年）185頁。さらに，仏イスラエル間の引渡条約第9条は「訴追された者については，更に判事その他の司法官及びフランスからの請求にあっては司法警察員

第二章　日本国における逃亡犯罪人引渡し

　中韓および米韓の各引渡条約には，引渡しの要件若しくは引渡制限事由の要素として嫌疑の十分性を定めた条文がなく，引渡請求に添付すべき必要な文書のなかにそれを立証できるものが含まれるに過ぎない[252]。例えば，両条約は，ともに，引渡請求が訴追のために行われたときは「請求国の裁判官その他の司法官憲が発した逮捕令状の写し」など（中韓条約第7条第2項，米韓条約第8条第3項），請求が有罪の判決を受けた者について行われたときには「裁判所が言い渡した判決の写し」など（中韓条約第7条第3項，米韓条約第8条第4項）が添付されるべきと定める。また，日韓引渡条約の場合でも，第9条第3項および同条第4項において，同様の規定が設けられている。すなわち，引渡しを求められた者が，被請求国の法令上引渡の請求に係る犯罪を行ったと疑うに足りる相当な理由があることを「示す情報」，若しくは当該判決にいう者であることを「証明する情報」が求められるのである。その面で，日米引渡条約が，引渡制限事由を定めた第4条とは別条の第3条において，犯罪嫌疑の十分性のみならず請求国の裁判所により有罪の判決を受けた者についても，それを証明する十分な証拠を引渡しの要件と定めたこと，第8条において引渡請求に添付すべきものとして上述の逮捕令状のような文書をさらに定めたことなどは，日韓・中韓・米韓などの各引渡条約とは対比されるところである。また，日米引渡条約第3条が，引渡しの要件として，①「犯罪を行ったと疑うに足りる相当な理由があること」に加えて，②それを「証明する十分な証拠」を求めたことは，下記表で見られるように，米国引渡法が逃亡犯罪人の拘禁要件として「有罪の見込み」を求めた規定の趣旨とかみ合うものと解され，その背景には上述したような英米法系の特性によるものと思われる。

　　による宣誓若しくは非宣誓の証人の証言又は鑑定人の供述の原本若しくは認証された写しが添付される。引渡しは，訴追された者については，被請求国の法令に従い，当該犯罪が被請求国の領域内で犯されたとした場合において，これを裁判に付すのに十分な証拠が存在することに限り，行われる。」として証拠の提出ないし罪責立証を要件としている。馬場俊行「日米犯罪人引渡条約について」『ジュリスト』720号（1980年）75頁。
（252）　中韓両国の国内法の場合，引渡要件若しくは引渡制限事由としての「犯罪嫌疑の相当性」について，中国引渡法には関連規定がないが，韓国引渡法では義務的な引渡拒否事由として定められている（第7条第3号）。

◆ 第三節　引渡裁判の事例

〈日米及び日韓引渡条約等の犯罪嫌疑に関する条項〉

区分	条文	備考
日米引渡条約 第3条	引渡しは，引渡しを求められた者が被請求国の法令上引渡しの請求に係る犯罪を行ったと疑うに足りる相当な理由があること又はその者が請求国の裁判所により有罪の判決を受けた者であることを証明する十分な証拠がある場合に限り，行われる。 Extradition shall be granted only if there is sufficient evidence to prove either that there is probable cause to suspect, according to the laws of the requested Party, that the person sought has committed the offense for which extradition is requested or that the person sought is the person convicted by a court of the requesting Party.	引渡しの要件
日韓引渡条約 第3条（a）	引渡しを求められている者が請求国において引渡しの請求に係る犯罪について有罪の判決を受けていない場合においては，被請求国の法令上当該犯罪をその者が行ったと疑うに足りる相当な理由がない場合。 (Extradition shall not be granted under this Treaty in any of the following circumstances :) When there is no reasonable ground to suspect, according to the laws of the Requested Party, that the person has committed the offense for which extradition is requested, in case where the person has not been convicted in the Requesting Party.	義務的な引渡拒否事由
連邦法第18編第209章（犯罪人引渡し）第3185条	裁判官は訴追された犯罪が有罪であるとの相当の理由を疎明する証拠に基づいて当該犯罪人を拘禁する。 (Such proceedings shall be had before a judge of the courts of the United States only,) who shall hold such person on evidence establishing probable cause that he is guilty of the offense charged.	18 U.S.C. Chapter 209 (extradition) § 3185.
日本引渡法 第2条第6号	引渡犯罪について請求国の有罪の裁判がある場合を除き，逃亡犯罪人がその引渡犯罪に係る行為を行ったと疑うに足りる相当な理由がないとき。	引渡制限事由

イ．引渡犯罪の嫌疑と刑事訴訟法との関係

　引渡法第2条第6号の「その引渡犯罪に係る行為を行ったことを疑うに足り

143

第二章　日本国における逃亡犯罪人引渡し

る相当な理由」とは，刑事訴訟法の勾留の要件（刑事訴訟法第60条第1項）である，「罪を犯したことを疑うに足りる相当な理由」と同じ程度のものと解される[253]。現行法上，被疑者の勾留は，逮捕が先行されることを必要とし（逮捕前置主義）[254]，検察官の請求をうけて裁判官から勾留状が発せられることによって執行される。勾留の前置となる逮捕には，通常逮捕，緊急逮捕および現行犯逮捕がある[255]。通常逮捕における逮捕の理由とは，「被疑者が罪を犯したことを疑うに足りる相当な理由」のことであり（刑訴法第199条第1項），「相当な理由」とは，「特定の犯罪について嫌疑があり，その嫌疑を肯定する相当な根拠があること」で，「捜査機関の単なる主観的嫌疑では足りず，客観的な根拠があることを要するが，緊急逮捕（第210条）にいう『充分な理由』よりは弱くてもよい」と解される[256]。逮捕の段階が，捜査の初動段階であるため，それほど多くの嫌疑立証に関する資料を要求することは難しいという事情を考慮したものである。勾留の理由にいう「相当な理由」とは，緊急逮捕のための「充分な理由」のほどではないが，具体的な根拠に基づいて当該犯罪の嫌疑が一応肯認できる程度であることを要する[257]。そして，緊急逮捕にいう「充分な理由」とは通常逮捕の「相当な理由」よりもさらに嫌疑の程度の高いことを意味する[258]。刑事訴訟法上の身柄拘束の要件において，厳格さの逆順からす

---

(253)　辻辰三郎「逃亡犯罪人引渡法解説（一）」『警察研究』24巻10号（1953年）43頁。刑訴法は，被告人の勾留について，総則で規定しながら（第60条以下）原則として被疑者の勾留に準用（第207条第1項）しているが，本稿では「被疑者の勾留」に限る。

(254)　逮捕前置主義をとる理由は不当な拘束を防止するためである。すなわち，身柄を拘禁するにあたっては，逮捕と勾留の二段階に分け，各段階について裁判官による審査を経由させることが人権保障の側面で優れているとの考えに立っているといわれる。田中開・寺崎嘉博・長沼範良著『刑事訴訟法（第3版）』（有斐閣アルマ，2008年）82頁。山本正樹「逮捕前置主義の意義」『刑事訴訟法の争点（第3版）』（有斐閣，2002年）62頁。

(255)　逮捕は，刑事訴訟法上，裁判所よりあらかじめ逮捕状の発付を受けて行う「通常逮捕」のほかに，「緊急逮捕」および「現行犯逮捕」がある。「緊急逮捕」と「現行犯逮捕」を行うにはあらかじめ逮捕状を要するものではないが，但し，「緊急逮捕」を行った場合は直ちに逮捕状を請求しなければならない（第210条）。

(256)　平場・高田・中部・鈴木編『注解刑事訴訟法（中巻）』青林書院（1982年）62頁。

(257)　平場・高田・中部・鈴木編『注解刑事訴訟法（上巻）』青林書院（1987年）206頁。

◆ 第三節　引渡裁判の事例

ると，①逮捕状による逮捕（通常逮捕）要件としての「相当な理由」（第199条
1項），②勾留の理由としての「相当な理由」（第60条第1項），③緊急逮捕の
「充分な理由」（第210条），となる。すなわち，番号逆順から厳格な「罪を犯
した疑い」が要求される[259]。なお，東京高裁は本件裁判において，引渡法第
2条第6号の趣旨は，「人権保障の見地から，引き渡される者が請求国の裁判
で有罪とされる見込みがあるかどうかを被請求国において審査することにあ
る」と示したところ，条約前置主義との関係で人権保障の側面があるというこ
ととは一致するが，同条項の嫌疑程度と同じものと解される刑事訴訟法の勾留
要件に比べると，より一層の厳格な要件が適用されたものと解される。

(3)　裁判の検討

　本件裁判について，東京高裁により引渡不可の場合に該当するとの決定が
あったことを受け，法務省は次のように表明した。法務省国際課長は記者会見
で「決定は厳粛に受け止めるが，米国の裁判で判断されるべき有罪，無罪を日
本で先取りして判断するのは，身柄引き渡しという国際協力の趣旨に照らして
問題がある」と述べた[260]。引渡法第2条は引渡制限事由を定めたものである
が，同条のなかに，第3号，第4号，第8号または第9号は，引渡条約に別段
の定があるときは制限事由と限らないと定めることから，裁量的な引渡拒否事

---

(257)　平場・高田・中部・鈴木編『注解刑事訴訟法（上巻）』青林書院（1987年）206頁。

(258)　田中開・寺崎嘉博・長沼範良著『刑事訴訟法（第3版）』（有斐閣アルマ，2008年）
　　　73頁。

(259)　浦川紘子「犯罪人引渡手続における有罪証拠要件の評価」『熊本大学社会文化研究』
　　　3号（2005年）194-195頁。浦川氏は，「遺伝子スパイ事件」の引渡審査請求事件におい
　　　て，東京高裁が引渡犯罪の罪責立証の要件として「請求国の裁判で有罪とされる見込み」
　　　程度の証拠を要するとしたこところ，他国も同様の基準を主張するならば犯罪人引渡
　　　し自体の趣旨に障害となる可能性があると指摘する（同論文194頁）。同じ趣旨として，
　　　逮捕状発付の際の要件（刑訴法第199条）と同程度の嫌疑であれば足りるとし，従って
　　　「少なくとも条約に基づいて引渡しを行う場合には，請求国において発付された逮捕状
　　　の提出があれば足りるとしてよいのではなかろうか」という。馬場俊行「日米犯罪人引
　　　渡条約について」『ジュリスト』720号（1980年）75頁

(260)　「共同通信」2004年3月29日付け報道記事（www.47news.jp/smp/news/…
　　　/CN2004032901002825.html.　2014年6月23日閲覧）。

145

第二章　日本国における逃亡犯罪人引渡し

由とみることができ，第6号を含めた他の五つの各号は義務的な引渡拒否事由
と見ることができる。これを各引渡条約の条項と関連して類型化してみると，
①嫌疑の十分性を引渡しの要件としながらさらにそれを示す情報を求めるもの
（日米条約），②嫌疑の相当性を引渡制限事由としながらそれを示す情報を求め
るもの（日韓条約），③嫌疑の程度については引渡しの要件若しくは引渡制限
事由と定めず，嫌疑の相当性を示す情報を求めるにとどまるもの（中韓及び米
韓条約），と分けることができる。すなわち，日本が引渡しの請求を受けた場
合，引渡法の同条項と引渡条約の関連条項との相関関係において，裁判所が引
渡裁判の規範としてこれらの関係をどのように捉えるかにより引渡しの可否が
決められることになる。そうして，本件の犯罪嫌疑の有無について，裁判所は，
当該行為が営業秘密（トレード・シークレッド）の窃取や破壊に当たらず，嫌疑
を証明する十分な証拠が認められないと判断した[261]。その他に，裁判所は，
当該犯罪人側が1999年10月から米国検察に対して陳述機会の提供を要請して
いたこと，米国検察が2002年3月に引渡請求を行ったものの日本法務省は約
2年後の2004年2月頃に東京高裁への審査請求を行ったこと，犯罪人側から
法務省に対して多数の意見書が提出されていたことなどについて，通常の場合
とは異なると指摘した。東京高裁は，引渡法第2条第6号について，「引き渡
される者が請求国の裁判で有罪とされる見込みがあるかどうかを被請求国にお
いて審査することにある」と示したが，日米間では司法体系そのものにおいて
大きな相違点が存在し，事件の真相解明および有無罪の判断には，証拠の確保，
共謀者と参考人などの供述及び現場検証などが欠かせないところ，その判断の
客観性は制限的なものになるざるをえない。その判断基準として，「請求国の
裁判で有罪とされる見込み」を要するとすれば，引渡条約および国内立法の関

---

(261)　トレード・シークレッドの秘密性と関連して，実際には秘密性がないことからト
　　　レード・シークレッドにならないにもかかわらず，犯罪人が秘密と思い込んであるもの
　　　を盗んだ事件において，有罪判決が言い渡され，控訴審判決も原審を支持した事例とし
　　　て，いわゆる「Pin Yen Yang」事件がある。「遺伝子スパイ事件：芹沢の手記（第5回：
　　　司法取引という苦渋の決断）」『日経バイオビジネス』（2003年12月号）73頁および R.
　　　Mark Halligan 氏のウェブページの「U.S. v. Pin Yen Yang et. al., Criminal No. 97 CR 288
　　　(N. D. Ohio, 1997)」を参照（http://tradesecretshomepage.com/indict.html. 2014年7
　　　月20日閲覧）。

◆ 第四節　国際礼譲による逃亡犯罪人引渡しなど

連条項の解釈にとどまらず，相手国の司法体系の手続及びその運用等の全般について，それを国内刑事手続のなかでどの程度で考慮するかが求められる[262]。

　本件裁判の意義は，日米引渡条約が引渡しの要件と定めた犯罪嫌疑の相当性と証拠の十分性をめぐり，相手国において司法取引，刑事免責，陪審制などの制度がとられているところ，被請求国においてこれらの制度をどこまで勘案したうえで審査するかについて，その審査範囲の一端を示したところにあると思われる。また，本件の引渡裁判により，日本における営業秘密の保護に関する法令が整備されるきっかけとなったことが挙げられる[263]。

◆ 第四節　国際礼譲による逃亡犯罪人引渡しなど

一　国際礼譲による逃亡犯罪人引渡し

　国際礼譲による逃亡犯罪人引渡しとは，引渡請求を受けた国が，引渡条約が存在しない場合において，法的意識ではなく，単に儀礼，便宜または伝統の考慮によって引渡しを行うことである。引渡しにおいては，条約前置主義が採られる場合を除き，引渡条約に基づかない場合には相互主義の保証が得られことを条件とすることが多いことから（日中韓の各引渡法），相互主義の保証を条件

---

(262)　本件裁判の一面には，刑事免責制度で得られた犯罪嫌疑の証拠関係について，それを日本の裁判において証拠として許容し得るかどうかの苦心が染み込まれていると思われる。すなわち，芹沢が司法取引に応じたことにより岡本の行為について経済スパイ罪等で起訴されたことは，日本の刑事手続の観点からすれば「証拠の十分性」について疑問が提起されうることから，犯罪嫌疑の程度について事実関係を改めて審査するというものである。「ロッキード事件」嘱託尋問調書に関する最高裁判決において，「犯罪に関係のある者の利害に直接関係し，刑事手続上重要な事項に影響を及ぼす制度である」ため，「その対象範囲，手続要件，効果等を明文をもって規定」しない限りは，刑事訴訟法はその制度を採用していないとして，刑事免責を付与して得られた供述は証拠として許容されないとした。中谷雄二郎「手続の公正と証拠の許容性」『刑事裁判の理論と実務：中山善房判事退官記念』（成文堂，1998 年）214-215 頁。

(263)　日本の「不正競争防止法」において「営業秘密侵害罪」が新設されるなどの法改正が行われたきっかけとして「遺伝子スパイ事件」が挙げられる。高野一彦「わが国の現行情報法制の課題と提言」『社会安全学研究』1 号（2010 年）48 頁。

第二章　日本国における逃亡犯罪人引渡し

〈引渡条約に基づかない引渡協力の内訳〉[265]

区分	年度	引渡し又は引取り	相手国	逃亡犯罪人	備考（引渡犯罪など）
1	1963	引取り	スイス	日本人2名	各詐欺
2	1970	引取り	フランス	在日韓国人1名	背任「富士銀行不正融資事件」
3	1989	引取り	西ドイツ	1名	有印私文書偽造など
4	1990	引渡し	中国	1名	航空機不法奪取「張振海事件」
5	1991	引取り	オーストラリア	1名	所得税法違反
6	1993	引渡し	オーストラリア ドイツ	各1名	オ）盗品取扱い ド）詐欺・偽造通貨行使など
7	1996	引渡し	米国 ドイツ	各1名	米）偽造証券行使など ド）ヘロイン所持など
8	1998	引渡し	ブラジル	2名	窃盗 業務上過失致死傷
9	2007	引渡し	中国	中国人1名	横領など「袁同順事件」
10	2007	引取り	不明	1名	不明
11	2009	引取り	不明	1名	不明
12	2010	引取り	スペイン	モンテネグロ 1名	強盗致傷など「ピンク・パンサー事件」

とせずに純粋な意味の国際礼譲によって引渡しが行われることは稀である。国際礼譲の場合を含めて戦前の引渡協力については本章第1節の四の注で記したとおりであるが，戦後の場合，1963年にスイスから引渡しを受けて以来，10件くらいに数えられ，その主な内訳は次の表のとおりである。但し，引渡条約に基づかない引渡しにおいて，相互主義の保証の有無が不明であることが多く，相互主義の保証がない意味での「純粋な国際礼譲」によって行われた事例を確定することは困難である。下記表のなかで相互主義の保証がなく，純粋な国際礼譲で行われた事例として確認できたのは，本節で採り上げる「富士銀行不正

◆　第四節　国際礼譲による逃亡犯罪人引渡しなど

融資事件」のみで[264]，その他の事例は相互主義の保証が条件として付された
か若しくは不明なものである。

(1)　「富士銀行不正融資事件」

　国際礼譲として外国から引渡しを受けた事例として「富士銀行不正融資事
件」が挙げられる[266]。事件は，富士銀行の雷門支店副長が共犯に対し巨額の
不正融資を行い発覚されたところ（1971年8月），二人がともに国外逃亡した
事件である。日本政府は，共犯がフランスに潜入したことを突き止め，フラン
ス当局に対し外交経路をつうじてその身柄引渡しを請求した。当時，日本とフ
ランスとの間では引渡条約が存在しないが，フランスは引渡しについて条約前
置主義をとっておらず，相互主義の保証などに基づいて引渡しが可能となって
いた。日本当局は，フランス国内法（犯罪人引渡法等）が求める要件と手続き
にそって，現地大使館をつうじて口上書及び引渡請求に係わる書類等をフラン
ス当局に送付し（1971年10月），フランスに逃亡していた犯罪人の身柄は日本
へ引渡されるようになった（同年12月）。上記事件では口上書の文脈に相互主
義の保証の言及がなく，フランス政府も日本政府に対して強くも求めることは
なかった。フランス政府が相互主義保証を強く求めなかった理由として，①相
互主義の保証のためには，引渡犯罪の範囲，引渡手続，紛争解決方式その他細
かいことについて合意が得られる必要があるが，日本の捜査当局からの迅速な
引渡し要望をフランスが受け入れたこと，②引渡犯罪が巨額の背任罪にあたり，
今後フランスから同種の犯罪について日本に引渡請求があるとしても日本国内

---

(264)　「富士銀行不正融資事件」犯罪人の引取りの他に，本文表に記されたスイスからの
　　　　引取り（1963年）を含めて「国際礼譲」による引渡協力という見方がある。座談会「犯
　　　　罪の国際化と刑事司法協力」『ジュリスト』720号（1980年）23頁。

(265)　表内容の出所は次のとおりである。①伊藤栄樹「逃亡犯罪人引渡法解説」『法曹時
　　　　報』16巻6号（1964年）783頁，②川村忠太郎「逃亡犯罪人引渡し制度の諸問題」『警
　　　　察学論集』25巻2号（1972）71頁，③瀬戸毅「犯罪人引渡しに関する日本国と大韓民
　　　　国との間の条約(1)」『現代刑事法』41号（2002年）70頁，④省略（本文記述），⑤ない
　　　　し⑧は③と同じ，⑨省略（本文記述），⑩と⑪は犯罪白書平成25年版，⑫犯罪白書平成
　　　　25年版及び報道記事。

(266)　川村忠太郎「逃亡犯罪人引渡し制度の諸問題（一・二）：富士銀行不正融資事件を
　　　　めぐって」『警察学論集』25巻2-3号（1972年）。

149

第二章　日本国における逃亡犯罪人引渡し

法で引渡しが可能であること，などが挙げられた。ただし，日本が当初から引渡しを請求した被疑事実は，逮捕状に記載された7億円であったが，捜査が進むにつれて追加で12億円の不正融資が明らかになり，追起訴にあたってフランスの同意の有無が問題となった。フランスの犯罪人引渡法によれば，引渡し後に「引渡請求の理由となった犯罪以外の犯罪」について訴追または処罰されないとしながら，引渡犯罪以外の犯罪事実で訴追・処罰するためには再びフランスの同意を得なければならないと定める（第21条）。引渡請求のために送付された逮捕状と追起訴となる犯罪は，その金額や時期等において相当の相違があるため，結局フランスの同意を得て追起訴が行われるようになった[267]。

　また，フランス官憲が引渡請求と係わって捜索押収を強制に執行するためには，引渡法では引渡請求国の裁判官が発する司法共助嘱託書を外交経路をつうじてフランス裁判官が受理する必要があった（第30条）。しかし，日本では裁判官がそのような嘱託書を作成する権限が認められないとし，仮に外国から同種の書類が求められたとしても国内法が整備されずそれに応じられないとして，裁判所は消極的であった。そのため，東京地方検察庁の検事正からフランスの担当裁判官等あてに，捜索押収の強制捜査の要請書及び関連書類を添えて送付することになり，フランス司法当局に受け入れられ解決された経緯がある[268]。

(2)　「袁同順事件」

　中国籍をもつ袁同順は遼寧省大連市の国営企業の支配人として勤めていたと

---

(267)　余罪の追起訴にあたって，仮にフランス政府の同意が得られないにしても，国内刑事訴訟法上の効力に影響はないと解される。フランス法違反若しくは国際刑事訴訟法違反が，フランスとの引渡条約等で制限されていればともかく，国内刑事訴訟法令の違反につながらないからである。ただし，多数の犯罪人引渡条約において請求国が引渡犯罪以外の犯罪事実について訴追その他に刑事手続を行うことが認められないこと，国家間の信頼関係等に考慮すれば，余罪であっても当初の引渡請求の目的と異なる場合は被請求国の同意が求められるものと解される。原田明夫「刑事に関する国際協力について」『法律のひろば』25巻11号（1972年）59頁の注(16)を参照。

(268)　東京地方検察庁検事正が送付した文書は「逃亡犯罪人の所持する刑事証拠品の押収引渡し方の要請」と題するもので，あて先は「フランス国パリ裁判所予審判事又は全関係司法当局」となっていた。原田明夫「刑事に関する国際協力について」『法律のひろば』25巻11号（1972年）60頁の注(23)。

150

◆第四節　国際礼譲による逃亡犯罪人引渡しなど

ころ，2003年9月から2004年3月までの間，職務関係を利用してその企業資金100万元を横領したなどの嫌疑がもたれていたため，2004年3月，大阪に逃亡した[269]。すでに，その妻子が日本で居住しながら日本国籍を取得していて合流した形となった。中国当局は本格的な捜査に乗り出し，嫌疑事実を確かめると，国際刑事警察機構（ICPO）をつうじて国際手配の措置をとった。2007年1月，中国は日本に対して同人の身柄引渡しを請求し，同年3月，法務大臣が東京高検に対して東京高裁への審査請求を命じことにより，東京高裁は引渡審査を開始した。引渡裁判では，当犯罪人は，引渡犯罪を否認し，中国に引き渡されると政治的な迫害が待ち受けると主張した。これに対し検察側は，当犯罪人の犯罪嫌疑について疑うに足りる充分な理由があること，引渡制限事由としての犯罪の政治性が見当たらず，引渡請求が政治犯罪として処罰する目的で行われたとは認められないと述べた。東京高裁は，審査の結果，2007年5月8日，「逃亡犯罪人を引き渡すことができる場合に該当する」と決定し，5月10日，法務大臣の命令によって身柄の引渡しが執行された。本件は，日中間において，「張振海事件」以来17年ぶりの逃亡犯罪人引渡しとなり，犯罪の政治性については争点とならず，公職腐敗という普通犯罪として問われた事例となった。袁同順は，中国に引渡された後，2007年10月26日，大連市法院により公金流用罪（刑法第384条）で懲役5年6月が言い渡された[270]。

二　罰金未納によって労役場留置に処せられる逃亡犯罪人の引渡協力[271]

韓国で懲役3年（執行猶予5年）および罰金50億ウォンの判決が確定され，

---

(269)　事件概要などについて，陳雷［论我国的引渡立法与引渡实践］『法治研究』（2012年8号）103頁を参照。筆者である陳氏は，最高検察院検察官の職についており，逃亡犯罪人引渡しなどの国際刑事協力の専門家として知られる。

(270)　「中国通信」2007年10月13日付け報道記事（http://www.china-news.co.jp/node/6129. 2014年7月30日閲覧）。

(271)　本項は，ゾ・ギュンソク「韓・日犯罪人引渡条約における判決の執行のための犯罪人引渡：労役場留置の執行のための引渡しの許否」『刑事政策研究』77号（2009年）941-971頁（［조균석, 한=일 범죄인인도조약에서의 판결의 집행을 위한 범죄인인도：노역장유치의 집행을 위한 인도의 허용 여부, 형사정책연구]）で取扱われた素材を手がかりに，筆者が新たに検討を加えたものである。

第二章　日本国における逃亡犯罪人引渡し

　罰金未納のまま日本に逃亡した者について，日本当局が韓国からの引渡請求に基づいてその犯罪人を逮捕したところ（2007 年 12 月 11 日），罰金が完納されたため引渡請求が撤回された事例である。引渡請求が，罰金の未納により労役場留置となった換刑処分の執行のためになされた場合，争点として以下の点が挙げられる。①韓国引渡法に基づいて引渡請求が可能な場合に該当するか否か（引渡請求の該当性），②日韓引渡条約および日本引渡法上の引渡要件との適否，などである。すなわち，四箇月以上の労役場留置が，日韓引渡条約第 2 条第 2 項が定めた「服すべき残りの刑が少なくとも 4 箇月あるとき」に該当するかのことおよび日本引渡法第 2 条第 3 号にいう「引渡犯罪が請求国の法令により死刑又は無期若しくは長期三年以上の拘禁刑にあたるもの」であるかの問題となる。

（1）　事 件 概 要

　韓国の裁判所において懲役 3 年（執行猶予 5 年）および罰金 50 億ウォンの判決が確定され，罰金未納のまま日本に逃亡した犯罪人について，日本当局が韓国からの引渡請求に基づいてその犯罪人を拘禁したところ，罰金が完納されたため引渡請求が撤回された事例があった。韓国当局は 2007 年 5 月，日本に逃亡中であったキリスト教系日刊紙の代表「ゾ・ヒジュン（趙希埈）」について引渡しを請求したところ，日本の捜査当局により同年 12 月 11 日に東京で逮捕された[272]。

　韓国引渡法は，引渡協力について，外国からの請求に基づく引渡し（第 2 章）と韓国が外国に行う引渡請求（第 3 章）とを振り分け，後者については請求犯罪の要件が定められていない。すなわち，前者の場合，引渡犯罪として，死刑，無期懲役，無期禁固，長期 1 年以上の懲役または禁固に該当するものに限られる（第 6 条）。しかし，後者の場合，具体的な要件が設けられず，「韓国の法律を違反した犯罪人が外国にいる場合」にはその犯罪人の引渡しまたは緊急引渡拘束を請求することができると定める（第 42 条）。それゆえに，韓国からの引渡請求において，国内法上では請求制限の事由となるものは存在しない

---

　[272]　韓国紙「韓国日報」2007 年 12 月 20 日付け報道記事（http://www.hankookilbo. com/v/fab8ff78199448b18896730c2b1e3003. 2014 年 8 月 10 日閲覧）。

◆ 第四節　国際礼譲による逃亡犯罪人引渡しなど

と解される。

　他方，日本の引渡法は，双方可罰性の要件として，請求国における引渡犯罪の刑罰の要件（死刑又は無期若しくは長期３年以上の拘禁刑）および被請求国としての日本における引渡犯罪に係る行為の刑罰要件（死刑又は無期若しくは長期３年以上の懲役若しくは禁固）を定めているが，刑の執行に関する引渡しの要件は明記されていない。そうすると，本件事例が引渡しの対象となる要件に適合するか否かの準拠となるものは日韓引渡条約の第２条第２項である。

　日韓引渡条約第２条は，引渡犯罪の要件として，「死刑又は無期若しくは長期一年以上の拘禁刑に処することとされているもの」（第１項），あるいは請求国の裁判所において刑の言渡しを受けている場合には「死刑の言渡しを受けているとき又は服すべき残りの刑が少なくとも四箇月あるとき」（第２項）限られる。すなわち，①換刑処分としての４箇月以上の「労役場留置」が「服すべき残りの刑」に該当するか，②財産刑の執行が日韓引渡条約に基づく引渡犯罪となりうるか，である。本件について，引渡請求および逮捕がなされたことは，日韓の法務検察当局が日韓引渡条約上の引渡犯罪であると認めていることを表すが，以下においてその適否を検討する。

(2)　「刑」の法的性質（本項下線は筆者）

　日韓引渡条約第２条第２項は，日米引渡条約第２条第２項と同様に，次の規定が設けられている。すなわち，引渡犯罪について，「請求国の裁判所により刑の言渡しを受けている場合には，その者が死刑の言渡しを受けているとき又は服すべき残りの刑が少なくとも四箇月あるときに限り」，行われると定める。日米引渡条約の当該条項の英文は「・・・, extradition shall be granted only if the person has been sentenced to death or if the sentence remaining to be served is at least four months.」，日韓引渡条約では「・・・, extradition shall be granted only if the person sought has been sentenced to death or if the sentence remaining to be served is at least four months.」と定め，両条約においてともに「sentence」という言葉が用いられている[273]。

---

　(273)　韓国と米国間の犯罪人引渡条約では，刑の執行ための引渡要件について，「・・・請求国の裁判所により言渡された自由剥奪が４箇月未満であるときは引渡しを拒否するこ

153

第二章　日本国における逃亡犯罪人引渡し

　換刑処分による労役場留置が日韓引渡条約第2条第2項が定める服役すべき「刑」（sentence）に該当すかの問題になるが，ここで，本項の「刑」には，自由刑の他に，「自由剥奪」の処分が含まれるかどうかが問われる。同条約第1項において，引渡しの適用対象となる犯罪について「拘禁刑」が定められているところ，英文では「自由剥奪」という言葉が用いられる。すなわち，日韓引渡条約第2条第1項において「死刑又は無期若しくは長期一年以上の拘禁刑に処する」ことについて，英文は「・・・, extraditable offenses are offenses which are punishable under the laws of both Parties by death, by life imprisonment, or by deprivation of liberty for a maximum period of at least one year.」と定める。日米引渡条約第2条第1項においても「拘禁刑」について同様に「deprivation of liberty」としている。

　欧州犯罪人引渡条約（1957年12月13日締結）において，引渡しの適用対象となる犯罪について「長期1年以上の自由刑又は自由剥奪を伴う保安処分（留置命令）に処すべき犯罪」としながら，請求国において「刑の言渡し若しくは保安処分を受けたときはいずれもその処罰は4箇月以上」でなければならない，と定める（第2条第1項）。「・・・ by deprivation of liberty or under a detention order for a maximum period of at least one year or by a more severe penalty. Where a conviction and prison sentence have occurred or a detention order has been made in the territory of the requesting Party, the punishment awarded must have been for a period of at least four months.」。同条約は，保安処分の定義について，「監獄刑との付加又はその代替として，刑事裁判所によりなされた(274)，自由剥奪を含むあらゆる命令」を意味すると定める（第25条）。「・・・ "detention order"means any order involving deprivation of liberty which has

　　とができる。」と定める（第2条第7項）。英文は「・・・ a person sentenced to deprivation of liberty by a court of the requesting state for any extraditable offense, extradition may be denied if a period of less than four months remains to be served.」。また，引渡犯罪については「自由剥奪1年以上若しくはそれより重い刑に処せられる」ものと定め（第2条第1項），米国と欧州連合間の引渡条約の内容とほとんど等しい（by deprivation of liberty for a period of more than one year, or by a more severe penalty.）。
（274）「刑事裁判所」と定めたのは「特別裁判所」を排除するという意味があると解される。森下忠『犯罪人引渡法の研究』（成文堂，2004年）134頁。

154

◆ 第四節　国際礼譲による逃亡犯罪人引渡しなど

been made by a criminal court in addition to or instead of a prison sentence.[275]」。なお，欧州連合犯罪人引渡条約（1996年9月27日締結）では，欧州引渡条約と同様，自由剥奪と保安処分という用語が使われている（第2条第1項）。とりわけ，第2条第3項では，請求された犯罪が数罪である場合，一部の罪が金銭刑（pecuniary penalties）に当たるものも引渡しの対象に含まれると定める。米国と欧州連合間の犯罪人引渡協定（2003年6月25日署名）では，引渡犯罪について，「自由剥奪1年以上若しくはそれより重い刑に処せられる」ものとし，請求国において刑の言渡しを受けたときは「服すべき残りの刑が少なくとも四箇月」と定められる（第4条第1項）。「・・・ by deprivation of liberty for a maximum period of more than one year or by a more serve penalty.」，「Where the request is for enforcement of the sentence of a person convicted of an extraditable offence, the deprivation of liberty remaining to be served must be at least four months.」。この引渡条約において，前段の自由剥奪は，刑罰（penalty）が前提されることから，「自由刑」であるものと解される。

　国連犯罪人引渡モデル条約（1990年12月14日決議45/116）では，引渡犯罪について，「自由刑又はその他の自由剥奪に処せられる」ものと定める（第2条第1項）。原文は「・・・, extraditable offences are offences that are punishable under the laws of both Parties by imprisonment or other deprivation of liberty for a maximum period of at least one/two year (s), or by a more severe penalty.」となっている。また，刑の執行のための要件として，「・・・ a person who is wanted for the enforcement of a sentence of imprisonment or other deprivation of liberty imposed for such an offence, extradition shall be granted only if a period of at least four/six months of such sentence remains to be served.」と定める。

　「刑」（sentence）について，受刑者移送条約（1983年3月21日作成，「CE条約」）は次のように定義する。すなわち，「刑とは，裁判所が犯罪を理由として

---

(275)　日本語訳において，「・・・, 保安処分という表現は，刑事裁判所によって刑罰を補充し又はこれに代替するものとして言い渡された，すべての自由剥奪処分を意味する。」として，「prison sentence」を「刑罰」と訳している。森下忠『国際刑法の新動向』（成文堂，1979年）74頁。

第二章　日本国における逃亡犯罪人引渡し

命ずる有期又は無期あるゆる刑罰又は措置であって自由の剥奪を伴うものをいう。」[276]（第 1 条 a）。「"sentence" means any punishment or measure involving deprivation of liberty ordered by a court for a limited or unlimited period of time on account of a criminal offence」。

　その他に，ドイツとイタリア間の犯罪人引渡及び刑事共助の条約（1942 年 6 月 12 日締結），フランスと西ドイツ間の犯罪人引渡条約（1951 年 11 月 29 日締結），西ドイツとオーストリア間の犯罪人引渡条約（1958 年 9 月 22 日），ベネルックス犯罪人引渡及び刑事共助の条約（1962 年 6 月 27 日締結），米国とドイツ間の犯罪人引渡条約（1978 年 6 月 20 日締結）等においても，一定の期間以上の保安処分の執行のために，引渡協力および刑事共助が行われることを定めている[277]。

(3)　保安処分と自由刑

　保安処分とは[278]，「行為者の危険性を基礎とし，社会防衛と本人の矯正・教育を目的として科される処分」をいう。保安処分は，犯罪による責任を基礎としない点で刑罰と異なるが，その適用において通常に刑罰法令に反する行為が求められる意味で，刑法上の処分といわれる。対人的な処分は，施設への収容が伴うものであるため，人権保障の見地から，裁判所によって言渡されることが通常である。保安処分の執行において，刑の執行の先行（イタリア刑法第 211 条第 1 項），原則として保安処分の先行（ドイツ刑法第 67 条第 1 項），保安処分の執行後に刑罰を減免する方式等がある。ドイツ刑法典（StGB）第 61 条以下において，公共の安全および行為者の社会復帰等のために，その対象となる者を一定の施設に収容することについて「矯正・保安の処分」（MaBregeln der Besserung und Sicherung）を定めている。処分の内容は，主に，精神病院や禁断治療施設等への収容，その他に重大な犯行を繰り返す危険のあるものについて保安拘禁のための収容等がある。ドイツでは「事後的保安拘禁法」が 2004 年から施行され，保安処分の決定のため，独自の裁判手続きが可能となっ

---

(276)　条約訳文は外務省の和文テキストに基づく。

(277)　森下忠『犯罪人引渡法の研究』（成文堂，2004 年）130-135 頁。

(278)　川出敏裕・金光旭『刑事政策』（成文堂，2012 年）105 頁。

◈ 第四節　国際礼譲による逃亡犯罪人引渡しなど

〈引渡条約における自由刑関連の用例〉

区分	残余刑期 (刑の執行のための引渡要件)	引渡犯罪 (訴追又は裁判のための引渡要件)
・日韓引渡条約 ・日米引渡条約	sentence (服すべき残りの) 刑	deprivation of liberty (長期 1 年以上の) 拘禁刑
欧州引渡条約	deprivation of liberty (自由剥奪) detention order (保安処分)	deprivation of liberty (自由剥奪) detention order (保安処分)
欧州連合引渡条約	deprivation of liberty (自由剥奪) detention order (保安処分)	deprivation of liberty (自由剥奪) detention order (保安処分)
国連引渡モデル条約	imprisonment (監獄刑) other deprivation of liberty (その他の自由剥奪)	imprisonment (監獄刑) other deprivation of liberty (その他の自由剥奪)
米・欧州連合引渡条約	deprivation of liberty (自由剥奪)	deprivation of liberty (自由剥奪)

(注)　筆者作成

た[279]。同法が施行される以前には，保安処分の執行において，裁判所が有罪の判決と同時に保安拘禁を決定し若しくはその決定を留保した場合に限って処分を行うことができた。しかし，法施行後は，有罪判決において保安拘禁処分に関する決定がない場合でも，刑に服した者の社会に対する危険性が明らかであるときに限り，裁判所の判決手続に従って事後的に保安拘禁の決定を行うことができるようになった。

　日本の現行法において保安処分が定められているのは売春防止法による補導処分（第 17 条）である。同処分は，売春の勧誘等の犯罪のため執行猶予付きの懲役または禁固刑を受けた 20 歳以上の女子について，6 箇月を限度に，婦

---

(279)　村上淳一・守矢健一／ハンス・ペーター・マルチュケ『ドイツ法入門（改訂第 7 版）』
（有斐閣，2008 年）235-236 頁。なお，「MaBregeln der Besserung und Sicherung」について「改善及び保安処分」と訳したものとして，森下忠『犯罪人引渡法の研究』（成文堂，2004 年）135 頁を参照。

第二章　日本国における逃亡犯罪人引渡し

人補導院に収容するものである。

　逃亡犯罪人引渡しにおける「残余刑期」および「引渡犯罪」の要件に関する諸規定を簡単に整理してみると下記表のように区分することができる。

　上記の諸規定を検討してみると，欧米の主な引渡条約においては，刑の執行のための要件と引渡犯罪の要件との間で相違がなく，同じ用語で定められていることが分かる。日韓引渡条約第2条第2項は「引渡しを求められている者が引渡犯罪について請求国の裁判所により<u>刑の言渡し</u>を受けている場合には，その者が死刑の言渡しを受けているとき又は服すべき残りの刑が少なくとも四箇月あるときに限り，……」というところ，同条第2項において「引渡犯罪」を「死刑又は無期若しくは長期1年以上の拘禁刑」と定めることにより，「服すべき残りの刑」とはその「拘禁刑」の残りでなければならない（下線は筆者）。

(4)　労役場留置と自由刑

　日本刑法は，主刑について「死刑，懲役，禁固，罰金，拘留及び科料」と定め（第9条），自由刑（懲役，禁固，拘留）と財産刑（罰金，科料）とを区分している[280]。また，罰金を完納することができない場合，1日以上2年以下の期間，労役場に留置されると定める（第18条）。本件において，仮に当該犯罪人の労役場留置の期間が1年以上であるとしても，それが日韓引渡条約第2条第2項が定める「服すべき残りの刑」に該当するか否かの問題がある。罰金刑の刑事政策上の意義について，軽微な犯罪に科すのに適した刑罰であること，利欲的な動機に基づく犯罪に対して効果的であること，自由刑を避けるための代替措置になりうる，などの点が挙げられる。自由刑の代替措置であるという場合，罰金未納のため労役場に留置されることについて，一種の自由刑に処せられることに等しく，本末転倒の側面があることも否定できないという指摘がある[281]。実務において，罰金未納によって執行される労役場留置について，裁判所は罰金5千円を1日と換算して決定される。罰金の納付においては，検察官の裁量により，支払いを猶予または延納若しくは分割払いの分納などが実施

---

(280)　法務省訓令においても，自由刑および財産刑の執行について，それぞれ「執行事務規程」および「徴収事務規程」を定め，各事務の取扱手続を明記している。

(281)　川出敏裕・金光旭『刑事政策』（成文堂，2012年）93頁。

◆ 第四節　国際礼譲による逃亡犯罪人引渡しなど

される[282]。他方，労役場留置は，労役の作業で得られた収益を未納罰金とし
て支払わせるものでないため，実質的には懲役に等しいといわれる。とりわけ，
短期自由刑の代替刑としての意義が認められ，罰金を納付できない場合，罰金
刑の短期自由刑への転換について法律で定めたものがある[283]。

　韓国刑法では，刑について，死刑，懲役，禁固，資格喪失，資格停止，罰金，
拘留，科料，没収の順で定め（第41条），日本刑法と同様に，自由刑と財産刑
などに分けられる。罰金を納付しない場合には，1日以上3年以下において，
労役場留置に服させるとし（第69条第2項），裁判所が罰金刑を宣告する場合
は，それを納付しないときの労役の留置期間を定め，同時に宣告しなければな
らないと定める（第70条）。労役場留置は，未納の金額の分に限って日当に換
算された期間を労役に処せられるもので，固有の自由刑とは解されない。例え
ば，労役場留置の期間において，途中でも未納の罰金が完納されれば直ちに釈
放されることに照らして，執行方法の一つとしての側面がある。

　日韓両国の各国内法における労役場留置の法的性質は，実質的に自由剥奪と
いう刑罰効果があるにもかかわらず，欧米諸国の刑法に設けられたように罰金
刑と自由刑との代替について明確な法的根拠がない限り，少なくとも刑法が定
めた刑と認めることは困難である。また，罰金刑自体には一身専属性が欠如さ
れていること，労役場留置の途中でも罰金が完納されれば罰金刑の執行が終了
されることなどに鑑みると，労役場に留置されるべき期間は必ずしも日韓引渡
条約に定められた「服すべき残りの刑」に該当しないものと解される[284]。さ

---

(282)　法務省訓令「徴収事務規程」第16条（分納）および第17条（延納）。

(283)　川出敏裕・金光旭『刑事政策』（成文堂，2012年）90頁。また，ドイツ刑法は，
　　　「罰金の納付が不可能な場合には自由刑により代替する。その自由刑の1日は罰金刑の
　　　日数に該当し，1日以上とする。」と定める（第43条）。

(284)　韓国では罰金刑の金額算定が裁判官の裁量に任されているところ，労役場留置の
　　　日当が異例の高額に決定され留置となったが，非難の世論が沸騰したため，検察がその
　　　留置処分を撤回し資産調査等をつうじて改めて財産刑の執行に取り掛かった事例があっ
　　　た。韓国の場合，2010年から2014年3月までの5年間，労役場留置の日当金額が1億
　　　ウォン以上となっていたものが11件であった。その内訳は1日5億ウォンおよび3億
　　　ウォンが各1名，2億ウォンが3名，1億ウォンが6名であり，これらの者の平均の罰
　　　金額は約389億ウォンであったが，通常の金額は1日の5万ウォンである。このような

第二章　日本国における逃亡犯罪人引渡し

らに，日本引渡法第2条において，引渡しが可能な対象として，請求国におい
て「長期3年以上の拘禁刑にあたるもの」または日本国において「長期3年以
上の懲役若しくは禁固に処すべき罪にあたるもの」[285] と定められているとこ
ろ，引渡犯罪が一定基準に達しない刑罰に科されるものについて引渡制限事由
としている。実務としても，両国の裁判における有罪のなかで罰金（未納によ
る労役場留置）が占める割合が少なくなく[286]，一定以上の高額といえども，
労役場留置の執行のために引渡協力を行うことには容易ではない。なお，本件
の逃亡犯罪人が日本で逮捕されたことについて，どのような段階で行われたか
は明確でないが，日韓引渡条約および引渡法に照らしてみると，次の場合が考
えられる。①日韓引渡条約に基づいて，緊急の場合において，韓国から仮拘禁
の請求がなされ（第10条），法務大臣が審査のうえ仮拘禁が相当と認めその旨
を東京高等検察庁に命じ（引渡法第24条），東京高検が東京高等裁判所の仮拘
禁許可状により拘禁する。②緊急な場合における仮拘禁の請求ではなく，通常

あまりにも大きな偏差について国会でも議論となり，2014年4月刑法改正を通じて，罰
金額50億ウォン以上の場合，労役場留置の期間を少なくとも1000日以上とした。また，
最高裁判所も，罰金額1億ウォン以上の事件の場合，換刑留置による労役日当が罰金額
1000分の1になるよう改善方針を打ち出した。韓国通信社「ヨンハップ・ニュース」
2014 年 6 月 19 日付け報道記事（http: //www. yonhapnews. co. kr/bulle-
tib/2014/06/19/0200000000AKR20140619192600004.HTML?input=1179m. 2014 年 8 月
16 日閲覧）。なお，2009 年 9 月，筆者がソウル西部地方検察庁執行課長の職についてい
たとき，サンソン（三星）のイ・ゴンヒ会長について租税捕脱などの罪で懲役の執行猶
予および罰金 1100 億ウォンの刑が確定された事件と関連して，同人の住居が管内に所
在したことからその財産刑の執行にあたったことがある。当時，史上最高の罰金額で
あったが，判決では，その罰金が未納となり労役場留置に処せられる期間について1千
日とし，日当が1億1千万ウォンと計算されていた。

(285)　このような行為は日本の刑事訴訟法上の緊急逮捕の要件である（第210条）。

(286)　日本では，2010 年現在，罰金刑を受けた人員が40万6,259名，労役場留置の件数
が7,882件であり川出敏裕・金光旭『刑事政策』（成文堂，2012 年）95 頁，韓国の場合
は，第1審（略式命令）の罰金が2012年現在660,974件（韓国最高裁『2012司法年鑑』
578 頁），労役場留置は2013 年現在1万9,090件である（韓国紙「ニュース・アンド・
ビュー」2014 年 4 月 5 日付け報道記事，http://www.abckr.net/news/articleView.html?
idxno=9145. 2014 年 8 月 12 日閲覧）。但し，韓国では罰金未納者について，一定要件の
下，社会奉仕命令制度が2009年から施行されている。

160

◆ 第四節　国際礼譲による逃亡犯罪人引渡しなど

の引渡請求において，法務大臣が東京高等裁判所に審査の請求をなすべき旨を東京高検に命ずると（引渡法第4条），東京高検が東京高裁の拘禁許可状により拘禁する（引渡法第5条）。いずれの場合にも法務大臣が拘禁の必要性の認否について審査および命令することができる。

(5)　検　討

　罰金未納によって科される四箇月以上の労役場留置が，日韓引渡条約第2条第2項が定めた「服すべき残りの刑が少なくとも4箇月あるとき」に該当するか否かが問題となる。労役場留置と「拘禁刑」の法的性質に係るところ，日韓の各刑罰法制では，自由刑と財産刑が区別され，財産刑の自由刑への転換について明文の規定が見当たらない。また，労役場留置が執行中である場合でも罰金が完納されれば途中で釈放されることになり，そうすると労役場留置が果たして「服すべき残りの刑」として認められるものであるかについて疑問がある。「中国と南アフリカ共和国間の引渡条約」のように財産刑を引渡しの要件と定めたものであればともかく[287]，日韓引渡条約および逃亡犯罪人引渡法において関連規定がない以上，本件逮捕の法的根拠は乏しいといわざるを得ない。従って，本件のような事案について外国から引渡請求がなされた場合，法務大臣は，引渡法第4条第1項が定める「明らかに逃亡犯罪人を引き渡すことができない場合」に該当するか否かを検討したうえ，その請求を拒否することができる。仮に法務大臣により審査請求がなされたとき，東京高裁は，審査の請求が不適法であるとして，却下の決定をすることになる（引渡法第10条第1項第1号）。

---

(287)　中国と南アフリカ共和国間の引渡条約では，引渡しの要件として「少なくとも1年以上の懲役」などと定めながら（第2条第1項），財産刑もその要件に含まれると定める（第2条第6項）。

第二章　日本国における逃亡犯罪人引渡し

◆ 第五節　その他の国際刑事協力

一　刑 事 共 助

　刑事共助は，捜査，訴追その他の刑事手続きにおける相互援助をいうが，捜査機関が共助の主体となる捜査共助と裁判所が主体となる司法共助などのように分けることもできる。「国際捜査共助法」は，捜査共助について，「外国の要請により，当該外国の刑事事件の捜査に必要な証拠の提供（受刑者証言移送を含む．）をすること」とし（第1条），「外国裁判所嘱託因る共助法」は「裁判所ハ外国裁判所ノ嘱託ニ因リ民事及刑事ノ訴訟事件ニ関スル書類ノ送達及証拠調ニ付輔助ヲ為ス」と定める（第1条）。刑事共助の適用範囲は供述及び書類等の証拠の取得，捜索または差押え，人の所在地の特定，文書送達，犯罪収益の没収，犯罪記録の提供，受刑者証人移送などが含まれる。その他にも，共助の被請求国の法令に許容されることを条件に，締約国当局の合意によってその他の共助を行うことができる（「日中刑事共助条約」第1条第2項第11号，「日韓刑事共助条約」第1条第2項第9号）。刑事共助の要件や制限事由などについては，逃亡犯罪人引渡しにおける諸原則が適用されるが，身柄の拘束および引渡裁判が行われないなどのため，逃亡犯罪人引渡しより緩やかな条件となることが多い。例えば，捜査共助の場合，その要件として，①共助犯罪が政治犯罪でないこと，または共助要請が政治犯罪について捜査する目的で行われるものでないと認められること，②共助犯罪に係る行為が日本国内で行われたすれば日本国の法令によって犯罪を構成すること，③共助要請が原則として書面で行われること，などである（国際捜査共助法第2条）。この中には義務的な共助拒否事由として定められたものもあるが，②のように，共助条約において別段の規定がある場合には共助が可能とするものもある。また，引渡協力は一般に外交経路をつうじて行われるが，刑事共助は，共助条約において事前に中央当局が指定され，中央当局間で相互連絡及び共助が実施される。さらに，被要請国が共助を拒否する場合，被要請国の中央当局は共助拒否に先立ち，条件付きの共助実施について要請国の中央当局と協議することが定められる（日中刑事共助

◆ 第五節　その他の国際刑事協力

〈捜査共助の統計（『平成 25 年版犯罪白書』）〉

年次 （平成）	捜査共助を要請した件数				捜査共助の要請を受託 した件数	
	検察庁の依頼		警察等の依頼			
		締約国間		締約国間		締約国間
18 年	16	4	30	5	35	2
19	12	6	28	14	34	12
20	10	3	40	24	28	11
21	9	5	36	30	26	9
22	9	6	60	39	40	7
23	10	8	46	34	55	37
24	17	12	62	37	98	76

注　1. 法務省刑事局及び警察庁刑事局の資料による。
　　2.「締約国間」は，当該年に発効し又は既に発効している刑事共助条約又は協定の締約国との
　　　間における共助の要請・受託の件数である。

条約第 3 条第 2 項など）。日本における捜査共助の統計は下記表のとおりである。

　日本が外国と締結した刑事共助条約は，2014 年 7 月現在，米国（2006 年 7
月発効），韓国（2007 年 1 月発効），中国（2008 年 11 月発効），香港（2009 年 9 月
発効），欧州連合（2011 年 1 月発効），ロシア（2011 年 2 月発効）など，6 件であ
る。その他に，領事条約において，接受国の法令に反しないような方法等の一
定の要件の下で，接受国内のすべての者について，裁判上の文書送達，自発的
に提供する証言の録取，宣誓などを行うことができると定められることがある
（日米領事条約第 17 条第 1 項(e)）。

　刑事共助と関連して，日本官憲が外国で職務行為として供述調書を作成した
場合，その証拠能力が問題となる[288]。1950 年代，在日ソ連大使館の外交官

---

(288)　刑事訴訟法が刑法を適正かつ迅速に適用実現することをその目的とするところ
　（第 1 条），外国の領域内において日本の刑事手続の実施にあたり，訴追のための活動等
　は当該外国の承認が得られることが前提とされることから，刑事訴訟法の場所的適用範
　囲について二つの見解がありうる。①原則として日本国領域に限られ，外国での捜査活
　動などは当該国の承認およびその範囲内において例外的に適用される。②日本の刑事訴
　訟法は，国内のみならず領域外にも適用されるが，外国主権の及ぼす領域では国際法上

第二章　日本国における逃亡犯罪人引渡し

（情報要員）であったラストボロフが米国への亡命したことについて，日本滞在中の情報活動の内容が明らかにされ，外務省幹部らが国家公務員法違反などに問われた事件がおきた。当時，東京地方検察庁の検察官が米国入りし，ラストボロフについて同事件の参考人として面会のうえ供述調書を作成したところ[289]，東京地方裁判所は，捜査は刑事訴訟法上の行為であるから外国ではこれを行うことはできないとしながら，「……しかし，一国が他国を承認すれば，その他国において，そこの主権を侵害することなく，自国の或る種の権能を行使することができることは，国際法上容認されたもの」として，領域国の承認の限度において供述調書の作成が可能であると解されるとした。また，このような共助結果に対する証拠能力の認否について，ラストボロフの供述調書は，刑事訴訟法第321条の検察官面前調書として証拠能力が認められると判示した（東京地裁判決・昭三十六・五・一三）[290]。

　他方，1976年に発覚したロッキード贈賄事件の捜査をめぐり，日米間で「ロッキード・エアクラフト社問題に関する法執行についての相互援助のための手続」という合意（1976年3月24日）に基づいて，両国間の捜査共助が行われた。この手続協定は，日米の政府間というより，日本国法務省と米国国務省との間で結ばれたもので，中央当局間の取極めという法的性質をもつ。また，その内容において，当該事件の捜査共助にとどまらず，裁判所による証人尋問の嘱託などが含まれたことから司法共助の国際協力といえる[291]。すなわち，日本の検察が米国の裁判所に対して，ロッキード社幹部3名の証人尋問を要し

　　または事実上にその適用が制限されるに過ぎない。刑法がその適用範囲において属地主
　　義の他に属人主義・保護主義・世界主義などの管轄権を定めていること，証拠が世界各
　　地に散在しうることについて刑事訴訟法の目的からしてそれらの証拠の収集を任務とす
　　ること，日本刑法が外国判決の既判力を認めないことなどから，後説が妥当と解される。
　　山本草二「国際犯罪と刑事手続上の諸問題」『警察学論集』29巻1号（1976年）121頁。

[289]　古田佑紀「刑事司法における国際協力」『現代刑罰法大系（第1巻）：現代社会に
　　おける刑罰の理論』（日本評論社，1984年）410-411頁。

[290]　『高等裁判所刑事判例集』（18巻2号）113頁。大野恒太郎「外国における捜査」
　　『別冊判例タイムズ』9号（1985年）205-208頁。

[291]　河上和雄「国際犯罪と捜査共助・司法共助」『現代刑事法』1巻1号（1999年）64
　　頁。

◆ 第五節　その他の国際刑事協力

たところ，その尋問内容などによっては日本で起訴されるおそれがあるとして
証言を拒否したため，検事総長により，その証言等によって得られた情報を理
由としては刑事訴追を行わないという趣旨の宣明書を提出した。さらに，最高
裁がその宣明書を確認する旨の宣明書を発して米国の裁判所に伝達されたため，
ロッキード社幹部らの証人尋問が行われ，その調書が日本当局に到達した。し
かし，ロッキード事件「丸紅ルート」をめぐる最高裁判決は，嘱託尋問調書の
証拠能力について，日本の刑訴法は「刑事免責の制度を採用しておらず，刑事
免責を付与して獲得された供述を事実認定の証拠とすることを許容していない
ものと解すべきである以上，本件嘱託証人尋問調書については，その証拠能力
を否定すべきものと解するの相当である。」と示した(292)。

　この最高裁判決において，その解釈および国際刑事共助で得られた共助結果
の評価をめぐり，次の二つの見解がある。第一に，刑事共助条約または個別事
案の処理のための共助取極めなどに基づいて共助が行われた場合，その共助結
果が被要請国において適法に獲得されたものであれば，共助要請国において証
拠能力が認められることが望ましいとの指摘である(293)。国際刑事共助は共助
を要する国が一定の法的根拠に基づいて外国に依頼することであるが，その共
助結果を自国内で許容されないということは，国際犯罪の規制を目的とする国
際刑事協力の趣旨と符合せず，依頼と許容との間に一貫性がなく外交上でも望
ましくないというものである。この見解は，上記最高裁の判決について，日本
国刑事訴訟法のなかに刑事免責で得られた証言を認める根拠がない限り，この
ような共助結果は国内裁判においてあながち許容されないものと受け止める。
第二は，捜査共助や司法共助等の国際刑事協力は各国の法制度が相違であるこ
とを前提とする以上，最高裁がそのような見解を採用したものではないと解す
る(294)。第一の見解とは，仮に，刑事訴訟法が刑事免責の規定を設けていない

---

(292)　最大判平成七・二・二二刑集四九巻二号一頁。椎橋隆幸「刑事免責制度について」
　　『法律時報』55巻3号（2003年）556-559頁。

(293)　河村博「刑事手続における国際協力」『刑事訴訟法の争点（第3版）』（有斐閣，
　　2002年）21頁，河上和雄「国際犯罪と捜査共助・司法共助」『現代刑事法』1巻1号
　　（1999年）65頁。

(294)　川出敏裕「国際司法共助によって獲得された証拠の許容性」『研修』618号（1999

第二章　日本国における逃亡犯罪人引渡し

ため，刑事免責によって得られた共助結果に証拠能力を許容することは憲法ないし刑事訴訟法の理念に反することになり，外国の証拠獲得手続に対応する手続が日本には存在しない場合，一律にその証拠能力が否定されるというものである。しかし，最高裁判決の趣旨は，そうではなく，共助結果について，国内の裁判手続において証拠能力が許容されるように立法的手当てが整備されるべきであるが，それを欠いたまま，刑事訴訟法の拡張的解釈をつうじて運用することは，あたかも刑事免責制度を採用したのと等しい結果をもたらすことになり，それは刑事手続の公正さに欠けるというものである。従って，最高裁の判断は，刑事免責によって得られた供述等の証拠についてあながち証拠能力を否定したものではないと解せられ，当判決が国際刑事協力にもたらす意味は必ずしも大きくはないという。

二　受刑者移送

受刑者移送とは，外国人受刑者に対して本国において刑を服させることにより，社会復帰の促進を図るための國際協力である（「CE 条約」前文）。日本において，確定裁判の執行の共助，受刑者の改善更生および社会復帰の促進などについて必要な事項を定めたのは「国際受刑者移送法」である。同法上，受刑者移送とは，確定裁判を受けその執行として拘禁されている者（受刑者）について，受刑者の本国において残余刑を執行するための國際共助とする（第 1 条）。自国民等の受刑者を日本に移送することを「受入移送」といい，外国人受刑者などをその自国に移送することを「送出移送」といい，移送前に服役中の国を

年）8-10 頁，中谷雄二郎「手続の公正と証拠の許容性」『刑事裁判の理論と実務：中山善房判事退官記念』（成文堂，1998 年）214-215 頁。中谷判事の見解は，ロッキード事件における嘱託証人尋問調書に関する最高裁判決の要旨は，刑事免責制度について，制度導入の必要性，手続の公正さ，国民の法感情などから疑問が提起されたことを踏まえて，そのような疑問を克服するための実務と学説上の議論の積み重ね，立法的審査などを経ることなく，刑事免責の対象範囲，手続要件，効果などについて明文の根拠を欠いたまま，刑事訴訟法の拡張的解釈運営によってあたかも刑事免責制度を採用したのと同じ効果をもたらすことは，それ自体，刑事手続の公正さに欠けるとして，刑事免責の結果で得られた嘱託証人尋問調書について有罪認定の証拠としては許容されないと判断した，と解する。

166

◆ 第五節　その他の国際刑事協力

「裁判国」，移送後に服役すべき国を「執行国」という（法第2条）。受刑者移送も国際刑事協力の一環として条約若しくは相互主義等に基づいて行われるが，日本は，逃亡犯罪人引渡しや刑事共助とは違って，条約前置主義をとる（第2条第5号及び第6号）。移送制限事由として，受入移送の場合は受入受刑者の同意の有無・年齢（14歳未満に限る）・双方可刑性等であり，送出移送には同意有無・双方可刑性・上訴回復権若しくは再審請求手続等が日本国の裁判所に係属するかの有無等が要件となる。また，受入移送における「国民」について，日本の国籍を有する者の他に，「日本国との平和条約に基づき日本の国籍を離脱した者等の出入国管理に関する特例法（平成三年法律第七十一号）に定める特別永住者が含まれる（第2条第4号）。

　受刑者移送には，裁判国で確定された刑の執行を受入移送後にどのように当てはめて執行するかの方式をめぐり，「執行継続」と「刑の転換」があるが，日本は，執行継続の方式をとっており，裁判国で確定された判決の執行を共助するものである。執行方法において，懲役刑と禁固刑が分けられ，外国刑が懲役である場合は刑事施設で所定の作業が行われる（法第16条第1項）。また，刑期の要件については，外国刑が無期である場合は無期に，有期のときは刑法上有期刑の上限である30年の範囲内で執行される（刑法第14条及び受刑者移送法第17条）[295]。受刑者が服役中である裁判国から受入移送の要請があった場合，法務大臣は，移送制限事由に該当せず，かつ共助の相当性が認められるとき，東京地方検察庁検事正に対して東京地方裁判所への審査請求を命じなければならない。東京地方裁判所は，審査の結果について，却下（審査請求の不適法），移送不可若しくは移送可能の決定を行う[296]。もっとも，法務大臣は，

---

[295]　「国際受刑者移送法」が採用する「刑の執行継続方式のもとでの刑の当てはめ」の場合について，「受刑者の犯罪事実を日本の刑罰法令上の条文に当てはめたうえで，外国刑の刑期を修正するという作業であれば，それは，その実質的機能において新たな刑の言い渡しと異ならないともいえるから，行政庁よりも裁判所がそれを行うことが望ましいであろう。」としながら，国際受刑者移送法上では懲役と禁固及び刑期の上限を基準にして当てはめるに過ぎないから「受入移送の場合に裁判所を関与させつつも，刑の当てはめの部分については行刑当局に委ねている」と解される。佐伯仁志・川出敏裕「受刑者移送について(下)」『ジュリスト』1235号（2002年）77頁。

[296]　移送共助における裁判所の審査は受入移送に限られる。受入移送について裁判所

第二章　日本国における逃亡犯罪人引渡し

裁判所が移送可能との決定をなしたとしても，移送命令が相当でないと認めるときはこれを実施しないことができる（受入移送の相当性の判断）。日本が受入移送を行う場合の主な流れは，法務大臣（制限事由該当性及び共助相当性）→東京地方検察庁検事正（審査請求）→　東京地方裁判所（審査及び決定）→　法務大臣（受入移送命令の相当性）→　移送実施，ということになる。執行国から送出移送の要請があった場合，法務大臣は，送出移送制限事由に該当しないなどのときは送出移送の決定をしなければならない。ただし，送出移送が相当でないと認めるときはこの限りでない（送出移送の相当性の判断）。

　日本の条約締結は「CE 条約」に 2003 年加入（同年発効）したことによって60 余りの締約国との間で移送共助が可能となった。同条約には，韓国が 2005年加入（同年発効）したので日本との移送協力において別段の両者条約を要しないが，中国は未加入である。日本は，タイとの間で「刑を言い渡された者の移送及び刑の執行における協力に関する条約」が既に発効されており（2010 年8 月 28 日），ブラジルとの間では「刑を言い渡された者の移送に関する条約」に署名（2014 年 1 月 24 日）および国会承認（同年 6 月 4 日）が既に行われた。また，イランとの間では，2008 年 12 月の予備協議などをへて，2014 年 10 月に東京で開催された第 3 回会合において移送条約の条文につき実質合意がなされ，締結に向けて準備が進められていると報じられた[297]。日本が CE 条約に加入した背景には，米国等より 1989 年頃から同条約への加入要請があったこと，その後に外国人受刑者が増えるとともにその処遇の困難が生じたことなどが挙げられ，2000 年頃から本格的な検討が行われた[298]。

　　の審査が加えられるのは，日本国の刑罰権が行使されることによって受入受刑者の身体の自由を剥奪することになり，もっぱら行政権の判断にたよることは適当でないからである。送出移送の場合には，当該受刑者の自由剥奪を外国に嘱託することであるから日本国の刑罰権が行使されず，裁判所の審査を要しないと解される。林谷浩二「受刑者の国際移送の現状と課題」『刑事法ジャーナル』27 号（2011 年）23 頁の注(8)を参照。

（297）　外務省（http://www.mofa.go.jp/mofaj/press/release/press4_001336.html. 2014年 11 月 10 日閲覧）。

（298）　日本における受刑者移送の現状と課題について縮約したものとして，ワークショップ「受刑者移送条約の問題点」『刑法雑誌』51 巻 3 号（2012 年）480-485 頁を参照。

◆ 第五節　その他の国際刑事協力

〈国籍別・外国人受刑者の内訳〉

総数	中国	ブラジル	ベトナム	韓国・朝鮮	イラン	フィリピン	ペルー
671	233	68	61	49	40	29	24

ナイジェリア	タイ	米国	メキシコ	英国	その他
15	7	4	4	3	133

〈送出移送人員の推移〉

区分（平成）	16 年	17 年	18 年	19 年	20 年	21 年	22 年	23 年	24 年
送出移送人員	7	12	16	44	48	35	15	25	21

〈執行国別・送出移送の人員（平成 24 年）〉

執行国	韓国	イスラエル	イギリス	スペイン	カナダ	米国	総数
人員	10	2	3	1	3	2	21

　その他に，アジアにおける受刑者移送をめぐる国際協力の一環として，アジア太平洋矯正局長会議（Asian and Pacific Conference of Correctional Administrators, APCCA）という協議体が挙げられる。この会議の趣旨は，アジア太平洋地域の刑事施設等を所管する矯正責任者が，各国の実情の報告および意見交換等を行い，矯正分野での地域協力の発展に寄与することである[299]。第 1 回会議が 1980 年 2 月にオーストラリア犯罪学研究所と香港矯正局の主催で開かれて以来，ほぼ毎年開催されるが，東京では 2011 年 10 月に第 31 回会議が開かれ，中国と韓国など 20 余りの諸国から矯正当局者が参加した。

　日本において国際受刑者移送法および移送条約に基づいて行われた最初の移送は，2004 年 4 月，イギリス人受刑者の送出移送である。女性受刑者である同受刑者は，大麻取締法違反等の罪で日本で服役中，国際受刑者移送法および「CE 条約」に基づいて移送が決定された[300]。また，日本から韓国への送出移

---

(299)　アジア太平洋矯正局長会議の概要については以下を参照。鈴木義男「第一回アジア太洋州矯正局長会議に出席して」『刑政』91 巻 8 号（1980 年）52-59 頁，鈴木義男「アジア太洋州矯正局長会議」『刑政』92 巻 11 号（1981 年）12-20 頁。

(300)　「共同通信」2004 年 4 月 2 日付け報道記事（http://www.47news.jp/smp/CN/200404/CN2004040201001233.html. 2014 年 7 月 30 日閲覧）。

第二章　日本国における逃亡犯罪人引渡し

送として，許永中受刑者が挙げられる。同受刑者は，いわゆる「イトマン事件」等で懲役刑が確定され服役中，日韓両国が共に加入済みである「CE条約」に基づいて，2012年12月，韓国に移送された[301]。韓国への移送後，刑期の95%以上を服役したなどの要件が具備されたとして，2013年9月30日，仮釈放となった[302]。

日本における外国人受刑者および送出移送の統計は以下表のとおりである。日本への受入移送は，2004年から2011年までの間で合計2件であった[303]。

　刑執行に関する国際協力をめぐる課題として次の二つが指摘される[304]。第一に，刑法第5条（外国判決の効力）は，「外国において確定裁判を受けた者であっても，同一の行為について更に処罰することを妨げない。ただし，犯人が既に外国において言い渡された刑の全部又は一部の執行を受けたときは，刑の執行を減軽し，又は免除する。」と定めるが，国際受刑者移送法では，裁判国から日本に引渡された後に訴追された「受入移送犯罪に係る事件について刑に処するときは，刑法第五条ただし書の規定にかかわらず，その刑の執行を免除するものとする。」として，特則を設けている（第41条）。すなわち，移送後に日本で訴追及び言渡された当該犯罪については，刑の執行が行われず，裁判国で服役した期間を除いて残余の刑期のみが執行されることになる。それゆえに，外国の刑が日本の刑より軽いものである場合，日本への受入移送を拒否し，裁判国における刑執行の終了および送還（日本への帰国）を待って，改めて罰することになる。日本が執行協力において継続執行の方式を採用するところ，あながち免除することより，受入移送が可能とすることが望ましいという。第二は，国際受刑者移送法上，自由刑の有期の上限が30年と定められたため，外国の裁判によって既に30年を服役した受刑者は日本への受入移送が出来な

---

(301)　「日本経済新聞」2012年12月15日付け報道記事（http://www.nikkei.com/article/DGXNASDG1404O_U2A211C1CC1000/. 2014年7月29日閲覧）。

(302)　韓国紙「東亜日報」2013年10月1日付け報道記事（http://news.donga.com/3/all/20131001/57932228/1. 2014年7月29日閲覧）。

(303)　『平成25年版犯罪白書』第7編／第4章／第2節／4（国際受刑者移送）。

(304)　ワークショップ「受刑者移送条約の問題点」『刑法雑誌』51巻3号（2012年）482-483頁。

いことから，法改正などが求められるというものである。外国人受刑者の内訳
および移送協力の人員などは以下表のとおりである（『平成25年版犯罪白書』，
2012年12月31日現在，筆者編集）。

◆ 第六節　小　括

　日本において近代的な國際刑事協力に関する最初の国内立法は「逃亡犯罪人
引渡条例」である。同条例は，1886年（明治19年）に締結された「日本国と
亜米利加合衆国との間の犯罪人引渡条約」に伴って，国内施行のための手続き
および要件などを定めた条約実施法であった。その後，引渡条例は1953年に
「逃亡犯罪人引渡法」の制定によって廃止され，同引渡法は1964年と1978年
の実質的な一部改正をへて今日にいたっている。また，戦前において犯罪人引
渡し以外の国際刑事協力に関する国内制定法として「外国裁判所ノ嘱託ニ因ル
共助法」（明治38年）があるが，刑事事件および民事事件の訴訟における裁判
所間の共助について定めたものである。

　逃亡犯罪人引渡法の意義として，引渡しの可否をめぐる審査および決定にお
いて，引渡条例がもっぱら行政機関の管轄と定めたのに対し，東京高等裁判所
を専属管轄としてその審査を経由させたことが挙げられる。引渡条例では，検
察官の認定審問およびその意見に基づき，司法大臣がその裁量により引渡可否
を最終的に決定するよう定められていたため，裁判所が介入する余地はなかっ
た。引渡法が引渡手続きにおいて司法統制の作用を必要とした背景には，引渡
しを刑事訴訟手続きに準じて処理することにより，逃亡犯罪人の人権保障を担
保するところにあった。すなわち，戦前から提起されていた「引渡手続の司法
化」が実現され，行政機関による裁量権の濫用などを制限すると同時に，国際
規範の変化にも対応できるという意義をもつ。引渡手続の司法化は，相手国か
ら引渡請求を受けたときから最終的に引渡しを実施するか否かについての決定
にいたるまで，その間の手続きにおいて，裁判所が一定の機能をはたすことで
ある。引渡法では，引渡手続の司法化として，①令状主義が導入され，逃亡犯
罪人の身柄を拘束するためには原則として裁判官があらかじめ発する令状によ
らなければならないこと，②裁判所の審査を求めることなく明らかに引渡すこ

第二章 日本国における逃亡犯罪人引渡し

とができない場合に該当するときを除き，裁判所が引渡請求の適法性および引渡可否の該当性を決定すること，などが規定された。

　日本がこれまで引渡条約を締結したのは米国と韓国の二箇国である。1978年3月3日に調印された「日本国とアメリカ合衆国との間の犯罪人引渡しに関する条約」は，同年4月21日に国会の承認がなされ，1980年3月26日発効した。この条約の発効により，1886年に締結された「日本国亜米利加合衆国犯罪人引渡条約」および1906年の「追加犯罪人引渡条約」は効力を失うことになった。日米間で新たに引渡条約が締結された背景には，旧条約が付表で定めた罪種が伝統的な犯罪に限られていたため，新種犯罪に対する規制が求められるようになったからである。日韓間で引渡条約の締結交渉が具体化されたのは，1998年，当時の小渕恵三首相と金大中大統領との間で「日韓共同宣言－21世紀に向けた新たな日韓パートナシップ」が発表され，同宣言において引渡条約の締結を開始することが言明されたことから始まる。その後，2002年4月8日，引渡条約の署名（平成14年条約第4号）が行われ，同年5月29日に国会承認をへて6月21日に発効した。

　引渡裁判において社会的に論議を呼び起こしたのは政治犯罪の認否および有罪証拠の十分性をめぐる事例であった。すなわち，「張振海事件」と「遺伝子スパイ事件」であるが，いずれも東京高裁により引渡制限事由の存否などについて審査が行われ，それぞれ引渡可能と引渡不可の決定がなされた。「張振海事件」では，日中間で引渡条約がないところで中国から引渡請求が行われ（1990年2月22日），東京高裁により政治犯罪と認められず引渡可能との決定（1990年4月20日）および法務大臣が引渡しが相当と認めたため，身柄が中国当局に引き渡された。裁判において，双方可罰性，政治犯不引渡原則の認否，引渡し後の拷問または残酷刑のおそれ（自由権規約第7条）などが争点となったが，裁判所は，①中国における横領などの普通犯罪による刑事処罰からの免脱，②外国での経済的利益の追求，③ハイジャックの被害規模と罪質の重大性が犯行目的に比べて一層大きい，などを理由に，引渡法が引渡制限事由と定めた政治犯罪に該当せず，引渡可能と決定した。また，「遺伝子スパイ事件」では，米国の連邦捜査局（FBI）が医科学研究機関の告発を受けて，当時米国内の研究所および大学に勤めていた二人の日本国籍の研究者（芹沢宏明と岡本卓）

◆ 第六節　小　括

について経済スパイ罪等で訴追したところ，日本に帰国したまま出席要求に応じなかった岡本卓について引渡請求が行われ（2002年3月8日），東京高裁による審査のすえ引渡不可の決定が言い渡された（2004年3月29日）。本件で争点となったのは，引渡しを求められた犯罪の嫌疑について，請求国の法令に基づいてその罪責が立証されるべきか，それとも被請求国の法令によって嫌疑が認められれば足りるのかの問題であった。裁判所は，日米引渡条約第3条および引渡法第2条第6号に定められた犯罪の嫌疑について，請求国側に一定の罪責立証を求める規定が設けられた趣旨は，人権保障の見地から，請求国の裁判で有罪とされる見込みがあるかどうかを被請求国において審査することにあると解されるとした。裁判所は，日米引渡条約第3条に定められた「引渡しの請求に係る犯罪を行ったと疑うに足りる相当な理由があることを証明する十分な証拠がない」として，引渡不可の決定を言い渡した。

　逃亡犯罪人引渡し以外の国際刑事協力として，受刑者移送は，刑罰の裁判国とその執行国間の刑事協力であるところ，受入移送を受けた国（執行国）における執行方式には刑の「執行継続」（continued enforcement）と「刑の転換」（conversion of sentence）がある。転換方式とは，裁判国で確定された刑について執行国の刑事法令が定める手続きを適用し，その結果，改められた刑を執行することをいい，継続方式は，原則として，裁判国で言い渡された刑をそのまま適用される。日本は，継続方式ととっており，裁判国の確定判決の執行を共助するものである。執行方法において，刑法に基づいて懲役刑と禁固刑が分けられ，外国刑が懲役である場合は刑事施設で所定の作業が行われる（受刑者移送法第16条第1項）。また，刑期の要件については，外国刑が無期である場合は無期に，有期のときは日本国刑法上の有期刑の上限である30年の範囲内で執行される（同法第17条）。日本の条約締結は「CE条約」に2003年加入（同年発効）したことによって60余りの締約国との間で移送共助が可能となった。また，タイとの間で「刑を言い渡された者の移送及び刑の執行における協力に関する条約」が既に発効されており（2010年8月28日），ブラジルとの間で「刑を言い渡された者の移送に関する条約」に署名済み（2014年1月24日），イランとの間では条約条文について実質合意がなされたと報じられた。

　その他に，日韓引渡条約に基づいて，罰金未納により労役場留置に処せられ

173

第二章　日本国における逃亡犯罪人引渡し

る逃亡犯罪人について韓国から日本への引渡請求の事案があった。韓国で懲役
3年（執行猶予5年）および罰金50億ウォンの判決が確定され，罰金未納のま
ま日本に逃亡した者について，日本当局が韓国からの引渡請求に基づいてその
犯罪人を逮捕したところ，罰金が完納されたため引渡請求が撤回された事例で
ある。引渡請求が罰金の未納により労役場留置となった換刑処分の執行のため
になされた場合，四箇月以上の労役場留置が，日韓引渡条約第2条第2項が定
めた「服すべき残りの刑が少なくとも4箇月あるとき」に該当するか否かが問
題となる。労役場留置と「拘禁刑」の法的性質と係るところ，引渡条約におい
て財産刑の犯罪をその対象としてと定めた場合はともかく（例えば「中国と南
アフリカ共和国間の引渡条約」第2条第6項），労役場留置の執行中でも罰金が完
納されれば釈放されることなどに照らしてみると，日韓引渡条約および日本引
渡法が定めた拘禁刑の刑期の要件との適否の観点からして，本件逮捕の法的根
拠は乏しいものと思われる。日韓刑事協力において法務検察当局間の「ひいき
の引倒し」の側面がうかがわれるところである。

◆ **第三章** ◆ **中国における逃亡犯罪人引渡し**

◆ 第一節　逃亡犯罪の現状と刑法の適用範囲

一　逃亡犯罪および国際刑事協力の現状

　中国における腐敗犯罪に対する国際的な取組みは，主に，「国連腐敗防止条約」（United Nations Convention against Corruption）第三章に基づく国際協力[305]，アジア太平洋経済協力（Asia Pacific Economic Cooperation, APEC）の反腐敗協力および逃亡犯罪人引渡条約などの両者協力など，三つの法的枠組のなかで進められている。とりわけ，逃亡犯罪人引渡しをめぐる国際協力に本格的に乗り出すこととなったのは，2003 年 10 月 31 日に国連総会で採択された国連腐敗防止条約に加入したことがきっかけとなったといわれる[306]。中国は，同条約の署名などをへて 2006 年 2 月 12 日に発効したところ，国連腐敗防止条約の実施にあたり国内の中央機関として最高検察院を指定した[307]。最高検察院は，こ

---

(305)　国連腐敗防止条約は 2003 年 10 月 31 日に国連総会で採択，2005 年 12 月 14 日に発効した。同条約第三章は，国際協力について，逃亡犯罪人引渡し（第 44 条），受刑者移送（第 45 条），法律上の援助（第 46 条），刑事手続の移管（第 47 条），法執行の協力（第 48 条），共同捜査（第 49 条），特別な捜査方法（第 50 条），などを定める。2014 年 11 月現在，同条約の締約国は 170 箇国あまりである（https://treaties.un.org/Pages/ViewDetails.aspx?mtdsg_no＝XVIII-14&chapter＝18&lang＝en. 2014 年 11 月 9 日閲覧）。

(306)　趙秉志「中国における反腐敗刑事法分野の国際協力」『比較刑事法研究』13 巻 2 号（2011 年）770 頁（[중국 반부패 형사법치 분야의 국제협력, 비교형사법연구 (13-2)]）。

(307)　国連腐敗防止条約の第 46 条（法律上の相互援助）第 13 項は，捜査，訴追及び司法手続において最大限の法律上の援助を相互に与えるため，各国が中央当局を指定するよう定める。また，同条約の趣旨を刑法に反映したものとして，2011 年 5 月 1 日に施行

第三章　中国における逃亡犯罪人引渡し

のような法的根拠に基づいて，中央および地方の各政府の公務員や政治家などの腐敗犯罪の捜査および訴追などの活動を展開しながら，対外的には各国の捜査当局などとの間で国際協力に関する了解覚書などを締結している。

　中国において収賄等の腐敗犯罪者の国外逃亡が本格的に始まったのは 1980 年代後半であるといわれる。改革開放政策が本格的に実施された 1980 年代から 2010 年頃までの約 30 年間，国外逃亡した腐敗犯罪者は約 4 千名と数えられ，その被害額は約 500 億米ドルといわれる[308]。2008 年以来，730 名以上の腐敗犯罪に係わる逃亡犯罪人が，54 以上の国家と地域から犯罪人引渡しなどの国際協力により中国へ送還され，逮捕された[309]。また，最高検察院によると，2013 年には 762 名の収賄関係犯罪者が国内に連れ戻され，合計 100 億元以上の金額が没収された。国務院公安部の経済犯罪捜査局によると，これら逃亡犯罪人による資金の海外流出のため，中国に莫大な経済的損失を与えているといわれる。中国当局は，共産党[310]第 17 回全国人民代表大会[311]が開かれた

　　された刑法改正案（8）において，第 29 条第 2 項ないし第 3 項で外国公務員および公的
　　国際機構の職員に係る贈収賄等の犯罪を新設したことが挙げられる。

(308)　趙秉志「中国における反腐敗刑事法分野の国際協力」『比較刑事法研究』13 巻 2 号
　　（2011 年）767 頁。

(309)　中国英字紙「China Daily」2014 年 7 月 24 日付け報道記事を参照（http://www.
　　chinadaily.com.cn/china/2014-07/24/content_17917829.htm. 2014 年 8 月 3 日閲覧）。ま
　　た，2010 年の 1 年間，中央政法委員会などの規律監察機関は，146,517 名の共産党員お
　　よび公務員について，腐敗行為などがあったとして規律違反の処分をなした。趙秉志
　　「中国における反腐敗刑事法分野の国際協力」『比較刑事法研究』13 巻 2 号（2011 年）
　　766-767 頁。なお，国際透明性機構（Transparency Inter-national）の調査によると，
　　2013 年の腐敗認識指数（Corruption Perception Index）のランクにおいて，中国は 80
　　位である（日本は 18 位，韓国 46 位）（http://www.transparency.org/cpi2013/re-
　　sults#myAnchor1. 2014 年 10 月 30 日閲覧）。

(310)　中国における共産党は，人民の政治的意思が代表されているということから，人
　　民民主主義の正統性の原理が標榜される。同党は，人民の憲法制定権力を代表し代行す
　　る権限をもつことによって，「憲法によって作られた力」としての国家行政を指導する
　　正統性が獲得されたといえるところ，その根拠の原点は国共内戦という武装闘争の末に
　　勝ち取った革命の成功にあるといわれる。西村成雄・国分良成『党と国家』（岩波書店，
　　2009 年）208 頁。人民民主主義の理念は，憲法において「人民民主独裁」として表現さ
　　れ，立法・行政・司法の国家権力が全国人民代表大会（全人代）に集中される民主集中

◆ 第一節　逃亡犯罪の現状と刑法の適用範囲

2007 年を境目として，汚職犯罪等の規制に本格的に取組むようになった[312]。国内では汚職犯罪の取締りを強化しながら，他方で，国外逃亡者については外国との国際刑事協力をつうじて身柄の確保につとめている。検察院等の当局によると，2007 年から 2012 年までの間，国外逃亡していた汚職犯罪者 76 名および腐敗犯罪者 500 名余りについて外国から引渡しを受けるなどして，身柄を拘束し処罰したといわれる。例えば，「袁同順事件」，「余振東事件」[313]，「頼

制がとられる（憲法第 3 条および第 57 条）。例えば，「労働者階級が領導し，労農同盟を基礎とする人民民主独裁の社会主義国家」であり（第 1 条第 1 項），「いかなる組織又は個人にも社会主義制度を破壊することを禁ずる。」と定める。司法関係では，全人代によって，最高人民法院院長および最高人民検察院院長が選ばれ（憲法第 62 条），両機関の各職務の遂行について監督される（憲法第 67 条），などである。

(311)　全国人民代表大会は，最高権力機関として，代表の任期は 5 年であり（憲法第 60 条第 1 項），その定数は 3000 名を上限とし（「全国人民代表大会及び地方各級人民代表大会選挙法」第 15 条第 2 項），常設機関として常務委員会が設けられる。代表大会は，年 1 回開催され（憲法第 61 条第 1 項），専門委員会として，民族・法律・財政経済・外事・内務司法等の各委員会が設けられる（憲法第 70 条）。

(312)　中国紙「人民日報（日本語版）」2012 年 11 月 6 日記事（http://j.people.com.cn/94474/8007317.html. 2014 年 5 月 30 日閲覧）。

中国刑法では汚職犯罪として「収賄罪」等が定められている。収賄罪の主な構成要件は，①職務上の便宜を利用して，他人の財物を要求し，または他人の財物を不法に収受して他人のために利益を図ったとき，②経済活動において，国家の規定に違反して，各種名義のリベートまたは手数料を収受して，個人の所有に帰したとき，などである。収賄罪には，公務員収賄罪（刑法第 385 条）と非公務員収賄罪（刑法第 163 条）の二種類がある。収賄罪の行為主体としての国家公務員とは，政府機関に従事する者ははじめ，国有の企業・事業体・社会団体等で公務に従事する者，これらの単位から非国有の企業・事業体・社会団体等に派遣され公務に従事する者，その他の法律で公務に従事する者等が含まれる。また，刑法第 163 条で定める収賄罪の主体とは，企業またはその他の単位の職員とされ，収賄罪の主体の構成要件が幅広く規定される。佐伯仁志・金光旭編『日中経済刑法の比較研究』（成文堂，2011 年）221 頁。

(313)　「余振東事件」とは，中国銀行の広東省開平市支店の元支店長であった余氏およびその後任の支店長二人が，巨額の銀行資金を盗み，資金洗浄などをへてカナダなどの金融口座に振り込んだ後，米国などへ逃亡した事件である。2001 年 10 月，同支店に対する会計検査により，米貨 4 億 8 千万ドルあまりの損失が発覚されたが，余氏らは既に国外逃亡していた。この事件では中米間で刑事共助が行われ，余氏は 2002 年 12 月米捜査

177

第三章　中国における逃亡犯罪人引渡し

昌星事件」[314]等のように，日本や韓国等の周辺国のみならず欧米諸国に散在する国外逃亡者の検挙にも力を注いでいる。また，中国当局は，腐敗犯罪者の国外逃亡を防止するため，政府機関および国営企業などの指導的な幹部について規律を厳しくする対策を講じている。その対策として，「指導幹部の個人関連事項の報告に関する規定」または「配偶者および子女が国外にすでに移住した国家公務員の管理強化に関する暫定規定」などの方針が打ち出されている。とりわけ，パスポートの発給手続においてその審査を強化するなどにより，偽造書類の摘発等の取締りのみならず，国外逃亡の事前防止を期している[315]。

　中国の国内立法において，国際刑事協力について最初に言及されたのは1996年に改正された刑事訴訟法である[316]。同法第17条は，「中華人民共和国

　当局に逮捕，翌年に中国へ送還され，他の二人は2004年に米国でそれぞれ逮捕，詐欺および資金洗浄などの罪で20年余りの自由刑が宣告された。黄風「国外逃亡犯罪の捜査問題の研究」『国際刑事司法合作：研究文献』（中国政法大学出版社，2009年）12-14頁。

(314)　「頼昌星事件」とは，アモイ（廈門）市に所在する企業家であった頼氏が，巨額の密輸および贈賄等の罪に問われて1999年にカナダへ逃亡したが，中国とカナダ間の刑事共助条約（1994年締結）などの国際協力により，2011年7月23日に中国へ送還されたものである。

(315)　中国における汚職犯罪者の国外逃亡について，次のような特徴が挙げられると指摘し，それに相応する防止策が講じられるべきと述べる。①幹部階級の者が多い。かつて国外逃亡の事例では一般職員が多数であったが，最近，国営企業の取締役，各省等地方政府の役人および所属企業の幹部，金融機関の幹部等の事例が増える傾向にある。②長期間にかけて準備を行うなど非常に計画的である。例えば，家族を先に国外へ送出して現地の拠点を確保させたり，永住権を獲得するなど帰国せず現地で安定的な生活を図る。③中国との間で犯罪人引渡条約が締結されていない国を逃亡先と選ぶ。④資金の流出が伴われその金額が大きい。⑤本人の身分を隠してパスポート発給を受ける。⑥香港またはマカオを経由して国外逃亡をする。陳雷「論健全防范腐敗分子外逃工作机制」『国際刑事司法合作：研究文献』（中国政法大学出版社，2009年）42-57頁。

(316)　刑事訴訟法も，刑法と同様に，1980年1月1日に施行以前までは法典がなく，司法部や最高法院などの内部文書が指針となっていた。現行の刑訴法は，2009年に全面的な見直しが行われ，2012年3月14日に施行されたものである。木間正道・鈴木賢・高見澤磨・宇田川幸則『現代中国法入門（第6版）』（有斐閣，2012年）293-295頁。なお，本章で用いられる中国法令の出所は，別記がない限り，国家司法考試補導用書編集委員

178

◆ 第一節　逃亡犯罪の現状と刑法の適用範囲

が締結し若しくは加入した国際協約に基づいて，または互恵原則に照らして，我が国司法機関と外国の司法機関は相互に刑事司法協力を請求することができる。」と定める。それ以来，2000 年 12 月，逃亡犯罪人引渡し関する法律として「引渡法」が施行され，現在にいたっている。引渡法の他に，国内立法として，捜査共助または受刑者移送の国際協力についてその要件と手続などを定めたものは未だ存在しない[317]。中国の国際刑事協力において，国内立法より先行して，法規範となったのは外国との間で締結された条約であった。1987 年にポーランドとの間で締結された「民事及び刑事司法共助条約」，また，1993 年にタイとの間で締結された犯罪人引渡条約等である。中国が，2013 年現在，国際刑事協力について締結した両者条約は，引渡条約が 35 件，刑事共助関連条約が 50 件，受刑者移送条約が 9 件，などに至っている[318]。ただ，国内立法の「引渡法」が施行される以前にも，政府の内部文書として，国際刑事協力の手引きとなっていた規定が既に作られていた。それは，1992 年に公表された「引渡案件の若干の問題に関する処理規定」というもので，犯罪人引渡しに関する国際協力にあたって，その基本的な要件および政府組織間の職務の分担等について定めたものである。このように国際刑事協力に関する国内立法が十分整備されないところ，2000 年代後半からいわゆる「国際刑事協力法」の立法の必要性が提起され，国際刑事協力の研究者を中心にその試案が起草されるようになった[319]。仮称「国際刑事協力法」のなかには，犯罪人引渡しを除い

会『2013 年国家司法考試法律法規滙編』（中国政法大学出版社，2013 年）に基づく。

(317)　中国の国際刑事協力に関する研究について，比較的に体系的で最新の成果が集約されていて閲覧できるウェブサイトとして，北京師範大学刑事法研究科（http://www.criminallawbnu.cn/criminal/Info/more.asp?programid=140）が挙げられる。当サイトでは，国際犯罪の傾向，犯罪人引渡しなどの国際刑事協力，中国内地と特別行政区（香港およびマカオ）との刑事協力，外国法の動向等の研究資料が載せられている。刊行された論文集としては，黄風・趙林娜編『国際刑事司法合作研究文献』（中国政法大学出版社，2009 年）が注目される。同書は，研究者をはじめ，司法部および検察院等に勤める実務家によって書かれ，犯罪人引渡し，刑事共助および受刑者移送など各分野別に編集されている。また，国際刑事法の理論書として，趙秉志編『国際区際刑法問題探索』（法律出版社，2003 年）があり，同書は国家社会科学理論書と指定されたものである。

(318)　本論文の付録「中国の国際刑事協力条約」を参照。

第三章　中国における逃亡犯罪人引渡し

て，刑事（捜査）共助，受刑者移送および刑事訴追移管等が網羅的に定められており，政府の関係機関の間では本格的な検討が行われているといわれる。

二　刑法の適用範囲

(1)　刑事管轄権

　現行刑法には[320]，刑事管轄権の適用範囲について，第6条から第12条にかけて定め，属地主義に基づく適用を優先としながら，属人主義，保護主義及び普遍主義等が採られているところ，その概要は次のとおりである。第一に，属地主義の規定である。刑事管轄権について，刑法第6条は，第1項「この法律は，法律に特別の規定がある場合を除き，中華人民共和国の領域内において罪を犯したすべての者に適用する。」，第2項「中華人民共和国内の船舶又は航空機内において罪を犯した者についても，この法律を適用する。」，第3項「犯罪の行為又は結果のいずれかが中華人民共和国の領域内において生じたときは，中華人民共和国の領域内における犯罪とみなす。」とそれぞれ定める。第1項の「中華人民共和国の領域」は，国境線以内の陸地及びその地下層，1958年9月4日宣布した「中華人民共和国の領海幅の12海里」の海域，領空，中国に登録された船舶及び航空機および在外公館などが該当される。また，第1項における「法律に特別の規定」については刑法の効力に関する原則的及び総則的な規定であるとし，同項にいう「この法律」とは，刑法に限らず，その他の刑罰法規が含まれると解される[321]。刑事管轄権の適用における属地主義の例外

---

(319)　黄風『中華人民共和国国際刑事司法協助法：立法建議稿及論証』（北京大学出版社，2012年）2頁。同書が「国際刑事協力法」草案の研究成果であって，そのなかには，同草案の逐条解説のみならず，中国が締結した関連条約の現況および外国法の資料等が引用されている。なお，著者は，国務院司法部において10年余り勤めながら国際刑事協力の仕事を担当した実務経歴を有し，1996年の刑事訴訟法改正の作業では国際刑事司法協力に関する研究を行っており，現在，北京師範大学に在職している。

(320)　現行刑法は，その目的を「犯罪に懲罰を加え，人民を保護する」（第1条）ことにあるとしながら，その任務は「あらゆる犯罪行為と闘争し，国の安全を守り，人民民主主義独裁政権および社会主義体制を守る」こと，「社会・経済の秩序を維持し，社会主義建設事業の順調な進展を保障する」ことにあると定める（第2条）。

(321)　謝望原編『刑法学（第二版）』（北京大学出版社，2012年）28-29頁。

◆ 第一節　逃亡犯罪の現状と刑法の適用範囲

として，外交特権および免除を享有する外国人，外国公館などが挙げられ，国内立法および条約等で定められている。例えば，刑法第 11 条では「外交特権及び免除を享有する外国人の刑事責任については外交経路をつうじて解決する。」と明記されている。また，外交特権などについては，1986 年 9 月 5 日，全人代常務委員会において通過された「中華人民共和国の外交特権及び免除に関する条例」，中国が加入した多国間条約である「外交関係に関するウィーン条約」（1975 年加入）及び「領事関係に関するウィーン条約」（1979 年加入）などによって規律されることがある。第二は，属人主義の規定である。刑法第 7 条は刑事管轄として属人主義を定める。第 7 条第 1 項で「中国国民が，中国領域外において，この法律が定める罪を犯した場合はこの法律を適用する。但し，その犯罪がこの法律の規定によって長期 3 年以下の有期懲役に該当するときはこれを追及しないことができる。」とし，第 2 項において「中国の公務員と軍人が中国の領域外においてこの法律が定める罪を犯したときは本法を適用する。」と定める。国民の国外犯について，法定刑が 3 年を超える罪を犯した場合，自国内でそれを処罰することができる。この条項により，中国が外国との引渡協力において自国民を引き渡さない場合，その国民を処罰できる根拠となる。第三は，保護主義の規定である。刑法第 8 条は，「外国人が中国の領域外において中国の国家又は国民に対して罪を犯し，その犯罪が，この法律の規定によって短期 3 年以上の有期懲役にあたる場合は，この法律を適用することができる。ただし，犯罪地の法律によって処罰されないときはこの限りでない。」として，保護主義に基づく管轄権を定める。第四は，普遍主義の規定である。刑法第 9 条は「中国が締結し又は加入した国際条約が定めた犯罪について，中国がその条約上の義務を負う範囲内において，刑事管轄権を行使するときはこの法律を適用する。」と定める。

　その他に，外国判決の効力について，刑法第 10 条は「中国領域外における犯罪によってこの法律上の刑事責任を負うべき者は，外国において裁判を受けたとしても，なおこの法律に基づいて刑事責任を追及することができる。但し，外国において既に刑罰を受けた者は，その刑を免除し若しくは減軽することができる。」と定める。

181

第三章　中国における逃亡犯罪人引渡し

(2)　香港，マカオ（澳門）及び台湾と刑事管轄権

　中国の現行刑法の適用について，香港，マカオおよび台湾には適用されない
と解される[322]。中国は，1997 年 7 月 1 日，香港について主権回復を果たした
ところ，同地域について「特別行政区」の成立を宣言した。マカオも含めて，
特別行政区には高度の自治が与えられ，いわゆる「一国両制」の体制となった。
同日施行された「香港特別行政区基本法」第 2 条は，「全国人民代表大会から
授権を受けた香港特別行政区は，この法律の定めによって，高度の自治を実施
し，行使管理権，立法権，独立的な司法権及び終審権を享有する。」と定める。
香港には，特別行政区以外の領域とは別に，独立的な司法体系が作用すること
から，刑法第 6 条第 1 項にいう「この法律」の適用は香港に対してその効力が
ない。さらに，マカオも，1999 年 12 月 20 日，中国に返還されると同時に
「マカオ（澳門）特別行政区基本法」施行され，香港と同様に高度自治権が保
障されたゆえに，中国刑法の適用は効力をもたない。台湾について，内地との
統合が行われた後に，「一国両制」の原則に基づいて立法及び司法等において
独立が保障されるところ，現にして中国刑法は効力を有しないと解される。但
し，香港またはマカオの市民が中国の領域外において中国の国家安全に危害を
与える犯罪等について，中国刑法第 8 条が定めた「保護主義の管轄権」の対象
となりうるという学説がある[323]。その根拠として，香港及びマカオの各「特
別行政区基本法」の各第 23 条では，煽動，反乱，外国の政治組織による政治
活動などのように，中国の国家安全に危害与える行為を禁止する法令を制定し
なければならないと定めていることが挙げられる。

(3)　民族自治と刑法

　刑法第 90 条（民族自治地方の特例）は，「民族自治地方においてこの法律の
規定を適用することができない場合は，当該の自治区又は省の人民代表大会が，
その民族の政治的，経済的及び文化的な特徴並びにこの法律が定める基本原則

（322）　謝望原編・同上書・29 頁。中国では台湾のことを［台湾地区］という（同書同頁）。
（323）　謝望原編『刑法学（第二版）』（北京大学出版社，2012 年）30-31 頁。中国刑法が，
　　　国家安全危害罪等の犯罪について，例外的に，香港及びマカオに対しても属人管轄権が
　　　及ぼすと解するものとして，趙秉志編『刑法新教程』（中国人民大学出版社，2001 年）
　　　65 頁を参照。

182

に基づいて代替規定又は補充規定を制定し，それを全国人民代表大会常務委員会に報告し，その承認を得て施行することができる。」と定める。多民族国家としての中国では⁽³²⁴⁾，各民族の政治，経済及び文化などの各方面においてその発展には不均衡があり，歴史伝統，風習，宗教などが非常に異なるがゆえに，各自治体にこのような少数民族の特殊な事情に符合する代替規定及び補充規定を制定できるような権限を与えたのである⁽³²⁵⁾。ただし，民族自治の特例が行われる場合でも，その特例の規定は刑法の基本原則の遵守が前提とされる。

◆ 第二節 「引渡法」と逃亡犯罪人引渡条約

一 「引渡法」の立法経緯[326]

(1) 立法経緯

中国では，逃亡犯罪人引渡しのことを，法令上「引渡」という言葉が用いら

---

(324) 中国の行政区域として，①全国は，省，自治区，直轄市に分かれ，②省および自治区は，自治州，県，自治県に分かれ，③県および自治県は，郷，民族郷，鎮に分かれる（憲法第30条）。省は22，自治区は，内モンゴル，新疆ウィグル，広西チワン族，寧夏回族，チベットなど，五つがある。県クラス以上の人民代表大会には常務委員会が設けられ（憲法第96条第2項），その重要な職権として地方性法規の制定権がある。地方性法規は「憲法，法律，行政法規と抵触しないという前提のもとで」制定可能とする（憲法第100条）。なお，中国は漢民族の他に55の少数民族からなる多民族で構成されているところ，少数民族には，行政自治の他に，立法権，選挙権等が与えられるなど，法令上優遇措置が定められている。木間正道・鈴木賢・高見澤磨・宇田川幸則『現代中国法入門（第6版）』（有斐閣，2012年）78-79頁。

(325) 謝望原編『刑法学（第二版）』（北京大学出版社，2012年）29-30頁。

(326) 中国における法規範の体系は，憲法を頂点に，基本的な法律，それ以外の法律，行政法規，地方性法規，自治条例・単行条例，行政規則などからなり，最終的には全国人民代表大会（全人代）ないしその常務委員会によって確定される。法規範の主な体系は次のとおりである。①法律〜全国人大自身が制定する刑事，民事，国家機構などにかかわる基本的な法律と，同常務委員会が制定するそれ以外の法律がある。②行政法規〜国務院が憲法および法律に基づいて制定する。法律の細則や行政管理権の発動に必要な範囲で具体的な規定をおくもので（「立法法」第56条），裁判の根拠となりうる。③地

第三章　中国における逃亡犯罪人引渡し

れる。日本の逃亡犯罪人引渡法に該当する法律が「引渡法」である（韓国では「犯罪人引渡」という）が，国際刑事協力の意味として「引渡」が法令において最初に登場したのは「麻薬禁止に関する全国人民代表大会常務委員会の決定」第13条第2項である。この決定は1990年に制定されたが，同条項は「外国人が中国の領域外において前項（製造・販売・運搬等：筆者付記）の罪を犯したのち我が国の領域に進入した場合，我が国の司法機関は管轄権を有し，我が国が加入した国際条約に基づく引渡し以外は，本決定を適用する。」と定められた[(327)]。中国では，逃亡犯罪人引渡しについて国内立法が整備される以前，タイとの間で逃亡犯罪人引渡条約が締結されるなど，諸国との間で国際刑事協力に関する条約が締結されていた。中国は，1993年にタイとの間で引渡条約を締結して以来，「引渡法」が制定される2000年まで，11箇国との間で引渡条約を締結していた。二箇国間条約の締結の他に，「引き渡すか訴追するか」の選択条項が設けられた「航空機不法奪取防止条約」などの多国間条約にも加入してきた。

　引渡協力において引渡条約の締結が引渡法より先行し，国内立法の基盤が遅れている事情を鑑み，中国当局は，犯罪人引渡しに関する国内法上の根拠を確保するため，外務省を中心に1994年から研究を進めていた。第9回全人代常

　　方性法規～省クラスの人民代表大会およびその常務委員会が地方の実情に基づいて制定
　　する。広東省等，経済特別区が属する省・市の人民代表大会およびその常務委員会には
　　経済特別区に関する法規制定権が授権されている。④少数民族自治地方の立法～自治区,
　　自治州および自治県は，当該地方の基本法としての自治条例と個別分野にかかわる単行
　　条例を制定できる。ただし，自治区の条例は全人大の常務委員会の批准を，自治州と県
　　は省クラス人民大業大会常務委員会の批准を要する。⑤行政規則～国務院所属の部や委
　　員会などが，法律，国務院の行政法規・決定・命令に基づいて，当該部門の権限内で制
　　定する。規則のなかには国務院の批准を受けているものがあるが，その場合は行政法規
　　に準じて他の部門にも拘束力がおよぶ。省および自治区の人民政府，国務院の指定を受
　　けた大都市の人民政府も，地方的な行政規則を制定しうる。その他の法規範として，判
　　例，最高人法院および最高人民検察院が発する「司法解釈」等がある。木間正道・鈴木
　　賢・高見澤磨・宇田川幸則『現代中国法入門（第6版）』（有斐閣，2012年）101-105頁。
(327)　［全国人大常委会关于禁毒的决定］（1990年12月28日に第7回全国人民代表大会
　　常務委員会第17次会議通過）の全文について中国学術情報インフラのウェブサイトを
　　参照（http://www.cnki.net/．2013年5月17日閲覧）。

184

◆ 第二節 「引渡法」と逃亡犯罪人引渡条約

務委員会（2000年8月21日開催）において，国内法としての「引渡法」の立法
計画を決定すると，法制委員会において同立法計画に基づいて諸外国の引渡条
約等について研究が行われた。また，憲法をはじめとする刑事司法体系のなか
での位置づけ，これまで締結された引渡条約，諸国の国内法および関連条約な
どについて検討が行われたところ，引渡法の草案がまとめられるようになった。
最終的に，外務省，公安部，司法部，最高法院，最高検察院等の関係機関およ
び研究者らによって提案と議論が行われたすえ，「中華人民共和国引渡法」が
制定された(328)。こうして「引渡法」は，2000年12月28日，全国人民代表大
会第19回会議を通過，主席令第42号として同日に公布および施行されるよう
になった。

(2) 「引渡法」以前の指針：「引渡案件の若干の問題に関する処理規定」

政府部内では，引渡法が制定される以前にも，引渡条約の締結および外国と
の引渡協力の実務と関連して，その要件と手続，政府行政機関，法院及び検察
院などの職務の分担などについて定められた指針が既に作成されていた。すな
わち，1992年に公表された「引渡案件の若干の問題に関する処理規定」(329)で
ある（以下「引渡案件処理規定」という.）。引渡案件処理規定は，1992年4月
23日，外交部，最高法院，最高検察院，公安部および司法部など五つの機関
の共同名義で公表され，中央行政機関，地方政府および在外公館などに通達さ
れた。同文書の前文には，その通知先として，各省，自治区，直轄市，高級法
院，検察院，公安庁，司法庁，在外公館などが明記されている。引渡案件処理
規定は，国務院法規の文書として(330)，「引渡法」が制定される2000年までの

---

(328) 中国「引渡法」の制定経緯については，2000年8月21日に行われた第9回全国人
民代表大会常務委員会第17次会の会議において，当時法制工作委員会の副主任であっ
た胡康生氏が「中華人民共和国引渡法（草案）に関する説明」として経緯概要を言及し
ている。全国人民代表大会常務委員会法制工作委員会編『中華人民共和国引渡法釈義』
（法律出版社，2001年）117頁。法制工作委員会とは，全人代常務委員会の事務機構と
して，法案の起草など，同常務委員会の立法活動を支援する組織である。

(329) 規定全文はウェブペイジで閲覧できる（http://www.chinalawedu.com/falvfa-
gui/fg22598/19345.shtml，2013年7月25日閲覧）。

(330) 国務院は，憲法上，最高行政機関である。すなわち，「国務院，すなわち中央人民

第三章　中国における逃亡犯罪人引渡し

間，引渡しに関する国際刑事協力の手引きとなっていた[331]。同規定の構成は，序章「総則」，第一章「外国からの引渡請求の処理」，第一節「引渡要件」，第二節「引渡手続」，第三節「その他の規定」，第二章「外国に向けての引渡請求」および第三章「附則」など，すべて27の条項からなる。引渡制限事由については，義務的な引渡拒否事由として，政治犯罪，軍事犯罪，自国民であることなどが定められ（第8条），また，裁量的な引渡拒否事由として，中国が引渡請求の犯罪について刑事管轄権を有する場合，公訴時効の完成，当該犯罪人の健康等の事情等が定められている（第9条）。

　引渡案件処理規定は，制定の趣旨について，前文において次のように記している。「中国が対外的に開放政策を積極的に実施するにつれて，国際政治，経済，文化などの各方面における交流と人的な往来が益々増加している。中国国内の一部の犯罪は国際性のもつようになった。ある者は国内で犯罪をおかした後に国外へ逃亡したり，そのなかの一部の者は巨額の犯罪収益金を持ち出し，その他に国外で犯罪をおかして中国へ潜入することもある。同時に，麻薬の販売，航空機の拉致（ハイジャック），テロなども随時に起きている。このような犯罪活動は，中国にとって，政治，経済および社会秩序などに重大な危害をあたえるのみならず，国際社会の安定にも大きな影響を及ぼすものである。これらの犯罪活動について有効的な規制を実施するためには，国家間の刑事司法協力を強化するとともに，とりわけ逃亡犯罪人の引渡しについて協力しなければならない。今後，中国が対外的に引渡協力を実施し，引渡条約を締結するにあたって，その基礎と根拠を提供するために国内の司法制度と実務の情況にかんがみ，関連の国際条約，国際慣行および諸外国の立法経験を参考にしたうえでこの規定を制定した。」とする。すなわち，開放政策の実施とその進展に伴っ

　　政府は，最高国家権力機関の執行機関であり，最高国家行政機関である」（第85条）。総理以下，副総理，国務委員，各部の長および各委員会の主任，会計検査長，秘書長から構成される（第86条）。国務院の職権は多岐にわたるが，民事や行政に関する重要な法規・細則，行政法規の制定権をもつ（第89条）。

(331)　逃亡犯罪人引渡しに関する中国最初の法規範として，1978年11月14日，「航空機内で行われた犯罪その他ある種の行為に関する条約（東京条約，1969年12月4日発効）」に加入したことを挙げる見解がある。陳雷「論我国的引渡立法与引渡実践」『法治研究』（2012年8号）98頁。

◆ 第二節　「引渡法」と逃亡犯罪人引渡条約

て，国際犯罪が頻発したり深刻になりつつあるところ，それは国内の安寧秩序
および国際安定に脅威であるとの認識を示した。それゆえに，逃亡犯罪人引渡
しなどの国際刑事協力を強化および拡大していくため，その法的根拠と指針に
なることを目指して作成されたものと解される。

　「引渡案件処理規定」は，主に，中国が引渡しの被請求国になった場合にど
のような措置がとられるべきかについて定めるが，その要旨として次の点を挙
げることができる。①引渡案件の処理にあたるべく担当機関が指定されていた。
引渡協力の実務について，中国が請求国または被請求国となった場合，相手国
との交渉の窓口，審査手続における関連機関の各役割などについて，その職務
が割り当てられている。②引渡裁判については規定がなく，引渡請求書および
関連資料の審査について，最高法院，最高検察院，公安機関などが行うことを
定めていた。③引渡案件の審査において「主管機関(332)による合同審査制」
（[主管机关会审制]）がとられていた。すなわち，外交部，最高法院，最高検察
院，公安部及び司法部などの主管機関は，外国から引渡請求があった場合，請
求への対応および引渡しの可否などについて各々意見を示さなければならない。
一機関でも否定的な見解が提示されると，引渡請求に応ぜず若しくは引渡しを
行わないこととし，いわゆる「拒否権行使」のシステムがとられていた。④引
渡しを求められた者に対する拘束などの強制措置について定めていた。引渡協
力における逃亡犯罪人の拘束などの手続は刑事訴訟法が準用されるとし，当該
犯罪人について強制措置がとられた場合，国籍国の領事官の接見権を認めるな
どの内容が定められていた。⑤死刑不引渡しと関連して，具体的な引渡協力の
事案について，死刑の判決をしないか若しくは執行をしないことについて保証
を与えることができる旨の了解をしていた。⑥引渡請求が条約に基づいて行わ
れた場合，国内法との適用関係において，その条約規定が国内法より優先的な
地位を有するものと定められていた。

（332）「主管機関」とは，引渡案件処理規定において，「外交部，最高法院，最高検察院，
　　公安部及び司法部」をいう（規定第3条第3号）。

187

第三章　中国における逃亡犯罪人引渡し

二　「引渡法」の構成と逃亡犯罪人引渡条約

(1)　引渡法の構成

　引渡法は，第1章「総則」から第4章「附則」まで，すべて55の条項から
成り立つ[333]。第1章は，総則として第1条から第6条にかけて，法律制定の
目的および意義，用語の定義等が定められた。第2章「外国からの引渡請求」
は第1節から第7節に分けて構成されるところ，その主な内容は次のとおりで
ある。第1節「引渡しの条件」（第7条ないし第9条）では，外国から中国に向
けて引渡請求がなされた場合に具備されるべき要件（第7条），義務的な引渡
拒否事由（第8条）および裁量的な引渡拒否事由（第9条）等の引渡制限事由
が定められた。引渡要件として，引渡しに係る行為が，中国と引渡請求国の双
方の法律により，1年以上の自由刑が科されるか若しくはそれ以上の刑罰に処
せられる犯罪である場合と定める。

　義務的な引渡拒否事由となるのは，①自国民であること，②引渡犯罪の事件
が中国の裁判所において確定判決を得たとき，若しくは引渡犯罪に係る事件に
ついて中国の裁判所に係属するとき，③引渡犯罪が政治犯罪であるとき，また
は中国によってすでに庇護が与えられたとき，④引渡請求が，引渡しを求めら
れた者について，人種，宗教，国籍，性別，政治的見解または身分等を理由に
訴追若しくは刑罰を科されるおそれがある場合，または刑事手続きにおいて上
記事項の理由によって不公正な待遇を受けるおそれがあるとき，⑤引渡請求の
犯罪が，中国または請求国の法律により，純粋な軍事犯罪であるとき，⑥引渡
請求の犯罪が，中国または請求国の法律により，公訴時効が完成したとき，ま
たは恩赦等によって刑事責任を追及することが不当であるとき，⑦引渡を求め
られた者が，請求国に引き渡される場合，残酷な刑罰を受けるおそれがあると
き，又はその他残忍，非人道的な若しくは品位損傷の待遇あるいはそのような

---

(333)　引渡法は，中国法令集のなかでは，条約締結手続法，領海及び接続水域法，国籍
　　法および入国管理法等とともに，国際法のカテゴリーに含まれている。国家司法考試補
　　導用書編集委員会『2013年国家司法考試法律法規滙編』（中国政法大学出版社，2013
　　年）。なお，同法令集は，憲法，経済法，国際法，国際私法，国際経済法，司法制度及
　　び法曹倫理，刑法等の順で構成されている。

188

◆ 第二節 「引渡法」と逃亡犯罪人引渡条約

刑罰を受けるおそれがあるとき，⑧引渡請求が，請求国において欠席判決に基づいて，なされたとき，ただし，請求国が，引渡しを受けた後に，当該犯罪人について再び裁判の機会を与えることを保証したときはその限りでない，などである。

裁量的な引渡拒否事由は，①引渡請求の犯罪について，中国が刑事管轄権を有し，かつ引渡しを求められた者について中国で刑事手続が進行中であるとき，若しくは中国が刑事訴追を行うために準備しているとき(334)，②引渡しを求められた者の年齢，健康等の事情に鑑み，引渡しを行うことが人道主義の原則上適宜でないとき，と定められる。

第2節「引渡請求書等の提出」（第10条ないし第15条）においては，引渡請求書に記載されるべき事項，また引渡請求書に添付されるべき資料として逮捕状，判決書等が明記されている。さらに，請求書類について，中国語の訳文若しくは中国外交部が同意する外国語の訳文が添付されるべきとする。その他に，第3節「引渡請求の審査」（第16条ないし第29条），第4節「引渡しのための強制措置」（第30条ないし第37条），第5節「引渡しの執行」（第38条ないし第41条），第6節「引渡しの延期と臨時引渡し」（第42条及び第43条），第7節「引渡しの通過」（第44条ないし第46条）が設けられた。第3章「外国に対する引渡請求」は第47条から第51条まで定められ，最後の第4章「附則」は第

---

(334) 中国の刑事訴訟法上，訴追には公訴の他に「自訴」制度がある。自訴は，被害者またはその法定代理人若しくはその他法律により，起訴権が認められた個人または団体が管轄権を有する法院に対して犯罪人の刑事責任の追及を直接に求めることである（刑事訴訟法第3章，第167条ないし177条）。自訴の要件として次の三つが挙げられる。①告訴があってはじめて処理できる事件，②被害者が証拠と証明を有する軽微な刑事事件，③法令によって当然に刑事責任を追及すべき行為であって，被害者の人身，財産権利を侵害した行為について被害者が証拠と証明を有し，公安機関又は検察院が被告人の刑事責任を追及しない事件，である（刑事訴訟法第204条）。自訴事件は主に，侮辱，婚姻の自由に関する暴力的な干渉，虐待，代位保管物に対する不法占有，他人の遺失物又は埋蔵物に対する不法占有等が多い。西原春夫・高銘暄監修及び小口彦太・趙秉志編『中国刑事訴訟法の理論と実際』（成文堂，2003年）300頁。中国が締結した引渡条約のなかには，ブラジルとの引渡条約（第3条第1項第7号）のように，引渡しを求められた犯罪が締約国一方の法律において親告罪である場合，引渡制限事由と定めたものがある。

第三章　中国における逃亡犯罪人引渡し

52 条から第 55 条までとなっている。

(2) 引 渡 条 約[335]

　中国が外国と締結した引渡条約は，1993 年にタイと締結して以来，2012 年現在まで 35 箇国を数える。そのなかには，陸地や海域をはさんで国境を接している中央アジアや東南アジアの諸国が多いが，西側諸国（スペイン，ポルトガル，フランス，オーストラリア，イタリア），アフリカ及び中南米の国々も含まれている。中国が，1993 年にタイとの間で引渡条約を締結してから「引渡法」が施行される 2000 年末まで，各国と締結した引渡条約は，「引渡案件処理規定」とともに重要な法規範となった。その間，締結された引渡条約は 12 件であるところ，内訳は次のとおりである。

1.　タイ（1993 年 8 月 26 日署名，1999 年 3 月 7 日発効）

2.　ベラルーシ（1995 年 6 月 22 日署名，1998 年 5 月 7 日発効）

3.　ロシア（1995 年 6 月 26 日署名，1997 年 1 月 10 日発効）

4.　ブルガリア（1996 年 5 月 20 日署名，1997 年 7 月 3 日発効）

5.　ルーマニア（1996 年 7 月 1 日署名，1999 年 1 月 16 日発効）

6.　カザフスタン（1996 年 7 月 5 日署名，1998 年 2 月 10 日発効）

7.　モンゴル（1997 年 8 月 19 日署名，1999 年 1 月 10 日発効）

8.　キルキス（1998 年 4 月 27 日署名，2004 年 4 月 27 日発効）

9.　ウクライナ（1998 年 12 月 10 日署名，2000 年 7 月 13 日発効）

10.　カンボジア（1999 年 2 月 9 日署名，2000 年 12 月 13 日発効）

---

(335)　中国が締結した，逃亡犯罪人引渡し，刑事共助および受刑者移送等の条約文集について，公刊されたものとして，最高人民法院外事局編『中国国際司法協助条約与実施手冊（一〜三）』（外交出版社，2004 年）がある。同資料には，中国が国際刑事協力について最初に外国と締結した 1987 年のポーランドとの民事及び刑事共助条約をはじめ，多国間条約，2003 年 6 月現在までの関連条約の原文および中国語文が載っている。逃亡犯罪人引渡し，刑事共助および受刑者移送に関する二国間条約は第三巻に収録されている。また，条約資料については，中国外交部のウェブペイジ（http://www.fmprc.gov.cn/mfa_chn/ziliao_611306/tytj_611312/tyfg_611314/）などを参照。なお，本章における条約文の内容などは，上記最高法院編の条約集，中国の外交部および司法部などウェブサイトなどに基づいて，筆者が訳したものである。

◆ 第二節 「引渡法」と逃亡犯罪人引渡条約

11. ウズベキスタン（1999 年 11 月 8 日署名，2000 年 9 月 29 日発効）

12. 韓国（2000 年 10 月 18 日署名，2002 年 4 月 12 日発効）

　その後，フィリピン，ペルー，チュニジア，南アフリカ共和国，ラオス，アラブ首長国連邦，リトアニア，パキスタン，レソト，ブラジル，アゼルバイジャン，スペイン，ナミビア，アンゴラ，アルジェリア，ポルトガル，フランス，オーストラリア，メキシコ，インドネシア，イタリア，イラン，ボスニアなど 23 箇国との間で引渡条約を締結，2013 年現在，合わせて 35 箇国との間で引渡条約が締結されている。

　日中韓における引渡条約の締結は，中韓（2000 年署名，2002 年発効）及び日韓（2002 年署名，同年発効）の間では各々締結されているが，日中の両国間では未締結である。日中間では，2010 年 2 月東京において，両国の法務・外交等の関係省庁の当局者会合が最初に開催されたと報じられた。締結交渉の背景には，両国首脳の間，国際刑事協力の進展に向けて合意が得られたところにある。すなわち，中国の胡錦濤国家主席が，2008 年 5 月訪日した際，「日中両政府の交流と協力の強化に関する事項に関する共同プレス発表」において，両国双方が犯罪人引渡条約の締結交渉を始めることについて確認した。翌年，中曽根外務大臣が訪中したときには，両当局間で，受刑者移送条約の締結交渉を開始することについて意見が一致したといわれた[336]。日中両国における引渡条約の締結交渉は，最近になって相当の進展があるいわれる。

　実務レベルでは交渉がすでに完了したともいわれる。ただし，両国の政治関係の影響があるゆえに，署名式等の締結について時期的に調整が図られているといわれる[337]。

　中国が，外国との間で，積極的に引渡条約を締結することとなった背景には次の点が挙げられる。①中国は陸地続きで国境を接している国家が少なくなく，隣国との条約締結が多い。②中国国内法（引渡法）と類似な体系をもつ国家と

---

(336)　法務省の平成 22 年 1 月 28 日付け報道発表資料（http://www.moj.go.jp/kei-ji1/PRESS_100128-1.html，2014 年 8 月 1 日閲覧）。

(337)　筆者が行った黄風教授のインタビューに基づくものである。インタビューは，2013 年 7 月 23 日，黄教授が在職される北京師範大学で行われ，「中国における逃亡犯罪人引渡をめぐる国際刑事協力」について，通訳を介し，約 2 時間の問答で進められた。

191

第三章　中国における逃亡犯罪人引渡し

の間では条約締結の環境が整っている。③どちらかというと，中国からの要請より，相手国からの条約締結の要請が多い。④アフリカ，中近東の諸国等との間では引渡しの需要が実際にある[338]。また，西側諸国として，スペイン，フランス，ポルトガル，イタリア，オーストラリアなどの5箇国との間でも引渡条約が締結された。1995年に締結したスペインとの引渡条約ではスペイン側が積極的に出たといわれる。引渡条約をはじめ，受刑者移送条約及び刑事司法共助条約もふくめて三つの条約を同時に締結しようとの要請があった。スペインとの引渡条約において，中国としては「死刑不引渡しの原則」が初めて条文化されたことから，その後の西側諸国を含めて引渡条約の締結にあたって「死刑不引渡しの原則」が導入されることになった。スペインを除けば，条約は未だ発効されず，中国は批准済みであるが相手国において批准が遅れている。

　その反面，米国，カナダ，イギリスなど欧米主要国との間では逃亡犯罪人引渡条約が締結されず，中国において汚職罪を犯してこれらの国に逃亡した場合，その身柄引渡しをめぐる国際協力は困難になる。とりわけ，米国やイギリスなどの場合，引渡しについて条約前置主義が採られているため，中国の汚職犯罪者の主な逃亡先となる。中国当局としては，逃亡犯罪人の身柄を確保して厳罰に処することにより，国家刑罰権の行使を確立するとともに，「逃げ得」という事態を防止でき，国内世論の支持と国内犯罪者に対する処罰との間で衡平がとられることになる。それゆえに，中国側としては米国等の主要国との間で犯罪人引渡条約の締結を積極的に締結することを望んでいると解される。しかし，米国等の主要国が中国との引渡条約締結において慎重な態度を採りつづける理由として，①共産党による司法作用への統制，②刑事司法手続の不透明，③公正な裁判が受けられないおそれ，④殺人以外の犯罪に対する死刑執行[339]，な

----

(338)　同上インタビューに基づく。

(339)　例えば，収賄罪の処罰について，刑法第386条は「収賄の罪を犯した者は，収賄の金額及びその情状に基づいて，本法第383条と同じく処罰する。賄賂を要求した者は重く処罰する。」と定める。第383条は，横領罪の処罰規定であって，横領金額が10万元以上のときは10年以上の有期懲役または無期懲役に処せられ，情状が重いときは死刑に処せられる，と定める。また，横領金額が5万元以上10万元未満のときは5年以上の有期懲役に処せられ，情状が重いときは無期懲役に処せられる，というものである。なお，中国と主要先進国の間で犯罪人引渡条約の締結に進展がない理由として，政治理

◆ 第二節 「引渡法」と逃亡犯罪人引渡条約

どがあるものと解される。

　中国は30余りの引渡条約を締結しながらも，実際に外国に向けて引渡しを請求した件数は少なく，その原因として次の点が指摘されている(340)。すなわち，①引渡協力において「条約前置主義」をとる国家との間で条約締結がない場合は引渡協力が困難である。②中国において死刑制度が存置され執行されていることを理由に，死刑廃止国が中国との引渡協力および引渡条約の締結に消極的である。③前項との関連で仮に中国が引渡請求国として死刑執行（判決）をしないとの保証を与えて引渡しを受けた場合，中国内で死刑執行が行われる事態と比較して，刑事司法体系との位置づけおよび法執行の不公平などについて批判が提起されうる。④中国当局が，逃亡犯罪人の所在国を把握できず請求先を特定できない場合，または，逃亡先国が特定されたとしても所在情報などが確保されないために引渡しを求めることが望ましくない場合である。⑤省級以下の官憲が，引渡請求が可能な事案であるにもかかわらず，引渡請求を上級機関に申請できる権限とその手続などについて理解不足である。

　なお，中国憲法では国際条約の国内適用について明確に規定がなく，その適用の優先関係について，個別の引渡条約若しくは国内法のなかに適用の優先関係について定めた規定に基づいて解釈される。中国の立法手続に照らしてみれ

念の相違，死刑等の残酷な刑罰等が言及されたものとして，中国英字紙「China Daily」2007年5月28日付け報道記事（http://www.chinadaily.com.cn/bizchina/2007-05/12/content_871053.htm，2013年7月23日閲覧）を参照。但し，中国の政治体制及び刑事手続の特性上，司法統制が全うされないことがあるところ，立法政策および司法実務では死刑執行などについて弾力的に運営されることがある。例えば，一定金額以上の収賄などについて法定刑として死刑が定められていても，宣告刑として死刑の執行猶予が付されることが少なくない。2011年の刑法改正により，死刑の執行猶予が付された者について，2年間で罪を犯さない限り無期懲役に減軽され，重大な功績が認められるときはさらに25年の有期懲役に減軽される，と定めた（第50条）。すなわち，中国当局が，刑罰の適正性および人権保障などに関する国際的な注目を意識しながら，外国からの円滑な国際刑事協力を確保するためにも国際社会が肯定できる合理的な措置が必要であることを認識したうえ，刑事政策を弾力的に実施しているものと解される。

(340)　薛淑兰『引渡司法審査研究』（中国人民公安大学出版社，2008年）303頁。例えば，1999年から2003年までの5年間，中国が外国に引渡しを請求したのは6件である。陳雷［論我国的引渡立法与引渡実践］『法治研究』（2012年8号）100頁。

第三章　中国における逃亡犯罪人引渡し

ば，条約は，全国民代表大会の常務委員会が条約及び主な協定を批准すること
から，引渡条約のなかに関連規定がないとしても，少なくとも全人代常務委員
会が制定する法律と同等の地位と効力をもつものと解される。他方，民事法分
野では条約規定の国内適用について国内法との優先関係が明記されている。す
なわち，「民法通則」第142条第2項は「中国が締結した若しくは加入した条
約が中国の民事法律と異なるときは，条約の規定を適用し，但し，中国が適用
を留保した条項を除外する。」と定め，「民事訴訟法」第238条もこれと類似し
た規定である。他方，引渡条約と引渡法の適用関係については，条約遵守の国
際的責任，国際刑事協力の拡大の傾向，引渡法施行後には引渡条約と引渡法と
の間で根本的な抵触がないなどの点から，引渡条約が引渡法より優先されると
解される[341]。

　その他に中国が締結した引渡条約の特徴として，引渡協力に関する中央当局
が指定されることがある。例えば，ブラジルとの条約では中国外交部とブラジ
ル司法部（第6条第2項），スペインとの条約では締約国が指定する中央機関
（第6条），ポルトガルの最高検察庁と中国外交部（第6条第2項），オーストラ
リア司法部と中国外交部（第6条第2項），イタリア司法部と中国外交部（第6
条），などである。

三　引渡しの要件と手続

(1) 双方可罰性

ア．刑法と双方可罰性

　引渡法第7条は，中国が引渡請求を受けた場合，引渡しを行うことができる
要件として双方可罰性について定める。まず，引渡請求の要件において，中国
の法律及び請求国の法律上，双方において犯罪を構成しなけばならない。次に，
請求対象となる引渡犯罪の範囲について，罪種を特定する列挙方式でなく，法

---

(341)　引渡条約と引渡法の規定内容が抵触する場合，その適用の優先関係については，
①国内法優先説（国家主権主義），②条約優先説（「条約法に関するウィーン条約」第26
条「合意は守らなければならない」など），③同等説（特別法優先および新法優先の原
則），④区別説（引渡法施行を基準として施行前後の引渡条約を区別）などがある。薛
淑兰『引渡司法審査研究』（中国人民公安大学出版社，2008年）73-74頁。

194

◆ 第二節 「引渡法」と逃亡犯罪人引渡条約

定刑による刑の重さを基準として定める包括方式がとられている。すなわち，引渡しを求められた者の行為が，中国および請求国の双方の法律上，1年以上の懲役又は禁固若しくはそれ以上の重罰として処せされるものに限られる。また，引渡請求が刑の執行のために行われる場合，請求があった時点において，服すべき残余の刑期が6月以上であることが要件とされる(342)。

1997年10月1日から施行された改正刑法により，逃亡犯罪人引渡しをはじめとする国際刑事協力の分野において，双方可罰性の認否に関する国内法的な条件がさらに整備されるようになった。但し，刑法で定められた一部の罪名や刑罰には，社会主義的な要素がとり入れられたもの若しくは中国の歴史的な伝統が反映されたものなどがあることから，外国の刑罰体系と相応しないものがあるため，引渡条約の締結にあたってこのような事情が反映されることがある。すなわち，請求を求められた当該行為の嫌疑の相当性等について，訴追若しくは有罪判決の見込みの程度に関する判断は請求国における裁判をつうじて確定されるべきであると解される。例えば，中韓引渡条約では，双方可罰性について，締約国一方の法令において同様の罪種または罪名に限られず，犯罪の嫌疑は総体的に考慮されるべきであって構成要件の相違は問題にならない，と定める（第2条第3項）。

イ．引渡条約における双方可罰性

双方可罰性とは，引渡しを求められた行為について，被請求国においていかなる犯罪に該当するかを法的に評価し，請求国と被請求国の双方で一定の刑罰に処せられるべき罪にあたることが求められるというものである。中国が締結した引渡条約において，引渡対象となる犯行の罪種と罪名などが中国と相手国間で異なる場合の規定の方式について，次のような類型で分けることができる。すなわち，①「考慮すべきでない」と定めたものとしてアゼルバイジャンとの

---

(342) 国務院法規である「引渡案件の若干の問題に関する処理規定」（1992年4月23日施行）では，双方可罰性について，請求が訴追のためになされた場合は「少なくとも2年以上の法定刑に該当すること」が求められ，刑の執行のためになされた場合は，現行引渡法と同様，残余刑期が少なくとも6箇月以上であることと定められていた（第6条）。

第三章　中国における逃亡犯罪人引渡し

引渡条約（第2条）など，②「影響を受けない」としたものでロシアとの引渡
条約（第2条）など，③犯罪の構成要素若しくは基本要素を「考慮する必要が
ない」としたもので南アフリカおよびチュニジアとの各引渡条約（各第2条）
など，④法令上の構成要件にこだわらず「総体的に考慮される」と定めたもの
として韓国との引渡条約（第2条第3項）など，がある。双方可罰性の認定に
ついては，引渡条約の規定が優先されるところ，条約に関連条項がない場合若
しくは条約に基づかない引渡請求の場合に限り，国内法である引渡法が定めた
双方可罰の条項（第7条）を根拠として審査が行われることになる。中国が締
結した引渡条約には，双方可罰性の基準について，概ね，柔軟に判断できる趣
旨で規定したものが多い。引渡請求に係る犯罪について，各国の刑罰法令を厳
格で形式的に適用すると，双方の法令上の相違によって双罰性が否定されるこ
とになる。中国が，引渡条約において，双方可罰性の基準について柔軟に判断
できるように規定したのは，中国刑法上の罪名や刑の種類などが諸外国との間
で相当の差異が認められることなどの事情があると解される。

(2)　特定性の原則

引渡法第14条は，特定性の原則について，請求国が請求を行うときは次の
点を保証しなければならないと定める。すなわち，請求国は，①引渡しが執行
される前になしたものであって，引渡しを求められた行為以外の犯罪について
刑事責任を追及してはならず，②当該犯罪人を第三国に引き渡してはならない。
但し，中国の同意を得た場合，または被引渡人の引渡犯罪の訴訟が終結した場
合は刑の執行が終了したとき，若しくは釈放の日から三十日以内に請求国を離
れない場合，あるいは請求国を離れた後に自発的に再入国した場合等には，そ
の保証の限りでない，とする。請求国は，逃亡犯罪人の引渡しを受けた後，原
則として引渡請求の対象となった犯罪に限って訴追および処罰することができ
るという趣旨である。犯罪人引渡しなどの国際刑事協力ににおいて，双方可罰
性とともに特定性の要件が求められる理由は，領域主権にもとづく国家刑罰権
の威厳について当事国が相互に尊重するという歴史的な淵源による。例えば，
「国連犯罪人引渡モデル条約」第14条は，「請求国は，被請求国が引渡しを認
めた犯罪行為及び被請求国が同意した犯罪行為を除いて，被引渡人が引き渡さ

◆ 第二節 「引渡法」と逃亡犯罪人引渡条約

れる前に行ったいかなる犯罪に対する訴追，判決，拘禁，第三国への再引渡し，若しくはいかなるその他の自由を制限について，それを行ってはならない」，と定める。

特定性原則の例外として，「引渡法」および中国が締結した引渡条約では，被請求国の同意がある場合若しくは逃亡犯罪人が請求国を離れた時間的な規定がない場合である。引渡法第14条では，当該犯罪人が，引渡犯罪についての訴訟の終結，刑の執行終了，釈放された日から30日以内に請求国を離れないとき，などが定められている。釈放された日から30日以内に請求国から出国しないという例外事項について，中国が外国と締結した引渡条約のなかには，主に30日の期間を定めたものが多いが，45日と定めた引渡条約として，韓国，フィリピン，チュニジア，ポルトガル，15日と定めた引渡条約として，カザフスタンなどとの条約がある。その他に，上述の期限の例外として，不可抗力による事由がある場合はその期間に含まれないと定めた引渡条約として，ロシア，ブルガリア，ルーマニア，カザフスタン，モンゴル，キルギス，ウクライナ，韓国，チュニジア，南アフリカ共和国，アラブ首長国連邦，リトアニア，ラオス，パキスタン，レソト，ブラジル，スペイン，ナミビア，などとの条約がある。

(3) 引 渡 手 続

中国が引渡しの被請求国として引渡しが執行されたことを想定した場合，引渡請求が外交経路をつうじて行われたときから引渡しが執行されるまでの主な流れは次のとおりである。外交部 → 最高法院：引渡裁判を行う高級法院の指定，最高検察院：中国の裁判管轄権の有無の審査 → 高級法院による裁判：引渡可能または引渡不可の決定 → 最高法院の再審査：引渡可能または引渡不可の決定 → 国務院の最終決定 → 引渡執行，などの手続きで行われる。中国が外国から引渡請求を受けた場合，外交部は，請求書類の記載内容について引渡条約または引渡法に基づいて形式要件を審査したうえ適合と認められたとき，請求書類を最高法院および最高検察院に各送付する。最高検察院は，引渡案件について中国の刑事管轄権の有無を審査し，仮に中国当局によって訴追すべき事案であれば，引渡法上の引渡制限事由に該当するため引渡不可

第三章　中国における逃亡犯罪人引渡し

となる。

　引渡裁判(343)は，高級法院および最高法院により，引渡請求の適法性，引渡制限事由の存否等について審査が行われる。高級法院を第一審，最高法院を第二審とする，自動二審制がとられている。最高法院は，逃亡犯罪人の所在地または案件の重大性等を考慮して，引渡事件を担当すべき各省の高級法院を指定する。高級法院は当該事件について引渡法及び引渡条約上の引渡制限事由の有無を審査し，その結果を「引渡可能」または「引渡不可」と決定する。しかし，自動二審制により，高級法院が行う決定には強制力がなく，最高法院の再審査を待たなければならない。最高法院は高級法院の決定について破棄差戻または破棄自判の決定を行うことができる。最高法院が引渡可能と決定したときは，これを外交部へ送付し，外交部は国務院の最終決定を求めることになる。

　国務院においては，外交部の形式要件の審査および裁判所による適法性の審査を含めて，主に請求国との外交関係等のような国際政治的な影響について審査が行われる。すなわち，引渡しの相当性について検討が行われ，最終的に，引渡執行の可否が決定される。日本と韓国の場合，被請求国としての主な流れは，外務大臣　→　法務大臣（司法審査請求の該当性）→　東京高等裁判所　→　法務大臣（引渡しの相当性），となる。両国の引渡裁判は単審制がとられているため，東京高等裁判所とソウル高等裁判所が各専属管轄となり，その裁判所による「引渡不可」の決定には拘束力がもたされる。但し，当裁判所の「引渡可能」の決定があった場合，政府は，国益等の考慮によって引渡しが相当でないと認めるときは，引渡しを執行しないことができる，と定める。中国と日

----

　(343)　中国の裁判機関は「人民法院」であり（憲法第123条），その組織は，最高人民法院，地方人民法院および軍事法院等の専門法院に分けられる（憲法第124条）。また，「法院組織法」上，法院は，①地方各級人民法院，②軍事法院等の専門人民法院，③最高人民法院に分けられ，地方各級人民法院は，基層人民法院，中級人民法院及び高級人民法院に分かれる（第2条）。基層人民法院の場合，主に「県人民法院」「市人民法院」「自治県人民法院」「区人民法院」などの名称が用いられることが多い。裁判官のクラスは，最高人民法院，地方各級人民法院及び軍事法院等の専門人民法院の各院長，各副院長，審判委員会委員，廷長，副廷長，審判員及び審判助理，などに分けられる（[中華人民共和国法官法]（2002年1月1日施行）第2条）。なお，「廷長」は日本でいう裁判長，「審判員」は裁判官，「審判助理」は判事補に各相当するクラスである。

◆ 第二節 「引渡法」と逃亡犯罪人引渡条約

韓との間では引渡手続において大きな相違があるといわざるを得ない。

ア．引渡請求の経路と外交部の審査

　引渡法では，第2章（中国への引渡請求）第3節「引渡請求の審査」の第16条から第29条において，中国が引渡しを求められた場合の引渡し審査の手続きを定める。中国外交部が請求国から引渡請求書等を受け取った後に，書類の不備または記載内容の適否など，その引渡請求が引渡法および引渡条約上の形式要件に適合するか否かを審査することになる。引渡法では，「中国と外国との間の引渡しは外交経路をつうじて行う。中国外交部は引渡しを進行するために関連機関を指定することができる。」としながら，引渡条約において別段の規定がある場合はその条約規定に従う，と定める（第4条）。引渡条約において，外交経路としての外交部の他に，法務省，検察庁，裁判所等のように多様な連絡経路が定められる。例えば，①外交経路および締約国が指定する機関と定めたもの（ベラルーシ，ロシア，キルギス，ウクライナ，ペルー，アラブ首長国連邦，ラオス，アゼルバイジャン，スペインなどとの引渡条約），②引渡条約において特定されたもの（中国外交部とポルトガル最高検察院，アンゴラ法務省など），③外交経路または外交部が指定するとしたもの（ブルガリア，モンゴル，ウズベキスタン，カザフスタン，リトアニア，チュニジア，南アフリカ共和国，ブラジル，ナミビアなどとの引渡条約），などがある。

　引渡法上，引渡請求が行われるためには，引渡請求書，その付属書類および関連書類を備え，これらを中国外交部に提出しなければならないと定める（第10条ないし第13条）。引渡法第11条は引渡請求書に記載されるべき事項について定める。請求機関の名称をはじめ，逃亡犯罪人の身分に関するもの，所在捜査に役立つ情報，犯罪事実に関するもの，その犯罪の罪名・量刑・時効などに関するものなどが明記されている。また，第12条では，引渡請求書の付属書類として，①引渡請求が訴追である場合は逮捕状（勾留状）等の副本，②引渡請求が刑執行である場合は判決書等の副本，③引渡請求が残余刑期の執行である場合はすでに経過した刑期及び残余の刑期を証明できる書類，④その他の犯罪に関する証拠などである。さらに，引渡請求書および関連書類には，中国語の訳本または中国外交部が同意する外国語の訳本が添付されなければならな

199

第三章　中国における逃亡犯罪人引渡し

い（第 13 条）。

　引渡法第 18 条と第 27 条には追加資料に関する規定がある。中国外交部が，既に提出された請求書及び関連書類などについて，その他に追加すべき資料が必要であると認められる場合，請求国に求めるものである。第 27 条は，引渡事件の審査にあたる中国法院が，引渡法第 2 章第 2 節が定めた引渡請求書及び犯罪証拠等について追加資料が必要であると認めた場合に，外交部をつうじて請求国に求めるものである。第 18 条が定める補充資料の提出について，請求国から期限内に提出がなければ当該引渡協力は終了するが，同一犯罪について請求国から再度の引渡請求は可能である。追加資料の提出期限について，引渡条約では主に 2 箇月と定めたものが多い。例えば，① 2 箇月および 15 日の延長可能として，ロシア，ブルガリア，ルーマニア，カザフスタン，モンゴル，キルギス，ウクライナ，リトアニア，ブラジル等との引渡条約，② 45 日および 15 日の延長可能として，韓国，アラブ首長国連邦，スペイン，ナミビア等との引渡条約，③ 30 日および請求国の請求により 30 日の延長可能として，ペルー，南アフリカ共和国，ラオス，パキスタン，レソト，アゼルバイジャン，アンゴラ，アルジェリア等との引渡条約，④被請求国（中国）が指定する期間として，フィルピンとの引渡条約，などがある。

イ．最高検察院の審査

　最高検察院は，外交部から引渡請求書などの送付を受けたとき，次の三つの事項について審査する（第 21 条）。第一に，引渡しを求められた犯罪について中国の司法機関[344]による刑事管轄権の存否である。「引渡しを求められた犯

（344）　司法機関は，憲法上「中華人民共和国人民法院は国家の裁判機関である。」（第 123 条）として，法院であることが明らかである。また，憲法は「中華人民共和国最高人民検察院は国家の法律監督機関である。」と定め（第 129 条），最高検察院についても一定の司法権を与えている。ただし，刑事訴訟法においては，法院と検察院の他に，公安機関，国家安全機関および刑務機関が含まれと解される。西原春夫・高銘暄監修及び小口彦太・趙秉志編『中国刑事訴訟法の理論と実際』（成文堂，2003 年）33 頁。なお，前述の「引渡案件の若干の問題に関する処理規定」では，司法機関とは「刑事案件について，捜査，訴追，裁判又は刑罰執行の権限を有する機関，若しくはその他司法手続きを行う機関」と定めている（第 2 条第 4 号）。

◆ 第二節 「引渡法」と逃亡犯罪人引渡条約

罪」とは，引渡請求書に記載された嫌疑事実など（第11条）または逮捕状や判決書など（第12条）である。中国の刑事管轄権の有無についての判断基準は，刑法が定める刑事管轄権に基づく適用範囲に該当するかの問題である。第二は，引渡しを求められた犯罪以外の逃亡犯罪人の犯罪について，中国が刑事管轄権を有するか否かである。引渡しを求められたもの以外の犯罪とは，引渡請求書の記載事項若しくは請求に係る逮捕状や判決書に明記された犯罪を除いて，中国刑法によって刑事責任を追及されるべき行為をいう。第三は，請求事案が，多国間条約で定められた「引渡すか訴追するか（aut dedere aut judicare）」の選択義務に該当するものであるか否かの検討である[345]。国際テロ防止や民航機安全運航などに関する多国間条約により，刑事管轄権を有する締約国に引き渡すか若しくは自国で訴追・処罰するかについて定められた犯罪に対し，選択のため審査することである。審査の結果，中国が刑事管轄権を有し訴追すべきであると内定した場合，最高検察院は引渡請求書などの送付を受けた日から1箇月以内にその意見を最高法院および外交部に通知しなければならない（第21条）。実務において，最高検察院が外交部から引渡請求書などの送付を受けたときは，公安機関[346]，関税機関，国家安全機関等の捜査機関及び刑事施設等に対して，逃亡犯罪人の犯罪嫌疑に関する捜査に当たらせることになる[347]。

---

(345) 「引渡すか訴追するか」の選択義務について，中国の国際刑事法専門家が執筆した論文として，黄風「"或引渡或訴"法律問題研究」『中国法学』173号（中国法学会，2013年3月）180-191頁を参照。

(346) 公安機関は国内治安を担当するする法執行機関である。中央及び地方の各級の人民政府を構成する部分であり，社会治安と国家安全について責任を負う。刑事訴訟手続においては刑事事件の捜査を主な仕事とする。中華法学大辞典編委会『中華法学大辞典』（中国検察出版社，2003年）277頁。公安機関の組織は，中央公安機関，地方各級公安機関及び専門公安機関等の三つの部門で構成される。中央機関は国務院の一部をなす「公安部」であり，地方機関は省または自治区の「公安庁」，直轄市の「公安局」をはじめとする県・市などの地方政府を構成する公安機関がある。特別公安機関としては，鉄道公安，交通公安，民航公安，林業公安などの四つの機関あり，特別司法警察の役割をはたすものととして位置づけられる。西原春夫・高銘暄監修及び小口彦太・趙秉志編『中国刑事訴訟法の理論と実際』（成文堂，2003年）36頁。

(347) 薛淑蘭『引渡司法審査研究』（中国人民公安大学出版社，2008年）279頁。

第三章　中国における逃亡犯罪人引渡し

ウ．中国が外国に向けて引渡しを請求する場合の主な手続

　引渡法第3章（第47条ないし第51条）では中国が外国に向けて引渡しを請求する場合について定める。その主な流れは，訴追または捜査の職務をつかさどる下級機関の建議，その建議を受けた省級の各担当機関がそれぞれの中央機関に申請し中央機関がその申請を外交部に提出すると，国務院が請求の承認について最終的に決定するものである。すなわち，建議機関（市・県級以下の機関）→　提議機関（省市区級の機関）→　申請機関（中央機関）→　提出機関（外交部）→　承認機関（国務院）→　提出機関（外交部）→　外国へ提出，という流れになる[348]。各中央機関とは，最高法院，最高検察院，また，国務院に属する，公安部，司法部，国家安全部[349]などと定められているから（引渡法第47条），引渡請求の建議を行える下級機関は各中央機関の地方組織になる。各中央機関は，請求申請の案件について，引渡法，引渡条約およびその他の国際法規などについて審査したうえ，請求要件に適合すると認められる場合にはその意見書を外交部に提出する。国務院が引渡請求を認めると決定したときは外交部に通知し，外交部は当該外国に引渡請求書を送付して，引渡請求を正式に行うことになる。

エ．仮拘禁などの強制措置

　引渡法上，逃亡犯罪人にとられる強制措置には，逮捕，勾留または居住監視などの三つの措置がある（第31条ないし第33条）[350]。引渡法に基づく逃亡犯

----

(348)　薛淑兰・同上書・302頁。

(349)　国家安全部は国務院に属する中央行政機関の一つである。その主な職務は，防諜，政治保衛，反テロおよび内外の情報調査等といわれる。国務院の主な中央行政機関がウェブサイトで紹介されているが，2014年7月現在，国家安全部のウェブサイトは見当たらない。

(350)　中国刑事訴訟法上，［逮捕］は日本の勾留に該当し，［拘留］は日本の逮捕にあたる。すなわち，警察等が犯罪嫌疑者を［拘留］した場合，引き続いて取調べなどを行うために［逮捕］の必要があるときは，検察院の許可を得なければならない。主に，各令状の発付は，起訴以前の嫌疑者に対する勾留［逮捕］の許可は検察院が行い，起訴後の被告人については法院が行う。捜査段階における身柄の勾留は，2箇月までが原則であるが，一級上の検察院の承認をへて1箇月延長することができる（刑訴法第154条）。

◆ 第二節 「引渡法」と逃亡犯罪人引渡条約

罪人の拘束等の強制措置は，その決定権者によって三元化されている。①第20条に基づき最高法院および公安機関が行う措置である。相手国から引渡請求書などが中国外交部に提出されず正式な請求が行われていない場合，最高法院が公安部（国務院）に逃亡犯罪人の所在捜査を通知し，公安部の命令を受けた公安機関がその犯罪人に対してとる逮捕等の措置である。②第30条に基づいて請求国から緊急拘禁の要請がある場合，公安部の命令を受けた公安機関がとる仮拘禁等の措置である。③第32条により高級法院が引渡裁判に備え，その決定に基づいて公安機関が行う勾留等の措置である。いずれの場合でも強制措置の執行は公安機関によって行われところ（第33条），逃亡犯罪人に対する強制措置は原則として「勾留」であるが，その犯罪人が重病の状態であり若しくは妊娠や授乳を要するなどのような事情があるときは，例外として「居住監視」の措置がとられる（第35条）。

　正式の引渡請求がなされる前に相手国から逃亡犯罪人について仮拘禁の要請があった場合，公安機関が勾留等の強制措置をとったにもかかわらず，20日以内に正式の請求がないときは逃亡犯罪人を釈放しなければならない。但し，相手国の要請によって15日間延長することができる（第31条）。引渡条約では仮拘禁の期間に関する定めは一様ではないが，韓国（第9条第5項），ポルトガル（第9条第4号），イタリア（第9条第4項）などの引渡条約のように，30日間と定めながら15日の延長が認められものが多数である。比較的に長いものとして60日間と定めながら30日の延長を認めたもの（ペルー，第9条第4項），短いものとして30日間と定め10日の延長を認めたもの（ロシア，第11条第4項）がある。その他に，オーストラリア45日（第10条第4項），スペイン40日間と延長15日（第9条第4項），フランス60日（第12条第4項）など

重大で複雑な事件，犯罪組織絡みの事件などの場合，さらに延長が可能で（同法第156条），身柄の拘束は最長で7箇月となりうる（木間正道・鈴木賢・高見澤磨・宇田川幸則『現代中国法入門（第6版）』（有斐閣，2012年）297-298頁）。また，「居住監視」の措置がとられると，指定住居などの場所から離れることができず，他人との接見禁止，官憲の呼び出しへの即応，学習への参加などの制裁が課される。居住監視の期間は最長で6箇月を超えてはならないとする。西原春夫・高銘暄監修及び小口彦太・趙秉志編『中国刑事訴訟法の理論と実際』（成文堂，2003年）111-114頁。

第三章　中国における逃亡犯罪人引渡し

がある。中国が締結した多くの引渡条約では，条約が定めた仮拘禁の期限が超過し逃亡犯罪人が釈放されたとしても，正式の引渡請求が妨げられないと定める（例えば，中韓引渡条約第9条第6項）。

(4)　引渡延期と臨時引渡

逃亡犯罪人について最終的に引渡可能との決定がなされた場合でも，引渡犯罪以外の犯罪につき，中国内で裁判中であったり若しくは刑に服しているなどのときは，その刑事手続が終了するまで引渡執行が延期されることがある。ただ，被請求国における刑事手続が完成されるまで引渡執行が延期されることにより，請求国において犯罪捜査や公訴時効などに重大な影響が生じる場合，請求国の要請および被請求国への送還の保証を条件として，臨時引渡しが行われることを定めたものである。

ア．引 渡 延 期

引渡延期とは，最高法院が引渡可能との決定をした後，国務院が引渡可否について最終的な検討がなされている段階において，引渡犯罪以外の犯罪について中国内で刑事手続が進行中であることを理由に請求国への引渡しが猶予されることをいう（引渡法第42条）。引渡延期の判断は高級法院によりなされるが，最終的な決定は，国務院が最高法院の意見に基いて行う。「引渡犯罪以外の犯罪」とは，引渡請求書に記載された嫌疑事実若しくはそれに係る行為とは関連のないものであり，「刑事手続」とは訴追，公判，刑の執行などをいうものと解される[351]。中国が締結した引渡条約のなかには引渡延期について定められたものが多く，例えば，中韓引渡条約では「被請求国は，引渡しが認められるとの決定があった場合であって，引渡しを求められた犯罪以外の犯罪について刑事手続きが進行中であるとき若しくは刑に服しているときは，その刑事手続若しくは刑執行が終了されるまで引渡しを延期することができる。被請求国は引渡延期を請求国に通知しなければならない。」と定める（第14条）。

---

(351)　全国人民代表大会常務委員会法制工作委員会編「中華人民共和国引渡法釈義」（法律出版社，2012年）77頁。

204

◆ 第二節 「引渡法」と逃亡犯罪人引渡条約

イ．臨時引渡し

　引渡法第43条は，「引渡延期が，請求国の刑事訴訟において重大な障害を与えながら，中国内で行われている刑事手続きに妨げられず，かつ請求国が刑事手続きの終了後にその逃亡犯罪人を回送することを保証する条件で，請求国の請求にもとづき臨時引渡を行うことができる。臨時引渡の決定は，国務院が最高法院又は最高検察院の同意を得てこれを行う。」と定める。請求国における刑事手続には，捜査，訴追，裁判などが含まれるが，臨時引渡しの性質上，刑の執行は該当しない。また，請求国の刑事手続における「重大な障害」とは，逃亡犯罪人が不在であるため，公判の開始や続行ができないとか若しくは犯罪立証が困難であって有無罪の判決ができないなどのように，刑事訴訟の目的が果たされないことをいう。例えば，引渡犯罪とは別件の犯罪において逃亡犯罪人が共犯関係にある場合，共犯の公訴時効が差し迫ったとき若しくはその逃亡犯罪人の証言等は裁判において決定的なものになりえるし，その他に，請求国の法令上欠席裁判が禁じられている場合には逃亡犯罪人の不在により裁判自体が成立しえないことなどが挙げられる(352)。

　中国が締結した引渡条約のなかには臨時引渡しについて定めたものが多いが，請求国における刑事手続がどのような段階であるかについては一様でない。中韓引渡条約では臨時引渡は請求国における「訴追」の目的に限られ，訴追手続が終了したときは速やかに被請求国に送還することとする（第14条第2項）。訴追のための臨時引渡を定めた条約として，ポルトガル（第12条第2項），イタリア（第12条第2項），タイ（第11条第2項），カンボジア（第12条第2項）などとの条約があり，訴追（時効）または捜査を目的と定めたものとして，ブラジル（第12条第2項），スペイン（第12条第2項），オーストラリア（第15条第2項），ベラルーシ（第13条第2項），ロシア（左同），ブルガリア（左同），ペルー（第12条第2項），南アフリカ共和国（第15条第2項）などとの引渡条約がある。その他に，必要な状況に応じて臨時引渡が可能としたもので，フランス（第15条第2項）との引渡条約がある。いずれの場合でも，請求国は，臨時引渡しの目的が果たされたときはその身柄を速やかに被請求国に送還するこ

---

(352) 「中国とロシアとの引渡条約」第13条第2項。

第三章　中国における逃亡犯罪人引渡し

とについて保証を与えなければならないことが定められている。

◆ 第三節　引渡裁判と国務院の決定

　引渡裁判は，高級法院および最高法院により，引渡請求の適法性，引渡制限事由の存否等について審査が行われる。高級法院を第一審，最高法院を第二審として，自動二審制がとられている。最高法院は，逃亡犯罪人の所在地若しくは案件の重大性等を考慮して，引渡事件を担当すべき各省の高級法院を指定する。高級法院は当該事件について引渡法及び引渡条約上の引渡制限事由の有無を審査し，その結果「引渡可能」または「引渡不可」と決定する。しかし，高級法院が行う決定には拘束力がなく，最高法院の再審査を待たなければならず，最高法院は高級法院の決定について破棄差戻しまたは破棄自判の決定を行うことができる。最高法院が引渡可能と決定したときは，これを外交部へ送付し，外交部は国務院の最終決定を求めることになる。国務院においては，外交部の形式要件の審査および裁判所による適法性の審査を含めて，主に請求国との外交関係等のような国際政治的な影響について審査が行われる。すなわち，国務院では，引渡請求の合理性，国際政治に与える影響，外交政策上の総合的な考慮，司法審査の不足の補完等について検討が行われ，最終的に引渡しの執行の可否が決定される。

一　裁判所の審査

(1)　最高法院による審査

　最高法院が請求資料を外交部から受け取った場合，①逃亡犯罪人の身柄が拘禁されたときは請求資料を指定された高級法院に送付することになるが，②拘禁されないときは公安部（国務院）に対しその所在捜査を命ずる通知書を出さなければならない（引渡法第20条）。後者の場合，公安機関は，公安部の命令に基づいて，逃亡犯罪人の所在捜査などを行った後，捜査状況に応じて逮捕，勾留若しくは居住監視等の措置をとり，その結果を公安部をつうじて最高法院に通知しなければならない。公安部からの通知を受けると，最高法院は請求資

206

◆ 第三節　引渡裁判と国務院の決定

料を指定された高級法院に送付する。しかし，公安機関による捜査の結果，逃亡犯罪人が中国内に所在しないことが確認されたとき若しくは発見できなかったとき，公安部はその結果を最高法院に通知しなければならない。最高法院が公安部から捜査状況の通知を受けた場合，その捜査状況を速やかに外交部に通知すべきであり，外交部は引渡請求国に通知することになる。引渡法上，引渡可否に関する第一次の司法審査は最高法院が指定する高級法院に担われているところ，指定基準について，外国関連の裁判の経験のある高級法院または逃亡犯罪人が勾留された所在地を管轄する高級法院である。実務では一般的に後者の基準として適用されることが多い[353]。

　最高法院が引渡裁判を担当すべき高級法院を指定するなどの審査手続に着手する時点は，最高検察院より，当該事案について中国検察の訴追に該当しないとの結果の通知を受けたときである。しかし，引渡法では，最高法院および高級法院の決定についてその期限を定めた条項がなく，とりわけ，逃亡犯罪人が勾留された場合でも，裁判所の審査期限が定められていない[354]。日本および韓国の各引渡法において，逃亡犯罪人が勾留された場合，裁判所はその日から2箇月以内に引渡可否について決定をしなければならないと定めたこととは対照的である。

(2)　高級法院における審査

　引渡裁判は義務的な二審制がとられているから，最高法院から指定された高級法院で行われ，その法廷は3人の裁判官で構成される合議部が担当する（引渡法第22条）[355]。審査の結果について，引渡可否の決定は裁判官の評議をへ

---

(353)　薛淑兰『引渡司法審査研究』（中国人民公安大学出版社，2008年）282頁。

(354)　例えば，後述するように，フランス国籍の逃亡犯罪人マルタンに対する引渡裁判では，その決定書によると，マルタンが勾留されたのは2001年10月30日であるが，最高法院の引渡可能との決定がなされたのは2002年11月14日である。引渡法上，強制措置として逮捕と勾留の他に「居住監視」を定めるが，裁判決定書を見る限り，マルタンに対して「居住監視」の措置がとられたかについては不明である。

(355)　中国の法廷における合議部とは，第1審の合議部は裁判官と参審員で構成され，若しくは裁判官のみで構成される（「法院組織」法第10条）が，第2審では裁判官のみで合議部を構成することができる。参審員は裁判において裁判官と同等の権利と義務が

第三章　中国における逃亡犯罪人引渡し

てなされるところ，仮に裁判官の間で意見の相違がある場合，多数意見が決定に反映される。高級法院は，最高法院から引渡請求書等を受け取った日から10日以内にその副本を逃亡犯罪人に送付しなければならず，逃亡犯罪人はそれを受けた日から30日以内に意見を高級法院に提出しなければならない（引渡法第23条）。引渡裁判の方式について具体的な定めがないが，実務では合議部の書面審査および法廷公判によって進められる。例えば，中国引渡法が施行されて以来，最初の引渡裁判となったフランス人「マルタン事件」[356]において，雲南省高級法院では書面審査を行った後に開廷する方式がとられていた[357]。すなわち，引渡裁判が開廷されると，まず，3人の裁判官が合議部を構成して当該引渡事件の審査にあてられ，被請求引渡人の同意をへて弁護人が選任され法律支援が提供され，通訳の援助が受けられることになる。法廷では，3人の裁判官が着席すると，裁判官がフランス政府の引渡請求書を読み上げ，その後に被請求引渡人であるマルタン及びその弁護人から中国とフランスの法令に基づいて，引渡要件の適否，引渡性銀自由の有無等についての意見を聴取する。次に，被請求引渡人であるマルタンの最後陳述を聴取し，法廷は引渡しの可否について決定を行う。

　高級法院が行う審査の内容は，引渡法および引渡条約上，引渡犯罪について，引渡要件としての適否，引渡法第8条及び第9条が定める引渡制限事由の有無，

　　有する。合議部の構成員は必ず奇数の数で構成され，実務では3人が一般的であるが，事件の軽重等に応じて5人又は7人で構成されることもある。中国の合議裁判部は，日本の裁判所における合議部とは違って，あらかじめ裁判官が固定して構成されているものではなく，事件に応じて臨時に構成される。合議部による裁判の結果は多数決の原則によって行い，少数意見は評議及び裁判書に記録される。

(356)　フランス国籍を有する逃亡犯罪人マルタン（Martin Michel）は自国で強姦罪を犯して中国へ逃亡していたところ，2001年6月フランスから引渡請求がなされた。雲南省高級法院および最高法院における引渡裁判によって引渡可能との決定がなされ（最高法院2002年11月14日決定），国務院が引渡しの相当性を認めたことから，引渡しが実行された。薛淑兰『引渡司法審査研究』（中国人民公安大学出版社，2008年）490-493頁。

(357)　薛淑兰『引渡司法審査研究』（中国人民公安大学出版社，2008年）285頁。但し，中国の引渡裁判では未だ体系的な方式が定着せず，今後の課題になっていると指摘される。

◆ 第三節 引渡裁判と国務院の決定

その他引渡請求の形式的な要件の適否などが含まれる。引渡しを求められた犯罪嫌疑の相当性について，引渡法上，その犯罪事実に関する真相解明と有無罪を決定するものではないと解される。引渡裁判において，仮に逃亡犯罪人に対して引渡犯罪の実体関係について争うことが許容されるとすれば，請求国もそれに対応して証拠の提出等が求められ，結果的に請求国の裁判で行われるべき刑事訴訟が被請求国の裁判所で争われることになる。請求国から提出された引渡請求書及びその関連資料については，真実であると推定され，その点では引渡裁判は国内の刑事法に基づいて行われる刑事訴訟とは区別されるものであると解される[358]。

　高級法院は，審査の結果について，引渡法第24条により次の決定をなさなければならない。すなわち，①引渡法および引渡条約上の引渡要件に符合するため引渡可能との決定である。但し，引渡犯罪以外の犯罪について中国内で刑事手続きが進められているため「引渡延期」の理由があるときはその旨を示さなければならない。②引渡要件に符合せず若しくは引渡制限事由の存在のため引渡不可との決定である。高級法院は，引渡しの可否について決定を行った後，それを逃亡犯罪人に言い渡さなければならず，その決定をなした日から7日以内に決定書及び関連資料を最高法院に送達して最高法院の再審査を要請しなければならない[359]。

(3) 最高法院の再審査

　高級法院が引渡しの適否について決定を行ったとしても，その決定は拘束力をもつものではなく，最高法院の再審査を待たなければならない（引渡法第25条）。最高法院の再審査は，引渡法上の高級法院による義務的な審査請求であって，高級法院の決定に対して逃亡犯罪人の不服に基づくものではない。最高法院の決定は引渡法第26条に基づいて次のように行われる。①高級法院の決定を承認する決定である。高級法院の決定が引渡可能であるか引渡不可であ

---

(358)　薛淑兰『引渡司法審査研究』（中国人民公安大学出版社，2008年）286-287頁。

(359)　高級法院が引渡審査の結果に基づいてなした引渡可否に関する決定は，それ自体では法的効果が生じず，最高法院による審査承認をへてはじめて法律効果が得られる。黄風『中華人民共和国引渡法評注』（中国法制出版社，2001年）90頁。

第三章　中国における逃亡犯罪人引渡し

るかを問わない。②高級法院の決定を破棄し，事件を原審の高級法院に差し戻す決定である。③高級法院の決定を破棄し，最高法院自ら決定を行うものである[360]。

(4)　引渡裁判の法的性質

　中国の引渡手続において，司法審査と行政審査の限界を明確に区別することは難しい。審査主体を基準にするならば，裁判機関の高級法院および最高法院によって行われる司法審査があり，外交部や国務院等の行政機関が行う行政審査と分けることができる。但し，最高検察院については，司法機関と分類しながらも，最高検察院が自国の刑事管轄権の存否について行う審査は司法審査の範疇には含まれないとする。引渡法上，最高法院が引渡可否について引渡不可の決定をなしたとしても，国務院はその決定に拘束されず引渡執行を決定することができることから，国務院の審査が行政審査に限られるのかが問題となる。仮に，国務院の審査が国家利益に関する外交政策などの国益にかかわる高度の行政的な範囲に限られるとしても，それにもかかわらず行政審査が裁判所の決定を覆し，さらに適法性などの審査を行うならば，裁判所による司法審査の存在自体が疑われることはいうまでもない。ここで司法審査と行政審査の相関関係は三権分立という本質的な問題に係わることになる。引渡しの可否をめぐる審査おいて，裁判所による審査と行政機関による審査との間でその限界の画定が曖昧になっているのは，中国の政治体制および司法体系の特性に起因すると解される。すなわち，法院組織および裁判官の構成などにおいて，共産党による国家指導体制が確立されているからである。逃亡犯罪人引渡しをめぐる手続に限らず，中国の司法体系と運用においては，一般的な法治主義に照らしてみると相応しないものが多く，共産党指導部を核心とする国務院の影響力が国政全般にわたって働いていることがうかがえる。

---

(360)　引渡法が起草される当時では，裁判機関による司法審査の権威を高めるため，中央行政機関が随時に意見を提出することを条件として，最高法院がなす引渡可否の決定について一定の効力を与えようという議論が行われたが，最終案として採用されることにはならなかった。その理由として，中国政治体制の特徴，国際刑事協力において行政府によるチェック作用が緊密に行われるべきである，などの事情があったという。黄風『中華人民共和国引渡法評注』（中国法制出版社，2001 年）88 頁。

◆ 第三節　引渡裁判と国務院の決定

引渡裁判の法的性質について，刑事訴訟であるか否かをめぐり，見解が分かれている。刑事訴訟とは，「犯罪の存否，刑罰を科すことの可否を確定し，科すべき具体的刑罰を定める手続き」であり，その構造は，検察官が刑罰を科すことを請求し，被告人（弁護人）が防御をし，裁判所が判断を行うというものをいう[361]。まず，引渡裁判は基本的に刑事訴訟であるという見解である。「引渡」行為に対する法的評価は，刑事訴訟の特殊な手続であり，基本的に刑事訴訟制度に基づいて行われるものと解される[362]。国際刑事協力の趣旨が初めて用いられたのが刑事訴訟であることを挙げる。すなわち，1996 年に改正された刑事訴訟法第 17 条は「中華人民共和国が締結し若しくは加入した国際協約に基づいて，または互恵原則に照らして，我が国司法機関と外国の司法機関は相互に刑事司法協力を請求することができる。」と定める[363]。ここでいう刑事司法協力は，広義に解釈されるべきであって，逃亡犯罪人引渡しが含まれるというのである。また，訴訟の当事者は，引渡請求国が原告，引渡しを求められた逃亡犯罪人が被告となり，これらの事案を審理する中国の法院および国務院が裁判者になるという。引渡手続が訴訟であるという根拠として，請求国は，逃亡犯罪人に対する強制措置，関連証拠物の送付および臨時引渡しなどについて請求権を有すること，などが挙げられる。逃亡犯罪人は，引渡裁判において意見を提出し，弁護人の助力が受けられ，引渡請求書副本の閲覧および強制措置に対する法律扶助について権利を主張することが出来る，というものである[364]。逃亡犯罪人に対する拘禁などのような強制措置について，原則として，刑事訴訟法が適用されであるというものである。次に，引渡裁判は，引渡制限事由の存否を審査することに限って，刑事訴訟であるという見解である。

---

(361)　法律用語研究会編『法律用語辞典（第 2 版）』（有斐閣，1993 年）。

(362)　黄風『中国引渡制度研究』（中国政法大学出版社，1997 年）3 頁，黄風『中華人民共和国引渡法評注』（法制出版社，2001 年）15 頁。

(363)　中国刑事訴訟法第 17 条でいう「刑事司法協力」の内容について，具体的には，一定の訴訟行為に関するものに限られ，国際刑事共助条約等における文書送達，証拠や証人等の移送，捜査共助等が挙げられるという見解もある。全人代常務委員会法制工作委員会編『中華人民共和国刑事訴訟法釈義（最新修正版）』（法律出版社，2012 年）30-31 頁。

(364)　黄風『中華人民共和国引渡法評注』（法制出版社，2001 年）15 頁。

第三章　中国における逃亡犯罪人引渡し

引渡裁判は，引渡犯罪について有無罪を審理するものではないため，刑事訴訟手続とは異なると解される[365]。刑事裁判の法律審査は，ある犯罪に適用する法律が正確であるかどうかを審査するものであるが，引渡裁判は，引渡犯罪が中国引渡法および引渡条約が定めた引渡制限事由についてその存否を審査するものである。双方可罰性について審査する場合，引渡しを求められた犯罪が真実であるとの前提の下で，中国内の法令が定める条件に符合するかどうかを審査するにとどまる。引渡しを求められた犯罪について，全面的に調べたり，真正に犯罪を構成するかどうかの認定を行うことは不可能であるから，この点で引渡裁判は国内の一般の刑事訴訟とは異なる特徴をもつという。

二　国務院の決定

引渡法上，最高法院が引渡可能との決定をなしたときはそれを外交部に送付することになり，外交部はその決定を国務院に報告しながら引渡しの最終的な決定を求めなければならない（第29条）。最高法院が引渡不可の決定をなした場合，外交部はその結果を国務院に報告する手続きがなく，最高法院の決定を請求国に通知することになる。国務院による審査は，相手国などとの国際関係，中国の外交政策に与えられる影響等のような国家利益を考慮したうえ，引渡しの相当性を判断するものと解される[366]。引渡法上，国務院の決定について，その決定に不服し，処分の取消しを求めることに関する規定がないため，終局的なものとなる。また，中国「行政訴訟法」第12条第1項では，裁判所は，「国防，外交などの国家行為」に関する事項について訴訟を受理することができないと定めるところ，引渡しに関する国務院の決定は外交関係に関する国家行為と解される[367]。

---

(365)　薛淑兰『引渡司法審査研究』（中国人民公安大学出版社，2008年）93頁。

(366)　全国人民代表大会常務委員会法制工作委員会編「中華人民共和国引渡法釈義」（法律出版社，2012年）57頁，薛淑兰『引渡司法審査研究』（中国人民公安大学出版社，2008年）300-301頁。

(367)　黄風『中華人民共和国引渡法評注』（中国法制出版社，2001年）122頁。

◆ 第四節　引渡法および引渡条約における引渡制限事由

◆ 第四節　引渡法および引渡条約における引渡制限事由

　引渡法上，義務的な引渡拒否事由は，政治犯罪，軍事犯罪，自国民などであり，裁量的な引渡拒否事由として，引渡犯罪について中国が刑事管轄権を有する場合，公訴時効の完成等が挙げられる。但し，自国民であることなどのように，引渡法では義務的な拒否事由と定めるが，引渡条約では裁量的な拒否事由と定めたもの，若しくは引渡法には規定がないが，引渡条約では死刑不引渡しを定めるなど，引渡法と引渡条約との間では引渡制限事由の法的性質に相違がある。そのため，あながち義務的なもの若しくは裁量的なものとして振り分けることはできず，本節ではこれらを包括して引渡制限事由の範囲のなかで考察する。

一　自国民不引渡し

　引渡法では，引渡しを求められた逃亡犯罪人が中国国民である場合，「義務的な引渡拒否事由」の第1号として定める（第8条第1号）。しかし，中国が締結した引渡条約において，義務的な引渡拒否事由と定めたものが多いが，一部の引渡条約には被請求国が拒否権を有すると定めたものもある。引渡条約において自国民を義務的な引渡拒否事由と定めた場合，請求国の要請により，被請求国がその国民を訴追等の措置をとらなければならないと義務づけたものもある。中国では，自国民不引渡しについて，その意義として四点が挙げられる[368]。①中国刑法が定める属人管轄権を積極的に行使することである。②中国国民の保護を考慮したものである。中国刑法上，国民の国外犯について刑事管轄権を行使することができるため，国民が外国で裁判を受けたり若しくは外国で服役することが避けられ，中国内で裁判や矯正を受けることが望ましい。③中国人の伝統的な観念を考慮したものである。中国人は，捜査，裁判，受刑などの刑事手続について，外国よりも中国内で解決しようとする意識がつよい。

（368）　全国人民代表大会常務委員会法制工作委員会編「中華人民共和国引渡法釈義」（法律出版社，2012年）15頁，③と④については，薛淑兰『引渡司法審査研究』（中国人民公安大学出版社，2008年）143-144頁を参照。

第三章　中国における逃亡犯罪人引渡し

④国際刑事協力の目的は国家と国民の利益を保護することにある。自国民を引き渡すという国際刑事協力の側面と国民保護との均衡が問題となるが，引渡法の立法者は国際刑事協力よりも国民保護を優先したものである。

しかし，自国民であることだけで義務的な引渡拒否事由としながら，その不引渡しを国際刑事協力よりも優先させるということは，国際刑事協力の目的および趨勢とは逆行するものである。特に，刑法の国外犯処罰の規定および引渡条約に定められた自国内での事件の付託規定などと関連して，その検証装置が確保されない限り，引渡条約上の付託規定は形骸化されざるを得ない。自国民不引渡しを義務的な拒否事由として貫徹することは，中国が，中央や地方政府および国営企業などの腐敗犯罪について取締りを強化しているところ，巨額の横領などの罪を犯して国外逃亡したこれらの犯罪人について，主な逃亡先とる米国などとの間では国際刑事協力を強調しながらその身柄引渡しを積極的に求めることとは矛盾するものである。

引渡法には国籍認定に関する条項がなく，引渡審査における逃亡犯罪人の国籍については国籍法[369]などに基づいててその判断がなされるが，引渡請求があってから引渡しの決定がなされるまでは相当の期間を要することから，婚姻などの理由により国籍が変更されることもありうる。中国が締結した多数の引渡条約では国籍認定の時期について明記されず，一部の条約において，①引渡犯罪の発生のとき，②被請求国における引渡決定のとき，③被請求国が引渡請求を受けたとき，などと定めたものがある。例えば，ウズベキスタン（第3条第1項），ブルガリア（左同）などとの引渡条約では「引渡しを決定したとき」

---

(369)　中国国籍法（1980年9月10日全国人民代表大会常務委員会委員長令第8号公布）では，多重国籍が認められず（第3条），国籍の取得について血統主義が優先され（第4条および第5条），補完的に出生地主義がとられている（第6条）。中国国籍法上，中国国籍を与える要件は次のとおりである。①父母双方又はその一方が中国国民であって本人が中国で出生した場合，②父母双方又はその一方が中国国民であって本人が外国で出生した場合，但し，父母の一方が外国で定住し，本人出生の時に外国の国籍を有していたときはその限りでない（以上第5条）。③父母が無国籍か国籍不明に場合，中国に定住し，本人が中国で出生したとき（第6条），④外国人又は無国籍人が中国の憲法と法律を遵守し，中国人の親戚がいること，中国に定住していること及びその他の正当な事由がある場合，申請をつうじて中国国籍を与えられることができる（第7条）。

◆ 第四節　引渡法および引渡条約における引渡制限事由

を基準とし，スペイン（第3条第4項），ポルトガル（左同）などとの引渡条約
では「被請求国が引渡請求を受けたとき」と定める。フランスとの引渡条約で
は「引渡しを求められた犯罪が発生したとき」と定める（第4条第1項）。

(1)　香港，マカオ及び台湾

　香港，マカオの住民および台湾人は中国国民であって引渡法が定めた自国民
不引渡しの対象に含まれるという[370]。すなわち，「香港特別行政区基本法」
付属文書3及び「マカオ特別行政区基本法」付属文書3の各規定によると，中
国国籍法は両特別行政区について適用される法律として，法定要件に適合する
特別行政区の居民は自動的に中華人民共和国の国籍を有すると定める。また，
1996年5月15日に通過された全国人民代表大会常務委員会がなした「中華人
民共和国国籍法の香港特別行政区での実施をめぐるいくつかの問題の解釈につ
いて」はこの問題について明確に定めている。その第1条は「中国血統の香港
の居民，本人が中国の領土（香港を含む）で出生した者，及び中華人民共和国
国籍法の規定に適合する者はすべて中国国民である。全国人民代表大会常務委
員会は中国国籍法をマカオ特別行政区に実施するにあたってその解釈は同様の
規定を適用する。」としている。1998年12月29日に通過されたマカオ特別行
政区に対する解釈においても同様の解釈がなされた。すなわち，仮に香港又は
マカオの住民が国外で罪を犯して中国内地に逃亡してきたところ，外国からそ
の身柄について引渡しの請求がなされた場合，自国民不引渡しの対象となる。
台湾人についても，台湾が事実上中国の領域とみなされること，中国血統であ
ることなどに照らしてみると，引渡法が定める自国民不引渡しが適用されると
いう。

(2)　引渡条約における自国民の規定

　中国が締結した引渡条約では，引渡しを求められた犯罪人が自国民である場
合，義務的な引渡拒否事由と定めたものが多いが，一部の条約には引渡しの拒
否権を明記したものもある[371]。まず，義務的な引渡事由と定めたものとして，

---

　(370)　黄風『中華人民共和国引渡法評注』（中国法制出版社，2001年）45-46頁。

　(371)　日中韓がそれぞれ締結した引渡条約において，自国民不引渡しに関する規定およ
　　　び不引渡しの場合の被請求国における事件処理について定めた英文条項は以下のとおり

第三章　中国における逃亡犯罪人引渡し

ブラジル（第3条第1項第4号），ポルトガル（左同），スペイン（第3条第4号），フランス（第4条第1項）などとの引渡条約が挙げられる。これら条約では，請求国が自国民であることを理由に不引渡しを決定した場合，請求国の要請および請求国からの証拠等の提供により，被請求国はその犯罪人の訴追のために引渡しを求められた事件を訴追当局に付託しなければならないと定める（ブラジル，ポルトガルおよびスペイン各第5条，フランス第4条第2項）。次に，自国民であることを裁量的な引渡拒否事由と定めた引渡条約として，韓国（第5条），タイ（第5条），カンボジア（第5条），フィリピン（第3条），南アフリカ（第5条），オーストラリア（第5条），イタリア（第5条）などがある。これらの条約でも，被請求国が引渡しを拒否した場合，請求国の要請および証拠等の提供により，被請求国はその犯罪人の訴追のために引渡しを求められた事件を訴追当局に付託しなければならないと定める。

　これらの引渡条約における自国民不引渡しについて，その規定方式は，裁量

である（下線は筆者）。

　①中韓引渡条約（第5条第1項）「Each Party shall have the right to refuse extradition of its own nationals.」，同条第2項「If extradition is not granted pursuant to paragraph 1 of this article, the Requested Party shall, at the request of the Requesting Party, submit the case to its competent for prosecution to the extent permitted by its law. For this purpose, the Requesting Party shall submit documents and evidence relating to the case to the Requested Party.」。

　②日韓引渡条約（第6条第1項）「The Requested Party shall notbe bound to extradite its own nationals under this Treaty, but it shall have the power to extradite them in its discretion.」，同条第2項「If extradition is refused solely on the basis of the nationality of the person sought, the Requested Party shall, to the extent permitted under its laws, submit the case to its authorities for prosecution at the request of the Requesting Party.」。

　③日米引渡条約（第5条）「The Requested Party shall not be bound to extradite its own nationals, but it shall have the power to extradite them in its discretion.」。

　④米韓引渡条約（第3条第1項）「Neither Contracting State shall be bound to extradite its own nationals, but the Requested State shall have the power to extradite such person if, in its discretion, it be deemed proper to do so.」，同条第2項「If extradition is refused solely on the basis of the nationality of the person sought, the Requested State shall, at the request of the Requesting State, submit the case to its authorities for prosecution.」。

◆ 第四節　引渡法および引渡条約における引渡制限事由

的な引渡拒否事由の一つとして定めるのではなく，別条として「自国民の引渡し」（中韓引渡条約第5条）などと設けられたものが多い。ここで問題となるのは，被請求国がこのような条項に基づく引渡拒否権を行使しないとすれば，どのような場合に自国民を引き渡すかということであるところ，次のいずれの場合に該当すれば引渡しを行うことができると解される[372]。①中国が同種の事案について請求国の国民の引渡しを受けられるとの保証がある場合，若しくはそのような合意があったり協議が具体的に進められているときである。②中国の近隣国であって人的往来が密接であり，かつ政治外交及び司法協力の関係が良好であるため，相互に自国民を引き渡すことにより両国の善隣友好と相互信頼が保持されることである。③引渡しを求められた者が中国国民であっても，請求国において長期間居住し実質的な生活基盤があるなどのように請求国との間で真正かつ実効的な結合関係（genuine and effective link）があると認められる場合である。④請求国内において裁判を受けることが事件の真相解明に有利であり，若しくはその逃亡犯罪人が請求国で裁判を受けることについて同意を明確に表明した場合である。⑤請求国が，その犯罪人の引渡しを受け事件の真相解明などを果たした後，刑罰の執行については国籍国である中国においてなされること保証する場合である。

　引渡裁判の実務では，引渡法が自国民について「義務的な引渡拒否事由」と定めているため，引渡条約において裁量的な引渡拒否事由と定められていても特段に考慮すべき事情がない限り，引渡法に重点をおいて審査しなければならないものと解される[373]。

---

(372)　黄風『中華人民共和国引渡法評注』（中国法制出版社，2001年）48頁。

(373)　薛淑兰『引渡司法審査研究』（中国人民公安大学出版社，2008年）46頁。同書では（321-323頁），多数の学者から，引渡法の改正などをつうじて，引渡条約との間で法的な整合性がとられる必要があると指摘され，自国民について裁量的な引渡拒否事由と定めるべきであるとの主張がなされているという。また，現行法が維持される限り，外国との引渡条約の締結若しくは国際礼譲による引渡しの国際協力において少なくない支障が生じうる，などの指摘がある。

第三章　中国における逃亡犯罪人引渡し

二　政治犯不引渡し

(1)　引渡法および引渡条約における政治犯罪

　中国引渡法は，政治犯罪を義務的な引渡拒否事由と定めるが（第8条第5号），政治犯罪の定義について言及がない。引渡法が施行される以前まで引渡協力の指針となっていた「引渡案件の若干の問題に関する処理規定」においても，「政治原因の犯罪」と定められ，その定義については定めがない。中国が締結した引渡条約には，「政治犯罪」という用語の他に，「政治的性質を有する犯罪」，「政治原因の犯罪」などの言葉が用いられ，主に，義務的な引渡拒否事由と定められたものが多い。政治犯罪は，逃亡犯罪人引渡し以外の国際刑事協力においても協力の制限事由となることが一般的であり，例えば，日中刑事共助条約において，被請求国が「請求された共助が政治犯罪に関連すると認める場合」は共助を拒否することができると定める（第3条第1項第1号）。

(2)　政治犯不引渡原則の例外

　引渡法では政治犯罪について義務的な引渡拒否事由と定めるにとどまるが，中国が締結した引渡条約では，いわゆる「ベルギー加害条項」，国際テロ行為または多国間条約などにおいて政治犯罪と認めないと定めた犯罪などについて，政治犯罪に含まれないと定めたものが多い。その主な類型は次のとおりである。第一に，国際テロ行為または多国間条約によるものである。スペインおよびイタリアとの各引渡条約では，国際テロ行為および締約国双方が加入した多国間条約において政治犯罪と認めない犯罪について，政治犯罪と認めないと定める（各第3条第1号）。また，ポルトガルおよびブラジルなどとの引渡条約では，締約国双方が加入した多国間条約などにおいて政治犯罪と認めない犯罪について，政治犯罪としないことを定める（各第3条第2項）。第二は，「ベルギー加害条項」である。韓国との引渡条約では「国家元首，政府首班又はその家族構成員の生命に対する侵害行為若しくはその未遂若しくはその身体に対する攻撃行為は政治犯罪に含まれない」と定める（第3条第1項）。その他に，タイ，カンボジアなど多数の引渡条約があるが，アラブ首長国連邦との引渡条約では，国家元首，政府首班若または家族構成員の他に，アラブ首長国連邦最高委員会

◆ 第四節　引渡法および引渡条約における引渡制限事由

の構成員又はその家族構成員の生命に対する侵害行為についても，政治犯罪の例外と定める（第3条第2項）。第三は，例外条項がないものである。フランス，オーストラリア，ロシア，南アフリカなどとの各引渡条約では，政治犯罪を義務的な引渡拒否事由と定めるだけで，例外条項が設けられていない。とりわけ，ロシアおよび中央アジアなど，中国との間で国境を接している諸国との引渡条約においては「政治犯罪」自体の規定がないが，その事情については後述（第四節の五）する。

(3)　刑法と政治犯罪

　中国憲法第32条第2項は「中華人民共和国は，政治的原因より避難を求める外国人に対して，庇護を受ける権利を与えることができる。」と定める。中国が国際刑事協力について外国と締結した最初の条約である，ポーランドとの民事及び刑事共助条約[374]では，刑事共助が「政治的性質を有するものまたは軍事犯罪」であると被請求国が認める場合，共助を拒否することができると定める（第24条第1号）。その後，中国が締結してきた引渡条約および刑事共助条約などおいて，政治犯罪は国際協力の拒否事由と定められ，2000年に施行された引渡法でも，「政治犯罪でもって引渡しを請求し，若しくは中国がすでに被請求引渡人に対して庇護権を与えた場合」を義務的な引渡拒否事由と明記されるようになった（第8条第3号）。

　不引渡しの対象となる政治犯罪と関連して，中国刑法では，社会主義制度や国家統一などに反する活動，国家分裂などを助長する活動などについて，処罰規定が設けられている。刑法各則の第1章に「国家安全危害罪」を設けて第102条から第113条にかけて罪名等が列挙されている[375]。国家安全危害罪は，

---

(374)　1987年6月5日締結，1988年2月13日発効した。同条約は，総則（訴訟費用の減免，共助の経路，共助の制限事由など），民事共助，刑事共助およびその他の章からなっている。最高人民法院外事局編『中国国際司法協助条約与実施手冊（第三巻）』（外交出版社，2004年）841-846頁。

(375)　刑法第1章に列挙された主な犯罪は，①反逆罪，②国家分裂罪又は国家分裂煽動罪，③武装反乱又は暴動罪，④転覆罪又は転覆煽動罪，⑤国家安全危害罪の資金援助罪，⑥投降罪，⑦公務員逃亡罪，⑧スパイ罪，⑨国家機密・情報の窃取，探知，買収又は不法提供の罪，⑩戦時敵援助罪，などである。

219

第三章　中国における逃亡犯罪人引渡し

憲法などに規定された「社会主義制度」及び「民主集中制」を保護維持するための具体的で直接の手段となる。例えば，刑法はその立法趣旨と任務について，第1条及び第2条で「人民民主主義の独裁政権，社会主義制度，社会主義建設事業」等を防衛することにあると明記し，刑事訴訟法にも同様の趣旨が定められる（第1条及び第2条）。刑法は，国家安全危害罪の法益として，国家と主権の他に「政権，社会主義制度，国家機密，国家情報」などが定められる。そうすると，刑法第1章「国家安全危害罪」に列挙される第102条から第113条までの12の犯罪行為は，中国引渡法上では政治犯罪と認められることになる。仮に中国人が国内で「国家安全危害罪」に該当する罪を犯して外国へ逃亡した場合，一応「政治犯」であることから，引渡しを求められたときには逃亡先の被請求国において政治犯不引渡原則が適用されるべきとの主張がありうる。すなわち，被請求国での引渡裁判および引渡しの相当性判断等において政治犯罪の認否が争点となる。例えば，中国刑法第109条は「国家機関公務員が，公務執行中にその職務から無断で離脱し，国外へ逃亡し又は中国を裏切ったときは，5年以下の有期懲役」などに処すると定める。このような罪を犯した者が日本へ逃亡してきた場合，引渡裁判において政治犯罪の認否が問われることになるが，日中間では引渡条約がないため，逃亡犯罪人引渡法上，政治犯罪であるか否かの判断の準拠は日本国にあることから，少なくとも引渡制限事由としての（純粋な）政治犯罪と認められることは想定されない。中国刑法では公務員が職務を離脱し国外逃亡したことが国家を裏切ったことといえども，それだけでは，日本法および国際慣習法などの準拠からすれば「政治犯不引渡原則」上の政治犯罪と認めることは難しい。従って，被請求国としては，その犯罪人を中国に引き渡すことになった場合，政治的な迫害などを加えない若しくは別罪で刑罰を科さないなどのことについて，中国政府の保証を求めるなどの検討と対応が行われることになる。

三　死刑不引渡し

死刑不引渡しとは，被請求国が，逃亡犯罪人が請求国に引き渡されれば死刑判決を受けたり若しくは死刑が執行されることを引渡制限事由とすることである。通常，死刑廃止国である被請求国と死刑存置国である請求国との関係で，

◆ 第四節　引渡法および引渡条約における引渡制限事由

逃亡犯罪人の引渡可否の基準となる場合である。中国引渡法において引渡要件や引渡制限事由として死刑不引渡しを定めたものはないが，引渡条約では引渡制限事由と定められたものがある。中国が締結した引渡条約のなかで死刑問題が引渡制限事由と定められた代表的なものは2005年に締結されたスペインとの条約である。条約第3条第8号で，「請求国の法律により引渡しを求められた者が引渡犯罪について死刑判決を受けられる可能性がある場合，被請求国は，請求国が死刑判決をしない若しくは死刑執行をしないとの保証があるときに限って」引渡しを行うことができると定める。中国が締結した引渡条約において，死刑を特定して引渡制限事由としたり若しくは死刑不執行の保証が得られることを条件に引渡しが可能と定めたものとして，フランス（第3条第7号，義務的な引渡拒否事由），オーストラリア（第3条第6号，義務的な引渡拒否事由）などとの引渡条約がある。

　また，引渡条約のなかには，死刑を特定せず，請求国において被請求国の法体系と抵触する刑罰などが科される場合を引渡制限事由と定めたものがある。例えば，2004年に締結されたブラジルとの引渡条約の場合，第3条第1項第9号は「請求国が引渡しを求められた者について被請求国法律の基本原則と抵触する刑罰の判決をなす可能性がある場合」を義務的な引渡拒否事由と定める。ブラジルの刑罰体系上，軍事犯罪などを除き，普通犯罪については死刑が廃止されているので[376]，仮にブラジルが中国から逃亡犯罪人の普通犯罪について引渡しを求められたときには中国の死刑制度が引渡制限事由となりうる。このように死刑を含めて，包括的に，被請求国の刑罰体系と抵触する刑罰が科されることを引渡制限事由としたり，若しくはそのような刑罰を科しないことについて請求国の保証が得られることを条件に引渡しが可能と定めたものとして，ポルトガル（第3条第1項第8号，義務的な引渡拒否事由），イタリア（第3条第7号，義務的な引渡拒否事由），ルーマニア（第4条第3号，裁量的な引渡拒否事由），南アフリカ共和国（第4条第2号，裁量的な引渡拒否事由）などとの引渡条約がある。

---

(376)　アムネスティ・インターナショナル（http://www.amnesty.org/en/death-penalty/abolitionist-and-retentionist-countries#ordinary.　2014年9月15日閲覧）。ブラジルと同じ体制をとる国として，チリ，ペルー，カザフスタンなどがある。

第三章　中国における逃亡犯罪人引渡し

　中国が引渡しの請求国である場合，死刑不執行等について，被請求国から保証を求められた場合が問題となる。引渡法は，中国が請求国であって死刑不執行などの保証を被請求国から求められた場合，中国のいかなる機関がその保証の認定を行うかについて定める。引渡法第50条は，被請求国からの保証請求が中国の主権や国益などに反しない限り外交部がその認定を行うとしながら，但し，訴追については最高検察院，量刑については最高法院がそれぞれ行うと定める。すなわち，中国が被請求国から死刑不執行の保証を求められた場合，最高法院がその保証の採否について審査し，実質的な決定を行うことになる。拷問など残虐で非人道的な取扱い若しくは刑罰を科しないことに関する保証については，公安部（警察）または司法部（刑務）がそれを審査し実質的に決定する。中国がこのような保証の付与を行った事例として，中国民航機奪取の「張振海事件」において，日本より死刑不執行などの保証を求められたところ，その保証を与えて身柄を引取ったことがある。また，中国が腐敗犯罪人「余振東」について米国からの送還を受けるための交渉において，米国側から残虐で非人道的な取扱い若しくはそのような刑罰を科しないとの保証を求められ，その保証を与えて身柄を引き取った事例がある[377]。

四　その他の引渡制限事由

(1)　軍　事　犯　罪

　引渡法は「純粋な軍事犯罪」を義務的な引渡拒否事由と定める（第8条第5号）[378]。日本および韓国の各引渡法では軍事犯罪に関する定めがないが，中

---

(377)　黄風「国外逃亡犯罪の捜査問題の研究」『国際刑事司法合作：研究文献』（中国政法大学出版社，2009年）16頁。

(378)　軍事犯罪が引渡制限事由として定められるのは，第9期全国人民代表大会常務委員会第18回会議における「引渡法」審議会（2000年12月18日）で，全人代の専門委員会である法律委員会および軍事委員会の建議によるものである。すなわち，法律委員会の一部委員と軍事委員会法制局は，引渡法の審議において，義務的な引渡拒否事由として軍事犯罪が含まれるよう建議した。法律委員会が検討を行ったところ，「軍事犯の不引渡し」が国際刑事協力において一般に認められていること，国連犯罪人引渡モデル条約にも規定されていること，諸国の犯罪人引渡法のなかに同様の規定があること，

◆ 第四節 引渡法および引渡条約における引渡制限事由

韓引渡条約では義務的な引渡拒否事由と定める（第3条第4項）。また，「欧州
犯罪人引渡条約」（第4条），「国連犯罪人引渡モデル条約」（第3条 c）などの
条約においても軍事犯罪を義務的な引渡拒否事由と規定するものがある。これ
らの条約を含めて，引渡制限事由としての軍事犯罪は，普通犯罪を構成しない
「純粋な軍事犯罪」に限られると明記したものが多い。中国が，軍事犯罪を引
渡制限事由とする理由として，憲法等の法律で徴兵制などの軍事的義務を定め
た国家における軍事犯罪は，その国の国防などの国益を侵害するものであるか
ら政治的な性格の強いものであるため，国際刑事協力の範疇を超えるものであ
ると解される[379]。軍事犯罪の定義について，「一国の法律が定めた軍事義務
を違反した犯罪」であり，「いかなる普通犯罪の要素を含まない犯罪行為であ
る」と解される[380]。

　中国刑法では，第10章「軍人職責違反罪」において軍事犯罪を定め[381]，
第420条から第451条までの32個条条から構成され，31種の罪名と刑罰がそ
れぞれ規定される。軍事犯罪の適用範囲について，刑法第450条は「本章（第
10章）は，中国人民解放軍に属する現役の将校，軍務文官の幹部，兵士及び軍
籍を有する学生，中国人民武装警察部隊に属する現役の警官，文官の職員，兵
士及び軍籍を有する学生，並びに軍事任務を遂行する予備役の者及びその他の
者に適用する。」と明記する。「戦時」の定義について，刑法第451条で「①本
章における戦時とは，国家が，戦争状態であることを宣布したとき，部隊に作
戦任務が与えられたとき，若しくは部隊が突然に襲撃を受けたときをいう。②
部隊が戒厳の任務を執行するとき，若しくは突発的な暴力事件に対処するとき
も同様である。」と定める[382]。引渡制限事由となる軍事犯罪は「純粋な軍事

　　中国が外国と締結した引渡条約（例えば，ブルガリア，カザフスタン，モンゴル，カン
　　ボジア，ルーマニア，タイ，ベラルーシ等）のなかにも当該条項があること，などが認
　　められるため，義務的な引渡拒否事由として追加されルことになった。その後の逐条審議
　　会において，軍事犯罪という用語が不明確であるという指摘があって，「純粋な軍事犯
　　罪」と改められ，票決により決定された。全国人民代表大会常務委員会法制工作委員会
　　編『中華人民共和国引渡法釈義』（法律出版社，2001年）127-129頁。
(379)　薛淑兰『引渡司法審査研究』（中国人民公安大学出版社，2008年）175頁。
(380)　黄風『中華人民共和国引渡法評注』（中国法制出版社，2001年）58頁。
(381)　謝望原『刑法学（第二版）』（北京大学出版社，2012年）623頁。

第三章　中国における逃亡犯罪人引渡し

犯罪」であるからその他の普通犯罪を構成しない行為に限られる。中国刑法では軍事犯罪について第10章「軍人職責違反罪」と定めるが，このなかで引渡法上の軍事犯罪と認められるものとしては，「投降罪」（第423条），「戦時中戦陣逃亡罪」（424条）および「戦時自傷罪」（第434条）などが挙げられる[383]。刑法第10章で定められた犯罪であっても，国家機密漏洩罪や侮辱罪などのような普通犯罪を構成する場合，引渡制限事由としての軍事犯罪とは認められないと解される。

　引渡条約では，韓国との条約において，「普通犯罪を構成しない軍事上の犯罪」を義務的な引渡拒否事由と定める（第3条第4号）。その他に，義務的な拒否事由と定めたものとして，タイ（第3条第3号），ブラジル（第3条第1項第3号），スペイン（第3条第3号），ポルトガル（第3条1項第3号，フランス（第3条第5号），オーストラリア（第3条第3号），イタリア（第3条第3号）などとの引渡条約がある。

　引渡裁判では引渡制限事由として犯罪の軍事性が問われることになるが，その審査が軍事法院によって行われるべきか否かが問題となる。肯定説は[384]，最高法院が引渡犯罪について検討したうえ一応軍事犯罪と認められる場合，最高法院は高級法院にかわって「人民解放軍軍事法院」[385]を指定しなければな

---

(382)　刑法第10章（軍人義務違反罪）に定められた「戦時自害罪」および「戦時敵前脱走罪」は，刑法上の軍事犯罪以外の犯罪を構成しないことから，引渡法が定める軍事犯罪に該当する。その反面，「軍事機密漏洩罪」および「捕虜虐待罪」などは，刑法上「国家機密漏えい罪」および「侮辱罪」の犯罪を構成するため，引渡法上「純粋な軍事犯罪」と認められず引渡制限事由として適用されないものと解される。全国人民代表大会常務委員会法制工作委員会編『中華人民共和国引渡法釈義』（法律出版社，2001年）18頁。

(383)　薛淑兰『引渡司法審査研究』（中国人民公安大学出版社，2008年）176頁。

(384)　薛淑兰・同上書・178頁。

(385)　軍事法院と最高法院との関係について，憲法で「中国は最高人民法院，地方各級人民法院及び軍事法院等の専門人民法院を設ける。」と定めながら（第124条第1項），「最高人民法院は地方各級人民法院及び専門人民法院の裁判に関する職務を監督し，上級人民法院は下級人民法院の裁判に関する職務を監督する。」とする（第127条第2項）。「専門法院」の組織と職務について，中国人民法院組織法第28条には「専門人民法院の組織と職権については全国人民代表大会常務委員会が別の規定を設ける。」と定めると

◆ 第四節　引渡法および引渡条約における引渡制限事由

らないとする。法院組織法上，人民解放軍軍事法院は，軍事裁判について最高
審級の裁判機関であるが，高級法院と同等の管轄権限を有する。すなわち，軍
事犯罪の認否について解放軍軍事法院による審査が行われると，最高法院がそ
の結果を受け司法審査として最終的な結論を出すことになるという[386]。他方，
軍事犯罪に対する第一審の引渡裁判が，軍事法院で行われるべきとの見解を否
定し，高級法院で行われるのが正しいとの見解もある[387]。

(2)　財 政 犯 罪

　財政犯罪とは，国家財政に関する法令上の義務に違反することによって罰せ
られる行為をいい，行政犯の一種とされる。租税の捕脱，外国為替秩序の違反
などのように，国家財政に減損をもたらしたり若しくは金融秩序を乱すなどの
ものである[388]。国際刑事協力に関する多国間条約などでは，財政犯罪につい
て引渡しの対象と定めたものが多く，「欧州犯罪人引渡条約」では，個別の引
渡条約において引渡制限事由とする規定がない限り，引渡しの対象となると定
め（第5条）。その他にも「欧州連合犯罪人引渡条約」（第6条），「国連腐敗防
止条約」（第44条第16項），また，「国連犯罪人引渡モデル条約」（第2条第3
項）などがある。中国が締結した引渡条約のなかでも同じ趣旨で定められたも
のがある。韓国との引渡条約では，「引渡請求が，租税，関税，外国為替管理
又はその他の財政に関する法令を違反した犯罪について行われる場合，被請求
国が請求国と同様に租税又は関税を課しない若しくは請求国と同様の租税，関
税又は外国為替に関する法令を有しないことを理由に犯罪人引渡が拒否されて

　　ころ，専門法院には軍事法院の他に，鉄道運輸法院，水上運輸法院などがある。軍事法
　　院の組織として，第1審級が地区軍事法院，空軍法院及び海軍艦隊法院，第二審級の大
　　軍区法院，海軍法院及び空軍法院，そして最終審級として中国人民解放軍軍事法院があ
　　る。

(386)　軍事法院は，憲法及び法院組織法に基づいて最高法院による指導と監督を受ける
　　　他に，「国家中央軍事委員会総政治部」の指導を受ける。国家中央軍事委員会は，人民
　　　解放軍，人民武装警察部隊等，全国の武装力を領導する憲法機関である（憲法第93条
　　　第1項）。また，同軍事委員会は，主席，副主席，委員から成り（憲法第93条第2項），
　　　全国人民代表大会およびその常務委員会に対して責任を負う（第94条）。

(387)　筆者が行った黄風教授のインタビューに基づくものである。

(388)　法律用語研究会編『法律用語辞典（第2版）』（1993年，有斐閣）541頁。

第三章　中国における逃亡犯罪人引渡し

はならない。」と定め（第2条第4項），フランスとの引渡条約でも同様の条項
がある（第2条第4項）。

(3) その他

引渡法では，一事不再理（第8条第2号），訴追時効の完成および赦免（同条
第6号），残酷な刑罰などの非人道的な処遇（同条第7号），欠席裁判に基づく
引渡しの請求（同条第8号）などが引渡制限事由と定められる。引渡法に規定
がないが，引渡条約において引渡制限事由と定めたものがある。例えば，親告
罪について，引渡しを求められた犯罪が締約国一方の法律において親告罪であ
る場合を引渡制限事由と定めたものとして，ブラジルとの引渡条約では義務的
な引渡拒否事由（第3条第1項第7号），キルギスとの条約では裁量的な引渡拒
否事由（第4条第4号）とそれぞれ定められている。また，特別法廷との関連
として，引渡しを求められた者が請求国の特別（ad hoc）法廷に係属されてい
る場合を引渡制限事由と定めたものとして，ブラジルとの引渡条約では義務的
な引渡拒否事由（第3条第1項第8号），カンボジアとの引渡条約では裁量的な
引渡拒否事由（第4条第4号）とそれぞれ定められている。

五　中国内の自治独立運動と逃亡犯罪人引渡し

(1) 自治独立運動に対する中国政府の捉え方

中国は，新疆ウィグル自治区における東トルキスタンの独立運動およびチ
ベット亡命政府の活動について，反中国の国際テロ行為および分裂策動と位置
づけながら[389]，その取締りを強化しようとする。新疆ウィグルとチベットは，

---

(389)　新疆でおきた暴力事態について，中国外交部の華春瑩報道官は，2013年7月1日
定例記者会見において次のように発表している。すなわち，「東トルキスタン勢力を代
表とする国内外の3つの勢力（分離独立派，宗教過激派，テロリスト）は中国分裂の目
的を達成するため，反中分裂活動に長年携わり，さらには国際テロ勢力を結託して新疆
で大量の暴力テロ活動を画策し，実行し，新疆の発展と安定を破壊し，無辜の市民の死
傷と物的被害をもたらし，中国の国家の安全と地域の平和・安定を深刻に脅かしてい
る。」としながら，「関係国との協力を強化し，東トルキスタンテロ勢力等のテロ組織に
共同で打撃を加える」と表明している。「人民日報」日本語版2003年7月2日付け報道
記事（http://j.people.com.cn/94474/8307661.html．2014年8月2日閲覧）。中国刑法上，

226

◆ 第四節　引渡法および引渡条約における引渡制限事由

民族自決権と民族解放を主張しながら，中国共産党の政権と支配体制に反対すると主張し，武装抗争や焼身自殺等の極端な手段を用いて対抗している。中国が，中央アジアなど国境を接している近隣諸国との間で，犯罪人引渡条約の締結等のような国際刑事協力に積極的な姿勢をとる背景には国内の政治問題と緊密な関連があると考えられる。

引渡法では，政治犯罪と関連して，国際テロ行為を政治犯罪と認めないと定めたものはない。2001 年 9 月に米国で同時多発テロが起きたことをきっかけに，国連安全保障理事会はテロ活動に対する資金供与などの行為について，会員国の国内法において犯罪化することを義務付ける決議案を採択した（決議案第 1373 号）。中国においてもテロ行為規制のため国内法の整備にとりかかり，全国人民代表大会第 25 回会議（2001 年 12 月 29 日）は「刑法修正案(3)」を通過させ，反テロ条項を設けるなどの一部改正を行った[390]。例えば，刑法修正

これらの行為は「国家安全危害罪」に該当するものと解される。

また，チベット問題について外交部の秦剛報道官は，2014 年 2 月，米国オバマ大統領がダライ・ラマと会見したことについて，記者からの質問に次のように答えた。すなわち，「事実が証明するように，ダライは決して単なる宗教家ではなく，宗教の旗を掲げ，長期的に反中国分裂活動に従事してきた政治亡命者だ。ダライは対外的には西蔵独立を求めないと宣言しているが，これまで反中国分裂活動を停止したことはない。ダライの標榜するいわゆる「中間路線」とは，中国領土の 4 分の 1 を占領し，史上かつて存在したことのない大チベット区を建設するという構想で，実際には形を変えた独立を意味する。中国政府と国民は絶対にこれを受け入れられない。中央政府とダライによる協議の門はいつも開かれている。ダライが本当に直接の話し合いを通じて進展を得たいならば，自らの言行を徹底的に反省し，一切の分裂破壊活動を停止するべきだ。」とした。「人民日報（日本語版）」2014 年 2 月 23 日付け報道記事（http://j. people. com. cn/94474/8544038.html. 2014 年 8 月 2 日閲覧）。

なお，「国際テロ行為」とは，「一国の政策や政治体制とか既存の国際的な事態を実力で変革する目的をもって，複数国の領域にわたる活動範囲と連携・協力のもとに準備され実行される暴力行為」をいう。国際テロ行為のうち「諸国の共通利益を害する犯罪」として実定国際法によって規律されるものは限られため，各国が，その規制において政治的な判断に基づいて，過剰な反応を示すことがあるといわれる。山本草二『国際刑事法』（三省堂，1991 年）26 頁。

(390)　「中国刑法修正案(3)」は，2001 年 12 月 29 日，全国人民代表大会常務委員会第 25 回会議を通過すると同時に，主席令第 64 号として公布，施行された。同修正案の目的

第三章　中国における逃亡犯罪人引渡し

により，「テロ組織又はテロリストに対する経済援助罪」が新設されたのである（第120条の1）。また，引渡法の施行以前，犯罪人引渡しについて国際協力の指針となっていた「引渡案件の若干の問題に関する処理規定」（1992年4月23日施行）では，航空機奪取，テロリズム等が中国の政治外交および社会秩序に重大な危害をもたらしていると言及し，同規定の制定趣旨がこれら国際犯罪の実効的な規制にあることを明記している（規定前文）。中国が締結した引渡条約のなかで，国際テロ行為を政治犯罪と認めないと定めた最初のものは，上述のようにスペインとの条約である（2005年11月14日締結）。

　引渡法が施行される以前の引渡協力に関する指針であった「引渡案件処理規定」（1992年）は，その前文において，「テロリズム等が中国の政治外交および社会秩序に重大な危害をもたらしている」と言及し，刑法改正（中国刑法修正案(3)，2001年）ではテロ関連の犯罪の新設および刑罰の強化が定められた。また，中米間の当局者会談では（2006年7月，周永康公安部長と米国のゴンザレス司法長官），反テロ情報の交換など刑事協力が行われ，スペイン（第3条第1号），アルジェリアなど各国と締結した引渡条約においてテロ行為について政治犯罪の否認が設けられた。

(2)　引渡条約における取扱い

　中国が外国と締結した引渡条約になかで，とりわけ中央アジアなど近隣諸国との間で締結された引渡条約では，引渡拒否事由として政治犯罪が定められて

について，その前文では，テロ犯罪を処罰し，国家と人命の安全，財産の安全及び社会秩序の維持を保障することにあるといい，反テロリズム立法であることを明らかにしている。同修正案は，前文の他に，9か条を設けているところ，その特徴として次の三点が挙げられる。第一に，テロ関連犯罪の新設である。「テロ組織又はテロリストに対する経済援助罪」（刑法第120条の1），「毒性や放射性等の危険物質投棄罪」及び「虚偽テロ情報の捏造流布罪」（刑法第291の1）等の三つの犯罪が定められた。第二は，一部犯罪の構成要件の改正である。①資金洗浄罪（刑法第191条）における資金源のなかに，テロ犯罪による犯罪収益を追加し，②毒性・放射性等物質等を不法に製造，売買，運搬，貯蔵する行為を犯罪化した。第三は，法定刑の刑期を引き上げた。「テロ組織の結成，指導，参加罪」（刑法第120条）のなかで，テロ活動の組織の結成とその指導について「3年以上10年以下の有期懲役」となっていた刑期を「10年以上の有期懲役又は無期懲役」とした。

228

◆ 第四節　引渡法および引渡条約における引渡制限事由

いないものが多い。例えば，ロシア，ブルガリア，カザフスタン，ウズベキスタン，キルギス，ウクライナ，リトアニア，モンゴルなどとの引渡条約では，その他の引渡条約において義務的な引渡拒否事由と定められた政治犯罪について，引渡しの制限事由と明記されていない。これら条約において，政治犯罪について，引渡請求が政治的意見を理由に訴追または刑罰を科する目的で行われると被請求国が認めるに足りる十分な理由がある場合，引渡制限事由になると定める（ブルガリア，カザフスタン，リトアニア，モンゴルなどとの各引渡条約）。さらに，ロシア，ウズベキスタン，キルギス，ウクライナとの各引渡条約においては，政治犯罪は，上記のような差別条項にも定められず，引渡制限事由として明記されない。これは，中国がその他の主な引渡条約において，政治犯罪を義務的な引渡拒否事由としたり，若しくはテロ行為について政治性を否認する旨の条項が設けられたものと比較すると，異例的なものである。

　ロシア（庇護権のみ），キルギス（庇護権のみ），ウクライナ（庇護権のみ），ウズベキスタン（庇護権のみ），カザフスタン（「政治見解」第3条第3号，庇護権），モンゴル（「政治見解」第3条第3号，庇護権），リトアニア（「政治見解」第3条第3号，庇護権），ブルガリア（「政治見解」第3条第3号，庇護権）「The Requested Party has substantial grounds to suppose that the request for extradition made by the Requesting Party aims to institute criminal proceedings against or execute punishment upon the person sought on account of race, religion, nationality or political opinion of that person, or …」。

　これら8箇国との引渡条約では，共通として，被請求国が逃亡犯罪人について庇護権を与えた場合を引渡制限事由と定める[391]。政治犯罪について引渡制限事由として明記しない理由として次の点が考えられる。すなわち，①引渡犯罪の政治性について裁判所による司法審査を避ける，②引渡しの可否について行政当局が国益を考慮して決定する，③政治犯罪と引渡制限事由と定める場合，ベルギー加害条項およびテロ行為の政治性の否認等が例外事項として求められ

───────────

(391)　「庇護（asylum）」とは「自国政府から政治的迫害を受けているため他国に逃れる個人に，他国がその領域内で与える保護」をいい，国際慣習法上国家の権利とされる。領域庇護の他に，在外公館や軍艦等に駆け込んだ人に与える外交的庇護がある。国際法学会編『国際関係法辞典（第2版）』（三省堂，2005年）。

第三章　中国における逃亡犯罪人引渡し

ため，そのような争点を根本的に遮断する，④締約国間で利害関係の一致された，若しくは中国の主張が相手国に受け入れられた，などである。

　上述の新疆ウィグルおよびチベットの問題をこれら引渡条約と関連して見ると次のようなことがありうる。具体的に，中国内で新疆ウィグルおよびチベットの独立運動等を目的にしてテロ行為を犯した者がこれら条約の締約国に逃亡したことにより，中国が引渡請求を行った場合，引渡条約上，その相手国が逃亡犯罪人について庇護権を行使しない限り，引渡制限事由でないゆえに引渡しの対象となる。裁判所が，引渡制限事由の存否をめぐり，テロ行為の動機や目的等について司法審査を行う余地がなく，政府当局間の交渉によって国際政治的な決着が図られる。例えば，教師であるウィグル人のエルシデン・イスライルは，2009年7月にウルムチで騒乱事態が起きたとき，外国人ジャーナリストの取材に応じて拘禁中に死亡したウィグル人（ショフレフト・トゥルスン）の話を伝えた。取材が行われた後，中国当局はイスライルを含めてその取材にかかわった数人に対して逮捕状を出したため，イスライルは徒歩で中国を離れてカザフスタンへ逃れた。現地で難民認定を求めたところ，現地の国連難民高等弁務官事務所（UNHCR）は2010年3月により難民認定が得られた。しかし，イスライルは同年4月にスウェーデンへの移住が予定されていたが，その直前にウズベキスタン官憲に拘束されると，政治亡命を訴えたため裁判においてその認否が争われた。裁判ではその訴えは認められず，2011年5月30日，UNHCRが難民認定を取り消すと同時に，中国とカザフスタンとの犯罪人引渡条約に基づいてその身柄が中国に引き渡された。2011年6月14日，中国外交部は，イスライルに対して重大なテロ犯罪があるとして，カザフスタンから引渡しを受け拘禁していることを明らかにした。その他に，テロ行為や国家分裂などの嫌疑にかけられたウィグル人について，ウズベキスタン，パキスタンなどから中国へ強制送還され，死刑または終身刑に処せられた事例がある[392]。

　中国が，犯罪人引渡しの国際協力において，近隣諸国に限ってとりわけ中央

（392）　イスライル事件については「アムネスティ・インターナショナル」2011年6月22日付け報道記事（http://www.amnesty.or.jp/news/2011/0622_1333.html. 2014年9月19日閲覧）。その他の事例について，2007年6月22日付け報道記事を参照（http://www.amnesty.or.jp/news/2007/0622_710.html）。

◆ 第四節　引渡法および引渡条約における引渡制限事由

アジア諸国との間で，政治犯罪を引渡制限事由から排除したことには対外政策
上の理由があると考えられる。中国の主導によって「上海協力機構」(Shan-
ghai Cooperation Organization, SCO) が 2001 年発足されたが，同機構の加盟国
は，中国をはじめロシア，キルギス，ウズベキスタン，カザフスタン，タジキ
スタンなどである[393]。加盟国は，チェチェン，チベットおよび新疆ウィグル
（東トルクスタン）などのような反体制運動または独立・分離主義運動を内包す
る国であって，地域的な安全保障体制が求められていたという共通点があ
る[394]。発足の趣旨として，中国主導の初の地域協力機構，中国の国際経済的
な影響力および中央アジアにおける拠点の確保等が挙げられるが，国際刑事協
力の側面から見るかぎり，中国内の民族独立運動と係るテロ犯罪の規制との関
連が強いと考えられる。すなわち，新疆ウィグル（東トルクスタン），チベット，
チェチェンなど，中国および中央アジアにおける民族問題とイスラム過激運動
について，欧米諸国による人権的な干渉を阻止し，同機構の参加国間で規制し
ようとするものと解される。従って，中国がロシアおよび中央アジア諸国等と
締結した引渡条約において，政治犯罪を引渡制限事由と定めなかった背景には，
自国の少数民族の民族運動をテロ行為および反国家行為と位置づけ，その引渡
審査において司法作用を全く排除しながら，政府の政治的な考慮に基づいて国
際政治的な解決を図ろうというものであると解される。

六　引渡協力に関する中国内部からの指摘

中国における逃亡犯罪人引渡しをめぐる国際協力について，引渡法規定と引

---

(393)　清水学「上海協力機構と中央ユーラシアの再編成」『大阪外国語大学中国文化
フォーラム』(2006 年 11 月 11 日) 1-6 頁。

(394)　上海協力機構が創設された背景には，欧州安全保障協力機構（OSCE）がその加盟
国である中央アジア諸国および CIS 諸国に対して人権問題と西欧民主主義でもって介入
することについて反発した側面がある。すなわち，新疆ウィグルの東トルクスタンやチ
ベッド独立運動などについて国際テロと規定し，その活動を押さえ込むための多国間協
力組織として，「欧米価値のグローバル化に対する防波堤」としての機能をもつと解さ
れる。吉川元「西欧的国際政治システムへ回帰するアジア：受容，抵抗，そして衝突の
軌跡」中村雅治，イーブ・シュメイユ編『EU と東アジアの地域共同体：理論・歴史・展
望』(上智大学出版，2012 年) 57-59 頁。

第三章　中国における逃亡犯罪人引渡し

渡条約規定との不整合，簡易引渡しなどのような引渡協力における最近の趨勢の未反映，身柄の拘禁などの逃亡犯罪人の人権保障，裁判所による決定の拘束力の付与など，司法統制の強化が求められていると指摘しながら，引渡法の改正などが必要であることを主張するものである[395]。その主な内容は次のとおりである。第一に，引渡法において自国民であることを義務的な引渡拒否事由と定めるが，引渡条約ではこれを裁量的な引渡拒否事由などと定めたものがあるところ，引渡条約との整合性を確保するため裁量的な引渡拒否事由と改めることが望ましい。立法において，属人主義による刑事管轄権を強調しながら義務的な引渡拒否事由と定めたことは，政治的な考慮が過度に働いたもので，国際社会の引渡協力の進展に支障をもたらすことがある。また，引渡条約において自国民であることを引渡制限事由としながら，引渡しを行わない場合，請求国の要請により被請求は自国内で訴追など行うべきと定めるが，捜査活動や証拠関係等に照らしてみると現実的に困難なことである。とりわけ，刑法第7条は国民の国外犯について処罰できると定めながら，但し，法定刑が3年以下である場合には訴追しないことができると定める。さらに，相手国と引渡条約が存在しない場合，仮に中国籍の逃亡犯罪人の引渡協力において被請求国から相互主義の保証を求められるとすれば，現行引渡法からしてその保証を与えることは非常に困難であり，引渡協力に支障をもたらす。第二は，引渡法で義務的な引渡拒否事由と定めた政治犯罪について，引渡条約のなかでは国際テロ行為などの重大な国際犯罪である場合若しくは「ベルギー加害条項」に該当する行為などを政治犯罪と認めないと定めたものがあるため，引渡法に政治犯不引渡原則の例外条項が設けられるべきである。第三は，引渡法上，引渡裁判は高級法院と最高法院の両方の審査と決定をへなければならないが，逃亡犯罪人の上訴がある場合などに限って，最高法院が裁判を行うものと改正することが望ましい。

---

(395)　薛淑兰『引渡司法審査研究』（中国人民公安大学出版社，2008年）317-327頁。

◆ 第五節　その他の国際刑事協力

◆ 第五節　その他の国際刑事協力

一　刑事共助と受刑者移送

　中国では，刑事共助および受刑者移送について，国内立法が制定されず，外国と締結した関連条約によってその要件と手続等が規律される。引渡法の規定のなかに「証拠または関連資料」の提出について定めた条項があるが（第12条第2号），それは引渡請求の犯罪を裏付けるためのものであって，刑事共助の実施の目的で設けられたものではない。また，引渡法では，刑の執行のために引渡請求がある場合，残余刑の期間が少なくとも6月以上でなければならないという条項があるが（第7条第2号），これも本人の同意および改善更生等のような受刑者移送の本来の要件と目的とは関係なく，刑罰の執行のために定められたものである。逃亡犯罪人引渡しを除き，刑事共助および受刑者移送等の国際刑事協力について，国内立法としていわゆる「国際刑事協力法」が起草され，検討中であることは前述のとおりである。

　日中韓の間では，各二箇国間で刑事共助条約が締結され，トライアングルを形成されている。日中間では2007年12月1日締結（2008年11月23日発効），中韓では1998年11月12日締結（2000年2月25日発効）され，また，日韓では2006年1月20日締結（2007年1月26日発効）された。中国と米国との間では，2000年に刑事共助条約が締結された。2006年7月には，当時公安部長であった周永康氏と米国のゴンザレス司法長官との間で，逃亡犯罪人の捜査をはじめ，反テロ関連の情報交換，サイバー犯罪の鎮圧，法執行実務者の交流，その他の刑事協力について合意がえられ，両国間で「法執行協力の強化のための共同声明」が発表された[396]。両国間の代表的な刑事共助の事例として，前述した「余振東事件」が挙げられる。

　刑事共助は，条約に基づいて行われる場合，その任務を行う中央当局が指定

---

(396)　中国通信社「新華社」2006年7月30日付け報道記事（http://news.xinhuanet.com/newscenter/2006-07/30/content_4893862.htm．2014年7月20日閲覧）。

第三章　中国における逃亡犯罪人引渡し

され共助の請求およびその対応は中央当局間の直接連絡により行われる。日中間では，刑事共助条約に基づいて，日本側は法務大臣若しくは国家公安委員長若しくはこれらがそれぞれ指定する者，中国側は司法部または公安部となっている（第2条第1項）。中韓の刑事共助条約では，中国側が司法部，韓国側が法務長官またはその指定する者と定められた（第2条第2項）。また，日韓刑事共助条約では，両国ともに，上記同様のものとなっている。中韓刑事共助条約において，中国側の中央当局として司法部のみ指定され，日中条約で定められた中国公安部が指定されないところに相違がある。この相違点について，韓国側から，刑事共助の効率と迅速を図るためには，公安部が追加指定されるべきとの指摘がある(397)。司法部は，捜査，訴追等の刑事手続について直接の指揮権がないため，刑事共助の中央機関として即応性に問題があるというものである。中国司法部は司法行政を管掌する国務院の一組織である。その主な職務は，司法行政の政策の企画，刑務機関および刑罰執行の管理監督，法律知識の普及，弁護士・公証人の職務の指導監督，法律扶助の支援，などと規定されている(398)。公安部は，犯罪捜査に限らず，入国管理等，国民治安の全般について管轄する国務院の所属機関である。例えば，警察（犯罪捜査，治安管理），国境管理，出入国管理，消防，交通，民間航空等，その職務範囲が非常に広く，これらの関連機関を直接に指揮監督する権限が与えられている(399)。中国が外国

(397)　韓国が刑事共助条約に基づいて中国当局に共助を要請したところ，条約上中国の中央機関である司法部が犯罪捜査などに直接的な指揮権がなく，国内捜査に影響をもたらしたとする指摘があった。事件は，ソウル市の所属公務員について，北朝鮮のためのスパイ行為があったとして関連証拠が捜査機関に提出されたところ，中国官憲によって作成されたといわれるそれらの証拠が偽造された疑惑がもたれ，韓国当局が中国当局に共助を要請したという事案である。韓国紙「ヘラルド経済」2014年3月17日付け報道記事（http://news.heraldcorp.com/view.php?ud=20140317000237&md=20140320005626_BK，2014年8月2日閲覧）。

(398)　司法部の主な所管事項は「司法部の職責，組織及び人員の編成に関する規定」（国務院事務局通知［国办发（2008）64号］）に現れている。司法部のウェブペイジ（http://www.moj.gov.cn/index/content/2008-07/15/content_900525.htm?node=7350，2014年8月2日閲覧）を参照。

(399)　中国公安部のウェブペイジ（http://www.mps.gov.cn/n16/index.html?_v=1407384255498，2014年8月2日閲覧）を参照。

234

◆ 第五節　その他の国際刑事協力

と締結したその他の刑事共助条約において，中央当局について，公安部，司法部，最高検察院，最高法院等が単独で指定されたり若しくは複数の機関が選択的に指定された場合がある[400]。

　受刑者移送について，中韓の間では条約が締結されたが（2008年5月27日，2009年8月5日発効），日中間では交渉が行われたものの締結には未だいたっていない。中国において，受刑者移送に関する国内立法が未だ整備されないところ，移送の要件について「国際刑事協力法」草案には次のように定められている[401]。受刑者が中国国民であること，受刑に係わる行為が中国の法律において犯罪を構成すること，移送請求が行われた時点において残余の刑期が少なくとも1年以上であること，受刑者の同意またはその法律代理人の同意があること，移送当事国の同意があること，などが挙げられる。中韓間の移送条約においては，両国の同意があれば，受刑者の残余刑期が1年未満であっても例外的に移送可能との条項が設けられている（第4条第2項）。その理由として，移送の需要の側面において残余刑期が1年未満であってもその対象が少なくないこと，また，中国と韓国が地理的に隣接しているため，コストや手続の側面で比較的に効率的に移送が可能であること，などが考えられる。

二　特別行政区（香港，マカオ）および台湾との引渡協力

(1)　「特別行政区」との引渡協力

　中国引渡法は中国と「外国」との間で行われる引渡協力について定めたもので（第2条ないし第4条），特別行政区である香港とマカオ若しくは台湾などは主権国家と認められず，これらの引渡協力では引渡法が適用されないと解される。用語上でも区別され，中国と特別行政区若しくは特別行政区と外国が締結

---

(400)　中国が締結した刑事共助条約において中国の中央当局として指定された機関は，主に，司法部のみか若しくは司法部と最高人民検察院の両方が指定された場合が多い。司法部と公安部がともに指定されているのは，日本以外に，ラトビアとパキスタンとの条約くらいである。黄風『中華人民共和国国際刑事司法協助法：立法建議稿及論証』（北京大学出版社，2012年）60-63頁。

(401)　黄風『中華人民共和国国際刑事司法協助法：立法建議稿及論証』（北京大学出版社，2012年）205頁。

第三章　中国における逃亡犯罪人引渡し

する引渡協力には「引渡」（中国語も同じ）ではなく，移送という意味の［移交］が用いられる[402]。実際においても，特別行政区が外国との間で引渡協力に関する協定を締結する場合，事前に中央政府からその権限の委任を受けなければならないとする。すなわち，引渡協力は外交や国防などのような重大な国益にかかわる事案であるため，特別行政区が引渡協力について中国の中央政府に報告しその意見を求めるべきであるとする[403]。

(2)　台湾との引渡協力

　中国憲法が，その前文において，「台湾は中華人民共和国の真正な領土の一部である。祖国を統一することを完成するという大業は台湾同胞を含む全中国人民の神聖な職責である。」と定め，他方，台湾憲法は「中華民国の領土は固有の境界による」として（第4条），その領域主権が，台湾本島およびその島嶼のみならず，中国大陸の全土にまで及ぼすと定める。現にして中国刑法の強制管轄権の効力は及ばないと解される。

ア.「金門協議」（1990年9月12日署名）

　1990年9月，台湾と中国の赤十字社代表が金門で会談し，密入境者および犯罪人等を相互に送還することについて合意文書の締結した。刑事事件の被疑者または被告人が一方の領域に進入した場合，中国と台湾の赤十字社が合意した場所において相互に引渡を行うというものである。同協議書は，送還原則（第1条），送還対象（第2条），送還場所（第3条，送還手続（第4条）およびその他（第5条）で構成されている。主な内容は，法令上の規定を違反して相手方の地域内に進入した住民，犯罪人について，両赤十字社が予め合意した場所である，「馬尾」と「馬祖」との間，若しくは「厦門」と「金門」間で，赤

---

(402)　例えば，香港と韓国との間で締結された犯罪人引渡協定（2006年6月26日署名，2007年2月11日発効）の英文名称は，「Agreement for The Surrender of Fugitive of Offenders Between The Government of The Republic of Korea And The Government of The Hong Kong Special Administrative Region of The People's Republic of China」である。なお，同条約では，引渡対象の犯罪について刑期を基準にせず，付表として46項目にわたる犯罪行為を列挙している。

(403)　黄風『中華人民共和国引渡法評注』（中国法制出版社，2001年）4頁。

236

◆ 第五節　その他の国際刑事協力

十字旗が掲げられた赤十字専用船または民間船舶を利用して対象者を送還するというものである。

イ．「両岸共助協議」（［海峡両岸共同打撃犯罪及司法互助協議］，2009 年 4 月 26 日署名）

　「両岸共助協議」は，2009 年 4 月 26 日，台湾「財団法人海峡交流基金会」と中国「海峡両岸関係協議会」の両代表の間で締結された合意文書である。同協議の目的として，両地域の人民の権益を保障し，両岸の交流秩序を維持保護するために，共同で犯罪を鎮圧するとともに司法共助などの交流協力を実施していくというものである（前文）。協議書は，総則（第 1 章），共同の犯罪鎮圧（第 2 章），司法共助（第 3 章），要請手続（第 4 章）および附則（第 5 章）で構成される。主な内容は次の五つである。第一に，共助事項についてである。共助事項は，民事および刑事司法において，①共同の犯罪鎮圧，②文書送達，③証拠調査，④民事裁判と仲裁裁決に対する認可および執行，⑤受刑者移送，⑥その他の双方の同意事項である（第 1 条）。協議の窓口は，共助事項にかんする各分野の主管機関がこれを行い，必要な場合は双方の同意を得て連絡機関を指定することができる。また，本協議に関するその他の事案については「財団法人海峡交流基金会」と中国「海峡両岸関係協議会」との間で連絡を行う（第 3 条）。第二は，共助の範囲である。共助範囲については，①殺人強盗等の凶悪犯行，麻薬取引，人身売買，密入国などの重大な犯罪，②横領・背任，詐欺，資金洗浄，有価証券偽造などの経済犯罪，③汚職犯罪，④航空機・船舶の不法奪取およびテロ犯罪，⑤その他の刑事犯罪，と定める（第 4 条）。また，ある行為が一方において犯罪を構成しないものの，その行為が社会に重大な危害を与える場合は相互の同意を得て個別的に共助を行う。さらに，捜査共助について，犯罪情報の交換，犯罪者または被疑者の送還，必要なときは合同捜査などを行う（第 5 条）。第三は，逃亡犯罪人の送還である（第 6 条）。双方は，人道，安全，迅速及び便利の原則に基づいて，海路または空路の直行便を増やし，犯罪被疑者及び被告人を送還する。身柄を移送するときは関連証拠の提供を含み，移送及び提供の際は文書上の署名を行う。送還の対象者が，送還請求を受けた側において，刑事手続に係属している場合はその手続が終了した後に送還する

237

第三章　中国における逃亡犯罪人引渡し

ことができる。そして，請求側が身柄の送還を受けたばあい，被請求側の同意がないかぎり，送還を求められた犯罪以外の行為について訴追を行ってはならない。第四は，司法共助（第3章）について，相互は人道および互恵の原則に基づいて，文書送達，証拠調査，犯罪収益の交付，民事確定裁判および仲裁裁決の承認，刑事裁判が確定した被告人の移送などを行う。双方は，ある一方の人に人身自由の制限があったり，若しくは人身事故等による死亡等があった場合にこれを通報し，当該者の家族訪問について便宜を提供する。第五は，共助要請の手続きである（第4章）。要請の提出方式（原則として書面によるものとし，緊急状況の場合はその他の形式で提出することができる。），執行の要請，共助の拒否（要請された共助内容若しくはその執行が，共助側において公共秩序または善良風俗等に反する場合はこれを拒否することができる。）などが定められている。

◆ 第六節　台湾（中華民国）における逃亡犯罪人引渡しをめぐる国際刑事協力

一　概　要

台湾（中華民国）[404]は，その国家管轄権の適用の限界について，憲法上の

（404）　台湾（中華民国）の国際法上の地位について，中華民国政府の公式見解は，1945年中華民国が台湾に対する主権を回復し，台湾及び澎湖諸島の地域は中華民国の一部であるとして「台湾の法律的地位の未確定論」を反駁する（外交部ウェブペイジ「外交基本方針」を参照（http://www.mofa.gov.tw/official/Home/Detail/6fa3c374-33a3-4551-94a5-e167fc376ca1?arfid = 40e89e63-9c48-40a1-a1fb-54cf90b7444f&opno = d6f5f626-2255-4d22-b2bb-01d1e0fd3bce. 2014年9月15日閲覧）。すなわち，中華民国は，中国大陸において辛亥革命によって清朝にかわり，1912年1月1日（民国元年）に成立された中華民国であるといい，それゆえに中国大陸は今後統一されるべき対象となり，中華民国憲法（1947年1月1日公布）の領土条項（第4条）に定められるようになった。なお，これと関連した国際社会における台湾論として，「中華人民共和国の飴と鞭の外交の前に」諸国がこれに屈従して中華民国と外交を断絶し，「台湾の地に厳然と存在する民主国家－今や戒厳令もなく，政治犯もない複数政党の民主国家が国連をはじめとする国際社会から排除されているのは国際法の立場からもきわめて異常な事態」であるととらえ，台湾が中華人民共和国との平等な立場にたった国家としてあるべきという論説がある。小田滋「主権独立国家の'台湾'：'台湾'の国際法上の地位（私の体験的・自伝的台湾論）」

238

◆ 第六節　台湾（中華民国）における逃亡犯罪人引渡しをめぐる国際刑事協力

領土条項および刑法の適用範囲のなかで定められている。すなわち，憲法は
「中華民国の領土は固有の境界による」として（第4条），領域主権が台湾本島
および一部の島嶼のみならず，中国大陸の全土まで含まれると定める。刑事管
轄権について，刑法は「本法は中華民国領域内の犯罪者について適用する。中
華民国領域外の中華民国の船舶または航空機内の犯罪者は中華民国領域内の犯
罪者とする。」として（第3条），属地主義の原則を明記している。さらに，全
ての者の国外犯（刑法第5条）および中華民国公務員の国外犯（第6条），国民
の国外犯（第7条），国民以外の者の国外犯（第8条）などを定めて，刑法の場
所的適用範囲において保護主義，積極的属人主義も採用している。もっとも，
中国大陸に対する台湾の国家管轄権の適用については，国内法令を制定して立
法管轄権を確立するにとどまり，立法上の権限に基づいて強制管轄権（執行管
轄権および司法管轄権）を実際に行使することは現実として限界がある。他方，
中華人民共和国もその国家管轄権については台湾を自国の領域主権の対象に属
すると明記していることから，国家管轄権の相互抵触が生じることになる。こ
のような相互抵触を調整するために，台湾と中国とのあいだではいわゆる「金
門協議」などの取極めを締結して，刑事協力を行っている。

　台湾の対外的な国際刑事協力において，台湾は南アフリカなどとの間で逃亡
犯罪人引渡条約を締結しており，アメリカなどとの間で刑事共助協定，パナマ
との間で受刑者移送条約をそれぞれ締結している。さらに，金融情報の交換，
麻薬取締り，警察職務や捜査などのように個別的な事項については諸国の各中
央省庁との間で了解覚書などを締結したり，若しくは国際礼譲に基づいて具体
的な事例の状況に応じて国際犯罪規制に取り組んでいる。

　台湾の国家組織は，立法院，行政院および司法院等で構成されている。司法
機関と検察機関について略述すると，司法機関は司法院と各級法院にわかれ，
検察機関（〔検察署〕）は法院のなかに付置されている。すなわち，司法院は国
家最高の司法機関であって，民事，刑事，行政訴訟審判および公務員の懲戒を
つかさどり（憲法第77条），その主な機能は，憲法を解釈し，法律および命令
の解釈を統一する権限を有する（憲法第78条）。法院組織は最高法院，高等法

『日本学士院紀要』62巻第1号（2007年）43-68頁。

第三章　中国における逃亡犯罪人引渡し

院および地方法院から構成される（法院組織法第1条）。地方法院の裁判は裁判官の単独あるいは三人の合議によって行われ，高等法院は3人の合議，そして最高法院は5人の合議によって行われる（法院組織法第3条）。また，検察機関は法院の審級によって最高法院検察署，高等法院検察署および地方法院検察署が設けられており，最高法院検察署の検察総長が捜査および公訴提起等について検察官を指揮する。中央行政機関である法務部において検察組織を担当する部署は検察局（[検察司]）である。

二　逃亡犯罪人引渡し

(1)　国内立法の「引渡法」

　台湾引渡法は1954年（民国43年）制定され，その後1980年（民国69年）に一部条項の改正が行われた。犯罪人引渡の基本原則として，引渡しは引渡条約によって行われるが，条約がない場合若しくは条約上の規定がないときは本法に基づいて行うとする（第1条）。引渡請求の方式は外交ルートを経由することとし，外交部がこれを担当すると定める（第9条）。また，引渡しの要件（第2条），引渡制限事由として裁量的な引渡拒否事由および義務的な引渡拒否事由（第3条ないし第5条）について明記している。さらに，台湾が引渡請求を受けた場合の国内手続きを定め（第15条ないし第22条），その他に，引渡請求書の記載事項，必要な関係書類などについて規定している。同法が定める犯罪人引渡しの主な要件は以下のとおりである。①被請求引渡人が請求国の領域または第三国において罪を犯していること。②引渡犯罪が台湾及び相手国との法律上において双方可罰であること。③引渡犯罪が台湾刑法上において1年を越える自由刑に処せられる犯罪であること。④被請求引渡人が台湾国民でないこと。⑤引渡犯罪が軍事犯罪，政治犯罪，宗教犯罪でないこと。⑥被請求引渡人の同一犯罪について，台湾の司法機関によってすでに無罪と認定された場合，若しくは有罪認定によって刑罰が執行されたこと。⑦引渡犯罪が台湾の法院に係属しないこと，などである。

◆ 第六節　台湾（中華民国）における逃亡犯罪人引渡しをめぐる国際刑事協力

ア．引渡制限事由

　引渡を求められた犯罪行為が軍事，政治，宗教の性質を有する場合は「裁量的な引渡拒否事由」と定める（第3条）。軍事犯罪と関連して，現役軍人に対する裁判は一般法院ではなく，軍事審判法にもとづく軍事裁判の対象となる（憲法第9条，軍事審判法第8条）。軍事法院は最高軍事法院，高等軍事法院および地方軍事法院で構成され，裁判規範においても刑法ではなく「陸海空軍刑法」が適用される。また，「政治犯不引渡し」の原則と関連して，国家元首または政府要人に対する殺害行為はその政治性が否認され（「ベルギー加害条項」），共産党の反乱活動についても政治犯罪と認められないと明記している（第3条第1号及び第2号）。被請求引渡人が，引渡請求がある以前に，台湾の国民であるときは義務的な引渡拒否事由と定め（第4条），「自国民不引渡し」の原則を明確にしている。ただ，国民である逃亡犯罪人の該当行為が台湾の法律上において1年以下の刑罰にあたるときは，その事案を台湾の管轄法院に移送する。その他の義務的な引渡拒否事由として，引渡犯罪が台湾の法院によって不起訴の処分があったとき，若しくは無罪・免刑・免訴などの判決があったときなどが挙げられる（第5条）。

イ．引渡手続

　台湾が引渡請求を受けた場合の主な手続は以下のとおりである。①検察署が引渡案件を法務部から受け取り，引渡を求められた犯罪人を拘禁する。②検察官は最長24時間以内で引渡犯罪について訊問することができる。③事件を身柄とともに法院に送付する。④法院は，審理の進行と同時に，被請求引渡人に対して60日以内に答弁することを命じる。⑤被請求引渡人は弁護人を選任できる。⑥法院は期日を指定して審理を行う。⑦法院は5日以内に決定書を作成する。⑧被請求引渡人の答弁書を受け取った日から30日以内に終結する。⑨決定書を検察署および法務部に送付する。外交部は，引渡しの請求があったときは，請求書及び関係書類を法務部に送付し，法務部は被請求引渡人の所在地を管轄する地方法院検察署に送付する。同検察署の検察官は刑事訴訟法に基づいて身柄の拘禁を命ずることができる。検察官は，被請求引渡人について24時間以内に訊問を行わなければならず，速やかにこれを法院に送付しなければ

ならない。送付を受けた法院は，引渡請求の事実及び証拠関係を被請求引渡人に告知しなければならず，被請求引渡人は告知を受けた日から60日以内に答弁書を提出しなければならない。法院は，原則として答弁書提出の期限が満了したときは審理期日を指定して，検察官，被請求引渡人及びその弁護人に通知する。

　法院は，被請求引渡人の答弁書を受けた日から30日以内に審理を終結しなければならず，審理終結後，5日以内に引渡の可否について決定書を作成しなければならない。法院が決定書を作成した後，引渡案件を検察署，法務部および外交部を経由して行政院に送付し，行政院は総統の承認を得なければならない。総統が，引渡実行を承認したときは該当検察署が法務部および被請求引渡人に通知し，引渡不可としたときは当該検察署をつうじて被請求引渡人の身柄を釈放しなければならない。台湾外交部が引渡請求国に対して引渡しの通報を行ったときは，請求国は60日以内に台湾の領域内の指定場所で身柄を引き受けなければならない。引渡実行の有無を問わず，引渡請求に生じた費用は請求国の負担とする。台湾が引渡請求を受けたときから，法院の審査および決定をへて，行政院（総統）の最終的な承認に基づいて引渡執行が行われるまでの主な流れは以下のとおりになる。すなわち，外交部　→　法務部　→　地方法院検察署　→　地方法院（審理および決定）→　地方法院検察署→　法務部　→　行政院（総統の決定）→　引渡執行，である。

(2)　引渡制度の特徴

　台湾における逃亡犯罪人引渡制度の特徴として次の二つが挙げられる。第一に，追放または退去強制などのいわゆる「偽装引渡し」が活用されていることである[405]。逃亡犯罪人引渡しが引渡法に基づいて行われる場合，その手続のために，法院の審理から行政院（総統）の最終決定にいたるまで少なくとも90日前後の時間がかかること，引渡請求は外交ルートを経由すべきであることから台湾の外交関係の現状に照らしてその活用が少ないこと，などが挙げられる。

---

(405)　宋輝明（Song, Yaw-Ming）「浅談国際刑事司法共助之実践：兼談両岸共同打撃犯罪」『法制與法律』第7巻第2期（2009年2月）90頁。宋氏が，2008年12月11日，台湾法務部（調査局）で行った講演要旨である。

◆ 第六節　台湾（中華民国）における逃亡犯罪人引渡しをめぐる国際刑事協力

〈台湾の逃亡犯罪人引渡条約の締結状況〉[407]

	署名日	締約国
1	1984 年	コスタリカ
2	1986 年	パラグアイ
3	1987 年	南アフリカ共和国
4	1988 年	スワジランド
5	1990 年	ドミニカ共和国
6	1990 年	ドミニカ
7	1992 年	セントビンセント・グレナディーン
8	1992 年	グレナダ
9	1994 年	マライ
10	2010 年	パナマ
11	2013 年	セントクリストファー・ネーヴィス

それゆえに，引渡法ではなく，入国管理関係法を適用して退去強制の処分を執行することによって，引渡しと同様の効果をなすことがある。すなわち，[入出国及移民法] では，台湾国内における犯罪記録の有無，旅券または査証の失効などのように，一定の要件に該当する場合は退去強制の対象とし（第36条），事実上の引渡しに相当する身柄の移送を実行するのである。第二は，引渡可否の終局的な決定において行政的政治的な判断が優先されることである。司法機関である法院が手続上の審理をへて引渡しの可否の決定を行ったとしても，その決定には拘束力がなく，行政院（総統）の決定を待たなければならない。法院において，引渡犯罪が「引渡法」上の引渡制限事由に該当するものであると判断し，引渡不可の決定をなしたとしても行政院の決定によって法院決定が覆されることもありうる。すなわち，立法者は，犯罪人引渡の執行をめぐる終局的な決定について，裁判所の判断よりも行政的・政治的な判断が優先されるべきであると定めたのである。この点で台湾は中華人民共和国の犯罪人引渡における国務院の終局的な決定体制と同様であり，他方で，日本及び韓国が裁判所の引渡不可の決定には拘束されながら，引渡可能という決定に限って，法務大臣が引渡しの相当性を総合的に考慮したうえで終局的な判断をなす体制とは相

243

第三章　中国における逃亡犯罪人引渡し

違点がある。

　台湾が締結した引渡条約は下記表のとおりだが，引渡協力の実務では，相手国との間で特定の案件について覚書を締結し，それに基づいて行われることがある。例えば，「Zain Taj Dean」事件の場合[406]，同人が台湾で飲酒運転により死亡事故を起こし，過失致死罪などで懲役4年が確定されたが，イギリスに逃亡した。台湾とイギリスは，同人の引渡しについて覚書を締結し（2013年10月），これに基づいて台湾が仮拘禁および身柄引渡しを請求したことから，イギリスにおいて引渡しの執行が認められたのである。[407]

三　その他の国際刑事協力

(1)　刑事共助

　台湾では，捜査に関する共助について定めた国内立法は存在せず，裁判所が行う共助の手続きなどについて規定したものがある。刑事司法共助に関する要件および手続きなどについて規律した国内立法として「外国法院委託事件協助法」（1963年4月25日公布・施行）が挙げられる。台湾法院が民事または刑事事件について外国から委託を受けた場合，条約または法律上の特別な規定があるときを除いて，本法によって処理する（第1条）。さらに，外国からの事件の委託は書面および外交経路をつうじて行うものとし（第3条），委託法院の所属国は台湾からの同種類似の事件の委託について同等の共助が保障されるべきである（第4条）として相互主義をとっている。司法共助事件の具体的な処理手続については［司法協助事件之処理程序］（1980年11月11日，司法院（69）院台庁一字第03860号）に定められている。このなかで，委託事件の処理に当たっては「協助法」が定めた台湾国内法との抵触および相互主義の保証の有無について確認し，これらの要件と符合しなければ処理できないとする。また，受託法院が最高裁判所になる場合は管轄法裁判所を嘱託できとし，委託事

---

(406)　台湾外交部（http://taiwantoday.tw/ct.asp?xItem=218481&CtNode=1994，2014年7月21日閲覧）。

(407)　引渡条約の締結状況は，台湾の電子政府，外交部，法務部およびマスコミなどの各ウェブサイトで収集して資料に基づいて筆者が作成したものである。

244

◆ 第六節　台湾（中華民国）における逃亡犯罪人引渡しをめぐる国際刑事協力

件の副本などを司法院および管轄法院の上級法院に送付しなければならない。「協助法」第3条との関連では，台湾が共助を請求する場合に被請求国において台湾の外交機関が設けられてないときは受託国の最高法院に嘱託を行うことができるとする。もっとも，「協助法」の適用対象は台湾と外国の司法共助に限られるために，台湾と中国大陸との間では適用されない。台湾憲法が明らかにしているように，台湾にとって，中国大陸は主権国としての外国と認められないことから同法の適用が排除される。

　刑事共助条約では，代表的なものとして「台湾と米国間の刑事司法共助協定」[408]（2002年3月26日署名）が挙げられる。協定締結の基本的な背景には米国の「台湾関係法」（Taiwan Relations Act）[409]がある。中華人民共和国の浮上によって米国と台湾との政府関係が断絶されるようになったが，米国は依然として，台湾を取り巻く地域の安全保障および経済社会などの諸分野における関係を維持・促進しようとしていたからである。同協定の米国側の署名者である「アメリカ在台協会（American Institute in Taiwan）」は，「台湾関係法」第6条により，コロンビア特別区の法律に基づいて設立された非営利法人である。また，協定締結の遠因となったのは麻薬密売者である黄広潔をめぐる事件がある[410]。黄氏は台湾人でありながら米国市民権をもつ多重国籍者であったが，刑の執行のために台湾で服役中であった。その間，米国の捜査当局は，同人が

（408）　台湾とアメリカ間の刑事司法共助協定の英文名称は，「Agreement on Mutual Legal Assistance in Criminal Matters Between the Taipei Economic and Cultural Representative Office in the United States and the American Institute in Taiwan」，中文は［駐美国台北経済文化代表処輿美国在台協会間刑事司法互助協定］である。

（409）　Public Law 96-8（22 U.S.C. § 3301 et seq.）。台湾関係法は1979年4月10日アメリカ議会において成立，同年1月1日に遡って発効した。その立法趣旨は，アメリカと台湾との間で，通商，文化，その他の諸関係の継続を承認することにより外交関係を促進するところにある。台湾関係法の前文は以下のとおりである。「To help maintain peace, security, and stability in the Western Pacific and to promote the foreign policy of the United States by authorizing the continuation of commercial, cultural, and other relations between the people of the United States and the people on Taiwan, and for other purposes.」。

（410）　宋輝明（Song, Yaw-Ming）「浅談国際刑事司法共助之実践：兼談両岸共同打撃犯罪」『法制輿法律』第7巻第2期（2009年2月）87-88頁。

245

第三章　中国における逃亡犯罪人引渡し

米国の西海岸における麻薬密売組織の重要な成員であることをつきとめ，その身柄の引渡請求を望んでいた。しかし，台湾引渡法では，自国民の引渡しについて義務的な引渡拒否事由と定められており，他方で米国は逃亡犯罪人引渡において条約前置主義を採用していることから，その身柄引渡しが執行されるためには台湾と米国との間で条約等の締結が求められたのである。同協定の効力について，台湾における国家最高の司法機関である司法院は次のように解釈している。すなわち，条約等とは，国家の重要事項に影響を及ぼしたり若しくは人民の権利義務関係を規律するものについて，台湾が外国または国際組織との間で締結する書面の約束であって，従って「台湾とアメリカ間の刑事司法共助協定」は法律と同等の効力を有するものであるとした(411)。

　共助の範囲（第2条）は，締約一方の要請によって，捜査，訴追，犯罪防止およびその他の刑事司法手続における共助の提供とする。その主な内容は，証言または供述の取得，証拠に係わる書類・物品，被共助関係人の所在または身分の確認，書類送達，受刑者証人移送，押収捜索の執行，関連資産の没収及び凍結，罰金の執行手続，共助執行国の国内法令に反しないその他の共助事項などである。共助請求の窓口の指定（第3条）について，アメリカ側は司法長官または司法長官が指定するもの，台湾側は法務長官または法務長官が指定するものとなる。

　共助制限について主な事由は次のとおりである（第4条第1項）。すなわち，①共助を求められた行為が，普通刑法に反せず，軍法に反する行為であるとき，②共助の執行が，共助国において，領土の安全，公共秩序等のような重大な利益を害するとき，③共助が，本協定によって，押収等の強制捜査に該当する場合は共助犯罪が共助国において犯罪を構成しないとき，などである。共助制限事由と関連して，共助が拒否される以前に，共助国の被指定者は，共助に符合する条件について，要請国の被指定者と協議しなければならない。仮に要請国の被指定者が共助について条件を受け入れた場合，共助国はその条件を遵守しなければならない（第4条第2項）。さらに，仮に共助国の被指定者が共助を拒否する場合，共助国はその理由を要請国に通知しなければならない（第4条第

---

(411)　「司法院大法官会議第329号解釈」。

246

◆ 第六節　台湾（中華民国）における逃亡犯罪人引渡しをめぐる国際刑事協力

3 項）。同協定が締結された 2002 年から 2005 年までの間，台湾がアメリカに共助を請求したのは 15 件，アメリカから請求を受けたのは 24 件である[412]。

(2)　受刑者移送

　国内立法として 2013 年 7 月 23 日に施行された［跨国移交受刑人法］がある（以下「受刑者移送法」という。）。受刑者移送法は，外国の刑事施設等で収監され刑罰を受けている国民を台湾に移送し，残余の刑を執行することによって更生と社会復帰という矯正の目的のために制定された（第 1 条）。受刑者移送法は，受刑者の移送について，移送条約に基づいて行われることを原則としながら，条約規定がない場合に同法を適用し，当移送法にも規定がないときは刑法，刑事訴訟法，少年事件処理法およびその他の関係法律の規定を適用すると定める（第 2 条）。同法の全体的な構成は，目的及び用語の定義などを定めた総則（序章），受入移送（第一章）および送出移送（第二章）の各要件等で成り立っている。受入移送の執行において，「刑の転換」（conversion of sentence）方式がとられている（第 8 条及び第 9 条）。

　受入移送の要件として（第 4 条），裁判国である相手国と台湾との間で相互同意，裁判国における当該受刑者の裁判の確定，双方可罰の原則，受刑者が台湾国籍（若しくは戸籍）であること，受刑者またはその法定代理人の同意等がある。また，移送請求が行われた時点において共助刑（残余刑）が 1 年以上であること（ただし，台湾と移送相手国との間で相互同意があればこの限りでない。），移送犯罪に対する行刑権の時効が台湾の法律によって未完成であること，なども移送の前提となる。送出移送の要件（第 18 条）において，台湾と移送相手国との相互同意，受刑者が移送を受け入れる国の国籍を有すること，条約に基づかない移送について相互主義の保証が書面で得られること，移送される受刑者が台湾の刑事訴訟に係属されていないこと，などが定められる。ただ，台湾の国籍若しくその戸籍を有している受刑者については送出移送を行わないことができる。その他に，台湾と中国大陸，香港およびマカオとの間の受刑者移送についても同法を準用すると定める（第 23 条）。2013 年 1 月現在，中国大陸の

---

(412)　宋輝明（Song, Yaw-Ming）「浅談国際刑事司法共助之実践：兼談両岸共同打撃犯罪」『法制興法律』第 7 巻第 2 期（2009 年 2 月）90 頁。

第三章　中国における逃亡犯罪人引渡し

刑務所等で収監されている台湾籍の受刑者は約 1 千人といわれ，このなかで受刑者移送法上の移送の要件に適合しながら，移送の同意があった件数は約 300 件にのぼると報じられている。そして台湾において服役中の中華人民共和国の国民（香港及びマカオを含む）が約 80 人と数えられる[413]。条約としては，パナマ（2008 年 7 月 31 日，パナマで締結）などとの移送協力がある

(3) 台湾における中国との刑事協力

　台湾では，中国大陸，香港，澳門および台湾の各地域を合わせて「両岸四地」という。両岸四地をまたがる人員と物資の交流が拡大されるに伴い，両岸および香澳との各刑事協力について規律する必要が求められたことから，国内立法として「両岸関係条例」および「香澳関係条例」が制定された[414]。中国大陸と台湾の司法共助について，台湾の［外国法院委託事件協助法］上，中国大陸の法院は「外国法院」に該当しないため同法が適用されないと解釈する。すなわち，「大陸地区の法院は外国の法院ではなく，それゆえに共助委託事件については［外国法院委託事件協助法］が適用されず，大陸地区の法院が直接に台湾法院に証拠調べを委託することは未だ法律上の根拠がないのである。従って，［両岸関係条例］第 8 条により，行政院大陸委員会が両岸の仲介事務について既に［海峡交流基金会］に委託したことから，司法共助およびその関連事項は上記の海峡交流基金会の仲介によって処理されるべきである。」と解される[415]。

◆ 第七節　小　括

　中国の国内立法において，国際刑事協力が最初に言及されたのは 1996 年に改正された刑事訴訟法である。同法第 17 条は「中華人民共和国が締結し若し

---

(413)　孟令敏（Meng, Ling-Min）「海峡両岸罪犯接返案件執行現況：兼論我国［跨国移交受刑人法］」『展望興探南』第 11 巻第 1 期（2013 年 1 月）77 頁。

(414)　台湾の国際刑事協力に関する行政的な職務は，法務省内の一局である「国際および両岸法律局」が担当しており，局は「国際課」および「両岸課」の二課体制をとっている。法務部ウェブペイジの「組織機構」を参照（http://www.moj.gov.tw）。

(415)　司法院，1992 年 7 月 8 日，［(80) 院台庁一字 05019 号］）。

◆ 第七節　小　括

くは加入した国際協約に基づいて，若しくは互恵原則に照らして，我が国司法機関と外国の司法機関は相互に刑事司法協力を請求することができる。」と定める。2000 年 12 月，国内立法として「引渡法」が公布施行され，現在にいたっている。ただし，政府内の指針として「引渡案件の若干の問題に関する処理規定」が定められ（1992 年 4 月 23 日施行），引渡しの国際協力に関する基本的な要件および政府組織間の職務の分担などが決められていた。引渡法の他に，刑事共助および受刑者移送についてその要件と手続きなどが定められた国内立法は未だ制定されていない。国際刑事協力に関する国内立法が整備されないところ，2000 年代後半からいわゆる「国際刑事協力法」の立法の必要性が提起され，研究者を中心にその試案が出されている。

　国内法である「引渡法」は，第 1 章「総則」から第 4 章「附則」まで，すべて 55 の条項から成り立つ。第 1 章は，第 1 条から第 6 条にかけて，法律制定の目的および意義，用語の定義等が定められた。第 2 章「外国からの引渡請求」は第 1 節から第 7 節に分けて構成されるところ，その主な内容は次のとおりである。第 1 節「引渡しの条件」（第 7 条ないし第 9 条）では，外国から中国に向けて引渡請求がなされる場合に具備されるべき要件（第 7 条），義務的な引渡拒否事由（第 8 条）および裁量的な引渡拒否事由（第 9 条）等の引渡制限事由が定められた。引渡要件として，引渡しに係る行為が，中国と請求国の双方の法律により，1 年以上の自由刑が科され若しくはそれ以上の刑罰に処せられる犯罪である場合と定める。義務的な引渡拒否事由は，政治犯罪，軍事犯罪，自国民などであり，裁量的な引渡拒否事由として，引渡犯罪について中国が刑事管轄権を有する場合，公訴時効の完成等が挙げられる。中国が外国から引渡しを受けた場合，引渡しが執行されることを想定したときの国内の主な流れは次のとおりである。すなわち，外国の請求→中国外交部→①最高法院：引渡裁判を行う高級法院の指定，②最高検察院：中国の裁判管轄権の有無の審査→③高級法院による裁判：引渡可能または引渡不可の決定→④最高法院の再審査：引渡可能または引渡不可の決定→⑤国務院の引渡しの決定→引渡執行，となる。

　中国が外国と締結した引渡条約は，1993 年にタイと締結して以来，2012 年現在，35 箇国を数える。そのなかには，陸地や海域をはさんで国境を接している中央アジアや東南アジアの諸国が多いが，西側諸国（スペイン，ポルトガ

第三章　中国における逃亡犯罪人引渡し

ル，フランス，オーストラリア，イタリア），アフリカ及び中南米の国々も含まれている。中国が，外国との間で，積極的に引渡条約を締結することになった背景として次の点が挙げられる。①陸地続きで国境を接している近隣諸国との条約締結が多い，②腐敗犯罪との戦いという政府方針に基づいて引渡協力（引渡請求）の必要性が高まっている，③外国からの条約締結の要請に応ずることは中国の外交力向上の政策と符合する。もっとも，米国，カナダ，イギリスなど主要先進国との間では未だ引渡条約が締結されず，とりわけ英米法系の諸国が逃亡犯罪人の引渡しについて条約前置主義をとっているため，中国の汚職犯罪者の主な逃亡先となっている。引渡法では自国民を義務的な引渡拒否事由と定めるが，引渡条約において裁量的な引渡拒否事由と定めたものが少なくない。また，死刑の宣告若しくは執行を行わないとの保証が得られない限り引渡しを拒否すべきであるという死刑不引渡しについて，スペインとの引渡条約（2005年11月14日署名）に初めて採り入れられて以来（第3条第8号），西側諸国と締結した引渡条約のなかに同様の条項が設けられるようになった。

　引渡裁判は，高級法院および最高法院により，引渡請求の適法性，引渡制限事由の存否等について審査が行われる。高級法院を第一審，最高法院を第二審として，二審制がとられている。最高法院は，逃亡犯罪人の所在地若しくは案件の重大性等を考慮して，引渡事件を担当すべき各省の高級法院を指定する。高級法院は当該事件について引渡法及び引渡条約上の引渡制限事由の有無を審査し，その結果「引渡可能」または「引渡不可」と決定する。しかし，高級法院が行う決定には拘束力がなく，最高法院の再審査を待たなければならず，最高法院は高級法院の決定について破棄差戻しまたは破棄自判の決定を行うことができる。最高法院が引渡可能と決定したときは，これを外交部へ送付し，外交部は国務院の最終決定を求めることになる。国務院においては，外交部の形式要件の審査および裁判所による適法性の審査を含めて，主に請求国との外交関係等のような国際政治的な影響について審査が行われる。すなわち，国務院では，引渡請求の合理性，国際政治に与える影響，外交政策上の総合的な考慮，司法審査の不足の補完等について検討が行われ，最終的に引渡しの執行の可否が決定される。引渡法上，引渡裁判が高級法院と最高法院により二段にかけて審査が行われてたしても，引渡可否に関するその決定には拘束力がなく，司法

250

◆ 第七節　小　括

統制の作用において基本的な限界がある。

　中国が締結した多数の引渡条約には政治犯罪について義務的な引渡拒否事由と定められる。但し，その例外として，「ベルギー加害条項」若しくは国際テロ行為などのように多国間条約において政治犯罪と認めないとしたものなどについて，引渡しが可能と定められたものがある。しかし，国境を接している中央アジア諸国との間で締結した引渡条約では引渡制限事由のなかに政治犯罪そのものの規定がない。中国は，新疆ウィグル自治区における東トルキスタンの独立運動およびチベット亡命政府の活動について，反中国の国際テロ行為および分裂策動と位置づけながら，その取締りを強化しようとする。新疆ウィグルとチベット側は，民族自決権と民族解放を主張しながら，中国共産党の政権と支配体制に反対すると明言し，武装抗争や焼身自殺などの極端な手段を用いて対抗している。中国が中央アジア諸国との間で締結した引渡条約では，政治犯罪が引渡制限事由と定められず，その他の多数の引渡条約において義務的な引渡拒否事由と定めたことに照らしてみると非常に異例であるといわざるを得ない。その背景には，中国の少数民族の民族運動をテロ行為および反国家行為と位置づけ，引渡しをめぐる審査において裁判所による司法作用を全く排除しながら，政府間の政治的考慮に基づいて解決しようという目論見が反映されたものと解される。

　中国は，香港とマカオの住民および台湾人は中国人であるため，「引渡法」が定めた自国民不引渡しの対象に含まれるという。「香港特別行政区基本法」付属文書3及び「マカオ特別行政区基本法」付属文書3の各規定によると，中国国籍法は，法定要件に適合する特別行政区の居民は自動的に中華人民共和国の国籍を有すると定める。また，全国人民代表大会常務委員会が行った「中華人民共和国国籍法の香港特別行政区での実施をめぐるいくつかの問題の解釈について」はこの問題について明確に定める。その第1条は「中国血統の香港の居民，本人が中国の領土（香港を含む）で出生した者，及び中華人民共和国国籍法の規定に適合する者はすべて中国国民である。全国人民代表大会常務委員会は中国国籍法をマカオ特別行政区に実施するにあたってその解釈は同様の規定を適用する。」としている。1998年12月29日に通過されたマカオ特別行政区に対する解釈においても同様の解釈がなされた。すなわち，仮に香港又はマ

第三章　中国における逃亡犯罪人引渡し

カオの住民が国外で罪を犯して中国内地に逃亡してきたところ，外国からその身柄について引渡しの請求がなされた場合，「引渡法」上の自国民不引渡しの対象となる。台湾人についても，「一つの中国」という国策および台湾人が中国血統であることなどにより，引渡法が定める自国民不引渡しが適用されるという。

　中国と台湾間の引渡協力は，両方の赤十字社の合意で締結された「金門協議」（1990年9月12日署名），中国の「海峡両岸関係協議会」と台湾「財団法人海峡交流基金会」の両代表の間で締結された「両岸共助協議」（[海峡両岸共同打撃犯罪及司法互助協議] 2009年4月26日署名）などに基づいて行われている。台湾「引渡法」は1954年に制定され，その後1980年に一部条項の改正が行われた。犯罪人引渡しの基本原則として，引渡しは引渡条約に基づいて行われるが，条約がない場合でも「引渡法」によって行うことができる（第1条）。また，引渡しの要件（第2条），引渡制限事由として裁量的な引渡拒否事由および義務的な引渡拒否事由（第3条ないし第5条），台湾が引渡請求を受けた場合の国内手続き（第15条ないし第22条）などを定め，その他に，引渡請求書の記載事項，必要な関係書類などについて規定している。引渡条約は，南アフリカ（1987年締結）を含めて10くらいの国家や地域との間で締結されている。

◆ 第四章 ◆ 韓国における逃亡犯罪人引渡し

◆ 第一節　逃亡犯罪の現状と「犯罪人引渡法」

一　逃亡犯罪および引渡協力の現状

　韓国では 1986 年ソウルで開催されたアジア競技大会を前後して国外旅行の自由化が進められるなど，人的交流が拡大されるようになり，日本および米国などとの引渡協力が求められたことから 1988 年に「犯罪人引渡法」が施行された。韓国では，犯罪人の国外逃亡において，公訴時効が停止されるようになったのは 1995 年からであるが，刑執行の時効については 2014 年 4 月刑法改正案が国会を通過，同年 5 月 14 日から施行された[416]。2013 年末現在，実刑の宣告を受けてから国外逃亡したものは 340 名に達し，捜査中に国外逃亡したものが 2009 年の 364 名から 2013 年に 577 名にまでのぼり約 60% 増加している。警察庁が，1990 年以降から 2014 年上半期までの間，国外逃亡犯罪人 3132 名の逃亡先を分析した結果，日本 163 名をはじめ，米国 726 名，中国 678 名，フィリピン 394 名，タイ 238 名，カナダ 157 名，ベトナム 111 名などと調べられた[417]。

　韓国引渡法に基づいて，引渡し事件はソウル高等裁判所及びソウル高等検察庁の専属管轄となり[418]，引渡条約が締結されない場合でも相互保証の要件に

---

(416)　刑の執行の時効について，刑法第 79 条第 2 項が「時効は，刑が確定された後，その刑の執行を受けない者が刑の執行から免れる目的で国外にいる期間は進行されない。」とし，附則において，同条項は施行当時において刑の時効が完成され者にも適用すると定める（附則「法律第 12575 号，2014 年 5 月 14 日」第 2 条）。

(417)　韓国紙「朝鮮日報」2014 年 7 月 11 日付け報道記事（http://news.chosun.com/site/data/html_dir/2014/07/11/2014071100126.html. 2014 年 8 月 10 日閲覧）。

253

第四章　韓国における逃亡犯罪人引渡し

基づいて引渡しが行われるよう法的根拠が整った。また，引渡犯罪の対象は韓国と請求国の法律によって1年以上の自由刑に該当する犯罪とし，引渡制限事由として自国民および政治犯罪等が定められた。韓国が被請求国となった場合には，外務大臣が引渡請求書等を受けたときこれを法務大臣に送付し，法務大臣はソウル高等検察庁の検事長をつうじてソウル高等裁判所に引渡審査の請求を命ずることができる。2005年の法改正では，逃亡犯罪人の同意がある場合に迅速な引渡執行ができるとし，請求国から引渡犯罪以外の犯罪について処罰を行うための同意要請が認められ（特定性の原則の例外），国内法との抵触について条約優先主義が明記されるなどの条項が新設された。とりわけ，引渡しについて逃亡犯罪人の同意がある場合，ソウル高裁は裁量的な引渡拒否事由に該当することを理由に引渡不可の決定を行うことができないと定め，さらに法務大臣に対しても引渡命令を迅速に行うことが義務づけられた（第15条の2）。また，引渡法が，引渡審査の手続，拘禁許可状および仮拘禁許可状の発付手続などについて必要な事項は最高裁判所が定めるものと規定したところ，1989年2月28日に「犯罪人引渡法による引渡審査等の手続に関する規則」が制定施行された。

　韓国が締結した犯罪人引渡条約の件数は，1990年にオーストラリアとの間で最初の条約を締結して以来，2012年末現在30箇国となっている。1991年から2010年まで，韓国が外国に対して引渡請求を行ったのは218件（そのなかで日本が6件，中国24件，香港及びマカオ6件，台湾5件，米国78件），韓国が引渡請求を受けたのは68件（そのなかで日本が20件，中国4件，香港1件，米国

---

(418)　裁判所のことを韓国では「法院」という。現行法上，司法府として，最高の裁判機関である「大法院」および下級法院である「高等法院」，「特許法院」，「地方法院」，「家庭法院」および「行政法院」の六つの種類に分けられる（法院組織法第3条）。その他に特別法院として「軍事法院」があり（憲法第110条及び軍事法院法第1条），高等軍事裁判と普通軍事裁判が分けられるが，その上告審は「大法院」の管轄となる（軍事法院法第442条）。また，三権から独立した裁判機関として，「憲法裁判所」があるが，その概要については後述の「違憲訴訟」事例のなかで言及する。本章では，日韓の司法制度が類似していることから，「大法院」を最高裁判所と称するなどのように，韓国の裁判所と検察庁の組織及びその官職等の名称については，原則として，日本の法令上の名称に切り替えて記述する。

254

◆ 第一節　逃亡犯罪の現状と「犯罪人引渡法」

26件）である[419]。犯罪人引渡条約の他に刑事共助条約は28箇国と締結され，2003年から2010年までの間で韓国から日本に共助請求が行われたのは51件，中国に対する請求は102件（香港は除外）である。同期間，日本から韓国への共助請求は91件，中国からの請求は8件である。受刑者移送については，欧州受刑者移送条約の他に，2010年現在で中国等5箇国との間で条約が締結されている。韓国が引渡しについて請求をなし若しくは請求を受けた件数は以下表のとおりである[420]。

① 〈韓国が引渡請求を受けた件数（1991年〜2010年の合計）〉

米国	日本	オーストラリア	中国（香港）	ドイツ	カナダ	ベトナム	タイ
26	20	5	4(1)	4	2	1	1

② 〈韓国が引渡しを請求した件数（1991年〜2010年の合計）〉

米国	中国（香港・マカオ）	フィリピン	オーストラリア	カナダ	インドネシア	日本	台湾
78	24(6)	23	12	9	8	6	5

　引渡協力をめぐっては，下記表のとおり，国内法である犯罪人引渡法が施行される以前にも，韓国が日本に対して請求をしたり若しくは中国から請求を受けるなどの事例があった。韓国と日本との間では，「朴大統領狙撃事件」や「軍人脱走事件」等のように韓国政府が引渡しを積極的に要請したところ，両国の間で国交樹立（1965年）からまもなく捜査共助の未熟，韓国の軍事政権における司法作用の健全性に対する懸念等により，日本政府および裁判所において請求の必要性と適法性が認められないことがあった。また，韓国と中国間では，中国が自国の民航機奪取事件の犯罪人について引渡しを要請したが，1983年当時は国交自体が樹立されず（1992年外交関係樹立），世界的な冷戦体制の最

---

(419)　Joon Gyu Kim & Cheol-Kyu Hwang, *New Initiatives on International Cooperation in Criminal Justice* (Seoul National University Press, 2012), pp.209-210.

(420)　①と②の表は筆者が同上書の資料に基づいて作成した。

第四章　韓国における逃亡犯罪人引渡し

前線にあった朝鮮半島を取り囲む国際情勢が反映された結果となった。すなわち，犯罪に政治的な性質があると認められ，ハーグ条約および東京条約等が定めた「引き渡すか訴追するか」の選択条項に基づいて実刑が言い渡されたものの，刑の執行停止により強制退去が命じられ，台湾へ亡命することになった。

　その後，2000年代に入り，韓国では犯罪人引渡について国内法が整備されるとともに，日中および諸外国との間で引渡条約が締結され，国際刑事協力の法的枠組が一定の範囲ではあるが具備されるようになった。しかし，ベトナムから韓国への引渡請求がなされた「グエン・フー・チャン事件」，日本から韓国へ引渡請求がなされた「劉強事件」などで見られるように，共産ベトナムと自由ベトナム亡命政府との対立から引き起こされたテロ攻撃の未遂等，日中韓における歴史問題の認識をめぐって各国の政策と司法判断の相違が見られるなど，相変わらず犯罪の政治性が争点となる余地が少なくない。また，東アジアにおいて韓国が存する位置は，依然として，北朝鮮との間でイデオロギーと政治体制の対立が実在し，日本と中国との間では歴史問題および領土問題で紛議が続いていると言わざるをえない。そのような犯罪の政治性の認否をめぐる引渡裁判および引渡執行に関する国家実行の事例は，引渡協力において関係国の利害が錯綜していることを露呈するものであり，今後とも国際刑事協力において大きな障害となりうることを示唆するものである。

　後述するように，軍人脱走事件および朴大統領狙撃事件の各犯罪人の身柄について，韓国当局がその引渡しを積極的に請求した理由は，犯罪の目的およびその背後において北朝鮮（および朝鮮総連）の組織的な支援があるものと判断していたからである。また，中国民航機奪取事件をめぐっては，航空機不法奪取の犯罪に対する国際法上の義務の遵守という裁判規範の適用の他に，台湾との反共同盟としての親善関係，1986年アジア競技大会および1988年オリンピック大会をひかえ中国への配慮等，国際政治的な利害関係が少なくない影響を及ぼしたことは否定できないといわれる[421]。本章では，韓国の引渡法，引渡条約，引渡裁判およびその他の国際刑事協力について分析し検討を加える。

---

(421)　呂永茂「国際テロリズムの抑制と処罰に関する研究：中国民航機空中拉致事件を中心に」『航空法学会誌』1号（1989年）88頁（[呂永茂, 國際테러리즘의 抑制와 處罰에 관한 研究：中國民航機空中拉致事件을 中心으로]）。

◆ 第一節　逃亡犯罪の現状と「犯罪人引渡法」

〈韓国において引渡協力または引渡裁判が焦点となった事例〉[422]

区分	請求→被請求 （年度）	争点	結果	備考
丁フンサン （軍人脱走事件）	韓国→日本 （1965年）	亡命・政治犯罪・ 難民地位	請求拒否 （強制退去）	自費出国により ロシア行き
金ホリョン （朴大統 領狙撃事件）	韓国→日本 （1974年）	引渡請求における 相互主義の保 証の存否	請求拒否	狙撃の共同正犯， 在日朝鮮人
卓長仁ら6 名（民航機 奪取事件）	中国→韓国 （1983年）	亡命・政治犯罪	請求拒否	刑の終了後， 台湾へ政治亡命
グエン・フ ー・チャン （テロ事件）	ベトナム→韓国 （2006年）	政治犯罪	請求拒否	引渡条約上の請 求
劉強 （靖国神社 放火事件）	日本→韓国 （2012年）	政治犯罪	請求拒否 （中国帰国）	引渡条約上の請 求

（注）　「引渡条約上の請求」以外の3件は条約に基づかない請求である。

二　「犯罪人引渡法」

　韓国は，犯罪人引渡しにおいて，条約前置主義をとらず，引渡条約が締結されない場合でも相互主義の保証があるときは引渡しを行うことができると定める（第4条）。引渡しの要件として，①請求が請求国において逃亡犯罪人の訴追，裁判および刑の執行のためになされること（第5条），②引渡請求の犯罪が，韓国と請求国の法律により，死刑，無期懲役，長期1年以上の懲役または禁固にあたる場合である。

(1)　引渡手続

　引渡手続の主な流れは，外務大臣による請求書類の法務大臣への送付，法務大臣のソウル高等裁判所への審査請求の該当性の判断および審査請求の命令，ソウル高裁における審査および引渡可否の決定，最後に法務大臣の引渡しの相

（422）　表は筆者が各事例の内容を参考にして作成した。

第四章　韓国における逃亡犯罪人引渡し

当性の判断および引渡しの執行，などである。引渡請求を受けた場合における
外務大臣の措置は，引渡請求書および関連資料について審査すべき事項が定め
られず，そのまま法務大臣に送付しなければならない（第11条）。日本の引渡
法では，外務大臣の措置として，請求が引渡条約によってなされた場合は請求
方式の条約との適合性，引渡条約に基づかない場合には相互主義の保証の有無
など，二つの事項について審査したうえ，各事項に該当しないときに限って請
求書類を法務大臣に送付することになる（第3条）。日本法上の外務大臣の措
置に相当する職務は，韓国引渡法では法務大臣に与えられている。次いで，法
務大臣は，外務大臣から請求書類の送付を受けたとき，原則として，これを引
渡可否の審査のためソウル高裁に送付するようソウル高検に命じなければなら
ない（第12条）。但し，引渡請求が，引渡条約または韓国引渡法に基づいて，
明らかに引き渡すことができない場合に該当するとき若しくは引き渡すことが
相当でないと認められるときは，その限りでない。

　逃亡は罪人はソウル高裁が発した令状により拘禁される（第3節，第19条な
いし第31条）。法務大臣が引渡審査の請求を命じたときは，原則として，拘禁
許可状によって逃亡犯罪人を拘束しなければならない。例外として，犯罪人が
一定の住居を有し若しくは逃亡のおそれがないと認められる場合にはその限り
でない。犯罪人について拘禁許可状が執行された場合，本人またはその弁護人，
法定代理人，配偶者，直系親族，兄弟姉妹，家族，同居人，雇用者などは，裁
判所に対して，拘束の適否審査を請求することができる（第22条）。逃亡犯罪
人について請求国から緊急拘禁の請求がなされた場合，法務大臣はその請求が
妥当と認められるときは，ソウル高検をつうじて，その犯罪人の仮拘禁を命ず
る。但し，例外として，請求国における逮捕状の発付または刑の宣告，若しく
は請求国の相補主義の保証について，それを信ずるに足りる相当な理由がない
ときはその限りでない。

　引渡裁判はソウル高等裁判所の審査（第14条）および決定（第15条）に
よって行われる。ソウル高裁は，ソウル高検をつうじて審査請求を受けた場合
は速やかに審査を開始し，とりわけ犯罪人が拘禁されているときは2箇月以内
に決定をしなければならない。ソウル高裁は，審査の結果について，審査請求
が不適法であるときは却下，引渡可否について引渡拒否または引渡許可の各決

258

◆ 第一節　逃亡犯罪の現状と「犯罪人引渡法」

定をしなければならない。ここで注目される条項は，逃亡犯罪人が引渡しについて同意する場合，ソウル高裁は，自国民であるときなどの「裁量的な引渡拒否事由」があることを理由に引渡拒否の決定をすることができない（第15条の2）と定めたことである。その同意は書面として裁判所に提出されなければならず，裁判所は同意の真意について直接確認しなければならない。ソウル高裁が引渡許可の決定をなしたとしても，その決定を執行するためには，法務大臣が引渡しの相当性を認められなければならない（第34条第1項）。ソウル高裁により引渡許可の決定があった場合，法務大臣はソウル高検に対して逃亡犯罪人の引渡しを命じなければならない。但し，請求国が引渡しを撤回したとき若しくは国益の保護のために引渡しが特に不適当と認められるときはその限りでない。引渡しは，逃亡犯罪人が拘禁されている刑事施設若しくはその他に法務大臣が指定する場所で行われ，法務大臣により引渡命令があった日から30日以内に執行されなければならない（第35条）。

　法務大臣が外国からの引渡請求について裁判所への審査請求を命じた場合，ソウル高検の検察官は，ソウル高裁にその請求を行うことになるが，逃亡犯罪人の所在が確認されないときは裁判所が発する逮捕状を得て指名手配などの措置を行う。次いで，その身柄を検挙したうえ，審査請求を行うことになる（引渡法第13条第1項但書き）。また，ソウル高裁への審査請求は，拘禁許可状により拘束された日から3日以内に行わなければならない（引渡法第13条第2項）。引渡裁判の間に拘禁されない場合でも，引渡執行が決定されたときは，検察官が発する引渡執行状により刑事施設に拘束されて請求国官憲に引き渡されるところ，通常，その場所はソウル拘置所となる。身柄の引渡しと引取りは，引渡法上，刑事施設の長が請求国官憲から提示された受領許可状を確認したうえ犯罪人の身柄を引き渡すとされるが（第35条第1項），交通状況や移動経路などで困難なことが生じうるため，実務では，空港において実施されることが多い[423]。

　韓国引渡法は，韓国が外国に向けて引渡しを請求する場合についても定める

---

(423)　韓国法務省『犯罪人引渡実務』（ドングァン文化社，2008年）65頁（[법무부, 범죄인인도 실무, 동광문화사]）。

259

第四章　韓国における逃亡犯罪人引渡し

（第3章：第42条ないし第44条）。すなわち，法務大臣が請求を行い若しくは検察官が法務大臣に引渡請求を建議することによって行われ，いずれも請求書類は外務大臣をつうじて当該外国に送付しなければならない。引渡手続において，法務大臣がソウル高検検事長等に対して行う命令および検察官が法務大臣に行う建議・報告または書類の送付は検事総長を経由しなければならないとする。また，法務大臣は，引き渡すべき犯罪人が韓国国民であって「兵役法」第70条により国外旅行について許可を得なければならない兵役義務者である場合，出国の措置を行う前に国防大臣と協議しなければならない（第51条）として，兵役義務の適齢期にある国民について一定の手続が追加されている。

(2)　引渡制限事由

　韓国引渡法では，引渡制限事由として，義務的な引渡拒否事由，政治犯罪および裁量的な引渡拒否事由などの三つに分けて定められている。第一に，義務的な引渡拒否事由（第7条）として，①韓国または請求国の法律により引渡犯罪について公訴時効または刑の時効が完成されたとき，②引渡犯罪について韓国の裁判所に係属するときまたは裁判が確定されたとき，③引渡犯罪について請求国の有罪の裁判がある場合を除き，逃亡犯罪人がその犯罪を犯したと疑うにたりる相当な理由がないとき，④犯罪人が人種，宗教，国籍，性別，政治的信念または特定の社会団体に属したことなどを理由に処罰され若しくはその他に不利な処分を受けるおそれがあると認められるとき，などである。第二は，政治犯罪を定めた「政治的な性格を有する犯罪」（第8条）として，①引渡犯罪が政治的な性質を有するもの若しくはそれと係るものである場合，但し，請求された犯行が次の場合に該当するときはその限りでない。すなわち，国家元首・政府首班またはその家族の生命・身体を侵害し若しくは威嚇する犯罪，多国間条約により，韓国が逃亡犯罪人について裁判権を行使し又はその犯罪人を引き渡す義務を負う犯罪，多数の人の生命・身体を侵害・威嚇し又はそのような危険を生じさせる犯罪，などである。②請求が引渡犯罪以外の政治犯罪について裁判し又は刑罰を執行する目的でなされたものと認められるときである。第三は，裁量的な引渡拒否事由（第9条）として，①犯罪人が韓国国民であるとき，②引渡犯罪の全部又は一部が韓国の領域において犯したものであるとき，

◆ 第一節　逃亡犯罪の現状と「犯罪人引渡法」

③引渡犯罪以外の罪に係る事件が韓国の裁判所に係属するとき，又はその事件について韓国の裁判所において刑の宣告を受けその執行が終わらず若しくは免除されていないとき，④引渡犯罪について第三国において裁判を受け処罰され又は処罰されないと確定されたとき，⑤引渡犯罪の性質と犯罪人の事情等に照らして引き渡すことが非人道的であると認められるとき，などである。

　その他に，引渡制限事由として，引渡犯罪以外の犯罪の処罰に関する請求国の保証（第10条）がない場合である。すなわち，引渡しが許容された犯罪以外の犯罪について，請求国が，これを処罰せず，かつ第三国に引き渡さないという保証がない場合には逃亡犯罪人を引き渡してはならないとする。但し，次の場合に該当するときは例外事由とするところ，引渡しが許容された犯罪事実の範囲において有罪と認められる犯罪または引き渡された後に犯した犯罪について処罰するとき，逃亡犯罪人が引き渡されたところ，請求国の領域を離れた後に自発的に請求国に再入国したとき，逃亡犯罪人が自由に請求国を離れることができる日から45日以内に請求国の領域を離れないとき，などである。

　日本から引渡しを求められた韓国籍犯罪人の引渡請求事件の場合[424]，裁判所が引渡許可の決定をなした事例において，その理由のなかに，「犯罪人が，人種，宗教，国籍又は特定社会団体に属することを理由に処罰され若しくはその他の不利益な処分を受けるおそれがあるとは見られず，他に犯罪人引渡法又は犯罪人引渡条約上の引渡拒絶事由に該当する事由はない。」と示した。また，同裁判所は，「但し，犯罪人は韓国国民であることから犯罪人引渡法第9条第1号の任意的引渡拒絶事由に該当することから，かんがみると，この事件各犯行に関する刑事裁判に必要な証拠がすべて日本国に現存していること，日本国の刑事司法制度に照らして見るとき，犯罪人が日本国から不当な若しくは非人道的な処遇を受けるおそれがあると見かねる点等の事情及びこの事件記録に表

（424）　本件裁判は，1997年10月16日，逃亡犯罪人が日本において運転中にひき逃げを犯し被害者が死亡した事件で，日本からの引渡請求に基づいて，2007年5月11日，ソウル高検の審査請求により行われた。裁判では，犯罪者が，韓国民であることの他に，高齢であること，扶養すべき障害者等の家族がいること，事件発生から約10年が経ったことなどについて，引渡制限事由として考慮されうる点はあるとした。ソウル高等裁判所第10刑事部決定2007年6月4日［2007토3］。

261

第四章　韓国における逃亡犯罪人引渡し

れた犯罪人の経歴と生活環境，各引渡犯罪の性格及び内容等を総合して見るならば，犯罪人を日本国に引き渡すことが相当である」と，判断した。

　この引渡審査請求事件においては，日韓引渡条約上の義務的な引渡拒否事由を含め，人権保障の見地から，犯罪人が仮に請求国に引き渡されたとしても請求国で迫害を受けるおそれがあるかどうかについて判断されたのである。また，裁判所が，人種，宗教，国籍の他に，「特定社会団体に属すること」を迫害の理由として挙げたのは，韓国引渡法が定めた引渡制限事由（第7条第4号）を検討したものである。さらに，決定理由の後段において「不当な若しくは非人道的な処遇」についての判断は，裁量的な引渡拒否事由を定めた引渡法第9条第5号の「人道的な事由」が検討されたものと解される。同条第5号は，裁量的な引渡拒否事由として，「引渡犯罪の性格と犯罪人が処した環境等に照らし，犯罪人を引き渡すことが非人道的であると認められる場合」を定める。ただ，この条文が考慮の対象とするものは，当該犯罪人の個人的な事情に限られるとしながらも，その保護法益について，引渡し後の将来にまで及ぶかどうかという問題がある。すなわち，人道上の考慮対象として犯罪人の健康，年齢，出産等のような一身上の事情から，請求国に引渡された後に，裁判や受刑能力において人道上の問題の有無などを考慮して引渡しを拒否できるとの趣旨を定めたものと思われる。

　引渡法が，引渡犯罪について請求国の有罪の裁判があるときを除き，逃亡犯罪人が引渡犯罪を犯したことを疑うに足りる相当な理由がない場合について，義務的な引渡拒否事由と定めるところ，引渡裁判においては，引渡犯罪の嫌疑（証拠）の相当性が争点となる。下記表のように，嫌疑の相当性について，日中韓の各引渡法および引渡条約での位置づけなどでは相違があるが，韓国検察の実務としては，引渡裁判の審査が当該行為について有無罪を決めるものではないとしながら，検察官が提出する証拠を重点に判断が行われるべきであり，その証拠を解釈する範囲内に限り，当該犯罪人およびその弁護人が関連証拠を提出することができるという[425]。

（425）　韓国法務省『犯罪人引渡実務』（ドングァン文化社，2008年）54頁。

◆ 第一節　逃亡犯罪の現状と「犯罪人引渡法」

〈日中韓の各引渡法及び引渡条約における犯罪嫌疑の十分性と関連した規定〉

区分	犯罪嫌疑の相当性に関する条文	備考
日本引渡法	引渡犯罪について請求国の有罪の裁判がある場合を除き，逃亡犯罪人がその引渡犯罪に係る行為を行ったことを疑うに足りる相当な理由がないとき。	引渡制限事由（第2条第6号）
韓国引渡法	逃亡犯罪人が引渡犯罪を犯したことを疑うに足りる相当な理由がない場合。但し，引渡犯罪について請求国の有罪の裁判があるときを除く。	義務的な引渡拒否事由（第7条第3号）
日韓引渡条約	請求国において引渡しの請求に係る犯罪について有罪の判決を受けていない場合においては，被請求国の法令上当該犯罪をその者が行ったと疑うに足りる相当な理由がない場合。	義務的な引渡拒否事由（第3条a）
中韓引渡条約	引渡しを求められた行為の嫌疑は総体的に考慮されるべきであり，両締約国の法令上の構成要件の相違は問題とならない。	引渡対象の犯罪（第2条第3項b）

(3)　法務大臣による引渡しの相当性の判断

　韓国引渡法上において法務大臣の相当性に関する判断は基本的に二段階に及んでいる。まず，外務大臣から送付された引渡請求の事案について，裁判所（ソウル高等裁判所）に引渡しの可否に関する審査請求の命令を行うかどうかの判断である（12条）。次に，裁判所において引き渡すことができる場合と認定されて「引渡許可」の決定がなされたとしても，なお，引渡し実行の相当性について判断が行うことができる（第34条第1項）。このような法務大臣の措置は，裁判所の審査・決定を前後に，各段階において行われる形式的な意味では日本の引渡法上の法務大臣の権限とはとくに異なるものではない。ただ，韓国法において，引渡条約の存否に係らず，審査請求の該当性を判断するにあたって，裁判所の引渡許可の決定後に行われる「引渡しの相当性」判断をもなすことができると定めたことは，日本の引渡法と異なる点である。引渡請求について法務大臣が裁判所にその審査を求めない例外として，韓国引渡法は，「但し，引渡条約又はこの法律の規定によって犯罪人を引き渡すことができず，又は引き渡さないことが相当であると認めるときは，この限りでない。」と定める

263

第四章　韓国における逃亡犯罪人引渡し

（12条1項）。すなわち，法務大臣がその権限として，審査請求の命令を行わない条件は二つに分けられる。まず，引渡条約または韓国引渡法において，公訴時効の完成や政治犯罪等といった引渡制限事由が，裁判所の審査を求める必要のないほど客観的に存在する場合である。次に，引渡しを実施しないことが相当であると認められるときである。また，裁判所により引渡許可の決定があった場合は原則的に，法務大臣は引渡しを命じなければならないが，その例外として，「但し，請求国から引渡請求の撤回があり，又は大韓民国の利益保護のために犯罪人の引渡しが特に不適当と認める場合にはこの限りでない。」と定める（34条1項）。

　従って，法務大臣が行う引渡しの相当性についての判断は，請求国からの引渡請求の撤回を除いて，その判断基準は「国益」ということになる。さらに，このような相当性判断は，国家的な利害関係が存在すると信ずるに足りる明白な理由があるとすれば，裁判所に審査請求の命令を行わないこともできると解される。

三　逃亡犯罪人引渡条約

　韓国の引渡条約は，2012年末現在，日本を含めて30箇国との間で締結され，欧州犯罪人引渡条約にも加入済みである（2011年9月29日加入書寄託，同年12月29日発効）。日韓引渡条約の概要および韓国が締結した引渡条約の特徴は以下のとおりである。

(1)　日本国との引渡条約

　日韓両国の間で犯罪人引渡条約の締結の交渉が具体化したのは，1998年，当時の小渕恵三首相と金大中大統領との間で「日韓共同宣言：21世紀に向けた新たな日韓パートナシップ」を発表し，同宣言において引渡条約の締結を開始することを明らかにしたことから始まる。その後，2002年4月8日に署名が行われ，同年4月19日に国会承認を経て6月21日に発効した。引渡条約の締結については韓国の方から先にその必要性を認識し，日本側に締結の交渉を積極的に働きかけていたものと思われる。既に，引渡法が制定された1988年の当時から，韓国政府は引渡条約の締結の必要性が最も高い相手国として米国

◆ 第一節　逃亡犯罪の現状と「犯罪人引渡法」

および日本国を名指し，締結交渉を働きかけていたことがうかがわれる。日本側も上記宣言の合意に基づいて条約締結の本格的な交渉に乗り出したことから，両国の実務的な調整が積み重なった結果，2002年のワールドカップサッカー大会共催をきっかけに条約締結の署名にたどり着いた。日本が米国以外に，引渡条約の相手国として韓国と締結することになった背景には次のような事情がある。第一に，自国民の引渡しの必要性である。両国の引渡法は，原則として，自国民である逃亡犯罪人について引渡しの制限事由と定める。但し，例外的に，引渡条約において締約国間の特別の合意がなされていれば引渡しが可能とされるところ，日韓両国で往来する人が増加するに伴い，逃亡犯罪人が自国民である事例が増えつつあることを反映したものと解される。第二は，相手国の刑事司法体制に対する理解が深まったことである。すなわち，自国民である犯罪人が請求国に引き渡されたとしても，相手国の刑事手続において公正な裁判を受けられるかどうか若しくはその他の処遇上の問題の有無などについて，人権保障の観点から信頼性が認められたことである。

(2)　韓国が締結した引渡条約の特徴

韓国が締結した引渡条約の特徴的なものとして，政治犯罪の規定方式，自国民不引渡し，軍事犯罪などが挙げられる。引渡条約における政治犯罪の規定について，政治犯罪，政治的性格を有する犯罪，政治犯罪若しくはそれと係る犯罪，政治犯罪を構成する犯罪若しくはそれと係る犯罪事実を構成する犯罪などと定められているところ，その主な類型は次のとおりである。①「政治犯罪」と定めたものとして，日本（「When the Requested Party determines that the offense for which extradition is requested is a political offense or that the request for extradition is made with a view to prosecuting, trying or punishing the person sought for a political offense.」），中国（「when the requested party determines that the offence for which the extradition is requested is a political offence.」），米国（「if the requested state determines that the offense for which extradition is requested is a political offense.」）などがある。②「政治的な性格を有する犯罪」として，ベトナム（「when the Requested Party determines that the offence for which extradition request is an offence bearing political character.」）などがある。③「政治犯罪若し

第四章　韓国における逃亡犯罪人引渡し

くはそれと係る犯罪」として，オーストラリア（「when the Requested Party determines that the offence for which extradition is requested is a political offence or an offence connected with a political offence.」），香港（「when the Requested Party has substantial grounds for believing that the offence for which surrender is requested is a political offence or an offence connected with a political offence.」）などがある。④「政治犯罪を構成する犯罪若しくはそれと係る犯罪事実を構成する犯罪」として，ブラジル（「when the offence constitutes a political crime or a fact related thereto.」）などがある。また，自国民不引渡しについて，中国などとの引渡条約では，請求国の要請により，訴追のために事件を当局に回付すると定めるが（第5条第2項および米韓引渡条約第5条第2項），ブラジルとの引渡条約では，引渡しを拒否した場合には請求国の要請の有無にかかわらず，訴追のために事件を当局に付託すると定める（第5条第2項）。

　韓国とブラジル間の引渡条約は，1995年9月1日に署名が行われ，2002年2月1日に発効された。当初，引渡しの要件，引渡制限事由としての政治犯罪および軍事犯罪などをめぐり両国間で相違が見られたところ，その要点を紹介する[426]。条約草案には，引渡対象となる犯罪について「長期1年以上の自由刑にあたるもの」としながら，義務的な引渡拒否事由のなかに「死刑又は無期にあたる犯罪」が設けられていた。その草案内容に対し，韓国側は，引渡犯罪について「死刑，無期，長期1年以上の懲役又は禁固にあたる犯罪」としたうえ，逃亡犯罪人の「訴追，裁判又は刑の執行のために引き渡すことができる」とし，但書きとして「但し，死刑に該当する犯罪は，請求国が死刑を宣告しない若しくは執行しないことを保証する場合に限る」という修正意見を提示した。韓国側の修正意見の理由として，韓国引渡法が，引渡しに関する原則として「訴追，裁判又は刑の執行のために請求国に引き渡すことができる」と定め（第5条），引渡犯罪については「死刑，無期懲役，無期禁固，長期1年以上の懲役又は禁固にあたる」ものとしている（第6条）こと，などが挙げられる。

　政治犯罪について，条約草案には，「犯罪行為が被請求国に法律において政治的な犯罪又はそれと係る犯罪」に該当する場合には義務的な引渡拒否事由と

（426）「韓・ブラジル間の犯罪人引渡条約（案）の検討」（韓国最高検察庁，1991年7月）。

◆ 第二節　法整備以前の逃亡犯罪人引渡しをめぐる日中との交渉

定めながら，犯罪が「被請求国の法律上又はそれと係る犯罪」に該当しない場合には政治犯罪と認められないと定めていた。これに対し，韓国側は，引渡法に基づいて，犯罪の政治性が認められる場合でも，「ベルギー加害条項」または「引き渡すか訴追するか」の選択条項にあたるとき若しくは多数の生命・身体に危険を引き起こすテロ行為等があるときは，政治犯罪と解されないことを設けるべきであるとの検討意見を提示した。

　また，軍事犯罪について，条約草案には，「特別裁判所において裁判を受ける場合」および引渡条約の「締約国の法律により一般民間法を抵触しない軍事的な性質の犯罪」について，義務的な引渡拒否事由と定めていた。これに対して韓国側は，国内法（引渡法）に基づいて，軍事的な性質の犯罪である場合でも政治的な性質を有しないときは引渡対象に含まれるのが妥当であるとした。さらに，憲法によって設置・構成された軍事裁判所は条約所定の「特別裁判所」に該当しないと定めるのが妥当であると提示した。とりわけ，軍事裁判所について，韓国国内法上，軍人および軍属等は軍事関連の法令の適用を受ける場合が多く，訴追および裁判については憲法によって設置された「軍事裁判所」等が管轄しているため，これを引渡拒否事由の対象とする場合，法適用の衡平と実効性の側面から問題があると指摘した。なお，韓国がオーストラリアと締結した引渡条約では，軍事裁判所について，その趣旨の条項が設けられている（第4条第1項c号）。軍事犯罪について，韓国とブラジル間の引渡条約では，「純粋な軍事犯罪とは，刑法とは性質が異なる行為又は事実で構成される犯罪であって，軍隊に限って適用可能であり，軍隊の秩序と規律を維持するため特別立法に定められた犯罪をいう」と定める（第3条第2項）[427]。

◆ 第二節　法整備以前の逃亡犯罪人引渡しをめぐる日中との交渉

　韓国引渡法が施行されたのは1988年であるが，日本との間では1960年代お

（427）　該当条項の英文は「For the purposes of the present Treaty, purely military crimes shall be considered those offences consisting of acts or facts alien to the criminal law, and which result solely from a special legislation applicable to the military and intended to maintain order and discipline in the armed forces.」となっている。

第四章　韓国における逃亡犯罪人引渡し

および 1970 年代に引渡しをめぐる交渉があり，中国とは国交が樹立される以前の 1980 年代に同様の交渉が行われていた。韓国脱走兵の丁フンサンは，日本を経由して北朝鮮への逃亡を図り，1969 年 8 月，貨物船に乗り込んで日本に密入国した。神戸で発覚され出入国管理令違反で起訴されると，裁判では，亡命，政治犯罪，難民地位などの認否が争点となった。韓国当局は身柄の引渡しを求めたが，執行猶予付きの禁固 6 月の刑が確定され強制退去措置によりソ連へ出国，その後北朝鮮入りしたといわれる。また，1974 年 8 月ソウルで起きた「朴正熙大統領狙撃事件」では，韓国が狙撃犯の共犯として在日朝鮮人 1 名について身柄引渡しを請求したところ，前年の「金大中拉致事件」とかかわって問題となった。すなわち，日本当局は金大中拉致事件について在日韓国大使館員を主犯と特定していたが，すでに韓国へ逃亡したため，相互主義に基づいてその逃亡犯罪人の引渡しを求める可能性があったからである。日本の引渡法上，請求が引渡条約に基づかない場合において相互主義の保証が得られない場合，外務大臣の措置としてその請求を拒否することができる。

　韓国と中国の外交関係は 1992 年に樹立されたが，1983 年 5 月，卓長仁ら 6 名が瀋陽から上海行きの中国民航機を奪取しソウル郊外に着陸したところ，中国から身柄引渡しが求められた（「卓長仁ら事件」）。犯人らは政治的な動機を訴えながら台湾への亡命を要請し，韓国当局がその主張を認め中国の引渡請求を拒否したうえ，裁判では航空安全に関する罪で全員に懲役の判決が確定された。その後，刑の執行停止および退去強制により全員が台湾へ出国させられた。当時，事件が逃亡犯罪人引渡しとして取扱われなかった背景には，中韓間で外交関係がないこと，東アジアにおいて政治イデオロギーの対立が激化していたこと，韓国内で関連法令の立法がなかったことなどが挙げられる。

一　「丁フンサン事件」

　1943 年生まれの丁氏は，陸路をつうじて北朝鮮への亡命を図るため 1968 年 12 月兵役に自ら志願したが，最前線の部隊に配属されず，休戦ラインを越えることができないと考え，1969 年 8 月に無断脱走した。丁氏は，日本をへて北朝鮮へ渡ろうとし，同年 8 月，韓国釜山から神戸行きの貨物船にひそかに乗り込み密航を果たしたが，神戸で発覚され出入国管理令違反で訴追された[428]。

268

◆ 第二節　法整備以前の逃亡犯罪人引渡しをめぐる日中との交渉

韓国政府は丁氏が単なる密航者であることから送還措置等をつうじて身柄の引渡しを求めたが，日本の裁判においては亡命，政治犯罪，難民地位等の認否をめぐって争点となった。

裁判では，「政治犯不引渡しの原則」および「難民地位条約」第31条が定める「不法入国不処罰」等が争点となった[429]。神戸裁判所は，政治犯不引渡しの原則について，本件が「相対的な政治犯罪」と解されるとしながら，単に韓国の密航取締りおよび軍刑罰の法令により処罰されることを理由をもって直ちに政治犯罪人と認めることはできないとした。次に，難民条約第31条（「避難国に不法にいる難民」）について，「政治亡命者の不法入国不処罰をもって確立された国際慣習法と認めることはできない」として原告の主張を斥けた。これと関連して裁判所は，政府が，人道的な見地から難民条約の理念を尊重し，出入国管理令との調和を図ったうえで適切な措置をとってきたことを指摘する。すなわち，政府当局は，不法入国不処罰の原則が認められない場合でも，難民や政治亡命的な色彩が強い者について強制退去を命ずる際に，迫害を受けるおそれがあると認められる本国への送還ではなく，本人が行き先を選べる自費出国を勧告してきたことを言及している[430]。神戸地裁は，1970年12月19日，

---

(428) 丁フンサン事件のあらましに関する韓国側の報道として，韓国紙「ヨンハップ・ニュース」2013年4月1日付け報道記事を参照。この記事は，30年以上経過した外交文書について，韓国外務省の再審により公開が決定されたため報道されるようになった。

(429) 祖川武夫・小田滋『日本の裁判所における国際法判例』（三省堂，1991年）286-287頁。同書では本件事例の見出しとして「K・丁」と記されている。本件裁判では，難民地位条約第31条が定める政治亡命者の「不法入国不処罰」について，国際慣習法と認められない旨の鑑定書（宮崎敏樹）が出されていた。

(430) 祖川武夫・小田滋『日本の裁判所における国際法判例』（三省堂，1991年）287頁。同書で言及されたのは韓国の現役軍人が脱走し日本へ密入国したという「金東稀事件」であるが，その内容については紹介されていないところ，事件要旨は次のとおりである。金氏は兵士として兵役に服していたが，ベトナム戦争への派兵を命じられることに反発し，1965年8月，軍隊から脱走したまま日本へ密航した。金氏は，出入国管理令違反で有罪が確定され約1年間の懲役に服した後，強制退去を命じられたが，自費出国により1968年1月26日ソ連ナホトカ行きの船舶に乗船（モスクワ行きとの報道もある），北朝鮮行きを選択したといわれる。韓国紙「ハンギョレ」2014年3月20日付け報道記事（http://www.hani.co.kr/arti/society/society_general/618309.html.　2014年8月16日閲

269

第四章　韓国における逃亡犯罪人引渡し

本件被告人に対して禁固6箇月および執行猶予1年を言渡し，検察および被告人側が上訴せず，刑が確定された。丁氏は，同年12月26日，強制退去措置および自費出国によりソ連へ出国，その後北朝鮮入りしたものと知られる[431]。

二　「朴正煕大統領狙撃事件」

　韓国において犯罪人引渡しなど国際刑事協力の請求が本格的に検討されるきっかけとなったのは1974年8月15日ソウル市内でおきた「朴正煕大統領狙撃事件」であった[432]。当時，犯人ムン・セグァン（文世光）は大阪で生まれ育った在日韓国人であったが，韓国入国の際に，事前に知人と共謀しその夫名義で日本旅券の発給をうけ，これを提示していた。狙撃に使われた拳銃は，文氏が持ち込んだもので，大阪府警南署高津交番から盗まれた2丁のなかのひとつであることが日本の捜査当局によって明らかになった。本件の真相解明および犯罪人処罰をめぐり，両国間の国際刑事協力において争点となったのは，日本に居住していた本件殺人等の共犯1名の身柄引渡しの問題，そして文氏が所

　　　覧）。なお，現行「出入国管理及び難民認定法」上，送還は，自費出国，運送業者負担
　　　送還，国費送還などに大別され，送還先として，当該者の国籍国を原則としながら，そ
　　　れができない場合は本人の希望により，入国直前の居住国，居住したことのある国，出
　　　生国などの順に定められている（第53条）。

(431)　韓国通信社「ヨンハップ・ニュース」2013年4月1日付け報道記事。

(432)　韓国では通常「ムン・セグァン（文世光）事件」とも呼ばれる。犯人は，演壇で演
　　　説中の朴大統領を殺そうとして銃撃したが失敗，その隣に座っていた夫人を狙撃し殺し
　　　た。同人は，事件現場で逮捕，1974年10月19日ソウル地方裁判所において殺人罪等で
　　　死刑が言渡され，控訴棄却および上告棄却により死刑が確定されると，同年12月20日
　　　執行された。この事件をめぐる両国の外交交渉に係る約3千頁分量の文書は，情報公開
　　　に関する法令に基づいて，30年が経過したことから外務省の関係審議会の決定がなされ
　　　たことにより，2005年1月公開されるようになった。公開文書の概要について，韓国通
　　　信社「ヨンハップ・ニュース」2005年1月20日付け報道記事「朴大統領狙撃事件文書抜
　　　粋①－④」を参照（①：http://media.daum.net/politics/others/newsview? news-
　　　id=20050120100759716，②：http://media.daum.net/foreign/others/newsview? news-
　　　id=20050120100900735，③：http://media.daum.net/foreign/others/newsview? news-
　　　id=20050120103818124，④：http://media.daum.net/foreign/others/newsview? news-
　　　id=20050120105325232．2014年8月14日各閲覧）。

◆ 第二節　法整備以前の逃亡犯罪人引渡しをめぐる日中との交渉

持していた偽造された日本旅券の発給に関与されたとする2名に対する捜査共
助等であった[433]。

　韓国外務大臣は1974年8月18日，在韓日本国大使を招致，狙撃事件の共犯
とされた，朝鮮籍の金ホリョン[434]，日本国民の吉井行雄・美喜子夫婦[435]等
の3人について，共助捜査を要請した。韓国側は，それまでの捜査結果に基づ
いて，金ホリョンは朝鮮総連の大阪付生野区の支部の幹部を勤めながら本件狙
撃を文氏に指示し，拳銃および工作金等を渡していたこと，吉井夫婦は偽造の
日本旅券の発給を受けることに協力していたことが明らかになったと発表した。
韓国外務省のアジア局長は，同年8月30日，在韓日本大使館の公使との面談
において，両国捜査官の相互派遣を提案した。これに対し木村俊夫外相は，在
日韓国大使をつうじ，両国間の法体系の相違により捜査のスピードと幅におい
て多少のギャップがあるものの，捜査当局間の連絡が円滑に行われており，最
大限に協力するという日本政府の方針を強調した。とりわけ，木村外相は，韓
国が両国捜査官の相互派遣を提案したことについて，情報交換の目的に限られ
るとすれば問題ないが，国家の捜査管轄権に係ることは困難であると認識を示
した。

　韓国の政府部内では，日本に居住する金ホリョンについて殺人等の罪が認め
られるとしてその身柄引渡しを請求する方針を固め，1974年9月3日，法務

---

(433)　日本において永住が認められた韓国人は，主に日本または韓国の国籍を有しなが
　　　らその国当局から発給された旅券をもつことになるが，朝鮮の場合は日本との間で国交
　　　関係が樹立されていないため，国外渡航の際には臨時の旅行証明書の発給が求められる。
　　　国籍問題の他に，両方の区分の一つの基準として，行政や法律事務の支援，社会・経
　　　済・文化等の活動において「韓国居留民団（民団）」または「朝鮮人総連合会（総連）」
　　　のどちらかを基盤にしているかによって分かれることがある。
(434)　韓国側の外交資料に関する報道によると，金ホリョンは，朝鮮総連の大阪付生野
　　　区の一支部の幹部として活動しながら，本件犯人に対して社会主義思想を学習させると
　　　ともに，犯行で使われた拳銃および工作金の提供等を行った嫌疑がもたされた。
(435)　韓国側外交資料の報道によると，本件犯人は，友人であった吉井美喜子と共謀し，
　　　その夫である行雄の戸籍謄本等を利用して日本旅券の発給を受けたという。日本におけ
　　　る関連捜査により，吉井美喜子は免状不実記載幇助等の罪が認められ懲役3年および執
　　　行猶予1年が言渡されたが，夫の行雄については犯罪嫌疑が認められなかった。

271

第四章　韓国における逃亡犯罪人引渡し

大臣が外務大臣に引渡請求を依頼した。韓国は，同年9月5日，日本側に対し，裁判所より逮捕状が発せられた共犯の金ホリョンについて訴追および裁判のための身柄引渡しを正式に請求した。但し，韓国外務省は，引渡請求にあたって国外の引渡事例等の検討のうえ請求が可能との見解を固めたものの，いわゆる「金大中拉致事件」（1973年8月8日）が障害を引き起こすおそれがあることも想定せざるを得なかった。すなわち，当時，両国間では犯罪人引渡条約が存在せず，日本当局は金大中事件において拉致行為の主犯として在日韓国大使館の金ドンウン一等書記官を特定していたが，すでに帰国したところ，相互主義に基づいてその犯罪人の引渡しを求める可能性があったからである。韓国側が共犯とされた金ホリョンの引渡しを請求したところ，引渡しが行われなかったことにおいて，日本が韓国の引渡請求についてそれを拒否できる根拠は，引渡法上，二段階に分かれる。①外務大臣が，請求が引渡条約に基づかない場合において相互主義の保証が得られない場合に該当すると認めたときであり（第3条第2号），②法務大臣が外務大臣から請求書類の送付を受けたところ，東京高等裁判所への審査請求の該当性の判断をなす前に，「明らかに逃亡犯罪人を引き渡すことができない場合に該当する」と認めたときである（第4条第1号）。本件共犯の韓国からの引渡請求について，日本においてどの段階で請求が拒否されたかは明らかではないが，韓国外務省が「金大中拉致事件」とかかわって内部的にすでに相互主義の保証の問題を言及していたことに照らしてみれば，おそらく，外務大臣の措置としてその請求が拒否されたものと考えられる。

　本件をめぐって日韓両国間では，日本に居住する共犯の身柄引渡しをはじめ捜査官の相互派遣等，国際刑事協力の問題が交渉の主な争点となったが，捜査結果においても大きな相違点が見られた。すなわち，韓国側は，捜査結果等に基づいて，事件の背後に北朝鮮の指令および朝鮮総連の工作が直接に介入したことが認められ組織的な犯行であると確定していたが，その反面，日本の捜査当局は北朝鮮や朝鮮総連とのつながりが認められないとして文氏の単独犯行と結論付けた。狙撃事件の真相解明をめぐっては，両国間で犯罪人引渡しまたは共助捜査等の国際刑事協力が十全に行われなかったため，韓国側から国交の断絶が言及されるほど緊張が高まりつつ，後には米国も巻き込まれ関係国の間で大きな波紋を呼ぶことになった。結局，1974年9月，椎名悦三郎自民党副総

◆ 第二節　法整備以前の逃亡犯罪人引渡しをめぐる日中との交渉

裁が陳謝特使として訪韓，朴大統領との面談をつうじて外交的な決着が図られた。

三　「卓長仁ら事件」

1983年5月5日，中国瀋陽から上海行きの中国民航の旅客機（乗客および乗務員105名搭乗，乗客のうち3名は日本人）のなかで，中国籍をもつ卓長仁ら6人の犯行グループが操縦室に銃撃をくわえて鍵を破り，抵抗する乗務員にも発砲して二人が重傷を負った[436]。犯人らは銃で機長と副操縦士などを威嚇し，飛行機の航路を変更して韓国へ向かうよう強制したため，飛行機は韓国春川市の飛行場に着陸したのである。着陸後，犯人らは航空機と乗客らを人質にとって立てこもりながら台湾への亡命を主張し，最終的には武装を解除し，犯人全員は韓国当局に投降した。卓長仁らが台湾亡命を決めた理由について，検察尋問において，中国共産党の政治に不満をいだいて自由と民主社会を勝ち取るためだったと述べた。中韓の当局間では犯罪人の身柄引渡しについて協議が行われたが，当時，冷戦状態であったこと，両国間で外交関係がないこと，韓国側が犯罪の政治性を認め引渡しを拒否したこと，などの理由で引渡しは行われなかった。その後，6人全員は，ソウル地方裁判所から実刑判決が言い渡されたが，服役中に刑の執行停止の措置がとられ，退去強制のかたちで台湾へ送出された[437]。

1983年当時，中韓の間で外交関係がなく，それまで逃亡犯罪人引渡しをめぐる国際協力が行われたこともなかった。但し，中国と韓国は，ともに，「航空機不法奪取防止条約（ハーグ条約）」および「民間航空不法行為防止条約（モントリオール条約）」の締約国であった。中国は，この航空機奪取事件について，属地主義若しくは属人主義のいずれによっても中国が優先的な管轄権を有すると主張し，刑事管轄権の行使すべきであること韓国側に要求した。もっとも，当時の韓国は，台湾（中華民国）と外交関係が結ばれていて反共産主義という共通の立場に立っていたために，中国の引渡請求と国際協約の規定は受け入れ

(436)　呂永茂「国際テロリズムの抑制と処罰に関する研究：中国民航機空中拉致事件を中心に」『航空法学会誌』1号（1989年）87-88頁。

(437)　韓国紙「東亜日報」1983年7月19日付け報道記事（11面）。

273

第四章　韓国における逃亡犯罪人引渡し

られなかった。中国当局は本件処理のため，民用航空局（Civil Aviation Admi-
nistration of China）局長を団長とする代表団の急派を要請し韓国側が受け入れ
ため，5月7日ソウル入りした。ここで，代表団派遣をめぐる中韓の連絡は，
両国間で直接にとられず，日本政府を通じ，中国外交部→在中日本大使館→日
本外務省→在日韓国大使館→韓国外務省の経路で行われた(438)。ソウル地方検
察庁は，卓長仁らを勾留したまま，航空機運航安全法等の法律違反の罪を適用
して1983年6月1日起訴した。その後，同年8月18日ソウル地方裁判所にお
いて被告人全員について懲役6年から4年の実刑判決がそれぞれ言い渡され，
同年12月20日ソウル高等裁判所において控訴棄却，翌年5月22日に最高裁
判所において上告棄却がそれぞれ宣告され，原審の刑が確定された。

　裁判において弁護人は次のように主張しながら被告人らの無罪および政治亡
命の許容を主張した。すなわち，①本件は外国人の国外犯であるため韓国裁判
所に裁判管轄権がない，②国際法上，政治犯不引渡しの原則および難民地位が
適用され，政治亡命が許容されるべきである，③正当防衛若しくは緊急避難の
行為であって違法性がない，④中国は韓国戦争に参戦した敵性国家であるから
その国からの脱出は手段において多少とも過激性があったとしても航空機拉致
は違法性が阻却され無罪である，⑤被告人らの行為が有罪となれば韓国の反共
国家としての政治理念に混乱を引き起こすことになる，等であった。これに対
し検察の主張は次のとおりである。①「ハーグ条約」第4条により，拉致され
た航空機の着陸地若しくは拉致犯の所在地の国において裁判管轄権の行使を義
務化しており，韓国に裁判管轄権がある。②ハーグ条約の国内実施法である
「航空機運航安全法」第3条によって被告人らの拉致行為について韓国が裁判
管轄権を有する。③本件犯行は継続犯であるからその法理に基づいて，ハーグ
条約および航空機運航安全法第3条によらないとしても，外国人の国外犯では
なく国内犯として航空機運航安全法が適用されうる。④拉致行為は，もっぱら
中国から抜け出し台湾への入国が目的であって，過激な国際テロによる航空機
拉致とはその性質が違う。⑤民間航空機の安全運航は世界の諸国民の念願であ

　（438）　呂永茂「国際テロリズムの抑制と処罰に関する研究：中国民航機空中拉致事件を
　　　中心に」『航空法学会誌』1号（1989年）89頁。

◆ 第二節　法整備以前の逃亡犯罪人引渡しをめぐる日中との交渉

り，その安全を害する拉致犯について処罰を徹底することはハーグ条約等の締
約国として当然の義務であり慣例である。

　裁判所は，本件の争点として，裁判管轄権，政治亡命の許容基準と違法性，
正当防衛若しくは緊急避難，適法行為の期待可能性，量刑，などがとり上げら
れたが，ここでは前者の三つの事項について考察する。第一に，裁判管轄権の
問題である。弁護人は，拉致行為が，航空機が中国大連市の上空を通過する際
に行われたため，外国人の国外犯であるとしながら，韓国が締約国となってい
る「東京条約」および「ハーグ条約」に基づいて，着陸地である韓国に当然に
裁判管轄権が与えられるものではないと主張した。ソウル地方裁判所は，主権
は原則として領域内に居住する内外国人すべてに及ぼすものであるから，被告
人らが韓国裁判権の対象となるのは当然であると前提しながら次のようにいう。
運航中の航空機に対する拉致行為は，その性質上，実行を着手したときから拉
致状態が終了するときまで犯罪行為が継続される「継続犯」である。拉致に
よって致死傷の結果が生じた後にも拉致行為が続いた場合，その拉致行為は，
すでに発生した致死傷行為と共に包括して，航空機運航安全法上の拉致致死傷
罪を構成する。犯罪実行の行為の一部が韓国内で行われたところ，その犯罪行
為の全体を総じて国内犯と見ることができるから，本件拉致行為には韓国刑罰
法である航空機運航安全法が適用される。ソウル高裁および最高裁も同趣旨の
判断を示した。とりわけ，最高裁は，東京条約およびハーグ条約の関連規定を
挙げ，航空機の登録地国の他に着陸地国にも裁判管轄権を行使することができ
ることから，国内法である航空機運航安全法は外国人の国外犯もその対象にな
るとした。第二は，政治亡命の許容基準と違法性の問題である。最高裁は，被
告人らの場合，政治的な迫害を受け若しくは政治的信念が異なることを理由に
自国を離れた政治的難民ということができるが，政治的難民に対する保護は，
少数の国家が国内法として保障しているに過ぎず，一般国際法においてその保
障が確立されたものではない。また，最高裁は，ハーグ条約第8条において，
本件のような拉致行為について，引渡犯罪と定め若しくは引渡しを容易にする
旨が定められたことを指摘した。このような諸点に照らしてみるとき，世界各
国が庇護権を認めていることを理由に違法性が阻却されるとはいえない。第三
は，正当防衛と緊急避難をめぐる問題である。ソウル地裁は，被告人らが事前

275

第四章　韓国における逃亡犯罪人引渡し

に拉致を計画しながら銃器を備えていたこと，銃撃をくわえて操縦室に侵入したこと，その他に拉致当時の状況等に照らして見る場合，被告人らは乗務員等の抵抗をあらかじめ見込んでいてそれを制圧するまで拉致の目的を果たそうとしたことは明らかであるとした。最高裁は，正当行為として認められるためには，行為の動機や目的の正当性，行為の手段や方法の正当性，保護利益と侵害利益との法益の均衡性，緊急性，その行為以外に他の手段や方法がないという補充性，などの要件が具備されなければならないとした。本件において，被告人らの法益は被告人らの自由であるのに対して，侵害される法益は乗客等の不特定多数の生命・身体の危険，民間航空機の安全に対する世界諸国の国民の信頼である点などを鑑みるとき，本件犯行がやむをえない緊急な行為とは認められないとした。

　政治犯不引渡原則について，ソウル地裁およびソウル高裁においてはとり上げられなかったが，最高裁において若干言及されていた。すなわち，自国において政治犯罪をおかして訴追および処罰を避けるために外国へ逃亡した場合は，政治犯不引渡しの原則によって保護され，この原則が国際法上確立されたものと示している。ただし，最高裁は，政治犯不引渡しの法的性質が，国際慣習法に基づいて，政治犯罪人を引き渡してはならないという義務（引渡しの禁止）を定めたものか，それとも引渡制限事由と認められるために引渡しを拒否できる権能が許容されるものかについて説示することまでにはいたらない。最高裁は，本件犯罪人について，中国の政治・社会現実に不満をいだいて台湾へ脱出するため本件航空機を拉致したとして「政治的難民」であるとし，間接的に，政治犯不引渡しの原則が適用されうる政治犯罪人とは認めなかった。また，最高裁は，政治的難民の保護について，小数の国家に限って国内法で保障していること，個別の条約以外に一般国際法における保障が確立されていないこと，さらに韓国内においてそれを保障する国内法規が存しないとした。最高裁は，この論点について，本件犯行が純粋な政治的動機によって行われた政治的な亡命であり，世界各国が庇護権を認めているゆえに違法性が阻却されるべきであるとの弁護人の主張を斥けるにとどまった。また，人権保障条項について[439]，

---

　(439) 「人質行為禁止条約」第9条第1項(a)は，本条約上の「犯罪に関する犯罪人引渡

276

◆ 第二節　法整備以前の逃亡犯罪人引渡しをめぐる日中との交渉

国内法および国際条約における引渡制限事由の存否，引渡請求がもっぱら政治的な理由で訴追・処罰するためになされたものであるか否かの判断が被請求国において司法審査の対象となりうるかどうか，引き渡された後に公正な裁判が受けられるかどうか，などの事項にまで踏み込んで示すまではいたらなかった。また，最高裁判所は，犯罪人らについて「政治的難民」と認めながらも，難民条約上の送還禁止（non-refoulement）原則の国際法上の位置づけおよび国内規範としての法的性質等についても考察されなかった。

　卓長仁ら6名は，判決確定によって1年3月の服役後，検察から刑の執行停止の処分がとられたため1984年8月13日釈放された。釈放と同時に強制退去が命じられ韓国から台湾入りした。韓国における裁判結果について，中国と台湾から声明合戦が交わされた[440]。ソウル地裁の第1審の宣告について，中国は，共産党機関紙「人民日報」1983年8月23日付けの論説において，中国と韓国はモントリオール条約およびハーグ条約の締約国であることから中国は両条約に基づいて卓長仁らの犯罪人について裁判管轄権を優先的に有すると主張した[441]。また，中国は，韓国が拉致犯らを中国に引き渡さず裁判権を行使したが，裁判結果等を鑑みると韓国当局は条約義務を充実に履行しなかった，と

　　しの請求が，人種，宗教，国籍，民族的（ethnic）出身又は政治的意見を理由として当該容疑者を訴追し又は処罰すらために行われたと信ずるに足りる実質的な根拠がある場合」にはその請求に応じてはならない，と定める。奥脇直也・小寺彰『国際条約集（2014年版）』（有斐閣，2014年）435頁。また，「爆弾テロ防止条約」第12条は，本条約上の「犯罪に関する犯罪人引渡し又は司法共助の請求を受けた締約国が，これらの請求が人種，宗教，国籍，民族的出身若しくは政治的意見を理由としてこれらの請求の対象となる者を訴追若しくは処罰するために行われたと信じ又はこれらの請求に応ずることにより当該者の地位がこれらの理由によって害されると信ずるに足りる実質的な根拠がある場合には，引渡し又は司法共助を与える義務を課するものと解してはならない。」と定める。

（440）　呂永茂「国際テロリズムの抑制と処罰に関する研究：中国民航機空中拉致事件を中心に」『航空法学会誌』1号（1989年）114頁。

（441）　中国側論説の作成者は国際法学者の陳体強（1917-1983）で，当時，清華大学に在職しながら，外交部法律顧問などを勤めていた。清華大学法学院（http://www.tsinghua. edu. cn/publish/law/6878/2011/20110317094533416842153/20110317094533416842153_.html. 2014年8月21日閲覧）。

第四章　韓国における逃亡犯罪人引渡し

批判するものであった。その反面，台湾は，事件発生のときから犯人らを英雄
と称しながら自国への引渡しを要求し，第1審判決ついて，「連合報」1983年
8月19日付けにおいて深い遺憾を表明するものであった。

　当初，中韓両国の交渉では中国側が卓長仁ら6名の引渡しを求めたが，中韓
の間で外交関係がないこと，東アジア地域における政治イデオロギーの対立が
激化していたこと，韓国国内において犯罪人引渡に関する法的枠組が整備され
なかったことなどのため，身柄引渡しをめぐる法的論争が交わされることはな
かった。本件裁判においても主な争点は，引渡しの可否をめぐるものではなく，
韓国が裁判管轄権を有するか否かに集中され，裁判管轄権が認められると判断
したうえ国内刑罰法の法規を適用することにとどまった。当時，韓国では犯罪
人引渡しについてに引渡条約のみならず国内法も存在せず，引渡しの要件，そ
の手続きおよび引渡制限事由等の法的根拠が制定されなかったため，引渡しを
めぐる裁判自体が開かれることが困難であったといわざるをえない。従って，
裁判では引渡しを行わないことが前提とされたうえで犯罪の政治性が言及され
るにとどまった。また，政府は，一定期間の服役をまって刑の執行を停止し，
釈放と同時に退去処分によって犯罪人が希望していた台湾行きを認めたのであ
る。

◆ 第三節　引渡裁判の事例

　韓国の引渡裁判において政治犯不引渡しの原則が争点となったのは「劉強事
件」と「グエン・フー・チャン（Nguyen Huu Chanh）事件」である。中国籍の劉
強は，2011年12月26日未明，靖国神社神門の柱に火をつけ当日韓国へ逃亡
し，翌年1月6日にはソウルの日本国大使館の建物に火炎瓶を投げつけ，放火
未遂などの容疑で現行犯逮捕された。日本は，2012年5月，日韓引渡条約に
基づいて建造物等以外放火罪（刑法第110条第1項）で引渡しを請求した。ソ
ウル高裁は，引渡犯罪について，従軍慰安婦の歴史的な事実に対する日本政府
の認識への抗議であること，それと関連した対内外の政策に影響を及ぼす目的
で行われたこと，一般犯罪としての性格より政治的な性格が一層主たる状態に
ある相対的な政治犯罪であることなどを理由に，日韓引渡条約が定めた引渡制

278

◆ 第三節　引渡裁判の事例

限事由に該当するとし，2013年1月3日，引渡不可の決定をなした。とりわけ，劉強事件は，犯罪場所，犯罪人の国籍，犯罪の動機などにおいて日中韓の刑事管轄権の競合及び外交関係と絡みながら，逃亡犯罪人引渡をめぐる国際協力のあり方について示唆することが大きい。「グエン・フー・チャン事件」は，ベトナム国籍をもつグエン・フー・チャンが，米国で「自由ベトナム革命政府」を組織し自らその内閣総理と称しながら，1999年3月から2000年7月までの間，ホーチミン市内，在タイのベトナム大使館などで爆弾テロを組織・指示したが，爆弾雷管の障害などによって未遂にとどまった。ベトナムが韓国との引渡条約に基づいて引渡しを請求したところ，ソウル高裁は，2006年7月27日，引渡条約および韓国引渡法に定められた引渡制限事由に該当するとして引渡不可の決定をなした。

一　「グエン・フー・チャン事件」

ベトナムは，韓国との間で締結された犯罪人引渡条約[442]に基づいて，当該犯罪人について爆弾テロ等の罪で訴追するために身柄引渡しを請求していたところ，2006年4月5日ソウル市内のホテルで逮捕された。ソウル高等検察庁が同年6月法務大臣の命令によって引渡審査をソウル高等裁判所に請求し，ソウル高等裁判所は審査のうえ犯行が相対的な政治犯罪であるなどの理由で2006年7月27日引渡拒否の決定をなし，逃亡犯罪人は当日釈放された[443]。本件引渡裁判の意義は，「卓長仁ら中国民航機拉致事件」において具体的に示されなかった政治犯罪とかかわって，その法的性質および政治犯不引渡しの原則の国際法上の位置づけなどについて一歩踏み込んだ形として示されたところにある。

(1)　事 件 概 要

逃亡犯罪人であるグエン・フー・チャン（Nguyen Huu Chanh）は，ベトナム

---

(442)　韓国とベトナム間の犯罪人引渡条約は，2003年9月15日署名，2005年4月19日発効した。なお，韓国とベトナムの外交関係は，ベトナムが社会主義国となってから一時中断されたが，1992年12月22日付けで回復された。

(443)　本件引渡裁判の事件番号は，ソウル高等裁判所「2006도1」引渡審査請求，である。

279

第四章　韓国における逃亡犯罪人引渡し

国籍者でありながら米国の永住権を有する者で，米国において「自由ベトナム革命政府」を組織して自らその内閣総理と称しながら，ベトナム国の転覆を画策していた。犯罪人は，1999年3月から2000年7月までの間，ベトナムのホーチミン市内にあるホーチミン銅像およびその周辺地域において爆弾テロを敢行することを計画し，組織員らに爆弾の製造，運搬，実行などを指示したが，組織員らがカンボジアとベトナムの国境地域あるいはベトナム国内で逮捕されたため未遂にとどまった。また，ベトナム国内において，反ベトナム宣伝活動を行うため，風船，旗などを製造・運搬し，流布しようとしたが，ベトナム官憲によって組織員らが逮捕され未遂にとどまった。さらに，2001年6月，爆弾を用いて在タイベトナム大使館を爆破しようとし，組織員らに爆弾の製造および爆弾を投げつけるよう命じたが，爆弾雷管の障害等によって爆発されず未遂にとどまった。

(2)　主な争点と裁判所の判断

ア．裁判規範としての国際法規

　本件で争点となったのは，韓国において犯罪人を請求国に引き渡すべき国際法上の義務の有無，それとも本犯行が政治犯であって「政治犯不引渡しの原則」により引き渡してはならないかの判断である。韓国憲法は「憲法に基づいて締結，公布された条約及び一般的に承認された国際法規は国内法と同様の効力を有する。」と定める（第6条第1項）。憲法上，国会の同意を要する条約は法律と同様の効力が認められ，国会の同意を要しない条約は大統領令と同様の効力が認められるものと解するのが妥当である。それゆえに引渡すべき義務の存否を判断するうえで，新法優先の原則，特別法優先の原則等，法律解釈の一般原則により韓国とベトナム間の引渡条約が国内法である犯罪人引渡法より優先して適用されるべきである。

イ．双方可罰性

　両国が締結した引渡条約では，引渡犯罪について，両国の法律によって少なくとも1年以上の自由刑若しくはそれ以上の重い刑に処罰される犯罪と定めるところ（第2条第1項），本件の犯罪事実は，請求国（ベトナム）の刑法第84条

280

◆ 第三節 引渡裁判の事例

（テロリズム）によって 2 年以上 20 年以下の懲役，無期懲役または死刑に処せられる犯罪であることが認められ，被請求国である韓国では刑法第 120 条（爆発物使用の予備，陰謀）および銃砲刀剣類所持等取締法などに定められた犯罪に該当し，双方可罰性が認められために引渡し対象の犯罪となる。

ウ．政治犯不引渡しの原則

　政治犯罪は純粋な政治犯罪と相対的な政治犯罪に分けられるが，政治犯罪の該当性については，犯行の動機および目的等の主観的な要素と，被害法益が国家的ないし政治的な組織秩序の破壊に該当するか否かなどの客観的な要素を考慮すべきである。ただし，政治犯不引渡し原則は，本来，絶対的なものではなく，引渡条約締結の当事国間の合意に基づいて制限されることがあるし，多国間条約において重大な犯罪についてはその原則が緩和若しくは制限される傾向がある。本件引渡条約では，義務的な引渡拒否事由として，「引渡しを求められた犯罪が政治的な性格を有する犯罪であると被請求国が決定する場合」[444]を定めながら（第 3 条第 1 項(a)），但し，次項において「ベルギー加害条項」および「引き渡すか訴追するか」の選択義務条項をその例外と定める。韓国引渡法においても，「政治的な性格を有する犯罪若しくはそれと係る犯罪」について政治犯不引渡しの原則を宣言したうえ，その例外事由として上記同様の二つの条項を列挙している。韓国引渡法が，「政治的な性格を有する犯罪」および「それと係る犯罪」を定めるところ，純粋な政治犯罪と相対的な政治犯罪とを包括するものと解され，韓国とベトナム間の引渡条約が定める政治犯罪の概念も同じ意味で解釈するのが相当である。

　当該犯罪人は，1995 年 4 月 30 日，米国カリフォルニア州においてベトナム社会主義共和国の政治体制に反対する組織として「自由民主主義ベトナム政府」を結成し，社会主義政権を打倒して市場経済と自由選挙を根幹とする自由民主主義政府の樹立を目的とする政治機構であることが認められる。また，犯罪人は，1975 年 4 月ベトナムが共産化されると武装集団を組織してその政権

(444)　同条項の英文は「when the Requested Party determines that the offence for which extradition request is an offence bearing political character」と定め，一般的な「political offence」などと定めた条約とは異なる。

第四章　韓国における逃亡犯罪人引渡し

に対抗し，1982 年頃ベトナムを脱出して米国にわたり，自由民主主義ベトナム政府の樹立に参加して以来，その国務長官，首相等を歴任し，現在その政府と係るベトナム国民党の党首に選出され活動していることが認められる。

このような争点について裁判所は次のように判断した。第一に，犯行は，大半が，爆発物使用の対象が人であるかそれとも施設であるかが特定されず，犯罪人引渡法が定める「多数の人の生命・身体を侵害または威嚇し若しくはその危険を惹き起こす犯罪」であると評価するには困難である。また，大半の犯罪事実は，実際に爆破物が用いられず，予備・陰謀の段階で摘発されたために施設や人に対するいかなる被害も発生しなかったところ，政治犯不引渡の原則の緩和ないし制限されるべき例外事由に該当するかについて少なくない疑問がある。第二は，引渡しが求められた犯罪とされる爆発物を用いた犯罪の予備・陰謀という一般犯罪と，請求国の政治秩序に反対する政治犯罪が結合された相対的な政治犯罪というべきであり，特に引渡条約上の例外事由に該当する事情がない限り，犯罪人を引き渡すことは本件引渡条約に反する。第三は，義務的な引渡拒否の例外事由に該当するか否かについて，請求人は，「爆弾テロ防止条約」，「国連安全保障理事会第 1373 号決議」(2001 年 9 月 28 日)，本件引渡条約および韓国引渡法等によって引き渡すべき場合に該当すると主張した。「爆弾テロ防止条約」について，韓国は 2004 年 2 月 9 日国会の批准をへて，同年 2 月 17 日その批准書を国連事務総長に寄託したことにより加入国となったが，ベトナムはまだ加入されず，本件引渡条約が政治犯罪の例外事由と定めた「両国がともに当事国である多国間の国際協定」には該当せず，従って，その引渡条約を根拠にして犯罪人の引渡しを許可することはできない。「国連安保理の決議」について，多国間の国際協定が締結されるにあたっては，締結の提案，草案の作成，本文の採択および各国の国内批准等，一定の手続きと要件を求められ，国際連合事務局への登録をへて効力が発生されるが，当該国連決議はそのような手続きおよび効力発生に関する要件や制限がそのまま適用されるものではなく，多国間の国際協定としての手続的かつ実体的な要件が具備されず，それを多国間の国際協定と同様のものと認めることはできない。従って，国連安全保障理事会の決議は，本件引渡条約第 3 条第 2 項が定めた「多国間の国際協定」に該当するとはいえない。その決議の内容においても，国際連合の会員

282

◆ 第三節　引渡裁判の事例

国に対して，テロ行為の防止および処罰に関する国際的な共助を要求する（「call upon」）ものにとどまり，具体的に裁判権の行使若しくは犯罪人引渡しの義務を課すものでもない。

(3) 　検　討

　本件裁判の意義について次の点が挙げあられる。①本件裁判は，政治犯罪の法的性質について引渡裁判で争われた初めての事例であり，引渡条約が定める引渡制限事由に該当するため引渡しが拒否された最初の事例でもある。②引渡裁判では，本件犯行が政治犯罪と一般犯罪が結びつく結合犯罪として相対的な政治犯罪としながら，政治活動の目的，態様および経歴等に照らして，爆弾テロが実行されず人または施設の被害がないことと比較考量がなされた。殺傷または破壊の被害が生じなかったために引渡条約が定める政治犯不引渡しの原則の例外事由に該当しないと判断した。③「爆弾テロ防止条約」の締約国の認否および「国連安全保障理事会決議」の法的拘束力等について検討が行われたが，引渡条約上の引渡制限事由を排斥するものではないと判断された。

　他方，本件裁判の限界として次の三つを指摘することができる。第一に，裁判所は，政治犯罪の認否および政治犯不引渡しの原則の適用基準について詳細に示さず，韓国引渡法上の「多数の人命・身体を侵害・威嚇し若しくはこれに対する危険を生じさせた犯罪」（第8条第1項第3号）ではないこと，引渡条約上の「多国間の国際協定により当事国が管轄権を行使し若しくは犯罪人を引き渡す義務がある犯罪」（第3条第2項(a)）に該当しないことなどを挙げ，引渡拒否の決定をなした。第二は，犯罪人は数少ない回数において爆弾テロを予備陰謀し実行を命じていたところ，爆発装置が作動せず結果的には人的物な被害が生じなかったとしても，その対象となった場所が市内中心の公園および大使館等であることを鑑みれば，本件犯行が「多数の人命・身体を侵害・威嚇し若しくはこれに対する危険を生じさせた犯罪」と認められないとした判断には法理的に争いの余地がある。第三は，引渡裁判において，引渡条約および韓国引渡法に定められた「政治犯不引渡原則」の例外事由に該当しないことを理由に引渡拒否の決定がなされるとすれば，政治犯罪の認否の判断において厳格な基準が提示，適用されず，相対的な政治犯罪がみだりに不引渡しの範囲に組み

第四章　韓国における逃亡犯罪人引渡し

込まれ，それゆえに逃亡犯罪人引渡しをめぐる国際協力の活動に制限をもたらすおそれがある。

二　「劉強事件」

(1)　事件概要

　日本からの引渡請求（2012年5月）に基づく犯罪事実の要旨は，中国人である劉強が2011年12月26日（03時56分ごろ），靖国神社神門の中央門の南側の柱にガソリンのような液体をふりまいて火をつけ，公共の危険を生じた，というものである。なお，劉強は犯行当日に韓国へ逃亡し，2012年1月6日に在ソウル日本国大使館の建物に火炎瓶を投げつけ，放火未遂などの容疑で現行犯逮捕された。その後，懲役10月の判決によって服役し，満期出所した2012年11月にはソウル高等検察庁が日本国の引渡請求に基づいて引渡審査をソウル高等裁判所に請求した。審査の結果，2013年1月3日，政治犯罪と認められ引渡不許の決定がなされた。

(2)　主な争点と裁判所の判断

ア．政治犯罪の認否

　裁判所は，相対的な政治犯罪が政治的犯罪であるかの認否についての判断について，次の要素を検討しなければならないとして。すなわち，①犯行の動機が個人的な利益取得でなく政治的な組織や機構が追求する目的に賛成したり反対するものであるか，②犯行目的がある国家の政治体制を転覆又は破壊しようとするものか，③犯行対象の性格はどうであるか，さらに，これが何を象徴するものか，④犯罪人が追求する政治的な目的を実現するうえで，犯行が相当に寄与できる手段として有機的な関連性があるか，⑤犯行の法的・事実的な性格はどうであるか，⑥犯行の残虐性，すなわち，人の生命・身体・自由に反する重大な暴力行為を伴うものであるか及び結果の重大性に照らして犯行による法益侵害と政治的目的の間に均衡が保たれているかなどである。当該犯罪人に有利または不利な主観的・客観的な事情を政治的不引渡の原則の趣旨に照らして合目的的，合理的に考察して，総合的に考量すべきである。さらに，犯行目的と背景によっては，引渡請求国と被請求国間の歴史的な背景，歴史的な事実に

◆ 第三節　引渡裁判の事例

対する認識の齟齬及び立場の対立のような政治的な状況なども考慮して，相対的な政治犯罪のなかに存在する一般犯罪としての性格と政治的な性格のなかで何れがより主なものであるかを判断して決定すべきである，などである。

　裁判所は，各事項について，次のように示した。①犯罪人の犯行動機は，請求国政府の日本軍慰安婦等の過去の歴史的な事実にかんする認識及びこれと関連された政策に対する憤りを覚えたことに起因するものであって，犯罪人についてこの事件犯行による個人的な利益を取得しようとしたきっかけを見つけることはできない。②犯行目的が，犯罪人自身の政治的な信念及び日本軍慰安婦等の過去の歴史的な事実に対する見解と反対の立場にある請求国政府の政策の変化を促し，若しくはこれに影響を及ぼすために圧力を加えようとしたものであり，犯罪人の政治的な信念及び日本軍慰安婦等の過去の歴史的な事実に対する見解が犯罪人個人の独断的なものとはいえず，韓国と犯罪者の国籍国である中国のみならず，国際社会においても幅広い共感を形成し同意を得ている見解と一致する。③犯行の対象である靖国神社が法律上では宗教団体の財産とはいえ，この神社には請求国が過去に侵略戦争を主導したことから有罪判決を受けた戦犯が合祀されていて，周辺諸国の反発にもかかわらず，請求国の政府閣僚や政治家が参拝を継続しているなど，国家施設に相応する政治的な象徴性があるものと評価される。④犯行は政治的な大儀のために行われたもので，犯行対象である靖国神社とともに直接的な犯行動機になった日本軍慰安婦の問題の歴史的な意味及び背景，さらにこの事件犯行後に請求国をはじめ諸国において犯罪人の主張に関心が寄せられかつ議論が触発された情況に照らして，犯罪人が追求しようとする政治的な目的を達成するうえでこの事件犯行が相当に役に立ったものと見られることから，犯行と政治的な目的との間で有機的な関連性が認められる。⑤犯行の法的な性格は一般物件への放火ではあるが，犯行動機と時間帯，犯行対象の規模と比べた焼損の面積の程度，延焼の可能性などを考慮するとき，実際にはむしろ損壊に近いものであって，放火による公共の危険性の程度がそれほど大きいとは認められない。⑥犯行によって人命被害がまったく無く，物的な被害も大きいとはいえないことから，これを重大かつ深刻な反人倫的な犯罪と断ずることは困難であるゆえにこの事件犯行で惹き起こされた危険が目的との均衡を失ったと見ることも難しい。

第四章　韓国における逃亡犯罪人引渡し

　これらの事情と政治犯不引渡原則の趣旨，請求国である日本と被請求国である韓国，さらに犯罪人の国籍国である中国などの三国の歴史的な背景，過去の歴史的な事実に対する認識の差異および立場の対立のような政治的な状況，国際連合をはじめとする国際機構と多数の文明諸国が追求する普遍的な価値等を総合して見なければならない。そうすると，本件の引渡対象の犯罪は請求国である日本軍慰安婦等の過去の歴史的な事実に対する認識に抗議し，それと関連した対内外の政策に影響を及ぼす目的で行われた一般物件への放火犯罪であって，一般犯罪としての性格より政治的な性格がより一層の主たる状態にある相対的な政治犯罪であると見ることができ，それは日韓引渡条約第３条(c)の本文が定めた「政治犯罪」に該当する，と判断した。

イ．政治犯不引渡原則に関する韓国国際法学者の捉え方

　韓国において政治犯不引渡しの原則が注目されたのは，「卓長仁ら事件」，「グエン・フー・チャン事件」および「劉強事件」の各逃亡犯罪人の引渡しの可否をめぐり，引渡裁判または政府の方針などによって触発された。卓長仁ら事件では，中国から犯罪人の引渡請求がなされたものの両国の敵対関係および国際情勢の状況などから，犯罪人引渡しにおける政治犯不引渡しの問題としてではなく，政治的亡命の許否との関連で論じられることにとどまった。その後，「グエン・フー・チャン事件」および「劉強事件」では，引渡裁判において，政治犯不引渡しの原則が国際法上の位置づけ，政治犯罪の概念およびその認否の判断基準などが争点となった。但し，これらの問題について，国際法学者によって議論が交わされたり，多数または有力というほどの見解や学説が提起されるにはいたらず，引渡裁判において弁護人側の主張のなかで欧米の学説が紹介されるに過ぎない。とりわけ，劉強事件の裁判において，政治犯不引渡原則に関する学説について，英米法系の諸国で採り入れた「付随理論」，大陸法系の「客観主義」「主観主義」「折衷主義」などが示されたところ，その概要を考察する(445)。裁判では，政治犯不引渡原則の国際法的な性質について，三つの

────────────

　(445)　チェ・テヒョン「韓国法院における政治犯不引渡しの原則の適用：リウチアン事件を中心に」『ソウル国際法研究』20巻1号（2013年）18-28頁（［최태현, 한국법원에서의 정치범불인도원칙의 적용 : 리우치앙사건을 중심으로, 서울국제법연구］）。チェ教

286

◆ 第三節　引渡裁判の事例

立場が示された。①その原則が数多い犯罪人引渡条約に共通的に規定されていることから条約上の義務として認められるに過ぎないという見解である。②その原則は，条約上の原則であるにとどまらず，一般国際法上の原則とされているところ，但し被請求国が政治犯罪人の引渡しを拒否する権能をもつに過ぎないという見解である。③その原則が一般国際法上の原則であるために被請求国が不引渡しの義務を負うという立場である。韓国では，政治犯不引渡しの原則が，国際社会において国家実行として19世紀末には統一的な慣行として確立したこと，各国の引渡法および引渡条約において「引き渡してはならない」と定めていることなどから，国家は引渡しを拒否すべき義務を負うものと解されている[446]。

　次に，引渡裁判で示された，学説について英米法系と大陸法系の理論に分けて考察する。第一に，英米法系の付随理論である。付随理論（incidence test）とは，犯罪が，内乱，反乱，蜂起等のような政治的騒乱に付随して若しくはその騒乱の一部を構成する場合において，政治犯罪と認められ，不引渡しの対象となるという原則である。純粋な政治犯罪または相対的な政治犯罪としての政治犯罪の要件として，①国内において政治的騒乱，内乱，反乱，蜂起等があること，②犯罪行為がその政治的騒乱に付随して行われたことがともに求められ，その範囲が狭い。この見解によれば，政治犯罪と認められるためには，政治的騒乱が不可欠の要件となることから，政治的な葛藤が暴力事態を伴わなければならないことが強調される。また，この見解は，政治的な組織活動の存在を要件とする点において「客観主義」と類似しており，政治犯罪の認定において厳格な立場がとられている。さらに，その適用において，付随性の認否の基準が明確でないため，恣意的であるという批判がある。イギリスの付随理論は付加的に比例性の要素を採り入れている。イギリスの裁判所は，①犯罪と政治的な組織活動との間の十分な密接性および直接的な連関性の有無，②犯行とそれに用いられた手段との比例性の存否，③犯行の対象が政府または軍事的なもの若

　　授は，韓国国際法学会会長を歴任し（2011年度），2014年9月現在，漢陽大学に在職しながら，財団法人「ソウル国際法研究院」の理事長を務めている。なお，論題の「リウチアン」とは，靖国神社放火事件の逃亡犯罪人である「劉強」のことである。
（446）　チェ・テヒョン・同上論文・4頁の注(7)。

第四章　韓国における逃亡犯罪人引渡し

しくは民間であるか，などの要素が検討される(447)。付随理論は，逃亡犯罪人が属した集団の究極的な目的との連関性が希薄であったとしても，政治的騒乱のなかで生じた犯罪は政治的であると抗弁されうるところ，主観的な動機や目的にはそれほど大きな比重が置かれない。

　第二は，大陸法系の諸理論である。大陸法系の諸国では，政治的な目的や動機が重視される「主観主義」，犯行の目的や動機よりは犯罪の結果が国家の政治組織に向けたものであれば政治的性格のある犯罪と見る「客観主義」，両方の要素をともに考慮する「折衷主義」などの立場に分かれる。①客観主義である。ドイツの犯罪人引渡法第3条第2項では，裁判所は政治犯罪の判断にあたって，犯行が国家に対して「直接的な攻撃」（unmittelbares Verbrechen）であるかの該当性を調べることを求める。ドイツの裁判所は，この条項をテロ犯罪に適用する場合，テロ組織の結成とその組織への加入は国家に対する直接的な攻撃と認められないと示してきた。フランスにおいても1927年引渡法(448)に基づいて一定の間は純粋な客観主義がとられていた。客観主義には三つの類型がある。ⅰ，「侵害された権利理論」（injured rights theory）である。この理論は，フランスにおいて一時採択されていたもので，犯罪の政治性を行為の動機から求めず，その犯行によって侵害された権利の性質から導き出すものである。この理論は，主に第二次世界大戦当時の戦争協力者について，フランスがベルギーからの請求に対して適用されていた。フランスの裁判所は，敵と協力

──────────

（447）　イギリスにおいて「相対的な政治犯罪」について引渡しを拒否できるとした指導的な判例となったとのは，1891年の「カスチオーニ事件」に対する女王座裁判所（Queen's Bench）の判決であった。引渡しの可否の基準として，①行為が政権奪取のため国内の二以上の団体間で行われる政治的な抗争の最中に付随し実行されたこと（客観的要件），②行為者がその抗争に係る政治集団の正規の構成員であること（主体的要件），である。その後も，イギリス裁判所は不引渡しの対象となる「相対的な政治犯罪」の範囲を厳しく限定する立場をとり続けた。山本草二『国際刑事法』（三省堂，1991年）223-224頁。

（448）　森下忠『犯罪人引渡法の理論』（成文堂，1993年）74-76頁。なお，1929年ドイツ引渡法第3条第2項において，「政治犯罪とは，国の存立若しくは安全，元首若しくはこれに準ずる政府の構成員，憲法上の機関，選挙若しくは投票に関する公民権又は外国との友好関係に対して直接向けられる可罰的な攻撃をいう。」と定められた。同書77頁。

◆ 第三節　引渡裁判の事例

した犯罪は「侵害された権利」の政治的な性質によって政治犯罪と認められる
とし，ベルギーへの引渡請求を拒否した。ⅱ，「関連性」（connexity）類型であ
る。この見解によると，普通犯罪は純粋な政治犯罪と関連していたことを理由
に政治性を認めることができるという。ⅲ，「政治的な付随理論」（political in-
cidence theory）である。客観説は，被害法益が国家的ないし政治的な組織秩序
の破壊等のような客観的な事実によって区別されるべきであるという見解であ
る。これはフランスが過去にとっていた立場として，政治犯罪の判断において
その濫用を防ぐために「政治目的理論」を採択し，厳格に解釈する基準として
いた。この説によれば，犯行の動機や目的が捨象され，結果として犯罪の政治
性が明確に現れる事実が求められため，論理的には相対的な政治犯罪が政治犯
罪と認められないことになる[449]。②主観主義である。主観主義は，行為者の
動機（motive）や意図（intention）を強調し，行為によって政治的な結果を生
じさせた事実と無関係に，犯罪者が政治的な動機を認識してその行為を行った
か若しくは政治的目的を達成するために行ったかを捉えることに重点をおく立
場である。この見解はフランスの裁判所において多くの事例に適用されたが，
政治犯罪の保護法益の幅が広すぎるという違反がある。例えば，革命団体の一
員が銀行強奪に加わった行為，政治的な動機をもつ民航機拉致，アイルランド
共和軍による映画館での爆破などに対して，政治犯罪と認め，引渡請求を拒否
した事例がある。その後，フランス裁判所は，政治的な動機それ自体だけでは
政治犯罪の認定において十分なものではないとし，犯罪被害の結果等も考慮さ
れるべきであるとして，折衷主義と類似な立場となる。③折衷主義である。政
治犯罪の認定において，客観主義と主観主義はともにその偏向性が強いことか
ら，諸国の裁判所は両主義を結合したり若しくは新しい基準を模索することに
なった。ベルギー裁判所は，主観的な要素である「政治的目的」に制限を加え
ることによって折衷的な立場をとっている。犯行が政治的な闘争と関係ない第
三者に対する行為は政治犯罪と認められないとした。折衷主義の限界は，普通
犯罪と政治犯罪において，行為の動機または結果に基づいて最終的に同一視す
るということである。すなわち，犯行自体は普通犯罪であるが，犯罪人引渡し

（449）　신의기『刑事政策研究』通巻 25 号（1996 年）102 頁。

289

第四章　韓国における逃亡犯罪人引渡し

の目的上において政治犯罪とみなされるという。スイスでは「圧倒的に政治的性格をもつ普通犯罪」という表現が用いられてきた。犯罪の混合的な性質に着目し，政治的性格が普通犯罪的な性格より優越な場合には引き渡さないというもので，「優越性理論」と呼ばれる[450]。スイス引渡法では，政治犯罪は「主に」政治的性格をもつ犯罪に限られる。1892年引渡法の第10条「政治犯罪」第2項において，「行為者が政治的動機又は目的を主張するにもかかわらず，引渡しの請求の理由とされる行為が優越的に普通犯罪の性格をもつときは，引渡しは許される。……」と定める[451]。スイスの1981年国際刑事共助法第3条では「……，スイスの見解によれば優越的に政治的性格を帯びる行為，……ときは，請求に応ずることができない。」と定める[452]。

　スイス連邦裁判所は，この主に（primarily）または圧倒的に（predominantly）政治的な犯罪について次のように示す。すなわち，「それ自体が普通犯罪に該当する行為であっても，その行為が行われた状況，とりわけ政治的な動機および政治的目的に基づいて行われた場合，圧倒的に政治的な性格をもつものであると認められることができる。」。ここで比例性（proportionality）の概念がとり入れられるが，犯行が少なくとも政治的目的を達成するために効果的であること，可能な限り私的な法益を侵害しないことなどが求められる。政治的な目的を達成するにあたって，他の代替手段がないことが求められる。例えば，スイス裁判所は，ファシストのスパイ網を除去する目的で人を殺害したことは最終的な手段として用いられたとは言えず，政治犯罪とは認められないとした。また，テロ犯罪等はその行為の重大な危険性と深刻性などによって，犯行の動機と目的との間で比例性が否定される。但し，「比例性」理論の適用において，犯罪行為が政治的な目的を達成するうえで一定の実効性（effectivness）が求められるとする。すなわち，犯罪行為が政治的な目的を達成するために真正に効率的な手段であるべきだという。このようなスイスの基準は，侵害された利益の重要性，政治的な変化への願望および目的達成のために用いられた手段の許容性等について総合的な評価が求められる。

---

　(450)　森下忠『犯罪人引渡法の理論』（成文堂，1993年）72-73頁。

　(451)　森下忠・同上書・73頁の注(17)。

　(452)　森下忠・同上書・89頁。

◆ 第三節　引渡裁判の事例

ウ．裁判所の判断

　ソウル高等裁判所は，グエン・フー・チャン事件において「付随理論」が採り入れられたが，劉強事件では「優越性理論」または「比例性理論」が採択されたものと解される。前者の事例において，当該犯罪人が米国においてベトナム社会主義共和国の政治体制に反対する亡命政府を結成し，自らその反政府団体の主導的な役割を遂行していたことが指摘されたが，後者においては，当該犯罪人が属された組織およびその組織における犯罪人の役割が求められなかったのである。とりわけ，後者では，犯罪人の政治的動機または目的と犯罪行為との間において，比例性があり，公共の危険性が大きくないということを理由として，政治犯罪と認められるとした。

(3)　「劉強事件」裁判の検討

　国際法上，政治的な理由による訴追・処罰若しくはその他迫害から人身等を保護するのために，その者の所在地国が，本国への送還若しくは引渡請求に応じない類型として，①領域庇護または外交的庇護のような庇護，②難民条約に基づく送還禁止（ノン・ルフールマン），③犯罪人引渡しにおける政治犯不引渡し，などが挙げられる[453]。国際法上，国家が犯罪人を引き渡すべき義務を負う場合は，明示的に引き渡すことを定めた引渡条約が前提とされ，その意味で引渡条約は庇護（亡命）の例外と見ることができる[454]。逃亡犯罪人引渡しにおいては，各国の政治・経済・文化・イデオロギーの対立が深まりつつあるところ，犯罪の政治性の多元化により，引渡制限事由として幅広く留保されるようになる[455]。とりわけ，日中韓の三国をはじめとする東アジア地域では，そ

---

(453)　芹田健太郎「政治犯罪人不引渡原則の確立：歴史的・実証的研究」『国際法外交雑誌』71 巻 4 号（1972 年）345 頁。

(454)　Christine Van den Wijngaert, *The Political Offence Exception to Extradition* (Kluwer Denventer, 1980), p.45. また，国際法上，「庇護」は領域主権から導かれる国家の権能とされることから国家間の力関係によって展開される場合も多いが，政治犯などの「不引渡し」は引渡条約上の引渡義務の例外と解されるため法律問題になるという。島田征夫「逃亡犯罪人引渡思想の系譜」島田征夫・古谷修一編『国際法の新展開と課題』（信山社，2009 年）60-61 頁。

(455)　山本草二「犯罪人引渡制度における政治性の変質」『東北大学法学』49 巻 3 号

第四章　韓国における逃亡犯罪人引渡し

の歴史，領土およびイデオロギーの諸問題が潜在し，これらと関連した犯罪人引渡しをめぐって，各国の政府や裁判所がとらえる犯罪の政治性がますます相対化する兆しがある。

　政治犯不引渡原則にいう「政治犯罪」の定義は，行為の動機と目的，その性質および実行の状況，法益などを基準としてもまだ確定されない。また，不引渡し原則が，立法条約上の一般規範として確立されたものではないところ，一般慣行および法的確信の要件が備われ，諸国によって一般的な承認が確立された，国際慣習法と認められるか否かが問題となる。政治犯不引渡しの起源は19世紀前半の大陸法系の諸国における国家実行にあるといわれる(456)。当初，逃亡してきた政治犯罪人に対して庇護が認められず，とりわけ近隣小国が強大国からその引渡しが強要されることも少なくなかった。しかし，1832年，フランス政府が，政治犯罪人の引渡しを認めないという政令を公布し，その後，1833年のフランスとスイス，1834年のベルギーとフランス間の各引渡条約において，政治犯罪人の引渡しを要求する条項が削除されるようになった。他方，英米では，国内法上，普通犯罪については政治性を理由とする抗弁を認めなかったが，19世紀後半から引渡条約の締結においてフランスやベルギーなどの主張を採り入れ条約上の引渡制限事由と定めることになった。

　19世紀の欧州での犯罪人引渡条約において，政治犯罪人の取り扱いに関する規定は主に三つの類型が見られる(457)。①「政治犯罪人を引き渡す条件として引渡しを求められた政治犯罪について訴追・処罰をしない」ことを明記する。すなわち，その保証がない場合は引渡しを拒否できると解される（「フランスとベルギー間の引渡条約」，1834年11月22日）。②「政治犯罪を引渡犯罪から除外する」と定める（「フランスとサルジニア間の引渡条約」，1838年5月23日）。③「条約上の引渡しは政治犯罪人には適用されない」と定める（「フランスとプロイセン間の引渡条約」，1845年6月21日）。政治犯罪人については，①の例で見られるように，引き渡すこと自体を条約で定めたとして国際法上の義務に反す

　（1985年）361頁。

(456)　山本草二『国際刑事法』（三省堂，1991年）219頁。

(457)　西井正弘「政治犯不引渡原則の形成過程（二・完）」京都大学『法学論叢』95巻3号（1974年）41頁。

◆　第三節　引渡裁判の事例

る違法であったり批難されることではない。その理由は，当該犯罪人の身柄の保護が目的であることから，身柄の引受国によって処罰や迫害等を行わないという保証があれば引き渡すことができるというものと解される。また，中国が，自国と国境を接する中央アジア諸国との間で締結した引渡条約において，引渡制限事由として政治犯罪そのものが定められず，その条約上，被請求国が庇護権を行使しない限り政治犯罪人も引渡しの対象となりうる[458]。

政治犯不引渡原則（principle of non-extradition of political offenders）の法的性質について，その確立の存否の意義は，國際司法裁判所規程第38条で定められたように「法として認められた一般慣行の証拠としての国際慣習」として，裁判規範として適用されうるかの問題である。その法的性質について主に二つの見解に分かれる。すなわち，①政治犯を引き渡してはならないとする「禁止及び義務規範」が既に国際慣習法上確立されており，被請求国の裁量を法的に拘束すると解するもの，②引渡条約に基づいて一般に逃亡犯罪人を引き渡すべき義務を負う立場であっても，その例外として，引渡しを拒否できる権能・権利を留保するという趣旨にとどまるのであって，引渡しの決定は被請求国の裁量にゆだねられると解するもの，である。

欧州において，政治犯不引渡し原則が議論を呼び起こすことになったは，1970年代のイギリスとアイルランド間の法執行委員会（British-Irish Law Enforcement Commission）において政治テロに対する効果的な統制のため，北ア

（458）　例えば，ロシア，ブルガリア，カザフスタン，ウズベキスタン，キルギス，ウクライナ，リトアニア，モンゴルなどとの各引渡条約では，中国が締結した多数の引渡条約において義務的な引渡拒否事由と定めらた政治犯罪について，引渡しの制限事由として明記されていない。とりわけ，そのなかの一部の引渡条約では，政治犯罪について，引渡請求が政治的意見を理由に訴追または刑罰を科する目的で行われると被請求国が認めるに足りる十分な理由がある場合に引渡制限事由になると定めるにとどまる（ブルガリア，カザフスタン，リトアニア，モンゴルなどとの各引渡条約）。さらに，ロシア，ウズベキスタン，キルギス，ウクライナとの各引渡条約においては，政治犯罪は，上記のような差別条項も定められず，引渡制限事由としての条項がない。中国が，新疆ウィグル自治区における東トルケスタンの独立運動およびチベッド亡命政府の活動について，反中国の国際テロ行為や分裂策動と位置づけながら，その規制について周辺国との利害関係の一致があるものと解される。

第四章　韓国における逃亡犯罪人引渡し

イルランドアイルランド共和国間の両者関係に限って，政治犯不引渡しの原則を一層柔軟に適用しようというものであった[459]。柔軟な適用にあたって問題となったのは，政治犯不引渡し原則が，世界各国の引渡法および引渡条約において受け入れられ，国際法上，拘束力が与えられているものと認められるか否かであった。同委員会のアイルランド側委員はその原則が国際社会において一般的に採り入れられているとしながらその緩和に反対したが，イギリス側委員は国際法が政治犯の引渡しを禁じているものではないと主張した。結局，イギリス側も，北アイルランドとアイルランドの関係において，政治犯不引渡し原則の緩和について反対しなかった。両者の各主張は次のような根拠に基づくものであった。すなわち，①政治犯不引渡し原則は引渡法において一般的に採り入れられており，引渡法および引渡条約において一般的な原則として芽生えつつあると推定される。②それにもかかわらず，引渡法および引渡条約は政治犯不引渡し原則の例外が少なくない。③国際条約において政治犯不引渡し原則の例外は，例えばジェノサイド犯罪のように，決して一般的に受け入れられたものではない。

　政治犯不引渡し原則は，法的観点からすれば，政治犯の引渡しを禁ずる国際法上の原則はない。1935年のハーバード大学の国際法研究では，犯罪人引渡条約第5条a「政治犯罪」のコメントにおいて，「被請求国において政治犯の引渡しを決して許容しないという一般的に承認された国際法はない。」，「国家が引渡しにおいて政治犯を除外する理由はない。」とした[460]。また，1969年の第10回国際刑法学会において，政治犯引渡しが国際法の一般原則に反するだろうということは現在の国際法の段階で確認できないとして，「引渡しを求められた犯罪が，被請求国の法律上，政治犯罪を構成するときは引渡拒否が許容できる。」と提言がなされた[461]。さらに，アイルランド最高裁は，1950年

---

(459)　Christine Van den Wijngaert, *The Political Offence Exception to Extradition* (Kluwer Denventer, 1980), p.43.

(460)　Harvard Research in International Law, *Supplement to the American Journal of International Law (Volume 29,* 1935), p.110.

(461)　Xth INTERNATIONAL CONGRESS OF PENAL LAW (Rome, 29 September –5 October 1969), IV Section: Actual problems of extradition, the recommendations ⅴ-1.

◆ 第三節　引渡裁判の事例

12月12日，引渡裁判において「政治犯不引渡しについて国際法上の一般的な承認を構築しようとする試みは失敗した。国際法は訴追若しくは有罪宣告がなされた政治的な性格をもつ犯罪人の引渡しを許容したり拒否する。各国は自らの判断に基づいて，個別の事案について引渡しの許容若しくは拒否を実行することができ，また，引渡しの例外として，引渡しを制限する条項を設けることができる。」と示した[462]。

　日本においても学説および裁判では（2）の立場が採用されたことがある。「尹秀吉事件」の一審裁判では，「純粋な政治犯罪」について，もっぱら特定国の政治的秩序を侵害する行為（革命・クーデター・反逆・内乱などの企図，禁止された政治団体の結成など）であって，本国からの引渡請求，有罪判決，訴追，逮捕令状の発付などがあった場合，若しくは少なくとも客観的にこれらと同視すべき程度に処罰の確実性があると認められる事情があるときには，引き渡してはならないという義務・禁止を定めた国際慣習法が確立している，との判決があった（東京地裁1969年1月25日）。しかし，控訴審では，政治犯不引渡原則は，引渡条約に基づいて犯罪人を引き渡す義務があるにもかかわらず，その除外例として被請求国は引渡しを拒否する権能が認められるにとどまるとして，国際慣習法上の確立を否定した（東京高裁1972年4月19日）[463]。また，「相対的な政治犯罪」について，「純粋な政治犯罪」を実行する過程でおこなわれたり若しくはそれと直接の関連性をもつものに限って，不引渡しの対象となりうるという見解が有力である[464]。

　韓国のチェ教授は，政治犯不引渡し原則が「一般国際法上の原則であり，被請求国が不引渡しの義務を負うとする見解が妥当と受け止められる」とした[465]。また，「劉強事件」等の引渡裁判においては，「付随理論」および「優

---

(462)　Christine Van den Wijngaert, *The Political Offence Exception to Extradition* (Kluwer Denventer, 1980), p.47. 18 *Int. L. Rep.* p.343 (1951) in *re Duggan v. Tapley*.

(463)　祖川武夫・小田滋『日本の裁判所における国際法判例』（三省堂，1991年）268-276。

(464)　山本草二『国際法（新版）』（有斐閣，2004年）565頁。

(465)　チェ・テヒョン「韓国法院における政治犯不引渡しの原則の適用：リウチアン事件を中心に」『ソウル国際法研究』20巻1号（2013年）4頁の注(7)。

295

第四章　韓国における逃亡犯罪人引渡し

越性理論」などが採り入れられ，行為が政治活動そのものではなく，それに付随するものでないにもかかわらず，他国の政策に反する目的であって行為の結果により被害法益が比較的に大きくないなどの理由で，政治犯罪と認められた。裁判では「不引渡原則」の国際法上の位置づけについて示されず，日韓引渡条約および韓国引渡法に基づいて「政治犯罪」の認否の判断にとどまった。但し，裁判所は，「政治犯不引渡原則の趣旨との関係」において，従軍慰安婦など過去の歴史的事実に対する認識および関連政策，政府閣僚の靖国神社参拝に対する認識およびその対応，などにおいて日韓両国間で政治的に見解の対立があり，請求国（日本）内においても政治的見解の対立が存在している以上，当該犯罪人を引き渡すことは請求国内の政治問題に干渉するものと見受けられることもありえるから国際関係上望ましくない，と示した。

　国際社会において，国家実行，裁判，学説などでは，犯罪人を引き渡すことが原則であって，被請求国は，引渡条約に基づいて引渡制限事由とされている場合に限って引渡しを拒否できる権能が与えられていると解される。欧州および日本における国内法および引渡条約上の規定，引渡裁判，学説などの検討からして，政治犯不引渡し原則が，国際慣習法として確立した規範であるとは言いがたく，被請求国がその犯罪人を引き渡してはならないという義務を負うものではないと解される。とりわけ，今日において，航空機奪取やテロ犯罪などについて政治犯罪の脱政治化が進み，欧州などの地域的な法的枠組みにおいては相対的な政治犯罪の政治性の要件を制限する傾向にある。その代わりに，逃亡犯罪人の人権保障の見地から，政治犯罪の引渡制限の事由が犯罪の政治性ではなく人権保障条項などに求められていることに留意すべきであると思われる。

　結局，「劉強事件」の引渡裁判では，政治犯罪の定義および不引渡原則の国際法的な評価において，その歴史的・客観的な検討，判断基準が諸国において厳格になされている趨勢，周辺国の国家実行などについて，綿密な考察が行われたとは言い難い。とりわけ，本件裁判の場合，純粋な政治犯罪はともかく，相対的な政治犯罪について政治性を過大評価したものと見受けられ，司法判断として適正なものであったかについて疑問がある。本来，行政機関としての法務大臣が，引渡法に基づいて，周辺国との外交関係および国際情勢などの諸般事情を考慮したうえに引渡しの相当性を判断すべきであることについて，裁判

296

◆ 第三節　引渡裁判の事例

所が先取りして判断したものと指摘することができる。

三　「犯罪人引渡法」第 3 条（ソウル高裁の専属管轄）に関する違憲訴訟

(1)　訴訟概要および争点

　韓国の憲法裁判所[466]で争われた違憲請求の要旨は，引渡法第 3 条において「この法律に定められた犯罪人の引渡審査及びその請求に係る事件はソウル高等裁判所とソウル高等検察庁の専属管轄とする。」としたのは，憲法に定められた裁判を受ける権利等を侵害したというものである。韓国系米国人である本件請求人は，強姦等の罪に問われ，カリフォルニア州裁判所において宣告がなされる前の 1999 年 3 月，韓国へ逃亡した。同年 6 月，裁判所はその犯罪人が欠席の状況で懲役 271 年を宣告し，米国当局から身柄の引渡請求がなされると，ソウル高等裁判所が 2001 年 9 月に引渡許可の決定をした経緯がある。請求人は，その決定に対して最高裁判所に再抗告および違憲法律審判請求[467]をし，同時に憲法裁判所法に基づいて本件の憲法訴願審判を請求した[468]。一方，最

---

(466)　韓国の憲法裁判所は，第二共和国（1960 年 8 月〜1961 年 5 月）憲法においてその創設が定められていたが，1961 年 5 月に軍事クーデターがおきたため，実際に構成されることはなかった。それ以来，裁判所および憲法委員会が憲法的紛争の処理を担当してきたが，現行憲法となる 1987 年の憲法改正によって憲法裁判所の設置が決まり，1988年 9 月 1 日，発足することになった。憲法裁判所は，三権から独立して，憲法守護の地位を有し，その決定は最終的なものである。なお，憲法裁判官は，国会において聴聞手続をへて，大統領，国会および最高裁長官によって 3 名ずつ指名または選出されると，大統領が任命する（憲法裁判所法第 6 条）。任期は 6 年で連任が可能とされ，裁判官の定年は 65 歳，但し，所長は 70 歳とする（同法第 7 条）。韓国では，裁判所のことを「法院」と定められているが，憲法裁判所にかぎって裁判所と名づけれている。

(467)　違憲法律の審査は，憲法上，法律が憲法に違反されるか否かが裁判の前提になる場合，その裁判所が憲法裁判所に請求し（憲法第 107 条第 1 項），憲法裁判所において違憲決定をなすときは憲法裁判官 9 名のなか 6 名以上の賛成を得なければならない（憲法第 113 条）。

(468)　憲法裁判所決定 2003 年 1 月 30 日（[2001 헌바 95]）。なお，憲法訴願とは，個人または法人が，公権力により憲法上保障された国民の基本権が侵害された場合に憲法裁判所に提訴し，その基本権の救済を請求する制度である。その請求事由は，憲法裁判所

第四章　韓国における逃亡犯罪人引渡し

高裁は，引渡許可の決定について不服が許されないとし，同年10月に再抗告を棄却した。本件の憲法裁判所への請求理由は，引渡裁判において単審制がとられているため，決定に誤りがあったとしてもこれを争う方法が源泉的に塞がれているところ，憲法に定められた適法手続きの原則，裁判を受ける権利，過剰禁止の原則等に反すると主張したものである。

　最高裁は，違憲法律審判請求について，ソウル高裁が犯罪人引渡法第15条第1項第3号に基づいてなす引渡許可の決定は国家刑罰権の確定を目的とする刑事訴訟法上の決定ではなく，犯罪人引渡法により特別に認められたものであるとした。それゆえに，審級制度の本質，裁判を受ける権利の意味および引渡許可決定の性質等を総合してみると，犯罪人引渡法が引渡審査請求に関する審判をソウル高裁の専属管轄としながらその許可決定について不服を許容する定めがないとしてもそれが憲法に定められた，人間の尊厳と価値（第10条），身体の自由および適法手続きの原則（第12条第1項），裁判を受ける権利（第27条第1項），過剰禁止の原則（第37条第2項）に違反するものではない，と決定した[469]。

　憲法裁判所は，裁判所によりなされる引渡審査は国家刑罰権の確定を目的とする刑事手続きのような典型的な司法手続きの対象に該当するものではなく，引渡法によって認められた特別な手続きであるとして，犯罪人引渡法第3条（引渡請求の審査および引渡許可の決定におけるソウル高裁の専属管轄）が憲法に違反しないと決定した。本件違憲訴願の争点は，ソウル高裁によりなされた引渡許可の決定について上訴が許されないことが，憲法で保障された，審級制度，裁判を受ける権利等に反するか否かである。裁判では憲法裁判官9名のなかで1名が，引渡法第3条が違憲であるとして，反対意見を述べている。日中韓の引渡法においては，逃亡犯罪人引渡しの法的性質をめぐり，それが刑事訴訟手

　　法上，二つに分けられる。すなわち，①公権力の行使または不行使により憲法上保障された基本権を侵害された場合，但し，他の法律に定められた救済手続きを経なければならない（憲法裁判所法第68条第1項）。②法律が憲法に違反するか否かが裁判の前提となり，当事者が裁判所にその法律の意見審判を請求したが棄却されたとき（憲法裁判所法第68条第2項）などである。本件請求は後者の場合である

（469）　最高裁判所2001年10月31日付け決定（事件番号［2001え532］）。

298

◆ 第三節　引渡裁判の事例

続であるか否かについて議論がある。とりわけ，日韓両国では，引渡裁判に対する高等裁判所の専属管轄（上訴不可），法務大臣の引渡命令に対する執行停止申立（引渡命令取消請求）などが争点となることがあるところ，その要因は，逃亡犯罪人引渡しが刑事訴訟手続であるかそれとも法務行政手続であるかに起因するからである。以下では決定の理由および反対意見等について紹介する。

(2)　法務省の主張

本件憲法訴願において請求人の主張および最高裁判所の請求棄却の理由の各要旨については上述のとおりであるため省略する。関係機関の意見として法務省及び外務省から提出された。法務省意見の要旨は次の三つである。①請求人がすでに米国に引き渡されため権利保護の利益がない。②引渡法第3条はソウル高裁を専属管轄とする定めであって，その決定に不服できないことを規定したものではないゆえに，その条項は本件に適用すべき余地がない。③犯罪人引渡しの本質は，刑事訴訟法に基づく捜査または刑事訴訟ではなく，外国が裁判権をもつ犯罪人に対して訴追，裁判，刑の執行が行われるよう，その身柄を確保して引き渡す「法務行政手続き」である。また，法務省は，司法審査の理由について，引渡しの過程において「逃亡犯罪人の人権保障のため，司法府においてその引渡しが国内法および条約規定により適法であるか否かについて審査を経由」するものであるとした。さらに，法務省は，犯罪人引渡しの性質および外国の立法例等を鑑みるとき，引渡法において，裁判所の引渡許可の決定について不服の定めを設けなかったことにより「不服できないことは立法の裁量」に属する問題であり，その内容においても合理性が認められるとする。

(3)　憲法裁判所の判断

憲法裁判所は本件請求の適法性について次のように判断する。すなわち，①引渡法第3条については，引渡事件の専属管轄を定めたものに限らず，他の法規定がない現状において，その決定に対する不服を許容しない趣旨まで含まれていると理解するのが相当である。従って，引渡法第3条の違憲性をめぐる争点は最高裁裁判の前提性が認められる。②請求人が米国にすでに引き渡されため権利保護の利益の不在について，憲法的な解明が必要な場合に該当し，本案について判断の必要性が認められる。そこで，憲法裁判所は具体的な判断と

299

第四章　韓国における逃亡犯罪人引渡し

して次の四つを挙げる。

　第一に，引渡手続における裁判所の関与について，今日，犯罪鎮圧において緊密な国際協力が求められるところ，引渡しは当該犯罪人の身体の自由について不当な制限が加えられるおそれがあるため，諸国の各引渡手続において裁判所の審査を経由させており，韓国も同様である。第二は，引渡手続において，不服が許されず，単審制がとられているのは憲法違反との主張についてである。逃亡犯罪人引渡しの審査は典型的な司法手続きの対象に該当されるものとは見受けられず，その性質上，引渡法によって認められた特別な手続きと見ることが相当である。引渡法の枠組みのなかで，刑事訴訟法の規定が準用されること，弁護人の助力が認められこと，意見陳述の機会が与えられること，引渡制限事由が定められたことなどを鑑みると，単審制がとられているとしても，適法手続きの原則から求められる合理性と正当性を欠けたものとはいいがたい。第三は，裁判を受ける権利との関連である。憲法が定めた「裁判を受ける権利」とは，あらゆる事件について上訴審手続きによって裁判を受ける権利が当然に含まれるとは断定できず，上訴の可否，上訴理由の規定等について特段の事情がない限り，立法政策の問題であると解される。引渡審査の手続きが，憲法上の裁判請求権が保障されなければならない対象に該当するかは明らかではない。引渡しの可否に関する裁判所の決定は，逃亡犯罪人を請求国に引き渡すか否かを判断するのみであって，それ自体が刑事処罰若しくはそれに準ずる処罰と見ることはできない。そうすると，当初から裁判請求権の保護対象とならない事項について，裁判所の審査が認められた場合，その審査に対して上訴ができないとして裁判請求権が新たに制限されるとは通常に考えられることではない。仮に，犯罪人引渡しが刑事処罰と類似なものであるとしても，引渡法第３条が少なくとも裁判官と法律によって一回の裁判を保障しており，その決定に対する上訴を許さないことが適法手続きの原則が求める合理性と正当性を逸脱したものでない以上，上訴不許の立法が立法裁量の範囲を脱したものとして裁判請求権を過剰に制限するものであるとはいいがたい。第四は，不服の不許が身体自由および人間尊厳を侵害したとの主張についてである。請求人は裁判所の決定において誤りがあってもそれを修正することができないと強調しているが，これは引渡しの審査に限って固有に生ずるものではなく，仮に不服手続きを認

300

◆ 第三節　引渡裁判の事例

めたとしてもそのような誤りおよび修正可能性を完全に払拭することはできず，この点において上訴の許否は別段の事情がない限り立法裁量と言わざるをえない。また，引渡審査の性質が刑罰権を確定するほどに請求人の自由に甚大な影響を及ぼすものではなく，国際刑事司法協力の一環として，引渡条約若しくは相互主義の保証が求められ，引渡法において人権侵害的な処罰を生じさせうる引渡しを防止するために法的装置がとられている。それゆえに，不服手続きが設けられていないとしても，人間尊厳および身体自由等の基本権を過剰に制限するものであるとはいえない。

(4) 反 対 意 見

　本件裁判において，審判対象が裁判請求権を侵害するとして反対意見を出したのはグォン・ソン裁判官であり[470]，その要点は次のとおりである。

ア．憲法の国民保護原則

　国民は，国家創設，国家の正当性付与および国家活動において根源的な単位となる。韓国憲法は，第1条をはじめ，国民の保護のために直接・間接的に国家に対して多くの義務を具体的に設定している。対外的な関係においても国家はその国籍を有する国民について外交保護権をもっていることは国際法上の基礎原則であり，国民が国家の外交保護権の行使を放棄することができないということも国際法上確立されている。憲法上の国民保護の原則は国際刑事協力の一つである犯罪人引渡しの手続きにおいても例外とは言えず，本件の違憲性についてはその国民保護原則に照らして慎重に接近しなければならない。引渡法において自国民であることを裁量的な引渡拒否事由と定めたことも憲法上の原則を反映したものである。なお，ドイツ基本法においては，自国民であることを原則として義務的な引渡拒否事由と定めているところ，それは国民保護の原則を一層強く貫徹している一つの例である。

---

(470)　グォン裁判官は，最高裁の裁判所行政処およびソウル高等裁判所の裁判官をへて，2000年9月から2006年8月まで憲法裁判官を務めた。憲法裁判所の歴代裁判官案内のウェブペイジ（http://www.ccourt.go.kr/cckhome/history/person/historyPerson02.do.2014年8月19日閲覧）。

第四章　韓国における逃亡犯罪人引渡し

イ．比較法的な考察

　引渡裁判をめぐる比較法的な考察として米国およびドイツの場合を考察する。

　第一に，米国の場合である。米国において，裁判所の引渡許否の決定について上訴を許す法規定はなく，連邦最高裁判所も引渡しに関する審査が，連邦憲法第3条が定める典型的な司法権の行使の対象に該当せず，最終的で終局的な判断の性質を有しないために裁判官の引渡しに関する決定については上訴による矯正が許容されないとしている。しかし，米国では人身保護令状の制度が確立され，引渡しの許否審査においても人身拘束が伴われるゆえに，逃亡犯罪人は人身保護令状の請求により不服手続きを開始することができる。韓国法の場合，拘禁許可状若しくは仮拘禁許可状によって拘禁されたとき，その犯罪人または弁護人等が拘禁の適否について審査を請求することができるが，刑事訴訟法第214条の2第7項を準用する結果，その決定について抗告することはできず，さらに引渡執行状による拘禁のときにはその適否の審査自体が認められない。従って，引渡法第3条の合憲性について，米国の場合を単純に借用して論証するならば，それは平面的な比較に傾くことになる。

　第二は，ドイツの場合である。ドイツでは，州の高等裁判所が引渡しの可否について決定をなし，その決定に対する抗告は認められないと定める（国際刑事共助法第13条第1項）。しかし，引渡法第3条の合憲性についてドイツの場合を借用して論証することは，次のような制度上の相違により，適切ではない。①州高裁が引渡可否について決定をなすときは，原則として，重要な法的問題を解決するために連邦最高裁の決定を求問する制度がある。すなわち，州高裁は，引渡しの可否について連邦最高裁の決定若しくは他の州高裁の決定に従わないとした場合，自らの見解にその理由を明示したうえ，その法的問題について連邦最高裁の決定を求めることができる（同法第42条第1項）。②逃亡犯罪人が，簡易の引渡手続について同意をしないことにより，引渡許否に関する決定を上級審の審査にまで引き延ばすことができる（同法第41条，第29条）。③引渡許否の決定において基本権が侵害されたときは，韓国と違い，憲法訴願を提起することができる。④引渡し可能の決定について上訴を提起すれば，判例により，国際刑事共助法第33条第1項に基づく再審申請と解されている。⑤引渡しのための拘禁については，異議申立て，引渡拘禁令状の取消し，引渡拘

◆ 第三節　引渡裁判の事例

禁令状の執行停止および令状審査の制度等（同法第23条ないし第26条）によって十分な再審査の機会が与えられる。⑥決定において明らかな誤りがある場合には州の高裁が職権により訂正することができる。

ウ．引渡手続の法的性質：最高裁の解釈について

　最高裁が，引渡しの可否に関する審査が，国家刑罰権の確定を目的とする刑事手続きでもなければ典型的な司法手続きの対象でもなく，引渡法に認められた特別な手続きであるため，不服不許の条項が憲法に反するものではないという。しかし，そのような解釈は，引渡手続が刑事訴訟手続きではないということを前提としており，それは次の点で間違いである。①多数意見は，最高裁判例の見解と同様，引渡手続を刑事訴訟手続きではないと見ている。しかし，引渡手続は，その内容の側面から見るとき，外国が有する国家刑罰権を確保させる点を否認できず，終局的に刑事処罰の手続きの範疇に含ませざるをえない。引渡手続は，請求国において訴追・裁判・刑の執行を可能せしめるよう犯罪人を逮捕・拘禁したうえ引き渡すものであるため，国家刑罰権の確保と人権擁護という一般的な刑事訴訟法の目的と根本的に連携されざるを得ないものである。国家管轄権に関する国際法の観点から見るとき，犯罪人引渡し制度は刑事執行管轄権の領土的な限界を埋め立てるための制度といえる。②引渡犯罪において，双方可罰性，犯罪嫌疑の認否，引渡制限事由の存否等について，証拠調べ（引渡法第14条第6項）およびその判断が求められるところ，そのような判断は本質的に刑事訴訟手続的な性質を有するものである。③一連の刑事訴訟手続きを二段階に分け「逮捕・拘禁」＋「捜査・訴追・公判・刑の執行」として分析してみると，引渡手続は内国で行われる前段階と外国で行われる後段階をつなぎ合わせる手続きである。いずれの段階においても国家刑罰権の確保および人権擁護と関連する刑事訴訟手続きとしての本質をもつものである以上，前後のつなぎ合わせである「＋」手続きに該当する引渡手続もなお刑事訴訟手続きの一つの輪と捉えることは，否定すべき特別な事情がない限り，極めて自然なことである。国外逃亡の犯罪が頻発する状況を考慮する場合，とりわけ犯罪人処罰と人権擁護というものが一国の問題ではなく，文明世界が共通に追求する普遍的な価値であることを想起するときはなおさらのことである。

303

第四章　韓国における逃亡犯罪人引渡し

エ．不服請求権

　裁判に対する不服請求権は，憲法が保障する基本権の一つである，裁判請求権の本質的な内容の一部を構成する。裁判請求権でいう裁判とは正当な裁判をさすところ，上級審による不服審査は正当な裁判を保障する最も必須的な装置の一つである。そうすると，裁判手続きとしての刑事訴訟手続きは当然に不服手続きを含むものであり，前述のように引渡手続も刑事訴訟的な手続きであるとすれば，引渡許可の決定についても当然に上級審である最高裁判所において不服が許容されることが原則である。このような不服請求権の内容は，法律により具体的に定められ，国家の安全保障・秩序維持または公共福利のために必要な場合に限って制限されるところ（憲法第37条第2項），それ以上に不服を制限したり若しくは不服請求権の本質的な内容を侵害するなどのように，縮小的な立法を行うことはできない。それゆえに，仮にある法律がこのような原則に背いて不服請求権を縮小する内容であるとすれば，その法律はその範囲内において違憲であることから免じられない。本件審判対象の法条項は，不服請求権についていかなる定めも設けられず，最高裁判例はその条項が不服を許容しない趣旨であると解釈しているため，現在において最高裁判例の解釈に固着しているといえる。その結果，双方可罰性，犯罪嫌疑の相当性の認否，引渡制限事由の存否等を判断するにおいて，必要な証拠調べと請求国における人権保障の水準等に対する考慮がなされず，裁判官の主観的な恣意が作用する場合，上級審の不服審査によりそれを是正することができなくなった。これは，国際共同体の一員として，刑事正義の国際的な実現に協力する義務と犯罪人の人権を保護すべき義務との間で維持されるべき均衡を失ったものである。非訟事件手続法においてさえ裁判に対する不服を保障していることとに照らしてみても，これは甚だしく均衡を失っていることが分かる。

　裁判所の引渡許可の決定が引渡手続において終局的なものではなく，法務大臣による引渡しの相当性の判断の手続きが残っているところ，これが裁判所の誤判に対する是正措置として機能することができるゆえに，上級審への不服は必要でないと仮に考えているとすれば，それは裁判に不服して審級利益を享有しうる権利に対する誤った理解である。何故ならば，行政的な裁量判断と法認識的な司法判断は根本的に異なる次元に属するため，司法体系の外で作動する

304

◆ 第四節　その他の国際刑事協力

法務大臣の最終決定が逃亡犯罪人の審級利益を代替することはできないからである。

オ．裁判請求権の侵害

　引渡法第3条が上級審への不服を許容しないことは，国家の安全保障・秩序維持若しくは公共福利の必要により不服を制限するものではなく，不服自体を一切禁止したため権利の本質的な内容を侵害するほどのものであることはこれ以上問うことなく明らかである。これは，前述のように憲法の国民保護原則を無視し，請求人の裁判請求権を侵害したゆえに，本件審判対象の法律条項の違憲を結果するものである。

◆ 第四節　その他の国際刑事協力

一　刑事共助と受刑者移送

(1)　刑事共助

　外国との交流，交易，取引などが拡大するに伴い，犯罪捜査および裁判などの刑事手続において外国の協力が避けられず，刑事共助についてその範囲と手続などを定めることが必要となった。国際犯罪の規制の徹底とその他の国際系刑事協力の拡大のため，「国際刑事司法共助法」（以下で共助法という．）が1991年3月8日に制定され，同年4月8日付で施行された。

　刑事共助は，条約に基づいて若しくは相互主義の保証に基づいて行われ，共助条約において共助法と異なる規定がある場合には条約規定が優先される（共助法第3条）。共助の対象は，人または物件の所在捜査，書類または記録の提供，証拠の収集，押収捜索または見分，証拠物等の引渡し，供述の聴取，その他に証言の取得など，である（第5条）。共助の制限事由として，主権，国家安全保障，安寧秩序，公序良俗を害するおそれがある場合，人種，国籍，性別，宗教，社会的身分または政治的見解が異なることを理由に処罰され若しくは刑事手続上において不利な処分を受けられるおそれあると認められる場合，共助

第四章　韓国における逃亡犯罪人引渡し

犯罪が政治犯罪であるなどの場合，共助犯罪が韓国の法律において犯罪を構成せず若しくは公訴を提起することができない場合，などである（第6条）。共助要請の受理および共助資料の要請国への送付は，原則として外交経路をつうじて行うが，緊急な措置を要する場合若しくは特別な事情があるときには法務大臣が外務大臣の同意を得て，行うことができる（第11条）。

　韓国の共助法が「司法共助」と名づけられたところ，共助の範囲は，捜査に限られず，刑事裁判と関連して外国裁判所との共助も含まれる。法務大臣は，裁判所が行うべき刑事裁判に関する共助要請書を受けた場合，これを「法院行政処」に送付しなければならない（第33条）。韓国の裁判所が刑事裁判について共助要請を行う場合にも，「法院行政処」をつうじて，法務大臣に送付しなければならない（第34条）。また，国際刑事警察機構（ICPO）との協力については，警察庁を所管する「安全行政省」大臣がその措置を行うものとする（第38条）。共助法は，2009年に改正が行われたが，共助に関する内容ではなく，法令用語のハングル化などが主なものであった。

　刑事共助の実務では，捜査・裁判の資料をはじめ，犯歴・出入国経歴・金融取引等の各種資料の送付について，主に外交封印袋（diplomatic pouch）が用いられるが，これは通常2週以上がかかる。韓国と，日本，米国，カナダおよび香港等との間では刑事共助条約に定められた中央当局どうしにおいて当局間で直接の国際特別郵送がつかわれ3日ほどで到達され，時間的に効率が図られている(471)。

(2)　受刑者移送

　韓国では，受刑者移送の国際協力を実施するため，「国際受刑者移送法」（以下で「移送法」という.）が2003年12月31日に制定及び施行された。韓国移送法は，条約前置主義を採用しており，移送に関する条約が移送法規定と異なる場合は条約規定が優先されると定める（第3条）。移送協力は，原則として外交経路をつうじて行われるが，緊急を要するなどのときは法務大臣が外務大臣の同意をえて行うことができる（第4条）。

---

(471)　韓国紙「ノーカット・ニュース」2012年7月14日付け報道記事（http://www.nocutnews.co.kr/news/951061.　2013年11月8日閲覧）。

◆ 第四節　その他の国際刑事協力

　外国で服役中の国民を受け入れるための受入移送の要件は，受刑の理由と
なった犯罪事実が韓国の法律によって犯罪を構成すること，宣告された自由刑
が確定されたものであること，受刑者が移送に同意すること，などである（第
11条）。刑の執行方式では，日本国と同様に，「刑の執行継続」（continued en-
forcement）がとられ，裁判国において確定された判決は韓国裁判所がなした
判決と等しい効力をもつものとみなされる（第15条）。これは，刑法が外国判
決の効力を否認すると定めた条項（第7条）に対する特則であるといえる。但
し，残余刑の執行において，裁判国での刑が有期である場合には50年が上限
であり，終身刑であるときは無期とみなされる（第16条第1項）。刑を執行す
るにあたっては，裁判国で拘禁された期間，刑が既に執行された期間，刑執行
について減刑された期間，移送にかかった期間などがともに裁判で確定された
刑期の中に算入される（第16条第2項）。裁判国から，韓国に移送された受刑
者について，判決の取消しまたは自由刑を執行しないことが確定されたとの通
知がある場合は，受入移送命令を撤回し，既に移送されたときにはその受刑者
を釈放しなければならない（第19条）。裁判国から，宣告された自由刑につい
て，その種類または刑期の変更の通知を受けたときは，直ちに，受入移送命令
を変更し，既に移送されたときには変更された刑を執行しなければならない。
通過護送の要請を受けた場合，法務大臣は，その相当性を検討したうえで承認
することができるが，移送犯罪が韓国の法律において犯罪を構成しないときに
はその限りでない（第32条）。

　法改正では，裁判国において受けた減刑などについて，移送後の韓国でも反
映されるように制度を整備した（2010年7月23日改正，同年10月24日施行）。
また，有期の懲役または禁固の上限について，改正刑法が15年から30年へ引
き上げたうえ，加重するときの上限を25年から50年と定めたため[472]，受入
移送後の受刑者について執行可能な有期の自由刑の上限を刑法と同じく50年
に引き上げたのである（2011年4月5日改正および施行）。

　日本と比較した場合，日本が受入移送を行うときの主な流れは，法務大臣
（制限事由該当性及び共助相当性）　→　東京地方検察庁検事正（審査請求）　→　東

_____

　（472）　改正刑法は，2010年4月15日公布，同年10月16日に施行された。

307

第四章　韓国における逃亡犯罪人引渡し

京地方裁判所（審査及び決定）→　法務大臣（受入移送命令の相当性）→　移送実施，となるが，韓国では，審査請求および裁判所の審査決定の手続がない。また，受入移送後に服役すべき刑の上限において，日本が30年であるが，韓国が50年であることなどが挙げられる。

外国の刑事施設等に収容されている韓国人受刑者は2012年初めを基準として，51箇国にわたって合計1606名にのぼる。国家別では，日本が547名で最多であり，中国531名，米国253名，フィリピン36名，インドネシア22名等である。犯罪類型別では，麻薬が278名，殺人214名，詐欺等142名，窃盗140名，不法滞在120名，強盗108名などである。また，2012年6月末現在，国内の外国人受刑者は48箇国の合計1220名，その内中国籍が最も多い[473]。

二　法務・検察の国際協力の活動

韓国検察が，国際刑事協力の一環として，主導的に取り組んでいる活動の一つとして「アジア太平洋犯罪収益移転防止（還収）ネットワーク」が挙げられる。これは，2004年9月，ハーグにおいて創立された欧州の犯罪収益取戻しネットワーク（Camden Asset Recovery Inter-agency Network, CARIN）[474]をモデルとしたものである。欧州のネットワークは，会員国の捜査および金融当局間において関連情報を蓄積し直接に交換し，ユーロポール内に事務局がおかれている。アジア地域において，国連薬物犯罪事務所（U. N. Office on Drugs and Crime, UNODC）によって犯罪収益取戻しのネットワークの創設が試みられたが，当初からアセアン諸国を対象としたところ，財源と関心が確保されなかった。その後，オーストラリアおよび韓国側との協議をへて，2013年11月，アジア太平洋地域の犯罪収益取戻しネットワーク（ARIN-AP）の創立会議を韓国で開催し，その事務局を韓国最高検察庁に設置することとなった[475]。

---

(473)　韓国紙「ノーカット・ニュース」2012年7月14日付け報道記事（http://www.nocutnews.co.kr/news/951061. 2013年11月8日閲覧）。

(474)　ユーロー・ポール（https://www.europol.europa.eu/content/camden-asset-recovery-inter-agency-network-carin-leaflet. 2014年8月29日閲覧）。

(475)　韓国最高検察庁の2013年11月18日付け報道資料「アジア太平洋犯罪収益取戻しネットワーク創立総会開催」。

◆ 第五節　脱北者をめぐる周辺国の国際刑事協力

　韓国最高検察庁は，その他にも，麻薬犯罪の捜査に関する当局間の共助のために「アジア太平洋麻薬情報調整センター」（Asia Pacific Information and Coordination Center, APICC）がすでに設立され，韓国およびアセアン 8 箇国が加入している[476]。また，国際検事協会（International Association of Prosecutors, IAP）にも積極的に参加しながら，国際犯罪の規制のための効率的な国際刑事協力の法的枠組みの創設に努めている。とりわけ，国際検事協会によって作成された「アジア太平洋国際刑事協力条約」（IAP Model Treaty : The Asia-Pacific Convention for Cooperation in Criminal Justice）は，2009 年の第 6 回アジア太平洋地域会議において韓国検察が提案して以来，執行委員会などの検討をへて，最終案が 2011 年ソウルで開催された年次会議において公表された[477]。同条約は，国際刑事における地域協力の強化を目的とし，前文および一般条項，犯罪人引渡し，刑事司法共助，受刑者移送，犯罪収益取戻し，実務援助（リサーチおよび研修のプルグラムなど）などから構成されている。また，韓国検察は，国際刑事協力において当局間の直接連絡および迅速な対応を実行するために，外国の中央当局との間で刑事協力に関する了解覚書（MOU）を交換することがある。例えば，最高検察庁は，米国の国土安全保障省（入国管理及び関税局）との間で，資金洗浄，知的財産権犯罪，サイバー犯罪，人身売買および薬物密売等についての捜査共助の MOU を締結し（2010 年 9 月 13 日）[478]，スペイン最高検察庁との間でも同様の趣旨で MOU が 2011 年 6 月 28 日締結された[479]。

◆ 第五節　脱北者をめぐる周辺国の国際刑事協力

　「脱北者」の定義については，「拉致問題その他の北朝鮮当局による人権侵害

---

(476)　「アジア太平洋麻薬情報調整センター」（http://www.apicc.info/apicc/index.jsp. 2014 年 7 月 22 日閲覧）。

(477)　Joon Gyu Kim & Cheol-Kyu Hwang, *New Initiatives on International Cooperation in Criminal Justice* (Seoul National University Press, 2012), 192-194. 条約全文は 216-248 頁。

(478)　*Ibid.*, pp.249-251.

(479)　*Ibid.*, pp.252-256.

第四章　韓国における逃亡犯罪人引渡し

問題への対処に関する法律」（平成 18 年 6 月 23 日法律第 96 号）のなかで，「北朝鮮を脱出した者であって，人道的な見地から保護及び支援が必要であると認められるもの」と定める（第 6 条）。韓国の「北韓離脱住民保護法」では，脱北者のことを「北韓離脱住民」といい，「軍事境界線の以北地域（以下「北韓」という）に住所，直系家族，配偶者，職場等を有している者として，北韓を脱出した後，外国の国籍を取得していない者をいう。」と定める（第 2 条第 1 号）。また，中国は，北朝鮮との間で外交関係を結んでおり，北朝鮮のことを「朝鮮」と称しながら，脱北者について主に不法入国者と取扱う。それゆえに，脱北者について，中国が北朝鮮との間で締結した秘密の引渡協定をはじめ，刑法および省レベルの地方政府の法規に基づいて，その取締りに重点が置かれている。脱北者は，脱出後の行先として，主に韓国を目指しているものの，脱出者の意思や縁故関係あるいは受入国の政策方針などにより，周辺国と欧米諸国に定着することもある[480]。北朝鮮は，体制維持の根幹となる食糧配給体制が依然として不安定とも知らされながら，中国側の国境地帯や韓国などをつうじて外の消息が北朝鮮全域に広がるに伴い，急変事態が惹き起こされることを排除することはできない。脱北者をめぐる周辺国の対応は，中朝両国が出入国管理法令の違反者捉えて取締まりに集中し，その反面，西側諸国は送還されれば迫害を受けるおそれがあるとして難民認定または強制送還禁止の原則の遵守を求めている。

　脱北者問題を取扱う意義として次の三つを指摘しておきたい。第一に，脱北者の法的地位については，難民，不法入国者，自国民などのように日中韓各国の捉え方に相違が見受けられるところ，国際刑事協力の見地から考察することである。第二は，朝鮮半島における有事の場合，これまで以上の脱北なだれの

---

(480)　2013 年現在，韓国入りし当局によって保護された脱北者の数は 2 万 5 千人以上と集計され，その他に中国の東北三省（遼寧省，吉林省，黒龍江省）または日本などの第三国に散在する数も少なくない。1990 年代では中国東北地域の朝鮮族自治州を中心に 10 万人前後の脱北者がいたと推算されていたが，その後，中朝両国が取締りの強化について秘密協定を締結したり自国の国内立法を整備するようになり，2000 年代以降は脱北者の数は減少傾向にあると捉えられている。韓国統一研究院『北韓人権白書（2013 年版）』386-388 頁。

310

◆ 第五節　脱北者をめぐる周辺国の国際刑事協力

事態が惹き起こされることがあり得るから，仮に日中韓の三国が国際協力として対応しなければならないとすれば，どのような法的枠組が講じられるかについて展望することができる。第三は，北朝鮮当局者による反人道犯罪に対する刑事責任の追及と関連して[481]，逃亡犯罪人引渡しめぐる日中韓の国際刑事協力が求められることがありうるから，その取り組みの手がかりとなることである。

一　脱北者の現状

　北朝鮮を脱出して中国の東北地方等になだれ込んだ脱北現象が本格化したのは 1990 年代の半ばであるといわれる。その背景として，対内的には共同農場制度の破綻と自然災害による食糧生産の急減，建国からの最高指導者であった金日成主席の急死（1994 年）と権力世襲をめぐる政情不安などの事情があり，これらの原因によって国家的な食糧配給体制が崩壊され，政府の統制機能が麻痺するにいたったことが挙げられる。対外的な背景としては，ソ連解体と東欧諸国の自由主義化によって北朝鮮を政治経済的に支援してきた同盟国がほとんどなくなり（貿易の貧困），米国が北朝鮮の核施設について爆撃計画を表明したことから朝鮮半島の緊張がエスカレートしたことが考えられる。

　北朝鮮領土からの脱出者は，その行き先である韓国等に定着するまでのあいだ，中国の東北地方の朝鮮族自治州とその辺境に散在している。1990 年代後

（481）　北朝鮮人権調査委員会は，「国連安全保障理事会は，国際刑事裁判所がその司法管轄に従って手続きをとるよう，北朝鮮の事態を同裁判所に付託すべきである，また，安全保障理事会は，人道に対する罪の首謀者とされる者に対象を絞った，制裁を承認すべきである。」と勧告した。ここにいう「北朝鮮の事態」とは，「思想，表現及び宗教の自由に対する侵害，差別，移動及び居住の侵害，食糧の権利及び生存権に関する侵害，恣意的拘束，拷問，処刑及び強制失踪」などをいう。また，同委員会は，これらの人権侵害が「人道に対する罪」に相当するかについて調査を行った結果，「北朝鮮において，国家の最高レベルで決定した政策によって人道に対する罪が行われている確証となるとの結論を得た。」という。国連人権理事会「朝鮮民主主義人民共和国における人権に関する国連調査委員会の報告」（国連総会，2014 年 2 月 7 日，A/HRC/25/63），http://www.ohchr.org/Documents/HRBodies/HRCouncil/CoIDPRK/Report/A.HRC.25.63_Japanese.pdf（2014 年 11 月 2 日閲覧）。

第四章　韓国における逃亡犯罪人引渡し

半にはその数が 10 万人前後と推算されたが，2000 年代半ば以降から減少の傾向にあると捉えられる[482]。韓国統一省のシンクタンクである統一研究院と米国のジョンズ・ホップキンス大学が共同で行った調査結果によると，2012 年現在，中国東北地方の黒龍江省内に滞留している脱北者数が 4,326 人（最小 3047 人から最大 5542 人），女性脱北者が出産した児童数は 4,240 人（最小 3014 人から最大 5575 人）に推定されている[483]。中国の東北三省（遼寧省，吉林省，黒龍江省）に滞留する脱北者数は，2012 年現在，脱北者数が約 7,500 人，脱北者が出産した児童数は約 2 万人と推定され，脱北関係者の総数は約 3 万人と推算されている[484]。2000 年代後半から脱北者が減少しているが，その背景には，中国および北朝鮮当局による国境地帯に対する取締りの強化，中朝間の引渡協定にもとづく刑事共助の拡大，脱北費用の増加などが挙げられる[485]。

二　脱北者の法的地位

　脱北者は，北朝鮮から脱出した目的や動機などにおいて，その身分，職責，血統，韓国との絆などによって異なり[486]，一概にまとめられるものでない。後述するように，脱北者の中には，脱北の動機などについて，生活の向上また

---

(482)　U.S. Department of State, [The Status of North Korean Asylum Seekers and the U. S. Government Policy toward Them] (The Bureau of Population, Refugees and Migration, Feb. 2005).

(483)　KINU-JHU Population Study, [Population Estimation of North Korean Refugees and Migrants and Children Born to North Korean Women in Northeast China : Results from a 2012 Study in Heilongjiang Province] (2012.12.31.),

(484)　韓国国家人権委員会が行った実態調査の結果においても，脱北女性が出産した児童数を最大 2 万から 3 万人と推定している。イ・ウォンウン他「海外滞留の北韓離脱住民児童の人権状況に関する実態調査」（国家人権委員会，2012 年）（[이원웅, 해외체류 북한이탈주민 아동 인권상황 실태조사]）。また，統一研究院『北韓人権白書（2013 年版）』388 頁。

(485)　中国東北地方に滞留する脱北者が，韓国入りするため，ブローカーに支払う手数料は 2012 年現在で約 250 万ウォン（約 18 万円）といわれる。

(486)　北朝鮮では，抗日闘争世代またはその子孫が最も優遇され，社会生活，兵役，進学などにおいて便宜が保障されるが，韓国出身者またはそのつながりがあったり若しくは日本や米国などと絆がある者は要注意の対象として不利益を被る。

◆ 第五節　脱北者をめぐる周辺国の国際刑事協力

は家族との結合と答えた場合が少なくない。また，政治亡命と見受けられる事例の場合でも，その中には，政治的弾圧からの避難，政治体制に対する懐疑や不満若しくは苛酷な刑罰などからの逃避など，各自が置かれた社会的な環境などによって多様なものである。韓国は，自国民として取扱い，受け容れ政策を積極的に展開しながら，中国官憲に摘発された脱北者については北朝鮮への送還が行われないよう中国に働きかけている。その反面，中国は，中朝間の友好関係などを考慮し，脱北者を不法入国者と捉えて北朝鮮への送還や引渡しを行っている。また，中国は，脱北者の取組みにあたり，自国内の少数民族の自治独立運動などに対する政策とも絡み合って，国際法上の難民地位の付与若しくは送還禁止原則の保障などの措置をとることは困難であると解される。

(1) 難　民

難民（refugee）とは，「広義では，国籍国に対する忠誠関係を放棄して，法律上または事実上その外交的保護を受けられない者」をいう[487]。その類型として，自然災害や政情不安等によって自国内では生活を営むことが困難であるために国外へ脱出する「流民」（displaced person），もっぱら生活条件の向上を目的とする「経済難民」，若しくは純粋な政治的な事由を原因とする「政治亡命者」等が挙げられる。難民条約上の難民は，「人種，宗教，国籍，特定の団体の構成員または政治的意見を理由に迫害を受けるおそれがあるという十分に理由のある恐怖を有するために，国籍国の外にいる者であって，その国籍国の保護を受けることができないもの又はそのような恐怖を有するためにその国籍国の保護を受けることを望まないもの及びこれらの事件の結果として常居所を有していた国の外にいる無国籍者であって，当該常居所を有していた国に帰ることができないもの又はそのような恐怖を有するために当該常居所を有していた国に帰ることを望まないもの」と定義される（第1条A）。なお，地域紛争による流民について，難民条約上の資格要件をこえる，人道的な考慮が明文化されたものとして「世界人権宣言」第14条が定めた「迫害からの避難の権利」がある。難民保護の要件については，国際法上の一般的な定義がなく，受入国の裁量または立法意思に委ねられてきた。他方，個別条約による難民の資格要

---

(487)　山本草二『国際法（新版）』（有斐閣，2004年）518頁。

第四章　韓国における逃亡犯罪人引渡し

件（法的な定義）は，人権，民族などの社会的起源と本国による保護の欠如という相関関係に基づき，関係国際機関の人的管轄の範囲（1950 年「国連難民高等弁務官事務所規程」第 1 項と第 6 項，「難民条約」前文第 6 項と第 35 条）との関連で定められた[488]。

(2)　欧州人権裁判所における送還禁止（non-refoulement）の原則

　欧州人権裁判所は，欧州人権条約第 3 条（「拷問の禁止」，「何人も，拷問又は非人道的な若しくは品位を傷つける取扱い若しくは刑罰を受けない。」）が民主的社会における最も基本的な価値の一つであるとして，緊急時の適用除外を定めた第 15 条第 1 項「戦争その他の国民の生活を脅かす公の緊急事態の場合には，いずれの締約国も，事態の緊急性が真に必要とする限度において，この条約に基づく義務から逸脱する措置をとることができる。ただし，その措置は，当該締約国が国際法に基づき負う他の義務に抵触してはならない。」の適用も認めない，とした。第 3 条の保護範囲は，難民条約第 32 条および第 33 条の保護の範囲よりも広いとした[489]。欧州人権裁判所は，個人が追放先で，「拷問又は非人道的な若しくは品位を傷つける取扱い若しくは刑罰」を受ける「真の危険に直面するおそれがあると信ずるに実質的な理由がある場合」には，第 3 条違反となりうるとして，当裁判所の確立された判例法であるとした。それゆえに，第 3 条は，そのような状況では追放しない義務が含まれているとする。欧州人権条約は，被害者の行動とは関係なく，絶対的な文言で拷問等を禁止していると示した[490]。

---

(488)　山本草二・同上書・519 頁。

(489)　難民条約第 32 条（追放）第 1 項は「締約国は，国の安全又は公の秩序を理由とする場合を除くほか，合法的にその領域内にいる難民を追放してはならない。」，第 33 条（追放及び送還の禁止）第 1 項は「締約国は，難民を，いかなる方法によっても，人種，宗教，国籍若しくは特定の社会的集団の構成員であること又は政治的意見のためにその生命又は自由が脅威にさらされるおそれのある領域の国境への追放又は送還してはならない。」と定める。

(490)　戸波江二・北村泰三・建石真公子・小畑郁・江島晶子編『ヨーロッパ人権裁判所の判例』（信山社，2008 年）130 頁。ノン・ルフールマン原則と退去強制について，欧州人権裁判所の「チャハル事件」に対する 1996 年 11 月 15 日判決（「Chahal v. the United Kingdom」15 November 1996, Reports 1996-ⅴ）。

◆ 第五節　脱北者をめぐる周辺国の国際刑事協力

逃亡犯罪人引渡しにおいて，とりわけ政治犯罪人の引渡しをめぐり，請求国がこのような政治的迫害を加えられるおそれがある場合に被請求国の権利義務関係が問題となる。すなわち，政治犯不引渡しについて，国際慣習法上，引き渡してはならないという義務若しくは引渡しの禁止を定めたものか，それとも引渡条約上の引渡しの義務の例外として被請求国が引渡しを拒否できる権能を定めたにとどまるなかについて見解の対立があるところ，日本では判例および学説において後者の説が適用され，妥当とされる[491]。犯罪人引渡条約では，日韓引渡条約（第3条f）および中韓引渡条約（第3条第5号）において，これらを義務的な引渡拒否事由と定める。

三　脱北者をめぐる周辺国の立場

脱北者について，日中韓の各政府の対応は，北朝鮮との外交関係や親善関係，国際規範の適用，その他国際関係に伴う国益等の影響により，相違点がある。中国は，脱北の動機や目的が生計型であり生活事情の向上のために不法に国境を越えたことに過ぎず，出入国管理の規制の対象として捉えている。ロシアは，その極東地方に林業（伐木）や建設などに従事する北朝鮮労働者が2万人以上といわれ，経済協力と刑事協力をわけて対応している。日本の場合，脱北者一般については法的な位置づけに関する見解の表明を避けながら，中国における在外公館等に駆け込み若しくは日本入りした脱北者等のように個別の事例についてそれぞれの諸般事情を考慮して対応している。韓国は，法律上の自国民として取り扱って外交保護権を行使したり，中国等に抑留された場合には北朝鮮に送還されると重大な迫害を受けられる実質的かつ緊急の理由があるとして送還禁止原則の適用を求めている。

(1)　中　国

中国政府は，脱北者が経済的な困窮に起因して中国領域に渡る「不法入国者」であるために，「難民」の範囲に含まれないと主張しながら，「国内法，国

---

(491)　「尹秀吉事件」（東京地裁判決・1969年1月25日・退去強制令書発付処分取消，東京高裁決定・1972年4月19日・被告控訴棄却，最高裁判決・1976年1月26日・原告上告棄却）。

第四章　韓国における逃亡犯罪人引渡し

際法および人道主義の原則に従って処理している」としながら，「難民化，国際化，政治化されることを反対する」というものであるという立場を堅持している(492)。すなわち，中国の脱北者政策の体制は，中朝両国間の国際刑事司法協力の軸，中国の国内立法の軸および人権に関する諸条約の加入国としての軸がある。すなわち，脱北者を難民と認めず，原則として不法入国者と取り扱い，中朝間の犯罪人引渡しにかんする秘密協定等にもとづいて処理しながら，例外として脱北者の個人的な事情などを考慮して人道的な見地から一定の配慮を行うというものである。

ア．中朝間の国際刑事協力：刑事共助条約および秘密の引渡協定

　中朝両国の国境地域における脱北者等の取締りについて，北朝鮮と中国が1998 年 7 月に締結した「国境地域での国家の安全と社会秩序の維持事業における相互協力についての合意書」（以下「国境地域業務協定」）がある。これは，1965 年 9 月 15 日，国境地域の通行秩序を規律すらために両国間で締結された「国境地域の国家安全と社会秩序維持の業務中の相互協力に関する議定書」(493)の改定版と推察されるところ，その要旨は以下のとおりである(494)。

　改定議定書は，10 条 35 項からなり，1998 年 7 月に北京で中国公安部と北朝鮮国家安全保衛部との間で締結された。有効期間は 20 年間であり，一方から異議が提起されなければ，有効期間は自動に 5 年間延長される仕組みになっている。中国は少なくとも 2018 年までに脱北者を合法的に強制引渡しを行う根拠を持つことになる。中国が同議定書を公開した背景には，2008 年の北京オ

（492）　洪磊（ホン・レイ）中国外交部の代弁人が，2012 年 2 月 22 日，中国外交部で行われた記者会見で述べた答弁。

（493）　リ・オッキ『北中接境地域』（[이옥희, 북중접경지역, 푸른길] 2011 年）184 頁の注(3)。中朝の国境地域における秩序を確立するための両国間の協定等は，秘密文書として合意がなされたため，締結の日時や全体内容が明らかにされないことがある。例えば，1960 年代に締結された推察される「脱走者及び犯罪人に関する引渡協定」，1986 年 8 圧 12 日，中国公安部と北朝鮮国家安全保衛部間で締結された「辺境地域における国家安全と社会秩序維持業務のための相互協力に関する議定書」（国境地域業務協定）などがある。

（494）　韓国通信社「ヨンハップ・ニュース」2007 年 5 月 7 日付け報道記事。

316

◆　第五節　脱北者をめぐる周辺国の国際刑事協力

リンピックを目前にして，脱北者の中国への流入を抑えようとする目論見があると分析される。「反革命分子」や一般犯罪者が越境した場合は相手国に逮捕を委託でき，委託された国が逮捕した場合は「必ず引き渡さなければならない」と定めている。北朝鮮では許可のない出国は重犯罪となることから，摘発された脱出者が強制送還される根拠となっていると見られる。改定協定の特徴（1986 年協定との相異点）は，脱北者が急増する状況に応じて，処理手続きの迅速化を図りながら，同時に不法越境者の対象を拡張した内容を含んでいる。例えば，1986 年協定では「状況によって非法越境者の名簿と資料を相手側に提供する」と規定していたが，改定協定は「非法越境者の名簿と関係資料を速やかに相手側に提供する」と明示した。中国当局が脱北者を逮捕した場合，身柄を送還するための手続きに着手する以前に，送還対象者の名簿を北朝鮮に提供することを明記したものである。改定協定では，北朝鮮軍人の脱走に対応するための条文も見受けられる。軍人を明記したわけではないものの，「武器，爆発物等の各種の危険な物品を所持し，相手側の地域に逃走するおそれがある犯罪者」について相互に通報することを義務付けていることから，中朝の国境地帯において北朝鮮軍人による武装脱走の防止を想定したものと考えられる。また，「国境秩序を違反した者」が，暴力的に反抗することによって，国境警備隊や警察の生命に危害を加える場合を除いて，銃を撃ったりもしくは軍犬を放してはならないという条項も含まれている。これらの条項が新設された背景には，1990 年代の半ばに急増した脱北者について，中朝当局が取締りを過激的に行ったことによって，死亡者を含む相当の犠牲者が続出したことを示唆するものである。改定協定の内容について，報道などで公表された主な条項は以下のとおりである。

・［第 1 条］双方は，両国の国境地域において，国家の安全及び社会の秩序，住民の生命と財産を保護することについて相互に協力する。

　⑦双方の警備隊と警察は，国境地域で公務を執行する際，国家安全の侵害行為または破壊行為をしようとする者，その他に国境秩序を違反した者が，官憲の指示に応じず，暴力で抵抗し，警備隊または警察の生命に脅威を与えた場合を除き，銃を発射してはならず，軍犬を放してはならない。

・［第 4 条］住民の不法越境の防止について相互協力を行う。

第四章　韓国における逃亡犯罪人引渡し

①通行証明書の未所持等の場合には不法越境者として処理する。正当な証明書を所持せず，若しくは所定の通行地点と検査機関を経由したものと認められない証明書を所持した者は不法越境者とみなす。但し，災害等の止むを得ない事情により国境を越えたときはその限りでない。

②不法越境者の名簿及び資料について，随時，相手側に提供する。一方は，自国の領域内において，不法越境者が犯した犯罪を処罰することができる。その場合，処罰国はその名簿及び関係資料を相手国に通報しなければならない。

・［第5条］犯罪者の処理について相互協力する。

①反革命分子と一般犯罪者が相手側の領域内に逃亡する危険があると認められる場合，その一方は相手側に通報しなければならない。通報を受けた側は，その犯罪人の逃亡の阻止及び逮捕について協力する。自国に逃亡してきた犯罪人の取調べまたは逮捕を委託された場合には速やかに逮捕すると同時に関連資料と一緒に引き渡す。

武器または爆発物等の危険物を所持して逃亡するおそれのある者については，そのものの写真，印象着衣等の特徴，その者が所持した武器又は爆発物等の危険物，犯罪事実等について詳細な資料を直ちに相手側に通報する。通報を受けた側は，その逃亡犯罪人の逃亡を阻止し，身柄を逮捕するまでの間，必要な協力の対策を講じなければならない。

一方が，自国に逃亡してきた犯罪人の身柄を確保した場合は，直ちに，その身柄を相手側に引き渡さなければならない。一方が，相手側に逃亡した犯罪人を検挙するために，相手側の領域内に進入して捜査活動を行うことができる。但し，その捜査活動のためには，相手側に対し，捜査及び逮捕等について事前に依頼を提出しなければならない。一方が，その逃亡犯罪人を逮捕したときは，その身柄及び関係資料を相手側に引き渡さなければならない。

②双方は，相手側の国境安全又は社会秩序に危害を与えるという情報を入手した場合，相互に通報する。

・［第9条］双方は，逃亡犯罪人又は不法越境者の身柄，関連資料，所持品等の物の引渡し若しくは引受けについて，随時の協議で決められた所定の時刻と場所で実施する。

◆ 第五節　脱北者をめぐる周辺国の国際刑事協力

イ．刑法および出入国管理関係法など

　中国刑法は，国境に関する犯罪について，第6章「社会管理の秩序を乱す罪」の第3節として「国境（辺境）（495）管理を妨害する罪」（第318条ないし第323条）を設けている。国境管理妨害罪は，主に「密航組織罪」，「出境証明書騙取罪」，「偽変造の越境証明書提供罪及び越境証明書販売罪」，「密航者移送罪」，「密航罪」などで構成され，他人を不法に越境させる行為，若しくは出入境に関する証明書偽造などの行為について処罰することを目的とする。また，不法越境とは，国境管理について定めた「出境入境管理法」または各省や自治区の地方政府（省人民代表大会およびその常務委員会）が制定した「辺防管理条例」などの法令を違反した行為をいう（496）。不法越境の処罰として，例えば，他人を不法に越境させる密航者移送罪を犯した者について5年以下の有期懲役などに処せられ，10人以上の多数の人員を越境させた場合は5年以上10年以下の有期懲役に処せられる（刑法第321条第1項）。

　出境入境管理法は，これまで「中国公民出入境管理法」と「外国人入境管理法」に分かれていた法律を統合するかたちで，最近制定された立法である。すなわち，同法は，2012年6月30日に開かれた中国第11期全国人民代表大会常務委員会第27次会議において通過され（主席令第57号），2013年7月1日付けで施行されると，上記の両管理法は廃止されるようになった。出境入境管理法上の出境とは，中国内地からその他の国家または地域への移動，若しくは中国内地から特別行政区（香港，マカオ）および中国大陸から台湾に移動することをいう。他人の不法入出国に助力する行為について，2千元以上1万元以下の罰金を処し，罪質によっては10日以上15日以下の拘禁および5千元以上2万元以下の罰金に処することにし，これらの行為を組織的に行うことについ

（495）　中国において「辺境」とは，中央政府によって制定された法令においては中国大陸と台湾，中国内地と特別行政区である香港およびマカオとの各境界をいい，省や自治区などの地方政府が制定する条例等では省の管轄区域の境界を意味する。本稿では，「辺境」の対象地域が特定される場合を除き，「国境」と記す。

（496）　謝望原『刑法学（第二版）』（北京大学出版社，2012年）506頁。なお，これら条例のように，憲法，法律および行政法規に抵触しない範囲内で，地方政府がその地域的な経済・社会・文化等の諸分野の実情を反映して制定した法規範を「地方性法規」という。

第四章　韓国における逃亡犯罪人引渡し

てはさらに加重される（第72条）。

　また，「治安管理処罰法」がある[497]。治安管理処罰法の立法趣旨は，刑法上の犯罪を構成する行為でありながら，その刑事責任の追及において処罰が不十分であることを補充するものである。そうして同法は，主に公共の秩序と安全の維持，人身と財産権の保障をその保護法益とし，これに反する社会危害の存在や治安管理の妨害について警察などの公安機関がこれらを排除するというものである（第2条）。同法は，治安管理の違反行為に対する処罰について，警告，罰金，行政拘禁，公安機関発給の許可証の取消しなどを定め，違反行為があった外国人については期日指定退去または退去強制を付加することができると定める（第10条）。国境や辺境等の境界線において不法越境等の活動を行った者については，10日以上ないし15日以下の勾留に処する，という（同法第33条第3号）。

ウ．地方政府の規制：「吉林省辺境管理条例」

　中国の東北地方の三省（遼寧省，吉林省，黒龍江省）のなかで北朝鮮との間で国境線の大部分を有しているのは吉林省である。省および自治区等の地方政府は，中央政府が制定する法律および行政法規と抵触しない範囲内で，自治の実情に基づいて法規範を施行することができる（「地方性法規」）。吉林省辺境管理条例は，1993年11月12日，吉林省第8期人民代表大会常務委員会第6次会議において通過され，同日公布及び施行された。その後，1997年11月14日，省政府により改正が決定されに本文の修正をへて（吉林省人民代表大会常務委員会公告第13号），2013年11月現在において施行されている同条例は2004年7月1日に改正されたものである[498]。

（497）「治安管理処罰法」は，2005年8月28日に開かれた第10期全国人民代表大会常務委員会第17次会議の通過をもって制定および公布（主席令第38号），翌年3月1日付で施行された。最近の改正法は2012年10月26日に公布（主席令第67号）および2013年1月1日に施行された。なお，国境犯罪とその処罰に関する条項の原文は［非法進行影響国（辺）界線走向的活動或者修建有碍国（辺）境管理的設施的］である。

（498）吉林省政府（http://www.jl.gov.cn/zfgkml/auto335/auto346/201011/t20101118_60692.htm．2013年8月1日閲覧），2004年の改正条例については吉林省政府法制局のウェブペイジを参照（http://www.gsfzb.gov.cn/FLFG/ShowArticle.asp? Artic-

◆ 第五節　脱北者をめぐる周辺国の国際刑事協力

同条例の立法趣旨について，対内的には国境管理の強化，辺境地域の安寧の保持および辺境地域の改革開放と経済発展の促進をなし，対外的には隣国との友好関係の増進などを目的としながら，吉林省の実情に結合する法規であることを明記している（第1条）。同条例上，「辺境地区」とは北朝鮮との国境沿いの市（州）の行政区域をいう。国境犯罪とその罰則は，不法入国者について隠避，資金援助などを提供する行為は2百元以上2千元以下の罰金に処せられ（第31条第4号），その他にも辺境秩序および安全活動を害する行為については1千元以上1万元以下の罰金に処すると定める（第34条第5号）。同条例の他にも，東北三省の国境・辺境管理に関する地方性法規としては，「遼寧省辺境沿海地区辺防管理条例」「黒龍江省辺境管理条例」などが挙げられる。

(2) ロシア

ロシアの極東地方には林業（伐木）をはじめとする建設や農業などに従事する北朝鮮労働者が2万人以上に上るといわれる。極東地域のアムール州政府は，連邦移民局の統計資料等に基づいて2013年9月現在，同地域の北朝鮮労働者2万1千447人にいたると明らかにした[499]。同発表によると，北朝鮮労働者は，極東沿海地方（プリモーリィェ地方）に約5千600人（全体の約26％）を中心に，シベリアのノボシビルスク州に2千100人（9.8％），その他にハバロフスク州，イルクーツク州，アムール州などに散在している。このような労働者派遣の背景には，北朝鮮としては外貨稼ぎの重要な事業となり，ロシアとしても労働者不足の問題を低賃金で補うことができるという利害関係の一致が挙げられる[500]。

---

　leID=8340．2013年8月20日閲覧）。

(499)　「自由アジア放送（韓国版）」ウェブサイト（http://www.rfa.org/korean/．2013年11月14日閲覧）。

(500)　北朝鮮とロシアとの間では，北朝鮮労働者のロシア極東地域への派遣について，政府当局間で協定および議定書の締結されている。例えば，「北朝鮮とロシアとの間の一方の国家領土内における他方の国家公民の臨時の労働活動に関する協定」の履行のための「共同実務グループ第3次会議議定書」の調印（2012年10月5日，北朝鮮ピョンヤン）が挙げられる（韓国紙「アジア・トゥデイ」2012年10月5日付け報道記事）。また，同協定の履行のための「共同実務グループ第4次会議」では，北朝鮮貿易省の副相

第四章　韓国における逃亡犯罪人引渡し

　ロシア極東地域で働く一部の北朝鮮労働者は，ブラディボストークに所在する韓国総領事館などに駆け込み，韓国や米国への亡命を訴える事例があって国際社会の注目をあびるようになった。また，ロシア内部のマスコミや人権団体などから北朝鮮労働者の労働環境やその実態において人権問題を本格的に採り上げ，ロシア当局が負担となったことから，ロシアと北朝鮮間の労働者派遣にもとづく契約条件のなかに人権条項が設けられた。すなわち，労働作業そのものの劣悪な環境や北朝鮮による厳重な統制などの問題については，ロシア当局もこれを改善すべき対象ととらえて，具体的な労働契約の改定を行っているとみられる。この場合は，北朝鮮労働者が最初から「脱北者」として北朝鮮を離脱したものではなく，当分の間合法的に滞在するなかで現実認識や心境の変化等の諸事情が生じて「脱北」を決行する，いわゆる「現場難民」（Refugees sur place）の範疇に属する。他方，ロシア極東地域は北朝鮮とわずかではあるが国境線を維持しており，上記のような合法的に派遣された労働者の脱北の他に，最初から「脱北」のために国境を越えてロシア領内に進入する場合がある。その他に，北朝鮮から中国の東北地方にわたった一部の脱北者がロシア極東地域に駆け込むこともある。ロシアはこのような脱北者について基本的には北朝鮮との関係の配慮および脱北ルート化の憂慮から強制送還の方針を徹底してる。

　ロシアは北朝鮮との間で「民事・刑事司法共助条約」が締結されている（1975年12月16日）。同条約の中で，両国の法律によって1年以上の懲役に処罰される犯罪を引渡対象と定め，自国内で犯罪があった場合には引渡制限事由としている（第53条）。すなわち，①締約国は，一方の要請によって相互の刑事的責任若しくは刑の執行のために自国の領土内に抑留しているものを引渡す義務を負う。②犯罪人の引渡しは，双方の法律によって1年以上の懲役刑に該当する犯罪に限って，これを行うことができる。また，同条約は「犯罪が引渡しの請求を受けた国家において生じた場合」は引渡しの制限事由になることを定める（第54条第2号）。

　とロシア連邦移民局副局長を各代表として，労働者派遣の入国審査手続きの簡易化などの案件が取り扱われた（韓国放送「開かれた北韓報道」2013年11月13日付け報道）。

◆ 第五節　脱北者をめぐる周辺国の国際刑事協力

(3)　日　本

1987 年 1 月 20 日，北朝鮮の清津港を出航した一隻の漁船が福井県沖に漂着し，11 人の乗船者は日本当局の取調べをうけた。乗船者は金満鉄（キム・マンチョル）氏とその一家で，北朝鮮を脱出したといいながら韓国への亡命意思を明らかにした。日本政府は，日朝関係への悪影響を憂慮して金氏一家を直接韓国へ引渡さず，台湾に移送し，結局韓国入りするようになった。最近では，日本の東北地方沿海や日本海側において，北朝鮮から出航したと見られる漁船とそのなかから遺体が発見されることもある。脱北ルートは主に中朝の国境地域に集中されているが，北朝鮮から船舶をつかって韓国近海を経由したり遠海をわたって，日本に漂着することも生じている[501]。さらに，脱北者が日本の在外公館または教育施設に駆け込むこともあった。例えば，2002 年 5 月に脱北者一家 5 人が中国瀋陽の日本総領事館に駆け込んだり[502]（その際警備に当たっていた中国警察によって取り押さえられ），2003 年 8 月に脱北者 10 人がバンコクの日本大使館に，2004 年 9 月には脱北者 29 人が北京の日本人学校に駆け込む

---

(501)　脱北者の手記で日本語で書かれたものは次のような単行本がある。宮崎俊輔『北朝鮮大脱出：地獄からの生還』（新潮 OH! 文庫，2000 年），著者は日本人脱北者として最初に日本入りしたといわれる。チャールズ・R・ジェンキンス・伊藤真『告白』（角川文庫，2006 年），ジェンキンスは元駐韓米軍であったがベトナム戦場への派遣をおそれて南北間の軍事境界線を越境して北朝鮮入り，その後北朝鮮で日本人と結婚，日本人妻の帰国に続いてインドネシアを経て 2004 年日本に定着。斉藤博子『北朝鮮に嫁いで四十年：ある脱北日本人妻の手記』（草思社，2010 年）。リ・ハナ『日本に生きる北朝鮮人：リ・ハナの一歩一歩』（アジアプレス出版部，2013 年）。

(502)　脱北者一家の 5 人全員は総領事館の敷地に足を踏み入れたものの，警備にあたっていた公安警察によって取り押さえられ，公館建物への進入はいたらなかった。この事態について，日本政府は中国当局に対し主権侵害と抗議するとともに一家の身柄を日本へ引渡すよう求めた。結局この一家は同年にフィリピンを経由して韓国入りを果たした。なお，一家が当初に希望した亡命先は米国であったが，米国総領事館の警備が厳重であったために，脱北支援関係者との協議のうえ日本を経由しようとしたといわれる。「読売新聞（朝刊）」2002 年 5 月 23 日付け報道記事。脱北者のなかには，その家族等が既に脱北して韓国などに定着している場合があり，彼らをつうじて中国での生活資金および支援団体との連絡情報を入手して，亡命先のことも事前に決めていることも少なくない。

323

第四章　韓国における逃亡犯罪人引渡し

などの事件が相次いだ。日本の在外公館などに駆け込んだ脱北者は，政治難民
として保護を求めると同時に韓国行きなどの意思を明らかにしたことから，脱
北者を不法滞在ととらえる中国当局の厳しい対応と向かい合うことになっ
た[503]。

　日本が脱北者問題について本格的に取り組むことになった背景には 2005 年
に国連総会が北朝鮮の人権状況に関する決議である。それ以前から北朝鮮によ
る日本国民の拉致問題の解決（真相解明，安否等の情報の確認および帰国の実現
など）についてアプローチしていたが，国連決議をきっかけに北朝鮮の人権侵
害問題本格的に採りあげることになった（「拉致問題その他北朝鮮当局による人
権侵害問題への対処に関する法律」第 1 条）。政府は，その取組みの成果について
年次報告を国会に提出・公表し，外国政府または国際機関との国際捜査共助な
どの連携の強化，支援活動を行う民間団体との連携の確保に努めるとしている
（同法第 6 条）。

　日本は，脱北者一般については法的な位置づけに関する見解の表明を避けな
がら，中国における在外公館等に駆け込み若しくは日本入りした脱北者等のよ
うに個別の事例についてそれぞれの諸般事情を考慮して対応している。例えば，
瀋陽総領事館事件と関連して，2002 年 5 月 31 日の衆議院外務委員会において，
外務省条約局長は次の趣旨で答弁した[504]。①派遣国（日本）には外交的庇護
を与える権利はない。派遣国がそれを権利として国際法上主張し，領域国（中
国）はそれを義務として受け入れなければならないという意味での外交的庇護
の権利は確立していない。②但し，実際の取り扱いとしては，逃れて在外公館
の中に入ってきた者を外に出してその者の生命や身体に危険が及びことが明白
である場合には，その者に一時的ないわば庇護というようなものを与えて在外
公館にとどめ置くことは割と行われており，それをもって直ちに不可侵権の濫
用等の問題が生ずることではなく，国際法上違反であるとはいえないであろう。
従って，個々のケースによって判断せざるを得ない。

（503）　外交的庇護について，中谷和弘「外交的庇護をめぐる国際法と外交」『国際法研
　　　究』1 号（2013 年）3-49 頁を参照。

（504）　第 154 回国会衆議院外務委員会会議録第 17 号（http://kokkai.ndl.go.jp/SENTA-
　　　KU/syugiin/154/0005/15405310005017a.html.　2014 年 8 月 17 日閲覧）。

◆ 第五節　脱北者をめぐる周辺国の国際刑事協力

　日本政府は脱北者について，国際法，国内法および人道主義に基づいて諸事情を総合的に考慮しているが，難民の法的地位をあたえるよりは，人道主義の見地から自国（北朝鮮）に強制送還することは避けながら対処しているように見受けられる。すなわち，かつて日本に定着していた在日韓国・朝鮮人で「帰国事業」[505]によって北朝鮮入りし現地で定着したものおよびその家族，または拉致被害者およびその家族などのように，日本に縁故関係があるものについて選別的に受け入れることがある[506]。北朝鮮当局によって拉致された日本人の救出という「拉致問題」の解決と連携しながら，「脱北者」と日本国との間の縁故関係等の「真正結合」（genuine connection）の存在を要件に，外交保護権の行使もしくは人道的な見地からの保護および支援を行おうとする[507]。

(4)　韓　国

ア．韓国における北朝鮮の法的地位

　かつて韓国は憲法上の領土条項（第3条，朝鮮半島全域を領土とする）を根拠にして，北朝鮮の国家性を否認にながら，韓国が朝鮮半島における唯一の合法政府であるとした。しかし，その後の憲法改正において南北分断の現状を反映した平和統一条項（第4条）の新設，1970年代から最近にいたるまでの南北当

---

(505)　「帰国事業」とは，日本に定住していた在日韓国・朝鮮人が1950年代から1980年代にかけて北朝鮮に移住したことをいう。日本と北朝鮮との間では国交関係が存在しないことから日朝両国の赤十字社の取極めによって事業が進行され，北朝鮮にわたって人数は9万余りにのぼり，このなかで約7千人は日本人だったといわれる。帰国事業は主に新潟港からの船便で行われた。

(506)　かつて「帰国事業」により日本から北朝鮮に渡った者の中には，約7千人の日本国籍者が含まれていて，彼ら又はその子孫のなかで脱北し日本に帰国・定着した者は約200人と数えられる。リ・ハナ『日本に生きる北朝鮮人：リ・ハナの一歩一歩』（アジアプレス出版部，2013年）16-17頁。

(507)　外交保護権の行使と「真正結合」との相関関係については，「ノッテボーム事件（第二段階）」国際司法裁判所判決。I.C.J. Reports 1955, 22-23. 山本草二『国際法（新版）』（有斐閣，2004年）503-506頁。なお，自然人に対する国籍付与の一般原則については，「国籍法の抵触についてのある種の問題に関する条約」（1930年「ハーグ条約」）第1条および第5条を参照。とりわけ，同条約第5条は，国籍の認定要件について，「現状において，事実上もっとも密接な関連をもつ」（in the circumstances he appears to be in fact most closely connected.）ことをその要件と定める。

第四章　韓国における逃亡犯罪人引渡し

局間の各種の合意および共同宣言の採択(508)，南北の国連への同時加入（1991
年），南北間の交流協力の拡大が行われていることから，韓国における北朝鮮
の法的地位について様々な見解が現れるようになった。一方では 1950 年に勃
発した朝鮮戦争の停戦状態であって武力衝突の危機が明白に現存しながら，他
方で南北間の交流と協力関係が活発に行われることも少なくない。韓国の憲法
とその他の法律上においてもこのような複雑な事情が反映されている。韓国憲
法において，北朝鮮が実効的に支配している地域は韓国の領土の一部として定
めるゆえに，修復されるべき対象と位置づけられる。同憲法は，「大韓民国の
領土は韓半島とその付属島嶼とする。」（第 3 条），また「大韓民国は統一をめ
ざし，自由民主的な基本秩序にもとづいた平和的な統一政策を樹立しこれを推
進する。」（第 4 条）と定める。すなわち，朝鮮半島において，韓国が唯一の合
法政府であり，北朝鮮は朝鮮半島の以北地域を不法に占拠しているから，その
以北地域は韓国によって修復されるべき対象となる。また，北朝鮮は韓国を社
会主義化と武力革命の対象としているから，韓国にとって北朝鮮は一種の反国
家団体もしくは内乱団体と位置づけられる。そうして刑法が「内乱の罪」上の
内乱をはじめ，その予備・陰謀・煽動・宣伝などの活動を処断し（第 87 条ない
し第 91 条），刑事特別法である国家保安法においても反国家団体の構成および
その目的遂行のための活動などを処罰するのである。

　韓国憲法裁判所は北朝鮮の法的地位について，「現段階において，北韓は祖
国の平和的統一のための対話と協力の同伴者であると同時に，対南共産化路線
を固守しながらわが自由民主主義体制の転覆を画策している反国家団体という
性格もあわせて有していることは厳然たる現実」であると判示し，いわゆる

---

(508)　韓国と北朝鮮の当局間で行われたおもな合意または共同宣言として，「七・四南北
　　　共同声明」（1972 年 7 月 4 日），「南北間の和解，不可侵および交流協力に関する合意書」
　　　（「南北基本合意書」ともいう。1991 年 12 月 13 日締結，1992 年 2 月 19 日発効），「朝鮮
　　　半島の非核化に関する共同宣言」（1992 年 1 月 20 日締結，同年 2 月 19 日発効），「六・
　　　一五南北共同宣言」（2000 年 6 月 15 日），「南北関係の発展と平和反映をための宣言」
　　　（2007 年 10 月 4 日）などが挙げられる。このなかで，2000 年および 2007 年の両宣言は
　　　韓国の当時大統領と北朝鮮の金正日国防委員長が署名し，その他の合意等は総理などに
　　　よって署名が行われたものである。韓国統一省「南北会談本部」ウェブペイジ（http:
　　　//dialogue.unikorea.go.kr/home/agreement/southnorth/list. 2014 年 10 月 2 日閲覧）。

326

◆ 第五節　脱北者をめぐる周辺国の国際刑事協力

「二重的性格論」を維持している[509]。さらに，「南北関係の発展に関する法律」（2005 年 12 月 29 日制定・法律第 7763 号・2006 年 6 月 30 日施行）がある。同法は，その立法趣旨について，韓国憲法が定めた平和的統一を実現するために南北間の基本的な関係と発展について必要な事項を定めることを目的とする（第 1 条）。南北関係の法的性質について，国家間の関係ではなく統一を志向する過程において暫定的に形成される特殊関係であり，南北間の取引は国家間のものではなく民族内部の取引とみなすと定義する（第 3 条）。

　国内法体系からすれば北朝鮮を反国家団体ととらえて「国家保安法」を維持しながら，その反面で交流協力の対象として「南北交流協力に関する法律」「南北関係発展に関する法律」等が施行されている。このような法制を総合的にみると，韓国国内法の観点における北朝鮮の法的地位は依然として反国家団体であって，その国家性は認められない。ただし，北朝鮮が韓国と抵触することのない独自の国際法的な活動においては主権国家としての地位が認められることもありうる。

　他方で，韓国が北朝鮮を主権国家であることを事実上認めながら，和解協力と相手であり，平和統一の対象であるという現実も直視せざるを得ない。北朝鮮が国際社会において国連の会員国として諸国との間で外交関係等を維持しており，南北関係にあたっても経済などを中心として各分野の交流に応じることもある。このような交流協力の成果として，南北間では二回にわたる首脳会談の開催されたり，共同宣言および基本合意書などの採択などが挙げられる。このような観点からして南北間の交流協力の法的根拠を裏づける法律もある。南北の交流協力に焦点をあてた最初の立法として「南北の交流協力に関する法律」（1990 年 8 月 1 日制定・法律第 4239 号・同日施行，2009 年 5 月 28 日一部改正・2009 年 7 月 31 日施行）が挙げられる。同法は，南北間の相互交流と協力の促進をはかり，朝鮮半島の平和統一に寄与することを目的とする（第 1 条）。南北

---

(509)　韓国憲法裁判所 1993 年 7 月 29 日宣告（事件番号［92 헌바 48]）。同決定の違憲審判請求の要旨は，「南北交流協力に関する法律」第 3 条が定める「南北間の相互交流と協力を目的とする行為」において，南北往来などの行為の正当性をめぐる当否が法執行機関と裁判機関の判断に限られたのは，罪刑法定主義および平等の原則に反するゆえに違憲であるとしたものである。

327

第四章　韓国における逃亡犯罪人引渡し

間の人的・物的交流と協力を円滑に行うために，主に交流協力における政府の
承認と申告などについてその手続きなどを定めたものである。南北間の往来，
交易，その他の交流事業など，南北交流と協力を目的とする行為について正当
なものであると認められる範囲内では他の法律に優先してこの法律を適用する
ことになっている（第3条）。

イ．脱北者に対する政策

　2013年現在，韓国入りした脱北者のなかで韓国当局の保護決定の措置がと
られた人数は2万5千人を数えるようになった。冷戦時代においては，韓国と
北朝鮮との間で政治体制の競争が激しく，脱北者をめぐって体制競争の引き合
いになったことがあった。その後，1990年代から北朝鮮からの脱北現象が高
まり，韓国入りする脱北者の数が増えるにつれて法制の整備が本格的に行われ
るようになった。韓国入りした脱北人員の推移は下記表のとおりである。

　韓国弁護士協会が，2012年の時点において，韓国入りした「脱北者」135名
を対象とした人権実態調査では，「脱北」の動機について，「経済的な困難」が
30.4％，「政治的な弾圧」が17.8％，「韓国行きのために」が16.3％，「自由へ
の憧れ」が15.6％等の順で調べられた。脱北動機について，韓国弁護士協会
および韓国統一研究院による調査結果は下記表のとおりである。

　脱北者に対する韓国の政策は，憲法上の韓国国民として法的地位の保障を基
盤としながら，人道主義にもとづく特別保護，韓国入り後の定着支援，韓国社
会への適応強化などの流れで施行されてきている。そのような政策の代表的な
法律として「北韓離脱住民の保護及び定着の支援に関する法律」（法律第5259
号，1997年1月13日制定，同年7月14日施行）が挙げられる。同法その制定理

〈韓国入りした脱北人員の推移〉

区分	2002年以前省略	2003	2004	2005	2006	2007	2008	2009	2010	2011	2012	合計
男子		472	624	423	512	571	608	671	589	797	402	7576
女子		810	1272	959	1510	1977	2196	2528	1813	1909	1107	17038
合計		1282	1896	1382	2022	2548	2804	2929	2402	2706	1509	24614

注　1．韓国統一省『2013統一白書』（2013年）256頁に基づく。
　　2．韓国入国の人数は保護決定のときを基準に集計したものである。

328

◈ 第五節　脱北者をめぐる周辺国の国際刑事協力

〈脱北の動機（韓国弁護士会）〉[510]

区分	頻度（名）	比率（％）
政治的な弾圧	24	17.8
家族との再結合	14	10.4
経済的な困難	41	30.4
体制に対する懐疑	13	9.6
自由への憧れ	21	15.6
韓国行きのために	22	16.3
合計	135	100.0

〈脱北の動機（韓国統一研究院）〉[511]

区分	頻度（名）	比率（％）
区分	頻度（名）	比率（％）
経済的な理由	81	28.3
体制に対する不満	35	12.2
既入国した家族の勧誘	77	26.9
処罰の恐怖	11	3.8
不法行為処罰の回避	7	2.4
その他	33	11.5
無応答	42	14.7
合計	286	100.0

由，「大韓民国の保護を受けようとする北韓離脱住民が急増するにともなって，これらの住民に対する総合的な保護及び定着の支援に関する制度的な基盤を確立し，北韓離脱住民が自由民主主義の体制に適応できるように各種の保護と恵沢を与えるなど，わが国民の一員として定着して」生活を営むことを支援することにあるとする。具体的には，保護対象者は原則として政府が運営する定着支援の施設において1年間，居住地に転入してからは2年間，政府の保護と支

---

(510)　韓国弁護士協会『2012北韓人権白書』（2012年）417頁。

(511)　韓国統一研究院『2013北韓人権白書』（2013年）420頁。

第四章　韓国における逃亡犯罪人引渡し

援を受けることとする。また，北朝鮮または外国において教育課程を修了したり資格を取得した場合はこれに相応する学力や資格が認められ，社会適応の教育，職業訓練及び就業斡旋を受けられる。さらに，住居生活の安定をはかるために住宅の無償賃貸等の支援を行い，定着金及び報労金を支給し，さらに教育・医療及び生活保護等の各種の保護を実施する。その他にも，居住地での保護期間を5年に延長し，従前の就業斡旋の他に2年間の就業保護，国民年金の加入期間について特例などを設けて，定着支援の方向を「保護」から「自立・自活」中心に転換するようになった。

◆ 第六節　小　括

　韓国では1986年ソウルで開催されたアジア競技大会を前後して国外旅行の自由化が進められなど，人的交流が拡大されるようになり，日本および米国などとの引渡協力が求められたことから1988年に「犯罪人引渡法」が施行された。2013年末現在で被告人の国外逃亡は340人，被疑者の国外逃亡が2009年の364人から2013年に577人に数えられるなど急増の傾向が見られる。警察庁によると，1990年以降から2014年上半期までの間，逃亡犯罪人3132人の主な逃亡先は，日本163名をはじめ，米国726，中国678，フィリピン394，タイ238，カナダ157，ベトナム111などと調べられた。韓国では，犯罪人の国外逃亡について，公訴時効が停止されるようになったのは1995年からであるが，刑執行の時効については2014年4月刑法改正案が国会を通過，同年5月14日から施行された。

　韓国引渡法が施行されたのは1988年であるが，日本との間では1960年代および1970年代に引渡しをめぐる交渉があり，中国とは国交が樹立される以前の1980年代に同様の交渉が行われていた。韓国脱走兵の丁フンサンは，日本を経由して北朝鮮への逃亡を図り，1969年8月，貨物船に乗り込んで日本に密入国した。神戸で発覚され出入国管理令違反で起訴されると，裁判では，亡命，政治犯罪，難民地位などの認否が争点となった。韓国当局は身柄の引渡しを求めたが，執行猶予付きの禁固6月の刑が確定され強制退去措置によりソ連へ出国，その後北朝鮮入りしたといわれる。また，1974年8月ソウルで起き

◆ 第六節 小 括

た「朴正熙大統領狙撃事件」では，韓国が狙撃犯の共犯として在日朝鮮人1名
について身柄引渡しを請求したところ，前年の「金大中拉致事件」とかかわっ
て問題となった。すなわち，日本当局は金大中拉致事件について在日韓国大使
館員を主犯と特定していたが，すでに韓国へ逃亡したため，相互主義に基づい
てその逃亡犯罪人の引渡しを求める可能性があったからである。日本の引渡法
上，請求が引渡条約に基づかない場合において相互主義の保証が得られない場
合，外務大臣の措置としてその請求を拒否することができる。韓国と中国の外
交関係は1992年に樹立されたが，1983年5月，卓長仁ら6名が瀋陽から上海
行きの中国民航機を奪取しソウル郊外に着陸したところ，中国から身柄引渡し
が求められた（「卓長仁ら事件」）。犯人らは政治的な動機を訴えながら台湾への
亡命を要請し，韓国当局がその主張を認め中国の引渡請求を拒否したうえ，裁
判では航空安全に関する罪で全員に懲役の判決が確定された。その後，刑の執
行停止および退去強制により全員が台湾へ出国させられた。当時，事件が逃亡
犯罪人引渡として取扱われなかった背景には，中韓間で外交関係がないこと，
東アジアにおいて政治イデオロギーの対立が激化していたこと，韓国内で関連
法令の立法がなかったことなどが挙げられる。例えば，民用航空局長を団長と
する中国代表団の韓国入りに際して，両国間で直接に連絡がとられず，中国外
交部→在中日本大使館→日本外務省→在日韓国大使館→韓国外務省の経路で行
われていた。

　「犯罪人引渡法」の施行により，引渡事件はソウル高等裁判所の専属管轄と
され，引渡条約が締結されない場合でも相互保証を条件として引渡しが可能と
なるなどの法的根拠が整備された。引渡しの対象は1年以上の自由刑に該当す
る犯罪とし，引渡制限事由として自国民および政治犯罪などが定められた。引
渡請求を受けた場合には，外務大臣が請求書等を法務大臣に送付し，法務大臣
はソウル高等検察庁検事長をつうじてソウル高等裁判所に引渡審査の請求を命
ずることができる。2005年の法改正では，逃亡犯罪人の同意がある場合に迅
速な引渡執行ができるとし，請求国から引渡犯罪以外の犯罪について処罰を行
うための同意要請が認められ，国内法との抵触について条約優先主義が明記さ
れるなどの条項が新たに設けられた。とりわけ，引渡しについて逃亡犯罪人の
同意がある場合，ソウル高裁は裁量的な引渡拒否事由に該当することを理由に

331

第四章　韓国における逃亡犯罪人引渡し

引渡不可の決定を行うことができないと定め，さらに法務大臣に対しても引渡命令を迅速に行うことが義務づけられた（第15条の2）。

　韓国の引渡条約は2013年末現在32箇国との間で締結され，欧州犯罪人引渡条約にも加入済みである（2011年12月29日発効）。日韓引渡条約は，1998年，当時の小渕恵三首相と金大中大統領との間で表明された「日韓共同宣言：21世紀に向けた新たな日韓パートナシップ」に基づいて締結交渉が進められ，2002年4月8日に署名，同年6月21日に発効された。韓国が締結した引渡条約における政治犯罪の規定について次のような類型がある。①政治犯罪（political offense）と定めたもの：日本，中国，米国などとの条約，②政治的性格を有する犯罪（offence bearing political character）と定めたもの：ベトナムなどとの条約，③政治犯罪若しくはそれと係る犯罪（political offence or an offence connected with a political offence）と定めたもの：オーストラリア，香港などとの条約，④政治犯罪を構成する犯罪若しくはそれと係る犯罪事実を構成する犯罪（offence constitutes a political crime or a fact related thereto）と定めたもの：ブラジルとの条約，などである。また，自国民不引渡しについて，中国などとの引渡条約では，請求国の要請により，訴追のために事件を当局に回付すると定めるが（第5条第2項および米韓引渡条約第5条第2項），ブラジルとの引渡条約では，引渡しを拒否した場合には請求国の要請の有無にかかわらず，訴追のために事件を当局に回付すると定める（第5条第2項）。

　引渡裁判において政治犯不引渡しの原則が争点となったのは「劉強事件」と「グエン・フー・チャン（Nguyen Huu Chanh）事件」である。中国籍の劉強は，2011年12月26日未明，靖国神社神門の柱に火をつけ当日韓国へ逃亡し，翌年1月6日にはソウルの日本国大使館の建物に火炎瓶を投げつけ，放火未遂などの容疑で現行犯逮捕された。日本は，2012年5月，日韓引渡条約に基づいて建造物等以外放火罪（刑法第110条第1項）で引渡しを請求した。ソウル高裁は，引渡犯罪について，従軍慰安婦の歴史的な事実に対する日本政府の認識への抗議であること，それと関連した対内外の政策に影響を及ぼす目的で行われたこと，一般犯罪としての性格より政治的な性格が一層主たる状態にある相対的な政治犯罪であることなどを理由に，引渡条約が定めた引渡制限事由に該当するとし，2013年1月3日，引渡不可の決定をなした。「グエン・フー・チャ

332

◆ 第六節　小　括

ン事件」は，ベトナム国籍をもつグエン・フー・チャンが，米国で「自由ベトナム革命政府」を組織し自らその内閣総理と称しながら，1999年3月から2000年7月までの間，ホーチミン市内，在タイのベトナム大使館などで爆弾テロを組織・指示したが，爆弾雷管の障害などによって未遂にとどまった。ベトナムが韓国との引渡条約に基づいて引渡しを請求したところ，ソウル高裁は，2006年7月27日，引渡条約および韓国引渡法に定められた引渡制限事由に該当するとして引渡不可の決定をなした。

　「脱北者」とは「北朝鮮を脱出した者であって，人道的な見地から保護及び支援が必要であると認められるもの」をいう（「拉致問題その他の北朝鮮当局による人権侵害問題への対処に関する法律」第6条）。韓国では「北韓離脱住民」といい，「軍事境界線の以北地域（以下「北韓」という）に住所，直系家族，配偶者，職場等を有している者として，北韓を脱出した後，外国の国籍を取得していない者をいう。」と定める（「北韓離脱住民保護法」第2条第1号）。周辺国の各対応において，北朝鮮との外交関係や親善関係，国際規範の適用，その他国際関係に伴う国益等の影響により，相違点がある。日本の場合，脱北者一般については法的な位置づけに関する見解の表明を避けながら，在外公館などへの駆け込み若しくは日本入りした脱北者などのように個別の事例についてそれぞれの諸般事情を考慮して対応している。韓国は，2012年末現在で約2万5千人の脱北者を抱えながら，法律上の自国民として取り扱って外交保護権を行使したり，中国や第三国に抑留された場合には北朝鮮に送還されると重大な迫害を受けるおそれがあるため，難民地位の付与および送還禁止（non-refoule-ment）の原則の適用を積極的に求めている。その反面，中国は，北朝鮮との友好関係に基づいて，脱北の動機や目的が生計型であって不法に国境を越えたことに過ぎないとし，主に引渡し若しくは出入国管理の対象として捉える。とりわけ，東北地方には10万人が散在しているといわれ，省政府のレベルで取締りが強化されることがある。ロシアは，一方では極東地域に働く数万人の北朝鮮労働者が「現場難民」（refugees sur place）となりうることを憂慮し，労働条件の契約などにおいて人権向上の内容を採り入れながら，他方では両国間の刑事共条約に基づいて不法入国者の引渡しを行っている。国際刑事協力の観点から脱北者問題をとり上げる意義として，日中韓各国のその問題をどのように

333

第四章　韓国における逃亡犯罪人引渡し

捉えているかを考察することにより，朝鮮半島の有事の場合，脱北なだれ事態に対する周辺国の取組みの他に，北朝鮮当局者による反人道犯罪に対する刑事責任の追及と関連して，逃亡犯罪人引渡しめぐる日中韓の国際刑事協力のあり方を講ずることなどが挙げられる。

◆第五章◆ 省　察

一　考察の検討

　欧州における逃亡犯罪人引渡条約から逮捕状枠組決定への移行にあたり，これまで国際刑事協力の伝統的な要件とされてきた制限事由が緩和され，その手続きにおいても外交経路の他に中央当局間で直接に交信ができるなど，引渡協力において簡易化が進められた。表面上，犯罪規制のための地域的な協力体制の設立とその整備は，多数の両者条約の存在よりも，実効性の一層の向上が図られるという示唆点が少なくない。但し，その裏面には，人的交流および交易の蓄積，安全保障上の利害関係の共有，政治体制および司法体系の同質性，人権保障及び紛争解決のための裁判機関の設立，法執行について均衡と牽制の機能をもつ立法および司法的な装置などのように，引渡協力の「簡易化」と「実効性」を担保するための条件が具備されていたことに留意すべきである。欧州では，経済的な諸共同体の設立とその運営の熟成に基づいて，欧州共同体及び欧州連合のような政治的・法的な組織が創設されてきた。その反面，日中韓において，人的交流や経済交易の規模が拡大されつつあるとはいえ，これまでの考察で現れたように，政治体制や司法体系などの分野では大きな相違が認められる。それゆえに，東アジアにおける逃亡犯罪人引渡しをめぐる国際協力では，欧州で行われている地域協力の体制が一つのモデルとしてはともかく，同じような法的枠組の形成は時期尚早であるものと受け止められる。日中韓では，当分の間，日中間の引渡条約の締結，普通犯罪の円滑な引渡し，刑事共助などのその他の刑事協力が積み重なることが重要である。すなわち，三国間のそれぞれの両者協力が円滑に作用できるように，既存の協力体制のなかで問題点を見出し，地道に解消していくための方策が求められていると思われる。

　下記表で見られるように，日中韓の引渡協力では，引渡条約が存在しない日中間の引渡協力を除き，引渡条約が締結されている日韓および中韓の各引渡協

第五章　省　察

〈日中韓の國際刑事協力に関する条約締結の状況（2013 年 12 月 31 日現在）〉

区分	日本-中国	日本-韓国	中国-韓国	日本	中国	韓国
逃亡犯罪人引渡条約	×	○	○	2	35	32
刑事共助条約	○	○	○	6	50	29
受刑者移送条約	×	○ 「CE 条約」	○	3	9	8

〈日中韓における逃亡犯罪人及び引渡協力の内訳〉

区分			日本	韓国	中国
逃亡犯罪人引渡し		逃亡人員	818	539	762 名 (2013 年)
	引取り(請求)/ 引渡し(被請求)		引取り：0 名 引渡し：2 名	請求：18 件 被請求：7 件	引取り：762 名 (2013 年)
	逃亡先別人員		中国(210) ブラジル(80) 韓国(53) フィリピン(53)	米国(81) 中国(51) フィリピン(44) 日本(26)	不明
刑事共助	請求/被請求の 件数		128/174	103/113	不明

注　＊この表は，序章第二節で記した，三箇国の逃亡犯罪実態に基づいて作成した。
1. 日本と韓国の統計は 2012 年 12 月 31 日現在である。
2. 日本からの逃亡先である中国には香港等 12 および台湾 14 を含む。
3. 中国の人員は主に政府および国営企業などに勤めた腐敗犯罪人である。
4. 中国の引取りには逃亡先国の退去強制による送還などが含まれる。

力はそれぞれの逃亡犯罪の現状に照らしてみると，各引渡協力の執行がそれほど活発に行われているとは言い難い。例えば，日韓間の場合，2002 年に引渡条約が締結して以来 2010 年まで，日本は 20 件を請求し，韓国から 6 件の請求を受けている。また，中韓間では，2000 年に引渡条約が締結して以来 2010 年まで，韓国が 4 件（香港 1 件を含む）の請求を受け，30 件（香港等 6 件を含む）を請求しでいる。すなわち，引渡条約が締結されたとしても，その条約に基づく引渡協力が実務として円滑に作用されないことを示唆するものである。

三国間において，既存の引渡協力の体制の下でその活動が円滑に作用しない

第五章　省　察

要因は，一律に三国に共通するものより，各国の法令および条約，裁判，実務
などにおいてまたがるものが多い。以下では，本稿の考察に基づいて，引渡協
力の円滑な作用という観点から各国の特徴を指摘しておきたい。

二　日本国における引渡協力の問題点

　引渡裁判における犯罪嫌疑の十分性の判断および引渡条約の締結と関連して
次の点を挙げておきたい。「遺伝子スパイ事件」引渡裁判における犯罪嫌疑の
判断について，「米国の裁判で判断されるべき有罪，無罪を日本で先取りして
判断するのは，身柄引き渡しという国際協力の趣旨に照らして問題がある」と
いうものである（2004年3月29日，法務省）。引渡犯罪の嫌疑について，請求
国側に一定の罪責立証を求める規定が設けられた趣旨は，基本的に属地的管轄
権をとる英米法系の諸国が自国民を引渡すにあたって，人権保障の見地から，
請求国の裁判で有罪とされる見込みがあるかどうかを被請求国において審査す
ることにあると解されている。東京高裁は，日米引渡条約第3条および引渡法
第2条第6号に定められた，「引渡しの請求に係る犯罪を行ったと疑うに足り
る相当な理由があること」を「証明する十分な証拠がある場合」に該当しない
として，引渡不可の決定をなした。犯罪嫌疑の立証の準拠を請求国の法令とす
ることは，日米間の司法体系において大きな相違があることにより，その判断
の客観性は制限的なものになるざるをえない。「請求国の裁判所による有罪の
証拠」を要するとすれば，引渡条約および国内立法の関連条項の解釈にとどま
らず，陪審制などのように相手国の司法体系およびその運用などの全般にわ
たって考慮すべきとの指摘もありうる。

　引渡条約において，日本が外国と締結した引渡条約の数が少なく，2014年6
月現在，米国と韓国の二箇国に過ぎない[512]。英米法系の諸国が条約前置主義
をとっているので，引渡協力を得るためには条約締結が前提となり，逃亡犯罪
人がこれらの諸国に在留する限り引渡しを受けることは困難である。日本の引
渡条約の締結が少ない要因として次の三つを指摘することができる。第一に，

（512）　米国は，2014年10月30日現在，113の国または地域との間で引渡条約（協定）
　　　を結んでいる。http://uscode.house.gov/view.xhtml?path=/prelim@title18/part2/cha-
　　　pter209&edition=prelim（2014年10月31日閲覧）。

第五章　省　察

相手国における司法体系の健全性などの問題である。日本が引渡条約を締結するにあたって主な要件とするものは，日本の憲法秩序に照らして相手国の司法制度が健全に機能していることが認められ，自国民を引渡しても公正かつ適正な裁判が受けられるとの信頼が確保されるかなどである[513]。そのような要件を前提とする限り，諸国との間で引渡条約を締結することは容易ではない。また，逃亡犯罪人の統計で見られるように，日本人の逃亡者より，外国籍の逃亡犯罪人の引渡しを受けるべき需要が遥かに多い。逃亡犯罪人の立場からすれば，英米法系の国であって日本との間で引渡条約が締結されず，刑事司法の機能が不全である逃亡先はセイフ・ヘイブンとなる。今後，引渡条約締結の要件等について政策の転換が求められるのではないかと思われる。第二は，日本における死刑制度である。欧州諸国をはじめ各国が，相手国の死刑制度（執行）の有無について指摘し，引渡しを求められた犯罪人が引渡し後に死刑に処せられうる場合には請求に応ぜず，若しくは引渡制限事由と定めることが多い。仮に日本が引渡しを受けるため相手国に対して死刑に処しないとの保証を与えるとすれば，死刑に処せられる国内の他の犯罪人と比べて不衡平であるという非難を避けられない側面がある。中国及び韓国の場合，死刑制度を維持しながらも（但し，韓国では死刑宣告が行われているが，その執行は 1998 年から行われず事実上の死刑廃止国といわれる。），各々 30 箇国以上の国と引渡条約を締結している。死刑を引渡制限事由と定める国との間では身柄の引渡しを受けても死刑に処しないとの保証を与えるなどの条項を設けて条約が締結されている[514]。すなわち，国際刑事協力と国内刑事政策との間で，相関関係をどのように定立し，いかに整合させていくかが問われる。第三は，国際刑事協力に対する法務省の一国主義的な体質である。2014 年 6 月現在，日本では引渡条約が 2 件（米国，韓国），刑事共助条約 6 件（米国，韓国，中国，香港，ロシア，欧州連合刑事共助条

---

(513)　相手国における司法体系の健全性として，①法制度の民主性，②法制度の安定性，③法制度の運用の文化性，などが評価の対象になると解される。堀田力「犯罪人引渡条約の動向と問題点」『警察学論集』29 巻 1 号（1976 年）103-105 頁。

(514)　韓国とフランス間の引渡条約（2006 年 6 月 6 日署名及び 2008 年 6 月 1 日発効）第 4 条では，死刑不執行の保証がない場合を引渡しの裁量的拒否事由とし，その保証があったときは請求国において死刑が言い渡されたとしても執行されないと定める。

338

第五章　省　察

約）および受刑者移送条約３件（CE 条約，タイ，ブラジル）がそれぞれ締結されている[515]。三種の条約を職域別に分けると，引渡しは法務省刑事局（検察庁），刑事共助は警察庁，受刑者移送は法務省矯正局と対比することができる。刑事共助および受刑者移送に比べて引渡しの条約締結が少ないことは，国際刑事協力について，検察側の内弁慶な姿勢がうかがわれる[516]。

三　中国における引渡協力の問題点

中国は，憲法秩序において民主集中制という政治体制を維持し，自国内で少数民族の問題などを抱えているため，引渡しをめぐる国際刑事協力の限界として反映されるところ，その主な内容は以下の五つである。第一に，引渡裁判における司法化の未熟である。①憲法上，共産党が人民と国家を指導し，国家権力は全国人民代表大会の常務委員会に集中され，裁判機関および検察機関の人事を掌握する。また，刑法および刑事訴訟法の目的と任務として，公共安全などとともに，社会主義建設および社会主義社会秩序の保障にあることが明記される。このような権力集中は，司法統制の適正な作用を妨げ，引渡可否をめぐる審査において外交部などの国務院の裁量権が恣意的に働かせるおそれがある。②引渡法上，引渡裁判は高級法院および最高法院の二段階で行われるが，各決定には拘束力がなく，引渡不可の決定があったとしても国務院が最終的に引渡しを行うことができる。また，引渡裁判が行われる前の段階において，外交部などが引渡請求の事案について政治的な考慮により予断をなすため，引渡協力が当初から遮断されることがありうる。第二は，逃亡犯罪人の人権保障に基本

---

(515)　日中韓の国際刑事協力に関する条約締結の内訳については本論文の付録（表）を参照。

(516)　法務省の取組みについて次のような捉え方がある。引渡しを受ける件数と国外逃亡人員の格差について，「逃げ得又は不処罰を許していることが窺える。その背景には，煩雑で不確実な犯罪人引渡手続によって国際捜査に費用，労力と人員をつぎ込むことよりは，いったん国外に逃亡した外国人容疑者は，再度入国が出来ないように，入管体制の強化を図ることによって対応する方が便宜で効率的であるとの考えがあるのではないか」という。北村泰三「ヨーロッパ諸国間における犯罪人引渡法制の現代的変容（3・完）：効率性と人権原則との調和・両立を目指して」『中央ロー・ジャーナル』10 巻 4 号（2014 年）94 頁の注(209)。

339

第五章　省　察

的な問題がある。引渡法上，逃亡犯罪人に対する強制措置として，逮捕，勾留
および居住監視があるが（第33条），引渡裁判において逃亡犯罪人が拘禁され
た場合でも裁判所の決定をなす期限について定めがない。例えば，引渡裁判の
決定書によると，フランス籍の逃亡犯罪人の逮捕は2001年7月28日で勾留が
同年10月30日であるが，最高法院により引渡可能との決定がなされたのは
2002年11月14日である。さらに，韓国籍の逃亡犯罪人に対する引渡裁判の
場合，2002年1月30日逮捕，同年3月12日勾留されたが，最高法院により
引渡可能との決定がなされたのは2004年3月11日で，強制措置の期間が2年
以上もなる。いずれの場合でも国務院の最終的な決定があるまで待たなければ
ならない。第三は，引渡法において自国民であることを義務的な引渡拒否事由
と定めながら[517]，自国民の範囲のなかに香港とマカオのみならず台湾人も含
まれるということである。中国が締結した引渡条約のなかには，自国民である
ために引渡しを行わない場合，請求国の要請があれば被請求国（中国）は訴追
のために事件を捜査当局に回付しなければならないと定めるが（中韓引渡条約
第5条），そのような事例は見当たらず，検証メカニズムがない以上その実効
性には疑問がある。第四は，引渡協力における偏向的な姿勢である。中国は，
国内の腐敗犯罪と関連した逃亡犯罪人についてその身柄引渡しを積極的に求め
ながらも，自国民の国外犯について請求国の刑罰権行使の協力には消極的であ
る。また，天安門事件等のような民主化運動に係り，国外逃亡（政治的亡命）
を果たした者については身柄の引渡しを受けようとしない。かえって，その帰
国を阻止することにより，国内での影響力を遮断するところに重点が置かれて
いるものと解される[518]。第五は，ロシアおよび中央アジア諸国との引渡条約

---

(517)　引渡法において逃亡犯罪人が自国民であることを義務的な拒否事由としたのは，
　　立法者が国際刑事協力と自国民保護との考量において後者を優先したものであるという
　　われる。薛淑兰『引渡司法審査研究』（中国人民公安大学出版社，2008年）144頁。

(518)　天安門事件（1989年）当時の学生運動のリーダだったウアルカイシ氏は，その事
　　件後に国外へ逃れ，台湾などを拠点にして亡命生活を余儀なくされているところ，帰国
　　のためにカカオ経由の国内進入や在米中国大使館への入館などを図ったが，いずれも中
　　国当局によって拒否されたといわれる。「MSN産経ニュース」2014年6月8日付け報道
　　記事（http://sankei.jp.msn.com/world/news/140608/chn14060818000001-n1.htm. 2014
　　年8月14日閲覧）。なお，同氏が，天安門事件25周年を迎え，当時の回想および中国

において政治犯罪を引渡制限事由と定めないことは，退去強制などの「偽装引渡し」を助長し，中国内の新疆ウイグル及びチベットの政治運動に係った逃亡犯罪人の人権侵害をもたらすことがある。

四　韓国における引渡協力の問題点

　政治犯罪をめぐる学説および引渡裁判について批判的検討として次の点を挙げておきたい。学説では，政治犯不引渡原則について「一般国際法上の原則であり，被請求国が不引渡しの義務を負うとする見解が妥当と受け止められる」というのが主なものであるが，不引渡しの対象となるべき政治犯罪の範囲については議論が少なく，引渡裁判に頼られている。「劉強事件」の引渡裁判では，「付随理論」および「優越性理論」などが採り入れられ，行為が政治活動そのものではなく，それに付随するものでないにもかかわらず，他国の政策に反する目的であって行為の結果により被害法益が比較的に大きくないなどの理由で，政治犯罪と認められた。裁判では「不引渡原則」の国際法上の位置づけについては示されず，日韓引渡条約および韓国引渡法に基づいて「政治犯罪」の認否の判断にとどまった。但し，裁判所は，「政治犯不引渡原則の趣旨との関係」において，従軍慰安婦など過去の歴史的事実に対する認識および関連政策，政府閣僚の靖国神社参拝に対する認識およびその対応，などにおいて日韓両国間で政治的に見解の対立があり，請求国（日本）内においても政治的見解の対立が存在している以上，当該犯罪人を引き渡すことは請求国内の政治問題に干渉するものと見受けられることもありえるから国際関係上望ましくない，と示した。しかし，政府が引渡しの相当性をめぐり当事国との外交関係などを考慮して判断することはともかく，裁判所が，歴史問題について当事国間で「政治的見解の対立が存在」することを根拠とし，みだりに「政治犯罪」と位置づける

　の現状認識について記した寄稿文として，「ウォール・ストリート・ジャーナル（日本語版）」2014 年 6 月 4 日付け報道記事（http://jp.wsj.com/news/articles/SB10001424052702304210404579603572861461710. 2014 年 8 月 14 日閲覧）がある。このなかで同氏は，習近平国家主席が主導する腐敗犯罪との戦いについて，政権を固めるための手段であってそれ自体が目的ではないといいながら，腐敗の根本的な原因は共産党独裁という政治システムにあるとの見解を示している。

第五章　省　察

ことは「反日不引渡し」（「反日無罪」）との批判を免れがたい。いわば「国際礼
譲に基づく判断」とも受け止められるところである[519]。また，「グエン・
フー・チャン事件」の場合，逃亡犯罪人は少なくない回数にわたって爆弾テロ
を予備陰謀し実行を命じていたところ，爆発装置が作動せず結果的には人的物
的な被害が生じなかったとしても，その対象となった場所が市内中心の公園お
よび大使館などであった。もっとも，裁判所が，引渡犯罪は韓国引渡法上「多
数の人命・身体を侵害・威嚇し若しくはこれに対する危険を生じさせた犯罪」
と認められないとしたのは法理的な解釈としても疑問である。

五　引渡協力における新たな犯罪類型

(1)　国際カルテル

　国際カルテルなどについて[520]，米国では，行政制裁として課徴金の賦課と
ともに，当該法人に対して罰金が科されたり若しくはその役職員に自由刑が執
行されるなど刑事処罰が適用される事例が増えている。米国が外国企業の一定
の活動を競争制限行為と認め，刑事処罰に乗り出す理論的な根拠として，反ト
ラスト法の解釈として発達してきたいわゆる「効果主義理論」（the Effects Doc-
trine）がある。効果主義理論とは，他国の企業が米国で行う競争制限行為が米
国市場に悪影響を及ぼすと認められる場合，反トラスト法によりその当企業を
処罰できるというものである[521]。国際カルテルでは実質的に同一事案であっ

---

(519)　「国際礼譲に基づく判断」とは，国内裁判所が，政治犯罪の要件に関する明確な基
　　準を示すことなく，引渡裁判の事案ごとに，政治的な影響その他の具体的な事情を勘案
　　して引渡しの可否を決定するものである。この場合，当該の犯罪行為に内在する政治性
　　に着目して，逃亡犯罪人に対する好意的，温情的な配慮と，請求国の裁判と処罰の公正
　　性に対する危惧とが絡むものである。山本草二『国際刑事法』（三省堂，1991 年）221
　　頁。

(520)　カルテルは競争制限行為と捉えられところ，日本法では「私的独占」または「不
　　当な取引制限」（事業者が「公共の利益に反して，一定の取引分野における競争を実質
　　的に制限すること」，「私的独占の禁止及び公正取引の確保に関する法律」第 2 条第 5 項
　　及び第 6 項），若しくは「反競争的行為」（「一国の競争法の下で刑罰又は救済措置の対
　　象となることのある行動又は取引」，「反競争行為に関する日米協定」第 1 条第 2 項 a）
　　などが用いられる。

ても，当事国間の制裁の相違により，競争制限行為を行った事業者及び所属個人に対する規制にも相当の格差が生じる。とりわけ，米国では罰金の高額化及び自由刑の刑期の引上げの傾向がみられ，仮に自由刑の適用が認められるする当該日本人が帰国して米国当局の要求に応じない場合，米国が日米間の逃亡犯罪人引渡条約に基づいて身柄引渡しを請求することがありうる。例えば，自動車専用「ワイヤーハーネス・カルテル」では，日・米及び欧州の各市場に影響を与えたことから，日本の公正取引委員会，米国司法省および欧州委員会によって調査が行われた。同カルテル事件について，日本が課徴金納付および排除措置の各命令の制裁を行い，欧州委員会が行政調査の実施を行ったにとどまったが，米国は関係者に対して1年ないし2年前後の自由刑に処したのである[522]。さらに，米司法省は，当局の出席要求に応じない外国人について逃亡犯罪人引渡条約などに基づいて身柄引渡しを積極的に請求する方針を打ち出している[523]。競争制限行為については，課徴金や制裁金の賦課による行政措置若しくは罰金や自由刑等の刑罰執行が行われなど，執行を強化する傾向にある。とりわけ，米国では，国際カルテルについて，罰金の高額化および禁固刑の拡大適用が進められている[524]。例えば，米国において，国際カルテル事件により外国人に科された禁固刑の平均期間は，2000年から2004年までの間で主に3月であったのが，2005年に4.6月，2006年に6.9月，2007年には12月とますます長期化している。

国際カルテルと関連して，日米引渡条約に基づいて米国から身柄引渡しの請求が行われた場合，日本の引渡裁判では，双方可罰性，親告罪（公正取引委員会の告発），時効及び証拠不足等が引渡条約上の引渡制限事由に該当するか否

---

(521)　小松一郎『実践国際法』（信山社，2011年）51頁。

(522)　木目田裕・平尾覚「国際カルテル事案における逃亡犯罪人引渡手続きをめぐる問題点」『公正取引』749号（2013年）36頁。

(523)　木目田裕・平尾覚・同上書・37頁。Scott D Hammond, "Recent Developments, Trends, and Milestones in the Antitrust Division's Criminal Enforcement Program" speech before the ABA Antitrust Law Section's 56th Annual Spring Meeting (Mar. 26, 2008).

(524)　経済産業省（経済産業政策局・競争環境整備室）「各国競争法の執行状況について」（平成21年8月4日）16-17頁。

第五章　省　察

かが争点となりうる。また，逃亡犯罪人引渡法上，法務大臣の措置として，裁判所の引渡審査の以前に行われる審査請求該当性の判断，裁判所の引渡可能との決定後に行われる引渡しの相当性の判断，などがある。競争法分野の国際協力は，独占禁止に関する両者協定の締結などにより，締約国の当局間の情報提供と協力調査などをつうじて行われてきた[525]。

　韓国の場合，米国競争法の域外適用と関連して，個人が米国当局から処罰された主な事例は下記表のとおりである[526]。韓米引渡条約上，引渡対象となる犯罪は，刑の言渡しを受けていない場合，両締約国の法令における犯罪であって，1年以上の自由刑若しくはそれより重刑に処せられるもの（第2条第1項），またはその犯罪の未遂，共謀若しくは共犯も含まれる（同条第2項）。韓国は，米国競争法の域外適用に取り組みながら，外国企業による反独占行為などを規制するため，2005年からの改正法の施行により域外適用の根拠を備えられた[527]。

　中国の場合，公正取引法である［反独断法］が2007年8月30日に成立・施行され（主席令第68号），その域外適用について，「中華人民共和国の国外で行われた反独占行為において，その行為が，国内市場における競争の排除又は制限について影響を及ぼす場合には適用する。」と定める（第2条）[528]。

---

(525)　向宣明「情報交換や逃亡犯罪人引渡し等の当局連携と，「域外調査」をめぐる課題についての試論」『ジュリスト』1462号（2014年）。日本は，米国との間で「反競争的行為に係わる協力に関する日本国政府とアメリカ合衆国政府との間の協定」（1999年10月7日署名）をはじめ，欧州共同体との協定（2003年7月10日署名），カナダとの協定（2005年9月6日署名）を締結した。

(526)　韓国公正取引委員会「報道参考資料」2013年5月27日配布（http://www.ftc.go.kr/news/ftc/reportView.jsp?report_data_no=5181）。

(527)　韓国の公正取引法である「独占規制及び公正取引に関する法律」は，1980年12月制定，翌年4月1日に施行された。同法の域外適用について，法改正により，「この法は，国外で行われた行為についても，それが国内市場に影響を及ぼす場合には適用する。」という条文が新設され（第2条の2），2005年4月1日から施行された。申鉉允「韓国競争法の域外適用と最近の動向」『日本経済法学会年報』34号（2013年）68-80頁。

(528)　中国の公正取引法である［反独断法］は，2007年8月30日に成立及び施行された（主席令第68号）。その域外適用について，「この法は中華人民共和国の国外で行われた反独占行為において，その行為が，国内市場における競争の排除又は制限について影響

第五章　省　察

〈米国競争法の域外適用により韓国企業・個人が処罰された事例〉

区分	事件名	制裁内訳		
		対象	罰金 （千ドル）	自由刑の刑期
1	ライシン価格談合 （1996 年 8 月）	2 社	1,578	なし
2	核酸調味料価格談合 （2001 年 8 月）	2 社	3,090	なし
3	D-RAM 価格談合 （2005 年 4 月〜2007 年 4 月）	2 社 10 名	485,000 各 250	4 名：5〜8 月 6 名：7〜14 月
4	航空運送価格談合 （2007 年 8 月及び 2009 年 5 月）	2 社 2 名	350,000 起訴	未決
5	LCD 談合 （2008 年 11 月）	1 社 2 名	400,000 各 55	7 月及び 12 月
6	LCD 談合 （2011 年 3 月）	1 社 1 名	32,000 起訴	未決

反独占当局間の国際協力は競争法分野に内在する経済メカニズムに基づいてその促進と規制を行う法的枠組であるが，米国がその違反行為について一定以上の自由刑に処すべきとしながら引渡条約に基づいて身柄引渡しを求めようとする方針は，競争法分野の国際協力を逃亡犯罪人引渡しをめぐる国際刑事協力へと変移させることである[529]。すなわち，域外経済活動の規制について，自国

を及ぼす場合には適用する。」と定める（第 2 条）。王暁曄「中国反独断法の域外適用：理論と実践」『日本経済法学会年報』34 号（2013 年）81-98 頁。

[529] 米国は，立法管轄権の域外適用について，相手国の利益などを害しないように配慮すべきであるが，それは国際法上の義務ではないという。これに対し，欧州諸国及び日本は，そのような域外適用は，国際法上の違法な権限濫用であって，前提問題を離れ，抵触法規範により調整しようとすることは誤りであると反論した。また，そのような規制法令は，自国特有の国際経済体制の必要を充たすものにすぎず，他国民に罰則で強制できるような一般的拘束性をもつものではないという理由がある。経済活動の規制をめぐる立法管轄権の域外適用については，国際法上の許容規範がなく，とくに良好な国際関係を維持するためには効果主義の援用を抑制すべき義務があると指摘される。山本草二『国際法（新版）』（有斐閣，2004 年）247-248 頁。

第五章　省　察

の強制管轄権の適用を確保し，逃亡犯罪人引渡しなどの国際刑事協力をつうじ
て刑罰権の行使を貫徹しようというものである。逃亡犯罪人引渡しが，国内立
法及び引渡条約において，一定の重罪に処せられるべき犯罪ついて引渡協力の
対象とすること，主に刑事の普通犯罪の規制に焦点が当てられたことなどの趣
旨を鑑みれば，それは，国際経済活動を萎縮させ，引渡しをめぐる国際協力の
本質を変質させるゆえに各国の抵抗を惹き起こすことにもなりかねない。

(2)　著作権侵害

　米国は，競争法にとどまらず，知的財産権の分野において，著作権保護の法
律についても域外適用を行使している。主に，インターネット上で行われるプ
ログラムの複製や流布などに対して，自国の著作権を侵害したとして，国外に
所在するその犯罪人について逃亡犯罪人引渡しを請求するものである。「ドリ
ンク・オア・ダイ事件」の場合(530)，オーストラリア籍のグリフィツ（Hew
Raymond Griffiths）は，「ドリンク・オア・ダイ」（Drink or Die）というイン
ターネット上の不法複製プログラム・グループのリーダーで，自宅でその複製
グループを運営していた。DOD は，製品が正式に市販される前に，そのソフ
トウェアの保安コードをハッキングで解除させ複製したうえ，ネットで配布し，
その被害額は約 5 千万ドルといわれる。DOD により著作権が侵害されたソフ
トウェアは，マイクロソフトなどが含まれる。米国は，オーストラリアに対し
両国間の引渡条約に基づいてグリフィツの身柄引渡し請求し，2007 年 2 月，
米国に引き渡された。同年 6 月 23 日，バージニア連邦裁判所において，不法
複製ソフトウェアなどの配布等の罪に問われ，51 個月の自由刑が言渡された。
次に，「テレビ・シャック・ネット事件」の場合(531)，大学生であるイギリス
人のオドウォー（Richard O'dwyer）は，米国のテレビジョンや映画を無料で見
ることができるよう，ウェブサイトへのリンク機能を行う「テレビ・シャッ
ク・ネット」（TVShack.net）というウェブサイトを運営していた。2011 年，

---

　(530)　http: //www.justice.gov/archive/opa/pr/2007/June/07_crm_444.html（2014 年
　　10 月 28 日閲覧）。

　(531)　http: //www.bbc.com/news/uk-england-south-yorkshire-16806025（2014 年 10
　　月 28 日閲覧）。

米国は，両国間の引渡条約に基づいて，その身柄引渡しを請求し，同人はイギリスで逮捕された。米国当局は，ドット・コムとドット・ネットのあらゆるウェブサイトは，米国の著作権法の適用対象であると主張した。すなわち，運営者の国籍，サーバーの所在地などに関係なく，そのようなドメイン・アドレスを用いる運営者が米国著作権法を違反することがあれば，処罰されるという。その理由として，米国当局によれば，ドット・コムおよびドット・ネットは，米国バージニア州に本社を置くインターネットプロバイダー会社であるベリサイン（Verisign）がそのドメインの登録を管理しているということが挙げられた。米国内で有罪が確定されれば，オドウォーは10年の自由刑に処せられるという。イギリスにおける引渡裁判では引渡可能と決定されたが，控訴審の審理中，オドウォーと米国当局との間で，約3年間の犯罪収益とされる2万ポンドの補償金を支払う条件で刑事免責の取引が成立したため，引渡しを免れた。

(3) サイバー犯罪

今日，高度の情報通信ネットワーク社会を迎え，新種の国際犯罪として注目されるものとしてサイバー犯罪が挙げられる。サイバー犯罪は，インターネットなどの情報通信網を用いて，ソフトウェアやプログラムなどを不法に，複製，配布し，若しくは政府機関や企業のコンピューターに侵入して秘密情報などを盗み出したり，ネットワークなどの情報通信の機能を麻痺させるなどの行為である。ハッキングなどのサイバー犯罪をめぐって，その被害を受けたとする国が，犯罪とかかわる遠隔操作をしたとされる者の所在地国に対して身柄を請求するものである。米国司法省は，2014年5月19日，米企業および労働組合などを標的にしたコンピューター・ハッキングについて，サイバー上の経済スパイ罪等の嫌疑で，中国人民解放軍5人を起訴したと報じられた[(532)]。被害を受けたとするところは，電力，原子力，鉄鋼などの会社およびその労働組合などで，これらの会社等で働く従業員のネットワークの認証情報が盗まれたという。連邦大陪審は，5人について，それぞれ経済スパイ罪などの嫌疑が認められるとして起訴し，司法省は中国に対して身柄引渡しを求めた。有罪が認められれば

---

(532) AFP通信社報道記事（http://www.afpbb.com/articles/-/3015328,http://www.jmf.or.jp/USA/USA_58/usa58_p2.html. ともに2014年10月28日閲覧）。

第五章　省　察

15 年の自由刑が科されるといわれる。米中間では引渡条約が存在しないため，中国政府が自発的にその身柄を引き渡さない限り，引渡しが実施される可能性は低い。但し，起訴された 5 人は，米国に入国すれば拘禁される可能性が高く，米国以外の外国においても，その国が米国との間で引渡条約が締結された場合は米国より引渡請求が行われることがあるため，外国への往来に制限がつけられることになる。

　サイバー犯罪は，犯罪人が，処罰を免れる為に犯罪地から離れて国外へ逃亡するのではなく，情報通信の基盤を利用し，遠隔操作をつうじて外国領域に侵入して行うものである。犯罪の外国性としては，主に犯罪人の国籍若しくは犯罪地と逃亡先との空間的移動などがとり上げられてきたが，サイバー犯罪は，刑事管轄の属人的または属地的な対象として明確に区分されるものではなく，情報通信のネットワークによって世界各国が連結されるという特性がある。引渡協力の観点からサイバー犯罪の特徴について次の三つを指摘しておきたい。第一に，遠隔犯罪という特性のために犯罪人の所在地が本国であることが多く，外国から身柄引渡しを請求されても，被請求国が自国民であることを理由に引渡協力に応じないことがある。第二は，引渡しは，通常，引渡しの請求により被請求国において引渡可否をめぐる裁判をへて決定されるところ，その裁判において，双方可罰性と特定性の要件の充足，犯罪嫌疑の十分性の立証などが困難である。第三は，犯行目的が，個人や組織の利害関係であるのの他に，情報機関や軍事機関などのように政府が介入することがあり，それは引渡制限事由の存否などの司法審査に適しない性質を有する。

六　日中韓における刑事共助の特徴

　国際刑事共助とは，捜査，訴追その他の刑事手続における当事国間の相互支援である。広義の刑事共助のなかで逃亡犯罪人引渡しおよび刑執行（訴追移管若しくは受刑者移送）などを除いたもので，狭義の刑事共助ともいわれ，共助主体を基準として，捜査当局が行う捜査共助と裁判所が行う司法共助に振り分けることもできる。刑事共助が引渡協力と区別される点は少なくないが，その特徴として，共助対象が捜査資料や裁判書類などの物件であること（例外として被拘禁者の証言がある），共助の要請と実施について外交経路の他に当事国間

348

第五章　省　察

〈日中韓における各刑事共助条約の比較〉（下線は筆者）

区分	日・中刑事共助条約 （2008.11.23.発効）	日・韓刑事共助条約 （2007.1.26.発効）	中・韓刑事共助条約 （2000.2.25.発効）	國際捜査共助法 （昭和55.10.1.施行）
目的	捜査，訴追その他の刑事手続に関する共助の実施 （shall, …, provide）	捜査，訴追その他の刑事手続に関する共助の実施 （shall, …, provide）	捜査，訴追その他の刑事手続に関する共助の実施 （shall, …, grant each other）	要請国の捜査に必要な証拠の提供（受刑者証人移送を含む.）
中央当局	・日本：法務大臣若しくは国家公安委員会委員長（又は各指定者） ・中国：司法部又は公安部	・日本：法務大臣若しくは国家公安委員会委員長（又は各指定者） ・韓国：法務大臣又はその指定者	・中国：司法部 ・韓国：法務長官又はその指定者	
共助拒否事由	・共助が<u>政治犯罪</u>に関連 ・自国の<u>主権・安全・公共秩序その他の重要な利益</u>が害されるおそれ ・共助要請が人種・宗教・国籍・民族の出身・政治的意見若しくは性を理由になされていると，又はその者の地位がそれらの理由により害されると信ずるに<u>足りる実質的な根拠がある</u>と認める場合 ・双方犯罪構成性	・共助が<u>政治犯罪</u>に関連 ・自国の<u>安全その他の重要な利益</u>が害されるおそれ ・共助要請が人種・宗教・国籍・民族の出身・政治的意見若しくは性を理由になされていると，又はその者の地位がそれらの理由により害される<u>おそれがあると認めるに足りる十分な理由がある場合</u> ・双方犯罪構成性	・共助が<u>政治犯罪</u>又は<u>軍事犯罪</u>に関連 ・自国の<u>主権・安全・公共秩序その他の重要な利益</u>が害されるおそれ ・共助要請が人種・宗教・国籍・民族的出身・政治的意見若しくは性を理由になされていると，又はその者の地位がそれらの理由により<u>害されると信ずるに足りる実質的な根拠がある場合</u> ・双方犯罪構成性	・共助犯罪が政治犯罪であるとき，又は共助要請が政治犯罪について捜査する目的 ・双方可罰性 ・要請国において被要請国の証拠が捜査上不可欠であることについて要請国の書面がないとき ・法務大臣によって共助の相当性が認められないとき
共助拒否前協議	被要請国の中央当局は共助拒否に先立ち条件付の共助実施について要請国の中央当局と協議する。	被要請国の中央当局は共助拒否に先立ち条件付の共助実施について要請国の中央当局と協議する。	締約国は共助の拒否又延期に先立ち条件付の共助実施の可能性について協議する。	

349

第五章　省　察

区分	日・中刑事共助条約 (2008.11.23.発効)	日・韓刑事共助条約 (2007.1.26.発効)	中・韓刑事共助条約 (2000.2.25.発効)	國際捜査共助法 (昭和55.10.1.施行)
共助拒否通報	要請国の中央当局に拒否理由を通報	要請国の中央当局に拒否理由を通報	要請国の中央当局に拒否又は延期の理由を通報	
共助要請の方式	書面が原則，被要請国が認める場合には書面以外の信頼しうる通信(その後速やかに書類を提出)	書面が原則，被要請国が認める場合には書面以外の信頼しうる通信(その後速やかに書類を提出)	書面が原則，緊急の場合はその他の方式(その後速やかに書類を提出)	
要請国関係者の立会い	被要請国の法令に反しない限り等において共助実施の現場に立会い・質問が可能とするよう最善の努力を払う。	被要請国の法令に反しない限り等において共助実施の現場に立会い・質問が可能とするよう最善の努力を払う。	被要請国の法令に反しない限り等において共助実施の現場に立会い・質問が可能とするよう許容する。	
被拘禁者の証言移送	被拘禁者の同意等	被拘禁者の同意等	被拘禁者の同意等	
犯罪収益等	犯罪の収益・道具の没収，被要請国への移転	犯罪の収益・道具の没収，被要請国への移転	犯罪取得物の処分制限又は犯罪の収益・道具の没収，被要請国への移転	
条約の解釈・適用をめぐる紛争の解決	外交経路を通じた協議	必要に応じて協議	外交経路を通じた協議	

で事前に指定された中央当局間で直接に行われること，要請国の官憲が一定の条件下で被要請国の領域内で立会いと質問ができることなどが挙げられる。これらの共助の実施にあたっては，引渡協力で見られる身柄拘禁などのように人権保障と直接に係ることが比較的に少ないことから，その可否については裁判所の審査を経由しないこととする。すなわち，共助実施の可否について，行政機関（中央当局）の裁量の余地が相当に確保されており，手続も簡易で迅速に行われることができる。日中韓では，刑事共助について両者条約がともに締結されており，下記表で見られるように，共助制限事由がある場合でも当局間の

350

第五章　省　察

協議をつうじて条件付きで共助を実施することができると定めるなど，各条約
では共通点が多い。これは，引渡協力において三国間で顕著な相違があること
を鑑みると，三国間の国際刑事協力について刑事共助が果たしうる役割と可能
性がうかがわれるところである。

◆ 結　び ◆ 本書の提言

　各章をつうじて考察した結果，日中韓の各国間では，逃亡犯罪人引渡しをめぐる法制・裁判・実行・学説などにおいて少なくない相違があるものと認められる。各国内法において，引渡制限事由の義務性の程度，逃亡犯罪人の同意などのような規定の有無，司法体系と司法実務などにおいても偏差が見受けられる。他方で，刑事共助条約は三国の各二箇国間で条約が締結されており，各国における逃亡犯罪人の国籍および逃亡先として他の二箇国が占める割合が高いことなどを鑑みれば，引渡協力のみならず，受刑者移送などの国際協力がさらに求められていることを示すものである。本章では，本稿第一章から第四章までの各考察について要約し，それらの限界と課題の要点を改めて示したうえ，日中韓の引渡協力をめぐる国際刑事協力の円滑な作用と促進のための提言を行う。

　第一章（逃亡犯罪人引渡しをめぐる国際刑事協力の法的構造と先行研究）では，逃亡犯罪人引渡しをめぐる国際刑事協力について，その概要および法的性質，主な要件，引渡制限事由となる主要原則およびその国際法規性，拷問や迫害等が待ち受ける国には逃亡犯罪人を引き渡してはならないと定める人権保障条項などについて考察した。これらの原則などが，日中韓の各国の引渡法のなかでいかに組み込まれ，引渡裁判でどのように適用されるかについて，第二章ないし第四章において考察した。また，欧州の「逮捕状枠組決定」をとり上げ，地域ぐるみの引渡協力のあり方を窺うことにより，東アジアにおける刑事分野の国際協力の限界と可能性を見出した。

　第二章（日本国における逃亡犯罪人引渡し）において，19世紀末の「逃亡犯罪人引渡条例」から現行「逃亡犯罪人引渡法」までの変遷について，引渡条約と付きあわせて論じ，日本における引渡協力の全体像が眺められるようにした。また，引渡裁判における主な争点をとり上げ，政治犯不引渡原則および引渡犯

353

結　び　本書の提言

罪に係る嫌疑程度などをめぐり，学説と裁判がどのように捉えているかを考察した。日本が締結した引渡条約が，韓国と米国の二箇国にとどまり，東アジアにおける国際刑事協力の円滑な作用のためには日中間の条約が早期に締結されることが望ましいところ，条約締結が低調である要因と日中間の条約締結の必要性などについて分析を行った。

　第三章（中国における逃亡犯罪人引渡し）では，中国が改革開放政策を実施してきたことに伴って国際犯罪の規制が求められたため，1993 年にタイとの間で引渡条約を締結して以来，諸国との条約締結および国内法を整備が行われるようになった。2000 年から施行された「引渡法」が，一応では国際社会一般の要件と手続等を定めたものの，引渡裁判の決定について拘束力が認められないこと，逃亡犯罪人の拘禁が長期にわたること，行政機関の恣意が働く余地が少なくないことなど，司法統制が十全に作用しているとは言い難く，実務と学界等から改善を求める声がある。また，中国が 30 以上の引渡条約を締結しているところ，死刑制度，新疆ウィグルなどの問題をめぐり，引渡条約上どのように取り扱われているかなどを明らかにした。

　第四章（韓国における逃亡犯罪人引渡し）では，韓国が，ソウルオリンピックを開催した 1988 年に「犯罪人引渡法」を施行し，日中両国と締結した各引渡条約は 2002 年にともに発効した。韓国は，引渡しに関する法制が整備される以前にも，大統領狙撃の共犯だとして日本に引渡しを請求したり，外交関係が樹立されない中国から民航機奪取犯の引渡請求を受けるなどの事例があった。日中韓を取巻く引渡協力として，劉強事件をとり上げ，中国人が日本で罪を犯し逃亡して韓国で逮捕されたところ，日本が日韓引渡条約に基づいて引渡請求を行った事案について，引渡裁判の争点を検討した。

一　日中韓における逃亡犯罪人引渡しめぐる国際刑事協力の要点

　日中韓の逃亡犯罪人引渡しをめぐる国際刑事協力を評価するにあたって，三国間の条約締結および国内立法の仕組み，各国の引渡裁判における引渡制限事由の内容とその適用関係，最終的に引渡しの相当性をめぐる政府の決断などにおいて，各要素がどのように作用し，これらの相互関係を総体的に捉えることが求められる。三国間の逃亡犯罪人引渡しをめぐる国際刑事協力の問題点に

結　び　本書の提言

ついて，日本を中心としてこれまでの考察を眺めると，次のように概観することができる。

　日本における逃亡犯罪人引渡しをめぐる国際協力は，米国から日本に逃亡してきた犯罪人について米国から引渡請求があったことをきっかけに，日米引渡条約が締結されたとき（1886年）から始まり，その引渡条約の国内実施法として逃亡犯罪人引渡条例が制定され（1887年施行），次いで，司法共助を目的とした「外国裁判所ノ嘱託ニ因ル共助法」の立法（1905年施行），日露引渡条約の締結（1911年）などが行われ，国内立法および引渡条約の締結が整備された。引渡条例が引渡協力について条約前置主義をとっていたとはいえ，実務では，条約に基づかない場合でも引渡協力が実施された例が少なくない。戦後では，日米新引渡条約（1978年）および日韓引渡条約（2002年）がそれぞれ締結され，国内立法として，逃亡犯罪人引渡法（1953年施行），国際捜査共助法（1980年施行）および国際受刑者移送法（2003年施行）などが整備されるようになった。その他に，刑事共助条約として，米国（2003年），韓国（2006年），中国（2007年），香港（2008年），ロシア（2009年）および欧州連合（2009年）との間でそれぞれ締結され，受刑者移送条約として，欧州（CE条約，2003年），タイ（2009年）およびブラジル（2014年）との間でそれぞれ締結された。このなかで逃亡犯罪人引渡しおよび刑事共助（捜査共助）の場合，国内立法は，条約前置主義を採用せず，条約が存在しないときでも相互主義の保証などの条件の下に，外国との間で国際協力を行うことができると定める。その反面，受刑者移送をめぐる国際協力は，法律上，条約前置主義がとられているため，CE条約の締約国および個別の両者条約を締結した相手国に限られることになる。日中韓の刑事協力関係では，刑事共助について三国がそれぞれ両者条約を締結しているところ，逃亡犯罪人引渡条約は日中間で未締結であり（日韓および中韓は締結済み），受刑者移送では，日韓両国がともにCE条約の締約国であることから移送協力に問題がないが，中国は未加入であるため（中韓条約は締結済み），これらの国際刑事協力を促進するためには日中間の条約締結が欠かせないものと思われる。

　日本の引渡裁判では，政治犯不引渡原則および犯罪嫌疑の十分性などが争点となった。まず，政治犯不引渡原則をめぐり，退去強制命令により本国へ送還

355

結　び　本書の提言

されることになったところ，当該犯罪人は，日本での活動が政治犯罪であるために韓国へ送還されると迫害を受けるおそれがあるなどと主張したものである。裁判では，政治犯罪の概念として純粋な政治犯罪と相対的な政治犯罪とに分け，その不引渡原則の国際法上の位置づけおよび国内適用の認否などについて考察が行われた。第一審と控訴審の各判断では相違が見られたが，控訴審の東京高裁は，政治犯不引渡原則が，憲法等の法律に定められたとしてもその国内法の範囲内で確立されたに過ぎず，確立された国際法規と認められないとした（「尹秀吉事件」判決昭和 47 年 4 月 19 日）。また，同裁判では，政治難民の認否およびノン・ルフールマン原則について，政治犯罪の認定はその本国である送還先国の法令に基いて判断されるべき性質の事柄であって，裁判国がみだりに断定することは許されず，送還後に処罰され若しくは迫害が待ち受けるなどとの確実な証拠がない限り，それを認定かつ適用することはできないとし，最高裁もその判断を支持した。その後の引渡裁判において，東京高裁は，中国民航機を奪取した逃亡犯罪人が自国内で政治活動を理由に逮捕されたなどの証拠がないこと，死刑を適用しないことおよび引渡請求の犯罪以外の別罪について処罰しないことを引渡請求国が保証したこと，引き渡された後の請求国での処遇については行政機関（法務大臣）の裁量の審査事項であって司法審査の範囲に及ばないことなどを挙げ，引渡制限事由が存在せず，引渡可能と判断した（「張振海事件」決定平成 2 年 4 月 20 日）。いずれの事案においても，当時，日本と各相手国との間では逃亡犯罪人引渡条約が存在せず，裁判は出入国管理法令および逃亡犯罪人引渡法などに基づいて行われた。

　次に，日米引渡条約上の引渡請求に対する引渡裁判では，米国が経済スパイなどの犯罪嫌疑で身柄引渡しを請求したところ，その犯罪を行ったと疑うに足りる相当な理由があることを証明する十分な証拠がないため，同引渡条約および逃亡犯罪人引渡法が定めた引渡制限事由の存在が認められ，引渡不可の場合に該当すると決定した。裁判所は，日米引渡条約第 3 条の「引渡しの請求に係る犯罪」とは，あくまで請求国の法令に基づく引渡犯罪であるといい，その犯罪に対する十分な証拠であることの準拠は請求国の法令であるという。すなわち，日米間の引渡協力の対象となる犯罪について，請求国で争われるべき有罪証拠の判断が被請求国で行われることとなり，引渡協力の要件が請求国で有罪

356

結 び 本書の提言

が言渡されるほどの立証が求められる。逃亡犯罪人引渡しの手続が，基本的には引渡協力をめぐる国家間の行政手続であるとしながらも，引渡可否の審査について裁判所を経由させた理由は，身柄の拘禁などを含めて当該犯罪人の人権保障に深くかかわる引渡制限事由の存否を審査するところにあると解される[533]。そうすると，逃亡犯罪人引渡しの手続を全体として見れば一種の行政手続であるという，引渡協力の本来の性質が褪色されつつ，刑事訴訟的な性質の射程が拡張される傾向があるものと見受けられる。

　政治犯不引渡原則をめぐっては，中国が，引渡裁判において政治犯罪を取扱った事例は見当たらず，引渡請求に係る犯罪が政治犯罪と受け止められる場合，引渡裁判を経由することなく，それ以前に外交部などの審査段階において引渡可否が内定されるということは考察したとおりである。また，ロシアおよび中央アジア諸国との引渡条約において，政治犯罪を引渡制限事由として規定しなかったことは，自国内の民族自治独立運動に係る活動について政治性を排除することにより，その取締りに重点が置かれていることがうかがわれる。他方，韓国では，「劉強事件」の引渡裁判において，日中韓を取巻く歴史問題と関連し，日本の政策に抗議しながらその政策変更を促すことに影響を及ぼす目的で犯した行為について，引渡請求国との外交関係などを言及するなど，本来，行政機関が引渡しの相当性の判断における審査範囲に踏み込んでいることが認められ，いわゆる「国際礼譲に基づく判断」との指摘を免れない。

　その他に，自国民不引渡しおよび死刑不引渡しの問題である。自国民不引渡しについて，中国が，引渡法において義務的な引渡拒否事由と定めながら，外国と締結した引渡条約では裁量的な引渡拒否事由と定めたものが少なくない。韓国は，引渡法および引渡条約において裁量的な引渡拒否事由と定める。両国がともに，裁量的な引渡拒否事由と定めた引渡条約では，被請求国が自国民であることを事由に引渡しを拒否した場合，請求国の請求によりその犯罪人を訴追するために事件を捜査当局に付託しなければならないと定めたものが多い。死刑不引渡しの場合，日中韓が死刑制度を存置する点では相違ないが，日中両

（533）　東京地裁決定平成 2 年 4 月 25 日（逃亡犯罪人引渡命令取消請求事件），東京地裁決定平成 26 年 8 月 11 日（執行停止の申立て事件）。

357

結　び　本書の提言

国が死刑執行が現に行われているところ，韓国は長期間にわたって死刑執行を行わず事実上の死刑廃止国と分類される。三国が死刑廃止国との間で引渡条約を締結するにあたっては，死刑に処せられるべき逃亡犯罪人の取扱いをめぐり，条文をどのように立案し，若しくは引渡条約に基づかない引渡協力において死刑不執行の保証の付与などが問われることになる。すなわち，国内で死刑に処せられる受刑者や犯罪者との間で衡平性の問題が指摘されるなど，国家刑罰権を取巻く刑事政策の基調に係ることになる。とりわけ，中国が，しきりに死刑を執行しながら，スペイン等の引渡条約において死刑の不宣告または不執行の保証を条件に引渡協力を行うと定めたことは注目される点である。

二　提　言

日中韓における逃亡犯罪人引渡をめぐる国際刑事協力の進展のためには，協力関係の仕組み，各国の裁判規範，最終的な実行関係などについて，その現状と実態を総体的に考慮せねばならない。引渡協力および刑事共助が，三箇国の各国内法において条約前置主義をとらず，条約が存在しない場合でも国際協力が行われることが可能であるが，受刑者移送は国内法で条約前置主義が採られているため条約締結が欠かせない。これらの現状を踏まえて，三箇国における国際刑事協力の円滑な作用と促進のために，逃亡犯罪人引渡し，刑事共助，条約締結および常設協議体の創設などの四つの観点から提言を行う。

第一に，逃亡犯罪人引渡しをめぐる国際協力の円滑化と促進のための提言として，立法政策の見地から，次の四つが挙げられる。①引渡条約などに「執行猶予付引渡し」の条項を設けることである。引渡請求が訴追のためになされた場合，請求国の裁判で言い渡された刑について，その執行は被請求国若しくは逃亡犯罪人の本国で行われることを条件に身柄を引き渡すというものである（欧州逮捕状枠組決定第5条第3号では，引渡しを求められた者が被請求国の国民であることが，条件として付加されている。）(534)。例えば「劉強事件」などのよう

---

(534)　「逮捕状枠組決定」第5条第3号は「訴追のために欧州逮捕状の対象となる者が，執行国の国民又は常住者である場合には，その者が審理の後に，発給国において言い渡された自由刑又は保安処分に服するために執行国に戻ることを条件として引渡すことができる。」と定める。また，「逃亡犯罪人引渡及び刑事司法共助に関するベネルックス条

結　び　本書の提言

に日中韓の三箇国が絡み合った事案の場合，請求国である日本で裁判が行われ刑が言い渡されたとしても，その刑の執行は自国（中国）若しくは被請求国でなされることを条件に，韓国（被請求国）が中国籍の逃亡犯罪人を日本に引き渡すことができる，という仕組みである。②「臨時引渡し」に関する規定を設けることである[535]。逃亡犯罪人が被請求国において引渡犯罪以外の犯罪について係属され若しくは刑に服している場合，請求国から訴追のために引渡請求がなされたときは，訴追手続が終了すれば直ちに被請求国に送還することを条件として，一時的に身柄を請求国に引き渡すというものである。とりわけ，逃亡犯罪またはその共犯に対する公訴時効が差し迫ったり，事件の重大性により適宜に訴追が行わなければならないなどの事情がある場合，被請求国が請求国における刑事手続の優先に協力するものである。中韓引渡条約には既に規定されている（第14条第2項）。③逃亡犯罪人の「同意付引渡し」を行うことである。引渡しについて逃亡犯罪人の同意がある場合，引渡裁判を行う裁判所が裁量的な引渡拒否事由に該当することを理由に引渡不可の決定を行うことができないと定め，引渡手続を迅速に進めることである（韓国引渡法第15条の2）。日米引渡条約第10条では，逃亡犯罪人が引渡しに必要とされる被請求国での手続きにおいて権利を放棄（waive）する場合，被請求国の法令が許す範囲内で引渡しを促進するためのすべての措置をとると定める[536]。また，米韓引渡条約の場合，同意があるときは特定性原則が適用されないとし，可能な限り迅速に引き渡すという簡易引渡（simplified extradition）を定める（第16条）。④自国民であることを理由に引渡しを拒否する場合，被請求国がその犯罪人について処罰を徹底することである。被請求国が，自国民である逃亡犯罪人について，内

約」（1962年締結）第18条などにも同様の規定がある。

(535)　「逮捕状枠組決定」第24条第2項は，「引渡しの延期に代えて，執行司法当局は，執行司法当局と発給司法当局との間の相互の合意によって決められた条件の下で発給国に当該者を暫定的に引渡すことができる。その合意は，書面で行い又その条件は発給国のすべての当局を拘束する。」と定める。

(536)　米国ではこの規定により司法審査などを省略して引き渡すことができるが，日本では引渡法および刑事司法制度においてこのような制度が採用されず，適用することはできないと解される。馬場俊行「日米犯罪人引渡条約の全面改正について」『法律のひろば』31巻8号（1978年）62頁。

結　び　本書の提言

国刑法上の国民の国外犯処罰に基づいて訴追，処罰するというものである。引渡条約にはこのような規定を設けたものが少なくないが，各国が積極的に実施しなければ，当条項は形骸化するおそれがある。その処罰の実効性を担保するためには日中韓の間で検証メカニズムの形成が求められる。中国の場合，引渡法では自国民について義務的な引渡拒否事由と定めながら，引渡条約では義務的な引渡拒否事由または裁量的な引渡拒否事由と定める。また，裁量的な引渡拒否事由と定めた引渡条約には，引渡請求国からの要請および証拠等の提供を条件に，その逃亡犯罪人を訴追するために事件を当局に付託しなければならないという規定を設けたものが多い。日韓両国は，各引渡法において，自国民について裁量的な引渡拒否事由と定める。但し，日本は，自国民について原則として引渡制限事由としながら，引渡条約に別段の規定があるときはその限りでないと定めるため，引渡条約が存在しない諸国との関係において，この条項は実質的に「義務的な引渡拒否事由」と作用することになる。韓国引渡法には，条約規定を例外とするとの条文がなく，裁量的な引渡拒否事由の一つとして作用する。日韓両国の各引渡法には，ともに，法務大臣の措置として，引渡請求事案について裁判所への審査請求の該当性を判断するにあたり，この条文について審査することが定められている。また，日本の引渡条約の場合，日韓引渡条約では自国民であることを理由に引渡しを拒否したときには請求国の求めにより事件を当局に付託すると定めるが，日米引渡条約では，同様の条文がなく，裁量的な拒否事由と定めるにとどまる。韓国が締結した引渡条約には当犯罪人を訴追するために事件を当局に付託すると定めたものが多い。

　第二は，刑事共助における共助実施の促進とその活用である。刑事共助の場合，三箇国がともに両者条約を締結しており，中・韓（2000 年 2 月 25 日発効），日・韓（2007 年 1 月 26 日発効），日・中（2008 年 11 月 23 日発効）間で共助実施が始まってから 10 年前後の積み重ねが認められる。各共助条約上，共助の対象，要件および制限事由などにおいて相違点が殆ど存在せず，共通の事項主に定められている。例えば，共助要請の方式では，書面を原則としながら，緊急な場合若しくは被要請国が認めるときはその他の通信手段を用いられること，共助拒否について事前協議をつうじて条件付の共助が実施できること，被拘禁者の同意などにより証言移送が可能であること，犯罪収益などの没収および被要請

360

結　び　本書の提言

国への移転が認められること，などが挙げられる。特に，被要請国の法令に反しない限りなどにおいて，要請国の官憲は，共助実施の現場に立会い，質問が可能とするよう最善の努力を払うという条文が各共助条約に共通して定められる。このように日中韓の刑事共助をめぐる国際協力は，条約上の規定が大いに共通すること，相当の積み重ねが認められることなどに照らしてみると，これまでの共助協力をさらにレベル・アップできる余地があると思われる。国際刑事協力は，欧州における協力増進が示すように，経済社会などの諸分野の親密と統合とかみ合う形で展開されつつ，刑事分野において逃亡犯罪人引渡し，刑事共助，受刑者移送などの各分野の協力が連動しながら法的枠組が創設されてきた。逃亡犯罪人引渡しをめぐる国際協力が，条約および国内法においてその要件，手続および制限事由を定めて，その適否および制限事由の存否について各国の裁判所により審査が行われることなどを鑑みると，引渡協力の円滑な作用と促進を働きかけるうえでも，刑事共助協力の進展は重要な意義をもつといえる。引渡協力が行われるためには，逃亡犯罪人の所在，犯罪嫌疑を裏付ける証拠等に関する情報の確保と提供が欠かせないため，刑事共助の機能と役割に支えられている側面もある。

　第三は，日中両国および日中韓三箇国間の条約締結である。本稿の考察で示したように，日中間では，逃亡犯罪人引渡条約と受刑者移送条約が締結されず，東アジア国際刑事協力の法的枠組という観点からすれば抜け穴となっている。日中韓三箇国間では，逃亡犯罪人の国籍と逃亡先および外国人受刑者の本国において他の二箇国が占める割合が非常に高く，適正な犯罪規制と受刑者の社会復帰のためには，日中間の両条約の早期締結が求められる。とりわけ，日本の受刑者移送が条約前置主義を採用していることを鑑みると，移送協力が行われるためには条約締結が欠かせないことになる。他方で，日中両国間の条約締結とは別に，日中韓が三箇国間で逃亡犯罪人引渡しをめぐる国際刑事協力について取極めを結ぶことである。その協力の対象と範囲として，逃亡犯罪人引渡し，刑事共助若しくは受刑者移送などが挙げられるが，これらの協力に関する基本原則を包括的に定めるか，若しくは身柄の拘束や裁判を要しない刑事共助条約に準ずるものとして定めるなどの方式が考えられる。三国間では刑事共助条約が既にそれぞれ締結され，各条約規定が概ね共通し，かつ相当の期間にわたっ

361

結　び　本書の提言

て共助実施が積み重なっていることなどを考慮すると，刑事共助条約の規定を
足がかりとして三箇国の国際刑事法規範の創設のほうが実現可能性があるもの
と思われる。また，三国間では，「投資の促進，円滑化及び保護に関する協定」
が 2014 年 5 月 17 日に発効され，経済分野において初めての法的枠組の創設と
して更なる緊密化が図られるようになった。刑事分野での三国間の国際協力で
は，締約国である一国の中央当局により訴追，裁判若しくは刑の執行等につい
て共助要請がなされた場合，他の締約国が立体的に共助を実施することが可能
となる。

　第四は，第一ないし第三の内容について協議し実行計画などを講じるために
三箇国間の常設協議体を創設することである。その協議体はとして，日中韓の
「三者間協力事務局の設立協定」に基づいて設立された「三国協力事務局」を
活用することができる。同事務局では，既に，経済，社会，科学技術および環
境などの閣僚級会議を含む対話メカニズムが進められているところ，国際刑事
協力担当の閣僚級協議若しくは専門家と実務家による実務部会などを設けて常
設的協議のフォーラムとし，逃亡犯罪人引渡しをめぐる国際刑事協力の進展に
向けて立法政策などの活動をしていくことである。

〈付　録〉

付録1 ＜中国の引渡裁判の決定書＞[537]

①雲南省高級人民法院引渡決定書
［2001 雲高法引字第 1 号］

・逃亡犯罪人の氏名：マルタン・ミシェル（Martin Michel）[538]
・生年月日及び国籍：1945 年 3 月 3 日（男），フランス
・引渡請求国及び罪名：フランス，強姦等
・拘禁日付：2001 年 7 月 28 日に引渡逮捕，同年 10 月 30 日に引渡勾留
・拘禁場所：雲南省昆明市五華区に所在する拘置所

　本院は，最高人民法院の「2001 刑引字第 1 号」審査指定決定書に基づいて，法令により合議制裁判部を構成し，在中国フランス大使館から提出された，上記逃亡犯罪人の引渡請求書，引渡承諾書，逮捕状及び写真等の証拠物等について審査を行い，2001 年 11 月 12 日の開廷において上記逃亡犯罪人の供述及び弁護人の意見を聴取した。本件が個人のプライバシーに係わるため，審理は，非公開で行われ，既に終了した。

　引渡請求書の記載事実：逃亡犯罪人は 1982 年から 1992 年までの間，フランスにおいて，15 歳の未成年者とその未成年者の親権を有する 15 歳以上の未成年者に対して強姦及び強姦未遂を犯した罪で，フランス司法機関により逮捕が求められている。現在，逃亡犯罪人が中国に所在しているため，逃亡犯罪人の引渡しを請求する。

　逃亡犯罪人は，引渡請求書に記載された犯罪を否認し，仮にフランスに送還されることになれば，残忍，非人道的及び人格侮辱的な取扱い若しくはそのような処罰を受けることになると抗弁する。弁護人は，引渡犯罪の時間と場所が不明確であり，逃亡犯罪人を有罪と証明する証拠はなく，さらに，中国において「妻」と娘がおり，フランスに引き渡されればその妻と娘の権利が被害を受ける，と主張した。

　本院は，フランスの引渡請求書上の行為は，フランス刑法に照らして犯罪を構成し，かつ中国刑法によって犯罪を構成するものであり，ともに 1 年以上の有期懲役

---

(537)　中国引渡裁判の 6 件は，薛淑兰『引渡司法審査研究』（中国人民公安大学出版社，2008 年）490-509 頁に所収された決定書をを訳したものである。三つの引渡請求事案について，高級法院及び最高法院がそれぞれ裁判を行ったものである。また，事件番号などの原文は［　］を付け，中華人民共和国等の国号は，中国，フランス，ロシア，韓国などのように略して記した。

(538)　原文にはこの部分が叙述式に記されているが，訳文では箇条式に形をかえて記した（以下の中国の決定文は同じ）。

365

若しくはそれ以上の刑罰に処せられるものであることを認める。逃亡犯罪人及びその弁護人は，フランスにおける犯罪行為を裏付ける証拠はないとの抗弁と意見を提出したが，審査の結果，認められない。逃亡犯罪人が提出した，仮にフランスに送還されれば，残忍，非人道的及び人格侮辱的な取扱い若しくはそのような刑罰が科されるとの供述については，審査の結果，根拠が乏しい。弁護人が主張した，逃亡犯罪人が引き渡されれば中国に残される逃亡犯罪人の妻と娘の権益が損害を被りうるとの意見について，逃亡犯罪人が中国において結婚の法定手続を未だ履行しておらず，法律上の婚姻関係ではないため，引渡しを不可能とする事由とはなりえず，本院はこれを受け入れない。それゆえに，逃亡犯罪人は，中国引渡法第8条及び第9条が定める，引渡制限事由を有しない。従って，中国引渡法第16条第2項，第7条，第24条第1項第1号の規定に基づいて，以下のように決定する：

　逃亡犯罪人マルタンに対する引渡請求は中国引渡法が定める引渡しの要件に符合する。

　法令により，本決定があった日から7日以内に，最高人民法院の審査を請求する。

　本決定に不服があれば，逃亡犯罪人及びその弁護人は，本決定の宣告があった日から10日以内に最高人民法院にその意見を提出することができる。

裁判長　　李　杰

裁判官　　李風朝

裁判官　　張迎憲

二〇〇一年一二月二十一日

書記官　　傅　栗

付録 1 ＜中国の引渡裁判の決定書＞

最高人民法院引渡決定書
［2001 法引字第 1 号］

・逃亡犯罪人の氏名：マルタン・ミシェル（Martin Michel）
・生年月日及び国籍：1945 年 3 月 3 日（男），フランス
・引渡請求国及び罪名：フランス，強姦等
・拘禁日付：2001 年 7 月 28 日に引渡逮捕，同年 10 月 30 日に引渡勾留
・拘禁場所：雲南省昆明市五華区に所在する拘置所

　2001 年 6 月 1 日，フランスは中国に対し，強姦罪の嫌疑があるフランス国民のマルタンの引渡しを請求した。本院は，中国引渡法の規定により，2001 年 9 月 25 日，「2001 刑引字第 1 号」審査指定決定書に基づいて雲南省高級人民法院を指定し，フランスが提出した引渡請求を審査させた。

　雲南省高級人民法院は，2001 年 12 月 21 日，「2001 雲高法引字第 1 号」引渡決定書において，逃亡犯罪人マルタンに対するフランスの引渡請求が中国引渡法が定める引渡要件に符合すると決定するとともに，法令に基づいて本院への審査を要請した。本院は法令に基づいて，合議制裁判部を構成し，雲南省高級人民法院の引渡決定について審査を行った。

　本院の審査期間中，マルタン及びその弁護人は，マルタンの強姦罪の証拠が不足であること，仮に引き渡された場合，残忍な取り扱いを受けるおそれがあること，マルタンが合法的に中国に入国したこと，中国国民である女性の奚氏とその 1 女が残されること，彼らの権益が保護されるべきであることなどを提出して，引渡決定を許可してはならないと主張した。本院は，フランス政府が提出した引渡請求書及びその他の証拠資料について検討したところ，逃亡犯罪人の主張にはその根拠は足りず，また，合法的に入国したことは引渡決定の要件を退けるものでなく，中国国民である奚氏とその 1 女についてはフランス政府が妥当な解決策を提示している。そうすると，マルタン及びその弁護人が引渡請求を許可すべきでないという主張は受け入れられず，雲南省高級人民法院の決定は精確である。従って，中国引渡法第 26 条第 1 号の規定により以下のごとく決定する：

　逃亡犯罪人マルタンに対する引渡請求は中国引渡法が定めた引渡要件に符合するとした雲南省高級人民法院が決定を承認する。

裁判長　　南　英
裁判官　　高憬宏
裁判官　　薛淑蘭
二〇〇二年十一月十四日
書記官　　常朝暉

367

②上海市高級人民法院引渡決定書

［2006 沪高刑字第 1 号］

・逃亡犯罪人の氏名：シャペンコフ（Shapenkov Nikolay）
・生年月日及び国籍：1966 年 10 月 19 日（男），ロシア
・引渡請求国及び罪名：ロシア，殺人等
・拘禁場所：上海市第一拘置所

ロシアは，2006 年 2 月 10 日，中国に対して，殺人罪の嫌疑がもたされるロシア国民シャペンコフの引渡しを請求した。最高人民法院は，2006 年 6 月 26 日の「2006刑引字第 6 号」審査指定決定書に基づき，本院に対して，引渡請求が中国引渡法及び中国とロシア間の犯罪人引渡条約が各定めた引渡要件に符合するか否かについて審査を行う法院と指定した。本院は，2006 年 8 月 7 日，引渡法に基づいて合議制裁判部を構成し，逃亡犯罪人シャペンコフに引渡請求書の副本を送達し，シャペンコフが提出した答弁意見書を受理した。本院は，その後，2006 年 9 月 7 日，公開法廷において審理を行ったところ，逃亡犯罪人が出廷して意見を供述し，指定弁護士及び本院が依頼した通訳人が出席して審査を行い，その審査は終了した。

ロシアは，引渡しを請求するにあたり，ロシア沿岸交通検察院が取り調べたシャペンコフの刑事事件を提出した。初動捜査によると，2005 年 1 月 11 日，中国上海に停泊していた貨物船リーダ号の船上において，逃亡犯罪人は，敵対関係を理由に殺害の目的で，本件被害者であるマイリニクに対して両手と両足で何度も繰り返して殴り身体に傷害を加え，死亡にいたらせたことが認められる。これにより，シャペンコフは，ロシア刑法第 105 条が定めた殺人罪に問われ訴追され，拘束されるとともに国際手配の措置がとられた。当引渡請求は，シャペンコフをロシアの法執行機関に引き渡すことを求め，ロシアがシャペンコフのために弁護士の助力を含む可能な限りのあらゆる保護を与えることを承認し，また，シャペンコフが，拷問，各種の残酷的，非人道的，人格侮辱的な取り扱い若しくは処罰を受けないことを保証する。

シャペンコフは，本件被害者から侮辱を受けたゆえに殴りつけたのであって，引渡請求に示された殺害の目的，すなわち故意をもって致命的な傷害を与えて殺害したということは事実でないと主張する書面を提出した。シャペンコフは，引渡請求の犯行場所はセントビンセント・グレナディーン国籍の貨物船の船上であるから，関連国際法の規定に照らし，当該の船舶は船籍が属する国家の領域であるために船籍国が当然に司法管轄権を行使すべきであると主張した。

弁護人の意見は，ロシアが請求した引渡犯罪に関する内容は，それとともに提出された証拠物などが反映する情況と一致せず，それゆえに逃亡犯罪人に対してロシ

付録1 ＜中国の引渡裁判の決定書＞

ア刑法第105条が定める殺人罪で訴追することは困難であると主張する。また，弁護人は，ロシア当局がシャペンコフに対する強制措置を宣言する前に，上海司法機関によって拘留された期間を当然に軽減すべきという意見を提出した。 本院が審査し確認した事項：ロシアから引渡しを求められた犯罪，すなわち，シャペンコフが，2005年1月11日，上海に停泊していたセントビンセント・グレナディーン籍の貨物船リーダー号の船上で犯した殺害行為は，中国刑法とロシア刑法が定める規定によってともに犯罪を構成し，それぞれ1年以上の有期懲役若しくはそれ以上の刑罰が科されうるものである。引渡請求は，同時に，シャペンコフについて，拷問及びその他の残酷的な，非人道的な，人格侮辱的な取り扱い若しくはそのような処罰を受けることはないと確認した。ロシアの引渡請求は，中国引渡法と中国とロシア間の犯罪人引渡条約の各規定に符合し，引渡要件に適うものである。

シャペンコフの引渡犯罪に係る行為における殺人故意の存否については，中国引渡法及び中ロ間の犯罪人引渡条約の各規定により，引渡制限事由の要件を構成せず，本件引渡審査に影響を及ぼすものでないため，本院は法令によりその事項について審査と認定を行わない。シャペンコフの行為がロシア刑法が定める殺人罪に符合するか否かは，当然に，ロシア司法機関に求められるものであり，関連証拠とロシアの法令に基づいて裁判が行われるべきである。

本院は，審査を経た結果，本件犯罪について，中国刑法とロシア刑法の各規定が定めた双方の犯罪を構成し，ともに1年以上の有期懲役若しくはそれ以上の刑罰が宣告されうるものであることを確認した。ロシアの引渡請求は，同時に，逃亡犯罪人が拷問又はその他の残酷的，非人道的，人格侮辱的な取り扱い若しくはそのような処罰を受けないことを確認した。ロシアの引渡請求は中国引渡法及び中ロ間の犯罪人引渡条約の各規定が定める引渡しの要件に符合する。

本件引渡犯罪の行為における殺人故意の有無については，中国引渡法と中ロ間の犯罪人引渡条約の規定により，引渡制限事由のいずれにも該当せず，ロシアの引渡請求が引渡要件を満たすか否かの審査に影響を及ぼすものでもなく，本院は法令によってそれに関する審査と認定を行わない。逃亡犯罪人の行為がロシア刑法が定める殺人罪に符合するか否かについては，当然に，引渡しを請求したロシア司法機関が関連証拠と法令に基づいて裁判を行うべきである。

本件犯罪行為に対する司法管轄権の問題について，セントビンセント・グレナディーン国が，貨物船リーダ号に対する司法管轄権を有するにもかかわらず，シャペンコフに刑事責任を問うための引渡請求を提出せず，しかも，ロシア刑法は自国民の国外犯罪に対して司法管轄権を有することを明確に定める。同時に，中国引渡法と中ロ間の犯罪人引渡条約の各規定において，貨物船「リーダ号」に対する司法管轄権の帰属の問題は引渡しの要件を構成するものでもない。

シャペンコフが上海司法機関によって拘禁されたこと及びその拘留期間を刑罰の

369

中に反映する問題について，上海司法機関がシャペンコフを勾留したのは，在上海ロシア総領事館が本件捜査を求める口上書を提出したことへの対応であり，かつ中国刑事訴訟法の規定に基づいて行われた措置である。そうすると，実際に生じた拘禁期間は，事件捜査，証拠移送，引渡請求の送付と受理，審査等に要される期間であり，また，ロシアがシャペンコフに対してとった国際手配及びその他の措置に要求されるもので，本院はその合法性に疑問がないと確認する。拘禁期間を刑罰の期間に算入すべきか否かの問題について，本院は，その問題を事実のとおりロシアの司法機関に通知し，ロシア司法機関が自国の関連法律に基づいて決定することとする。

　以上のように，本院は，逃亡犯罪人及びその弁護人が提出した意見は中国引渡法と中ロ間の犯罪人引渡条約が定める引渡制限事由のいずれに該当するものがないことを確認する。従って，中国引渡法第24条第1号の規定に基づいて以下のように決定する：

　ロシアによるシャペンコフの引渡請求は中国引渡法が定めた引渡しの要件に符合する。

　中国引渡法第25条の規定により，本院は，本決定について最高人民法院の承認を要請する。

　逃亡犯罪人はこの決定に不服があれば，本決定の宣告があった日から10日以内に最高人民法院にその意見を提出することができる。

裁判長　　斎　奇

裁判官　　黄祥青

裁判官　　徐立明

二〇〇六年九月十九日

書記官　　叶　磊

付録1 ＜中国の引渡裁判の決定書＞

最高人民法院引渡決定書
［2006 刑引字第 6 号］

・逃亡犯罪人の氏名：シャペンコフ（Shapenkov Nikolay）
・生年月日及び国籍：1966 年 10 月 19 日（男），ロシア
・引渡請求国及び罪名：ロシア，殺人等
・拘禁日付：2005 年 1 月 12 日引渡逮捕，同年 1 月 26 日引渡勾留
・拘禁場所：上海市第一拘置所

　ロシアは，2006 年 2 月 10 日，中国に対して殺人罪の嫌疑を受けるロシア人シャペンコフの引渡しを請求した。本院は，中国引渡法の規定に基づき，2006 年 6 月 26 日付けの「2006・刑引字第 6 号」審査指定決定書において，上海市高級人民法院が本件引渡請求の審査を行うよう指定した。上海市高級人民法院は，2006 年 9 月 19 日になされた「2006 滬高刑引字第 1 号」の引渡決定書において，ロシアの引渡請求が中国引渡法が定める引渡しの要件に符合すると決定しながら，本院の審査を要請した。本院は法令により，合議制裁判部を構成し，上記の引渡決定について審査を行った。
　本院は審査をへて次のように確認した：本件引渡犯罪は，中国引渡法とロシア刑法が定める規定により，ともに犯罪を構成し，ともに 1 年以上の拘禁刑若しくはそれ以上の重い刑罰が宣告されうるものである。ロシアの引渡請求は中国引渡法の規定が定める引渡しの要件に符合する。上海市高級人民法院がなした引渡しに関する決定は正しい。従って，中国引渡法第 26 条第 1 号により，以下のように決定する：
　上海市高級人民法院「2006 沪高刑字第 1 号」がロシアからのシャペンコフの引渡請求は中国引渡法の規定が定める引渡しの要件に符合すると決定したことについて，その決定を承認する。
　本決定は送達後に直ちに法律効力を生じる。

裁判長　　薛淑蘭
裁判官　　李祥民
裁判官　　常朝暉
二〇〇六年十二月二十四日
書記官　　李　鋭

371

③遼寧省高級人民法院引渡決定書

［2006 遼刑二引字第 1 号］

- 逃亡犯罪人の氏名：卞仁鎬
- 生年月日及び国籍：1957 年 1 月 15 日（男），韓国
- 引渡請求国及び罪名：詐欺等
- 拘禁日付：2005 年 11 月 28 日逮捕[539]，同年 12 月 27 日居住監視，2006 年 4 月 30 日勾留
- 拘禁場所：遼寧省営口市拘置所

　2006 年 1 月 26 日，韓国は韓国籍の卞仁鎬の引渡しを中国に請求した。最高人民法院は，2006 年 3 月 14 日，逃亡犯罪人である卞仁鎬に対する捜索通知書を中国公安部に送付した。同年 5 月 15 日，公安部は，逃亡犯罪人が中国内において契約詐欺の罪を犯した疑いで遼寧省営口市拘置所に収容されていることを確認し，これを最高人民法院に通知した。最高人民法院は，2006 年 8 月 23 日の「2006 刑引字第 2 号」審査指定決定書により，本件引渡請求の審査機関として本院を指定した。本院は，合議制裁判部を構成し，2006 年 12 月 7 日，公開法廷において審理を行った。法廷において，逃亡犯罪人は意見を供述し，二人の弁護人が意見を述べ，通訳人が通訳を行い，現在は引渡請求の審査を終了した。

　韓国の引渡請求書は以下の内容を明記した：逃亡犯罪人は韓国国民である，韓国の「特定経済犯罪加重処罰等に関する法律」を違反したことによって有期懲役 15 年の宣告及び罰金 200 万ウォンの決定を受けている。逃亡犯罪人は現在中国内に所在しているため，中国と韓国間の犯罪人引渡条約の規定に基づき，逃亡犯罪人が韓国で刑罰を受けられるように引渡しを請求し，逃亡犯罪人が韓国に引き渡されれば再審の機会を与えるとの保証を確認した。

　韓国外務省は次のような資料を提供した：引渡請求書，ソウル地方裁判所判決書及びソウル高等裁判所決定書，確認書，再審保証書などである。

---

(539)　本件逃亡犯罪人の拘禁が「引渡逮捕」ではなく「逮捕」であるのは，中国引渡法上の強制措置ではなく，引渡請求とは別件である中国での犯罪のために中国刑事訴訟法に基づいて拘禁されたからである。本件の韓国への引渡しは，韓国において刑執行の時効の完成が差し迫ったため，それを防止するための臨時引渡しとなった。すなわち，本件犯人が裁判中に逃亡してその間に懲役刑が確定したところ，当時の韓国刑法上，刑執行中の逃亡等について時効停止の法的根拠がなかったため，途中で一時的な刑執行がなければ時効が完成することになっていた。結局，韓国が引渡しを受けることで刑執行の時効を延長させると，速やかにその身柄を中国へ送還し，中国での刑罰が終了した後，再び韓国に引き渡され残りの刑を服することになる。

付録 1 ＜中国の引渡裁判の決定書＞

　逃亡犯罪人は，韓国で受けた判決は不公正なものであり，韓国法務省が確認したという再審の保証は法律効力を有しない，と主張した。その弁護人は，逃亡犯罪人の犯罪が両国の法律によって犯罪を構成するか否かについて検討を要し，また，中国司法機関によって逃亡犯罪人に対する刑事訴訟が進行中であるため，当然に引渡しを留保すべきであるとの意見を提出した。

　本院は，審査の結果，次のことを確認する：

（1）逃亡犯罪人の韓国における犯罪及び刑罰執行の情況

　逃亡犯罪人は，「特定経済犯罪加重処罰等に関する法律」を違反したことにより，1998 年 8 月 21 日，ソウル地方裁判所から有期懲役 15 年の判決を受け，同時に罰金 200 万ウォンに処せられた。その後，逃亡犯罪人は，ソウル高等裁判所に控訴を提起し，控訴裁判の期間，病気を訴えたために刑の執行が停止されたが，臨時釈放後に治療を受けていた病院から逃走した。ソウル高等裁判所は，1999 年 2 月 19 日，欠席裁判を進行し，原審判決を維持した。控訴裁判の間，逃亡犯罪人の弁護人は，裁判に参加し，宣告後に最高裁判所に上告したが，上告棄却となり刑が確定された。逃亡犯罪人は韓国において判決を受けた拘禁刑の刑期を全部終えていない。

（2）中国司法機関の逃亡犯罪人に対する刑事訴訟の情況

　遼寧省営口市人民検察院は，2006 年 10 月 20 日，遼寧省営口市中級人民法院に公訴を提起した。公訴要旨：卞仁鎬は，2005 年 7 月 15 日，韓国ソウル国民銀行の額面価 10 億ウォンの小切手を担保にして，高額の収益を口実に，仮名を用いて，被害者である中国国民の桂永成（遼寧省営口市居住）との間で借金契約を締結し，中国貨幣 370 万元を騙し取った。事件発生後，卞仁鎬の家族が代わりに中国貨幣 250 万元を返済した。この刑事訴訟は現在進行中である。

　本院は，本件引渡犯罪である「特定経済犯罪加重処罰等に関する法律」違反の行為は，中国刑法と韓国刑法上，ともに犯罪を構成することを認める。逃亡犯罪人が韓国で服すべき残りの刑期が 6 箇月以上であり，韓国は，中国に対して，逃亡犯罪人が韓国に引き渡されれば再審の機会を与えるとの保証を確認した。本件引渡請求は，中国引渡法及び中国と韓国間の犯罪人引渡条約が定める引渡要件に符合し，同時に，中国引渡法と中国と韓国間の犯罪人引渡条約が定める引渡制限事由のいずれに該当するとの情況を有しない。逃亡犯罪人が提出した「不公正な判決を受けた」とする問題は，当然に韓国の国内法に基づいて審査が行われるべきであって，本院の審査範囲に属するものではない。また，「韓国法務省が確認した再審の保証は法律効力を有しない」との問題については，韓国法務省が確認した文書は韓国外務省及び在中韓国大使館を経由したもので，その確認書は「韓国政府は中国に請求する引渡犯罪について再審の機会を与えることを保証する」として，韓国政府を代表することが明記されている。その弁護人が提出した「卞仁鎬の犯罪が両国の法律によって犯罪を構成するか否かについて検討するに値する」との意見については，韓国に

373

おいて詐欺に係わる犯罪として取調べを受け，既に有罪の判決があり，中国刑法に基づいても同様の犯罪を構成し，引渡しの請求国と被請求国の双方において犯罪を構成するゆえに，中国引渡法及び中国と韓国間の犯罪人引渡条約が求める引渡しの要件に符合する。また，弁護人が提出した「中国司法機関において卞仁鎬の刑事訴訟が係属中であることから引渡しを当然に留保すべきである」との意見について，遼寧省営口市中級人民法院が中国内での犯罪について審理が進行中であるのは明らかであるが，しかし，それが引渡しを保留するものではなく，引渡しの可否は，法院による決定及びその後の国務院の決定を待たなければならない。中国引渡法第7条，第8条，第9条，第22条，第23条，第24条，第42条，中国と韓国間の犯罪人引渡条約第1条，第2条，第3条，第4条の規定により，以下のように決定する：

　韓国からの逃亡犯罪人に対する引渡請求は，中国引渡法及び中国と韓国間の犯罪人引渡条約の規定が定める引渡要件に符合する。

　本決定が出された日から7日以内に最高人民法院の再審査を要請する。

　本決定に不服があれば，逃亡犯罪人及びその弁護人は，本決定の宣告があった日から10日以内に最高人民法院にその意見を提出することができる。

　　　　　　　　　　　　　　裁　判　長　　　長姜陽
　　　　　　　　　　　　　　代理裁判官　　　李　嵥
　　　　　　　　　　　　　　代理裁判官　　　賈　娜
　　　　　　　　　　　　　　二〇〇六年十二月十八日
　　　　　　　　　　　　　　　書記官　　　　胡志偉

付録 1　＜中国の引渡裁判の決定書＞

最高人民法院引渡決定書
[2006 刑引字第 2 号]

・逃亡犯罪人の氏名：卞仁鎬
・生年月日及び国籍：1957 年 1 月 15 日（男），韓国
・引渡請求国及び罪名：詐欺等
・拘禁日付：2005 年 11 月 28 日逮捕，同年 12 月 27 日居住監視，2006 年 4 月 30 日勾留
・拘禁場所：遼寧省営口市拘置所

　逃亡犯罪人は，1998 年 8 月 21 日，韓国ソウル地方裁判所により，詐欺罪に問われ懲役 15 年及び罰金 200 万ウォンの判決を受けた。逃亡犯罪人はその判決に不服してソウル高等裁判所に上訴した。控訴裁判の間，病気の治療を理由に刑の執行が停止されたことを機に，中国内へ逃亡した。韓国ソウル高等裁判所は，逃亡犯罪人が欠席したまま，原審を維持する判決をし，最高裁判所が上告を棄却したことから刑が確定された。2006 年 1 月 26 日，韓国は，中国に対して，その犯罪人を韓国で刑を執行するために引渡しを請求した。本院は，中国引渡法の規定により，引き渡されれば韓国が逃亡犯罪人に再審裁判の機会を与えるとの確認を得た後，2006 年 8 月 23 日，「2006 刑引字第 2 号」審査指定決定書に基づいて遼寧省高級人民法院が本件引渡請求を審査するよう指定した。遼寧省高級人民法院は，2006 年 12 月 18 日，「2006 遼刑引字第 1 号」の引渡決定書を発し，韓国の引渡請求は中国引渡法及び中国と韓国間の犯罪人引渡条約の各規定が定める引渡要件に符合する決定し，本院にその決定の審査を要請した。本院は，合議制裁判部を構成し，本案の審査を行った。
　本院は，審査の結果，次の事項を確認する：韓国が引渡しを求める逃亡犯罪人は，1997 年 2 月から 1998 年 8 月までの間，輸出と関連した税金払戻しの 3 億ドルと4000 億ウォンを数回にわたって騙し取った行為及び不正な株価操作の行為は，中国刑法と韓国刑法の各規定によってともに犯罪を構成し，かつ韓国が引渡しを請求した時点において逃亡犯罪人が服役すべき残りの刑期は 6 箇月以上である。韓国の引渡請求は，中国引渡法及び中国と韓国間の犯罪人引渡条約の各規定が定める引渡要件に符合するとした遼寧省高級人民法院の決定は正しい。本院の審査中において逃亡犯罪人がその他に新たな意見を提出したものはない。従って，中国引渡法第 26 条第 1 号の規定によって以下のとおり決定する：
　遼寧省高級人民法院がなした「2006 遼刑引字第 1 号」の決定を承認する。
　本決定は送達後に直ちに法律効力を生じる。

裁　判　長　　薛淑蘭
代理裁判官　　楊　克
代理裁判官　　常朝暉
二〇〇七年四月二日
書　記　官　　李　鋭

付録 2　＜韓国の引渡裁判の決定書＞（「劉強事件」，ソウル高等裁判所）

ソウル高等法院
第 20 刑事部
決定

事件：　2012 ト 1（〔2012 도 1〕 (540)引渡審査請求
犯罪人：リウ・チアン（LIU QIANG，1974 年 6 月 20 日生，男），心理治療士
　　　　住居：中国広東省広州市（現在ソウル拘置所拘禁中）
　　　　国籍：中国
請求人：ソウル高等検察庁検事
請求国：日本国
弁護人：法務法人セゾン
担当弁護士：ミョン・ドンソン等 7 名

主文

犯罪人を請求国に引き渡すことを許可しない。

理由

一　引渡審査請求の要旨

　請求人は，2012 年 11 月 8 日，請求国から 2012 年 5 月 21 日付けで逃亡犯罪人の引渡請求があったことを理由に，大韓民国と請求国の間で 2002 年 4 月 8 日に締結され同年 6 月 21 に発効された「大韓民国と日本国との犯罪人引渡条約（以下“この事件条約”という。）」第 2 条及び第 8 条の規定により，逃亡犯罪人引渡しの許否について審査を請求した。

二　引渡審査請求対象の犯罪事実と適用法規

_____

(540)　本決定書の訳に当たり，筆者が訳したものまたは説明は〔　〕と記し，原文若しくは地名等の訳文は［　］と記す。

376

付録2 ＜韓国の引渡裁判の決定書＞

1 犯罪事実の要旨

犯罪人は，2011年12月26日，3時56分頃，請求国の東京都千代田区九段北3丁目1番1号に所在する靖国神社神門前で，上記神門の南側の柱にガソリンのような液体を散らし，所持していたライターで火をつけ，神社の宮司である京極高晴が管理するその神社の神門一部を焼毀したことにより，神門付近の建造物等に燃焼の恐れがあるなど，公共の危険を生じせしめた。

2 引渡審査請求の適用法規

この事件の引渡審査請求に関する適用法規は，国内法として1988年8月5日に公布され施行されている「犯罪人引渡法」があり，条約としてこの事件条約がある。大韓民国憲法は，「憲法に基づいて締結，公布された条約及び一般的に承認された国際法規は，国内法と同じ効力を有する」と定める（第6条第1項）。このような憲法規定の下では，国会の同意を要する条約は法律と同一の効力を認め，国会の同意を要しない条約は大統領令と同じ効力を認めるものと解釈するのが妥当である。それゆえに，この事件条約は国会の批准をへた条約として，法律と同一の効力を有するというべきである。また，犯罪人引渡法第3条の2によれば，「犯罪人引渡について，引渡条約においてこの法律と異なる規定がある場合にはその規定に従う」と定めている。

従って，大韓民国が請求国に対して犯罪人を引き渡す義務があるかどうかを判断するにあたり，新法優先の原則，特別法優先の原則等の法律解釈の一般原則及び上記の犯罪人引渡法の規定趣旨によって，この事件条約が犯罪人引渡法に優先して適用され，犯罪人引渡法はこの事件条約の趣旨に反しない範囲に限ってこの事件条約を補充して適用される。

三 引渡許否に関する判断

1 基礎事実

次の事実は犯罪人及び証人である鄭如妹〔逃亡犯罪人の母〕がこの法廷で行った各供述と記録によって認められる。

(1) 犯罪人の家族歴

犯罪人は，1974年に中国上海で生まれ，就学前まで父母と離れ，義理の祖母とともに暮らし，就学後も義理の祖母が1985年12月に死亡する前まで，休業の度に義

理の祖母の家で住んでいた。義理の祖母は，死亡する前まで家族及び親戚には一生
のあいだ隠してきた，次のような自身の過去を犯罪人に告白した。義理の祖母は，
韓国人であり，本名はイ・ナンヨン（李南英，その後ヤンヨン（楊英）に改名）で
あり，ピョンヤンで生まれ，デグ〔大邱〕とソウルなどで暮らしていたが，1942 年
頃にモッポ〔木浦〕港を経由して中国に引き連れられ，日本軍慰安婦となった。そ
の間，苦楚を強いられ，第 2 次世界大戦が終わった後も中国に残留していたところ，
犯罪人の義理の祖父と結婚して犯罪人の母となる鄭如妹を生んだ。義理の曽祖父で
あるイ・スンシクは，1940 年代初めにソウル所在の中学校の教師を勤めていたが，
韓国語を教えたとの理由でソウルの西大門刑務所で拷問を受け，死亡すした。

　一方，犯罪人の祖父である劉別生は，抗日新四軍の団長として戦闘員を率いなが
ら抗日闘争にはしったが，1945 年に戦死し，1983 年に中国政府から革命烈士という
称号を受けた。

　このようなわけから，犯罪人は，インターネットにおいて軍国主義を批判し，
2005 年には靖国神社を訪問して「日本帝国主義打倒しよう」などと叫ぶなどとして
抗議し，2006 年には請求国の小泉総理が靖国神社を参拝したことに対して示威を行
い，在中日本大使館の前で抗議したこともあった。

(2) 犯行に至るまでの経緯

　犯罪人は，1997 年に大学を卒業すると，広州の塾で英語教師として働きながら心
理治療学を勉強し，2007 年頃に心理治療士の資格を取得した。その後，2008 年から
心理治療士として働いていたところ，2011 年 3 月 11 日，東日本大地震の惨事が起こ
ると，同年 10 月 3 日，災害地域の住民に対する心理治療のボランティア活動を行う
ため請求国に入国した。

　犯罪人は，請求国で日本語を学び，現地生活に適応しながら相談治療等のボラン
ティア活動を行っていた。2011 年 12 月 18 日頃，韓日首脳会談の当時，大韓民国の
イ・ミョンバク大統領が過去の日本軍慰安婦の問題について真摯なる反省と解決を
促したにもかかわらず，請求国の野田佳彦総理がその論議自体を拒否し，かえって
在韓日本大使館前に立てられていた日本軍慰安婦銅像の撤去を求めるという事情を
マスコミを通じて接した。さらに，請求国の国会議員が集団で靖国神社を参拝した
ことを思い浮かべながら，戦争被害者の子孫である犯罪人が，第 2 次世界大戦の戦
犯を神として祀る靖国神社を放火することにより，過去の歴史的事実を否定し，右
傾化政策を施しつつ軍国主義へ回帰しようとする請求国に対して警告のメッセージ
を投げかけ，真正な反省と謝罪を促そうと決心した。

　こうして犯罪人は，犯行の日付について，日本軍国主義の犠牲となった義理祖母
の忌日であり，中華人民共和国を建国した毛沢東の誕生日である，2012 年 12 月 26
日と決め，また，犯行時間も人命被害のおそれが少ない夜明けにすることを決めた。

付録 2 ＜韓国の引渡裁判の決定書＞

さらに，祖父が属していた新四軍に「四」が入っていることと，日本帝国主義の失命を意味する「死」が「四」と同じ発音であることなどを考慮して，午前4時を選択し，この事件の犯行を準備しながら，その過程を記録として残すことにより広く報せるため，準備道具及び「謝罪」と書かれたシャツを着た自身の姿を撮影することとともに，犯行の実行過程までデジタル・カメラで撮影した。

(3) 犯行の実行

　犯罪人は，2011年12月26日，3時40分頃，靖国神社に到着し，その垣を飛び越えて神社神門の中央門の南側の柱に接近した後，事前に用意していたガソリン5リトルのなかで2，3リトル程度を散らし，同日3時56分頃，ライターで火をつけ，この神社の神門一部を焼毀した。

(4) 犯行の対象及び被害現況

　一方，犯罪人が放火した靖国神社の神門は，幅が約27.5メートル，高さが約14メートルの木造の門で，門の中央には，一方の幅が2.9メートル，高さ6.3メートルの両開き門があり，中央門の南北の両側には，一方の幅が2.1メートル，高さ4.9メートルの両開き門がそれぞれ設けられており，神門の南北には，直径1.2メートル，高さ約11.5メートルの老松の木で作られた丸型支柱が4個があり，その丸型支柱の東西の両側には，南北にそれぞれ直径0.8メートル，高さ約8.5メートルの老松の木製である丸型支柱が4個ずつ設けられていて，合計12個の支柱が屋根を支えて。この事件で火に焼けた丸型支柱は，中央門の丸型の支柱のなかで，南側から二番目の丸型支柱であって，その北面にある溝に各支柱が組み込まれている。

　この事件によって火に焼けた丸型支柱及び各支柱の接合部分は，約1センチメートルの隙間があり，丸型支柱の内部の南側部分が，幅約1センチメートル，高さ155センチメートル範囲内で亀甲状態で焼損されており，その丸型支柱にあった隙間の東側部分には，幅2センチメートル，高さ155センチメートルの範囲で焼損されており，その各柱の支柱の南端から北側に，幅2.5センチメートル，高さ155センチメートルの範囲で焼損されている。結局，焼損された部分は，その丸型円柱及び各柱に連結された4箇所（125㎠，68.75㎠，155㎠，310㎠）であり，その他にも，この丸型支柱の下部1箇所（261㎠），その各柱の下部1箇所（34㎠）が焼損されている。

　神門付近の建造物は2棟があり，そのなかで北側にある能楽堂は，木造建物としてその木垣は発火地点から31.5メートル，南側にある事務所は，鉄筋コンクリート建物で，発火地点から35メートル離れている。

　この事件の犯行対象であった靖国神社は，昼間には責任者をはじめ警備員13名，夜間には警備員2名が交代で警戒を担当しながら，徒歩で巡回したり，防犯カメラ

をつうじて神社の内外を常にモニタリングしており，神門の内側ではセンサー装置が稼動されているなど，平素にも気をつけて警戒をしており，火災が発生するとしても，即時に発見し鎮火できるように，人的物的な設備が備えられている。実際に，この事件の犯行直後，モニターを確認していた靖国神社の警備員によって直ちに火災事実が発見され，消火器が使われ消火され，この事件の犯行による人命の被害は全くなかった。

(5) 犯行後の展開状況

　犯罪人はこの事件犯行を犯した後，インターネット・ブログにこの事件犯行に関する経緯と感想を明らかにしたが，その内容の一部は，「この事件の神門は大き過ぎるので全焼させるということは，100リットルに近いガソリンで30分もかかるほどで，不可能である。今回は痕跡だけを残すことにし，後を引き継いでくれる人がいるだろうと信じる」という趣旨で記載されている。

　請求国の捜査機関は，捜査の初期において，この事件の犯行を器物損壊被疑事件として捜査していたが，2012年1月12日，東京大学理学部総合研究所付属火災科学研究センター所属の教授の意見を聴取した。その意見の要旨は，「丸型支柱と各支柱の接合部分に亀甲状態が認められ，支柱の下部にも炭化が認定されるために独立燃焼したものと認められ，亀甲状態が高さ1.5メートルまでのぼり，接合部分が溝のような状態であって煙突効果によって上部を向かって火が早く到達する構造になったいるがゆえに，当該の門が全焼される恐れがあり，火が広がる可能性もあることから，事務所または能楽堂などが燃焼される可能性がないとはいえない。」というものであった。こうして請求国の捜査機関は，2012年1月12日及びその翌日，再度の実況調査等をへて，それ以後はこの事件犯行を建造物等以外放火の被疑事件として捜査した。

　一方，犯罪人は，この事件犯行の直後，航空便で大韓民国に渡り，大韓民国に滞在する間，義理祖母との縁があるモッポ，デグ等，さらに義理の曽祖父が死亡したソウル西大門刑務所博物館を訪問した。犯罪人は，韓国挺身隊問題対策協議会が1992年から毎週水曜日に在韓日本大使館の前で日本軍慰安婦問題について抗議集会を行っており，2011年12月14日，1千回目の集会が開催されたにかかわらず，請求国政府が日本軍慰安婦の問題に対して謝罪しない現実に激憤し，請求国政府を相手に過去の歴史的な事実に対する真正なる反省と謝罪を促す目的で，2012年1月6日，在韓日本大使館の建物に火炎瓶を投げつけ，これを焼毀しようとした。

　犯罪人は，このような行為のため，ソウル中央地方法院において2012年5月23日に現住建造物放火未遂罪等で懲役10月の刑の宣告をうけ，控訴したが，控訴棄却により同年8月31日に判決が確定されると，同年11月6日にその刑の執行が終了した。

付録2 ＜韓国の引渡裁判の決定書＞

　一方，請求国は，2012年5月21日，この事件犯行は請求国の刑法第110条第1項（建造物等以外放火）に該当する犯罪であるとし，この事件条約に基づいて逃亡犯罪人の引渡しを請求し，その犯罪人は，この事件犯行で発付された引渡拘束令状によって同年11月6日に拘束され，現在，ソウル拘置所に拘禁中である。

2　引渡対象犯罪の該当性

　この事件条約によれば，両当事国はこの事件条約の規定に従って引渡対象犯罪に対する起訴・裁判若しくは刑の執行のために，自国の領域で発見され，他方の当事国によって請求される者を他方当事国に引き渡すべく義務があり（第1条），引渡対象の犯罪は引渡請求のとき，両当事国の法によって死刑・終身刑又は1年以上の自由刑（deprivation of liberty for a maximum period of at least one year）で処罰されうる犯罪であることを定めるところ（第2条第1項），記録によれば，この事件の引渡審査請求の対象である犯罪事実は，請求国の刑法第110条第1項（建造物等以外放火）により，懲役1年以上10年以下の懲役に処せられうる犯罪である事実を認めることができ，一方，対象の犯罪事実は，我が国の刑法第167条第1項（一般物件への放火）によって懲役1年以上10年以下の懲役に処せられうる犯罪に該当するため，結局，対象の犯罪事実は，この事件条約上の両当事国の法に基づいて長期1年以上の自由刑で処罰できる犯罪として，引渡対象の犯罪に該当する。

3　引渡拒否事由に関する当事者の主張

　犯罪人及び弁護人は，この事件の引渡審査請求の対象犯罪は，政治的犯罪に該当し，この事件条約に基づいて犯罪人の引渡しが許されないため，犯罪人の引渡しを許可してはならず，仮に政治的犯罪でないとしても，この事件は，犯罪人の人種，国籍，民族的起源，政治的見解を理由に起訴・処罰されるために引渡請求が行われたか若しくは犯罪人の地位がそのような理由で侵害されると認められるべき相当な理由がある場合に該当し，また，犯罪人の年齢・健康若しくはその他の個人的な情況のため，その引渡しが人道的な考慮と両立しえないゆえに，犯罪人の引渡しを許可してはならないと主張する。

　これに対して請求人は，この事件犯行が，戦争・革命・反乱等の暴力的・政治的な騒乱状況に随伴されたものと見ることは難しく，政治秩序や組織を破壊する行為でないため，政治的犯罪と見ることはできず，犯罪人の政治的な見解ではなく，放火を理由に処罰するために犯罪人引渡を求めるものであり，犯罪人には躁鬱症の症状があるとはいえ，鑑定の結果，軽微なるものであることが明らかになったため，犯罪人引渡しが人道的な考慮と両立できない場合ではないと主張する。

381

4 関連規定

　この事件条約上，この事件と関連する規定は次のとおりである。

第3条
義務的な引渡拒否事由
次の場合にはこの条約による犯罪人の引渡しは許されない。
　a．省略
　b．省略
　c．引渡しの請求に係わる犯罪が政治犯罪であると被請求国が認める場合又は引
　　渡しの請求が引渡しを求められている者を政治犯罪について訴追し，審判し，
　　若しくはその者に対し刑罰を科する目的で行われたものと被請求国が認める場
　　合。この場合において，次の犯罪は，それ自体を政治犯罪と解してはならない。
　　（ⅰ）いずれかの締約国の元首若しくは政府の長若しくはそれらの家族に対し，
　　そのような者であることを知りながら行った殺人その他故意に行う暴力的犯罪
　　又はそれらの犯罪の未遂。
　　（ⅱ）両締約国が当事国である多数国間の条約により，引渡犯罪に含めることを
　　両締約国が義務付けられている犯罪
　d．省略
　e．省略
　f．引渡しを求められている者を人種，宗教，国籍，民族的出身，政治的意見若
　　しくは性を理由に訴追し若しくは刑罰を科する目的で引渡しの請求がなされて
　　いると，又はその者の地位がそれらの理由により害されるおそれがあると被請
　　求国が認めるに足りる十分な理由がある場合
第4条
相対的引渡制限事由
この条約に基づく引渡しは，次のいずれかに該当する場合には，拒むことができ
　る。
　a．省略
　b．省略
　c．引渡しを求められているものの年齢，健康その他個人的な事情にかんがみ，
　　引渡しを行うことが人道上の考慮に反すると被請求国が認める場合
　d．省略
犯罪人引渡法におけるこの事件との関連規定は次のとおりである。
第8条　政治的性格を有する犯罪等の引渡拒絶

付録2 ＜韓国の引渡裁判の決定書＞

①引渡犯罪が政治的な性格を有する犯罪である場合又はこれに係わる犯罪である場合には犯罪人を引き渡してはならない。但し，引渡犯罪が次のいずれかに該当する場合にはその限りでない。

ⅰ．国家元首・政府首班又はその家族の生命・身体を侵害し若しくは威嚇する犯罪

ⅱ．多国間条約により大韓民国が犯罪人に対して裁判権を行使し若しくは犯罪人を引き渡すことを義務づけられた犯罪

ⅲ．多数人の生命・身体を侵害・威嚇し，若しくはこれに対する危険を生じせしむる犯罪

②省略

5　この事件の争点

従って，この事件の争点は，①この事件の引渡対象犯罪がこの事件条約第3条（ｃ）で定めた義務的な引渡拒否事由である「政治的犯罪についての認否」，②この事件条約第3条ｆで定めた義務的な引渡拒否事由である「逃亡犯罪人の政治的意見等を理由に訴追・処罰する目的で引渡しの請求がなされている，又は逃亡犯罪人の地位がそれらの理由によって害されるおそれがあることについての認否」，③この事件条約第4条ｃで定めた，相対的引渡制限事由である「犯罪人の年齢，健康又はその他の個人的な事情に鑑み，引渡しを行うことが人道上の考慮に反することについての認否」であることがいえる。

まず，第一の争点を中心に，政治的犯罪の概念及び類型，政治犯不引渡原則の発展過程及び最近の傾向，政治的犯罪の判断基準，この事件条約上の政治的犯罪の意味，そしてこの事件の引渡対象犯罪が該当するかについて順序に考察する。

6　政治的犯罪の概念及び類型

国際法学者たちは，逃亡犯罪人の引渡手続において，政治的犯罪の概念を「自然犯罪の場合と同様に，反社会的若しくは反公序良俗的なものとして，国家が制定した構成要件に該当する違法，有責なものであるが，国家権力の担当者に反対しても国民多数の潜在的な正義感情若しくは国民一部の道徳的な感情には合致する犯罪」であるとしたり，「特定の国家の基本的な政治秩序を撹乱，破壊する目的をもって，普通法上の重大犯罪以外の方法で刑罰法令を違反して，その法益を侵害し若しくは侵害するおそれが存在するあらゆる行為」であるとするなど，その概念について定義することを試みてきた。

しかし，政治的犯罪という概念は，法領域のなかで最も論難のある概念に属し，国際的に，政治的犯罪の概念が一定のものとして認定されるというよりは，他の犯

罪群より遥かに強く，それぞれの国家形態及び憲法，統治構造によって左右され，国家的利益若しく守護されるべき法益に左右されるなど，現在まで無数の努力があったにもかかわらず，全般において認められるような定義にはい未だいたっていと評価することができる。

今日，国際的に議論されている傾向によれば，政治的犯罪は私人，私的な財産又はその利益を侵害することなく，もっぱら，該当国家の政治秩序を反対したり，該当国家の権力関係や機構を侵害する行為である「絶対的政治犯罪」ないし「純粋な政治犯罪」と，そのような目的のために犯した一般犯罪，すなわち「相対的政治犯罪」に分けられ，学説によっては後者の場合について，一つの行為が政治秩序と個人の権利に対する侵害を構成する「複合的政治犯罪」と，絶対的政治犯罪または複合的政治犯罪を遂行し，又はこれを容易にするために若しくはその行為者の保護のために犯す行為である「関連的政治犯罪」，政治的な性格が優越な状況の下で犯された一般犯罪や政治活動と密接に結びついている一般犯罪である「狭義の相対的政治犯罪」等に分けられる。

ここで，絶対的政治犯罪が政治的犯罪に該当するという点には意見が大部分一致しているが，相対的政治犯罪が政治的犯罪としてみなされるための基準については，国際的に未だ確立されず，各国があい異なる慣行を発展させて来ており，各国の実定法や各国間で締結された逃亡犯罪人引渡条約においても政治的犯罪について概念を定義したり統一してこれに拘束されることなく，その解釈を引渡しの被請求国の国内法と学説に任せ，時代と状況に応じて柔軟に対処することにしている。それゆえ，具体的な事件において現れる政治的犯罪に関する被請求国の法的判断は，その国家の法的な観点と政治体制を反映するものにならざるをえない。但し，過去においては，相対的政治犯罪が政治的犯罪に含まれないとする見解が少なくなかったが，最近，国際的な刑事思潮は，これを修正する方向に動いているところ，後述するように，政治犯不引渡原則の適用が問題になるのは大部分が相対的政治犯罪をめぐる争いである。

政治的犯罪の判断基準について，英米法系では，一般的に犯罪が政治的騒乱に付随し，その一部を構成することを要件とする，付随性理論を採択した。大陸法系においては，主観的要素のみで判断する主観説，客観的要素のみで判断する客観説，両者をともに考慮する折衷説に分かれて展開されたが，代表的なものが政治的犯罪の性格を犯罪人の動機でもって判断する動機理論，侵害された権利の性格によって判断する侵害された権利理論，当該の普通犯罪が政治的運動に付随することを前提に犯罪人の動機，目的及び犯罪が犯された状況を考慮して犯罪の性格が優越的に政治的な場合に限って政治的犯罪であると判断する優越性理論等が知られている。

もっとも，今日にいたっては，英米法系においても，客観説に偏った付随性理論の厳格な固守を諦め，無差別性，必要性及び比例性等の概念と多様な諸般事情を考

付録 2 ＜韓国の引渡裁判の決定書＞

慮して政治的犯罪の認否を判断する多数の判例が出されており，大陸法系のなかで
侵害された権利理論をとっていた国家においても，犯罪人の動機を重視し若しくは
犯罪の深刻性を考慮して優越性理論に近い基準を採択した判例も少なくなく，優越
性理論をとる国家も当該の普通犯罪が政治的運動に付随されるべきとの要件を事実
上廃棄するなど，今では，純粋な意味の主観説や客観説より，犯行の主観的，客観
的要素及び諸般状況を総合的に考慮するかたちで制度を運用する国家が多数である
といえる。

7　政治犯不引渡原則の発展過程及び最近の傾向

今日と違って中世にいたるまで，国際社会における犯罪人引渡制度は，善隣国家
間において政治犯の引渡しを主な内容としていたが，18 世紀のフランス革命以後，
多様な政治体制が登場し，近代人権思想が発達するに伴って，政治犯罪不引渡しの
原則が発展するようになった。ベルギーが 1834 年犯罪人引渡法において初めて政治
犯不引渡の原則を導入して以来，今は世界大部分の国家が国内法と条約において，
政治的犯罪を犯して訴追を免れるために外国に逃れた場合，政治犯不引渡原則に
よって保護が受けられるように規定されており，これは国際法上確立された原則で
あるといえる（大法院 1984 年 5 月 22 日宣告「84 ド 39」判決を参照）。
このような政治犯不引渡原則は，20 世紀に入り，いわゆる「東西冷戦」をへなが
ら，一層発展し，その他にも脱植民地闘争や南北問題の深化，イスラム原理国家の
出現等のように，時代的な状況の展開とともにその適用が拡大された。
政治犯不引渡原則は，個人に対しては，政治的な変化を図るために政治的な活動
に訴えられる天賦的な権利があるという信念に基づいたものとして，通常，その犯
罪人は自身が主張する政治的目的と一致する政治体制を有する国家に避難する場合
が多いため，その犯罪人を引き渡すことは，すなわち，被請求国の政治秩序や体制
の価値を否認する結果となって不合理あること，そして，仮に被請求国が，犯罪人
が主張する政治的な目的と一致しない秩序や体制を有する国家であるとしても，国
際関係上，他国の国内問題に対する関与を止揚する点を考慮したものであり，さら
に，政治犯に刑罰を科するとしても，確信犯の性格を有する以上，その処罰対象と
なる行為を抑制するこができないという点も念頭に置いたものである。
但し，政治犯不引渡の原則は，本来から絶対的なものではなく，犯罪人引渡条約
の締約国間の合意によって制限されうるものであり，とりわけ，最近では特定の犯
罪類型については多国間条約をつうじてこの原則が制限される傾向が著しいところ，
このような例外が認められる国際犯罪の類型としては，人倫に反する犯罪，集団殺
害，戦争犯罪，海賊行為，航空機拉致行為，奴隷・人身売買，その他に婦女及び児
童の売買行為，国際麻薬取引，拷問，爆弾テロ行為などの重大な犯罪が列挙されて

385

いる。

一方，政治犯不引渡原則が適用される政治的犯罪の範囲を広げる傾向も存在する。すなわち，政治犯不引渡しの対象となる政治犯を，積極的な政治犯に限らず，政治的な迫害の対象となる者にも適用して政治犯の認定範囲を広げ，人権保護のために，引渡対象者が差別的に取り扱われるおそれがある場合には引渡しを拒否する，いわゆる「差別条項」を定める条約や立法例が増えている。

8　政治的犯罪の判断基準

このような政治的犯罪の概念及び類型，政治犯不引渡原則の発展過程及び最近の傾向等を考慮する場合，どのような犯罪，とくに相対的な政治的犯罪が政治的犯罪であるかの認否に関する判断においては，①犯行動機が，個人的な利益取得でなく，政治的な組織や機構が追求する目的に賛成したり反対するものであるか，②犯行目的が一国家の政治体制を転覆し又は破壊しようとするものか，若しくはその国の対内外の主要政策に変化をもたらすために圧力や影響を加えようとするものか，③犯行対象の性格はどうであり，さらに，それが何を象徴するものか，④犯罪人が追求する政治的目的を実現するうえで，犯行が，相当に寄与できる手段であって，有機的な関連性があるか，⑤犯行の法的・事実的な性格はどうであるか，⑥犯行の残虐性，すなわち，人の生命・身体・自由に反する重大な暴力行為を伴うものであるか，及び結果の重大性に照らして，犯行による法益侵害と政治的目的との間に均衡が保たれているかなど，犯罪人に有利又は不利な主観的・客観的な事情を，政治的不引渡原則の趣旨に照らして，合目的的，合理的に考察して総合的に考量し，さらに，犯行目的と背景によっては犯罪人引渡しの請求国と被請求国間の歴史的な背景，歴史的な事実に対する認識の齟齬及び立場の対立のような政治的な状況等も考慮して，相対的な政治犯罪のなかに存在する一般犯罪としての性格と政治的な性格のなかで，何れが比較的に主なものであるか，などを判断して決定すべきである。

9　この事件条約上の「政治的犯罪」[(541)]の意味

この事件に戻ってくると，この事件条約の第3条ｃは，「引渡しの請求に係わる犯罪が政治犯罪であると被請求国が認める場合（when the requested party determines

---

(541)　日本の「逃亡犯　罪人引渡法」及び引渡条約上の用語は「政治犯罪」という（法第2条第1号，同条第2号，日韓引渡条約第3条（ｃ），日米引渡条約第4条第1項（1）を参照。韓国「犯罪人引渡法」第8条は，「政治的な性格を有する犯罪等の引渡拒否」としながら，その第1項で「引渡犯罪が政治的な性格を有する犯罪であり，若しくはそれに関連された犯罪である場合には犯罪人を引き渡してはならない ．」と定める。

386

付録2　＜韓国の引渡裁判の決定書＞

that the offense for which extradition is requested is a political offense･･･）」，この条約による犯罪人の引渡しが許されないという趣旨で定めるのみで，別途に「政治的犯罪（political offense）」の意味について定義されることなく，もっぱら被請求国の判断の下で決定される事項として留保する。

　（韓国の｜犯罪人引渡法も同様に，「政治的性格を有する犯罪であり，若しくはそれに関連された犯罪」は犯罪人の引渡しが許されないと定めるのみで，政治的犯罪の意味と定義及びその範囲は，各規定の内容に基づいて，被請求国が合理的に解釈せざるを得ない。

　しかし，義務的な引渡制限事由に関するこの事件条約の規定の形式について見るならば，まず，第3条cの本文では，上記のごとく政治的犯罪については，犯罪人引渡しが許容されないという原則を宣言した後，その但書において「いずれかの締約国の元首若しくは政府の長若しくはそれらの家族に対し，そのような者であることを知りながら行った殺人その他故意に行う暴力的犯罪又はそれらの犯罪の未遂」，「両締約国が当事国である多数国間の条約により，引渡犯罪に含めることを両締約国が義務付けられている犯罪」の場合，それ自体のみでは政治的犯罪として解釈されないという例外を定める。

　一方，犯罪人引渡法も，この事件条約と同様に，第8条第1項において「引渡犯罪が政治的性格を有し，若しくそれと関連した犯罪である場合には犯罪人を引き渡してはならない．」と定めた後，その但書において，「国家元首・政府首班又はその家族の生命・身体を侵害し若しくは威嚇する犯罪」，「多国間条約により大韓民国が犯罪人に対して裁判権を行使し若しくは犯罪人を引き渡すことを義務づけられた犯罪」，「多数人の生命・身体を侵害・威嚇し，若しくはこれに対する危険を惹き起こす犯罪」について，政治犯引渡制限の例外事由として列挙している。

　このように，この事件条約及び犯罪人引渡法の規定の形式の類似性，それに加えて，前述のような政治的犯罪の概念及び類型，政治犯不引渡原則の発展過程及び最近の傾向，政治的犯罪の判断基準に照らしてみると，この事件条約の第3条cの本文でいう「政治的犯罪」は，犯罪人引渡法第8条第1項で定めた「政治的性格を有する犯罪，若しくはそれと関連した犯罪」と同じ意味であって，絶対的政治犯罪のみならず，相対的な政治犯罪までを包含する概念として解釈することが相当である。

　10　この事件の引渡対象が政治的犯罪であるかの認否

（1）留意すべき判断要素

　まず，この事件の引渡対象の犯罪はもっぱら当該国家の政治秩序を反対したり，当該国家の権力関係や機構を侵害する行為ではなく，一般犯罪の性格も有していることが明らかであるからこれを絶対的な政治犯罪ということはできない。

387

そうであるならば，この事件の引渡対象となる犯罪が相対的な政治犯罪であると
いえるかが争点であるといわざるを得ないところ，以下では上記のような政治的犯
罪の判断基準で提示された判断要素別に考察してみる。但し，留意すべき点は，
これまでの政治的犯罪に関する論議が一国家の秩序を侵害し若しくは政治形態を変更
させる目的で行う行為に対して相対的に重点が置かれていたとすれば，20世紀後半
に入り，東西冷戦の終息とともにイデオロギー対立が相対的に弱化された反面，個
別国家間の歴史的・民族的な条件の下で惹き起こされる葛藤と対立及び各国の経済的
な利害関係に絡みあった分化が深化された時代的な状況を考慮するとき，一国家が
とっている対内外の主要政策に反対し，これを変化させるよう影響を加えることを
目的とする行為も今日では政治的犯罪に関する重要な争点として浮上したというこ
とである。

　この事件と結び付けてみると，従来の相対的な政治犯罪に関する国際的な判例と
学説において，一般的に提示されたり議論された概念は，最近東北アジアで論乱と
なっている日本軍慰安婦等，過去の歴史的な事実をめぐる著しい歴史認識の差異及
びそれと関連する対内外の政策をめぐる見解の対立などのような政治的状況を考慮
したものではないことに注目する必要がある。

　このような観点から見ると，この事件犯行が上記のような東北アジア特有の政治
的状況と，それに関連された請求国の対内外の政策について影響を及ぼそうとした
試図であるか否か，政治的犯罪の認否について論議するうえで重要な判断要素の一
つとして考慮する必要がある。

(2) 判断要素間の有機的な考察の必要性

　この事件の引渡審査請求の犯行対象は，靖国神社という宗教法人の所有物であり，
これに対する放火によって国家的な法益に対する直接的な侵害があったとみること
はできない。

　もっとも，この事件においては，単に皮相的に接近してはならず，犯罪人が，何
故靖国神社を犯行対象として選んだかについて，その犯行の動機や目的を犯行対象
の性格とともに有機的に把握することが重要であるというべきである。何故ならば，
前述したように，犯行対象の象徴的な意味，犯行目的と犯行との間の有機的な関連
性もまた政治的犯罪を判断するうえで考慮すべき要素の一つであるからである。

　記録によれば，犯罪人は，自身の義理祖母が韓国人であり，日本軍慰安婦として
中国に連行され辛苦を被ったとしながら，この事件犯行の8日前に行われた韓日首
脳会談において請求国政府が日本軍慰安婦の問題について謝罪しないということを
理由にこの事件犯行にいたったとしており，犯行対象として靖国神社を選んだ理由
は，この神社が14名のA級戦犯をはじめ，侵略戦争に参与して，良民を虐殺した日
本軍を神として祀る所という軍国主義の象徴であり，辛苦の根源地であると考え，

388

付録2 ＜韓国の引渡裁判の決定書＞

数年間にわたる国際的な抗議にもかかわらず靖国神社に請求国の政府閣僚が引き続いて参拝を行い，在韓日本大使館の前で日本軍慰安婦の問題に対する対策と謝罪を要求する集会が数十年間にわたって1千回以上を超えて開催されたものの，請求国政府の態度には変化がないことから靖国神社に（本件犯行の）標識を残すことにより政治的な信念を知らせ，軍国主義に警告し，請求国政府が立場を変更することを願ったと供述し，このような供述は犯罪人の在韓日本大使館に対する現住建造物放火未遂の事件記録上でも一貫して現れている。また，犯罪人はこの事件の犯行後，インターネットに「日本軍国恐怖主義に対する死の制裁を開始した」，「お祖父さん，お祖母さん，そして千何百万の日本軍の剣に刺されて亡くなった同胞たちよ，あなた方のための復習をやり遂げた」と掲示した。

犯罪人が請求国の滞在中に知り合ったウチダ・マキコも，同様に，犯罪人を知り合ったときから犯罪人が「義理祖母が朝鮮の従軍慰安婦として中国に引き連れられた」といい，福島に着いたときから犯罪人は「政府が天皇のために亡くなった人を神として祀る靖国神社は軍国主義の象徴であり，戦争を認めることになるその神社に政府が参拝することと従軍慰安婦に請求国が謝罪しないこと」について怒っていたと供述した。

(3) 具体的な検討

　ア　日本軍慰安婦と靖国神社が有する歴史的な意味と背景

それでは，この事件の犯行対象と動機及び目的がもつ意味を明らかにするために，まず，日本軍慰安婦と靖国神社の歴史的な意味と背景を考察してみる必要がある。記録によれば次のような事実が認定される。

　①日本軍慰安婦について

　i　日本軍慰安婦の意味と歴史的な背景

日本軍慰安婦は1930年代から1945年に第2次世界大戦が終わるまで，日本軍兵士のために強制の性行為を慫慂されたことによって人権を蹂躙された女性を意味する。

日本軍は1932年の上海事変の当時，日本軍兵士によって強姦事件が頻発したことから，現地住民の反発と性病等の問題が生じたため，その防止策としていわゆる「慰安所」を最初に設けて慰安婦を置くようになり，1937年7月から中日戦争で多数の兵力を中国に送り出しながら占領地に軍慰安所を設けたが，同年12月の南京大虐殺以後，その数が増加された。日本軍は，1941年からアジア太平洋戦争中，東南アジア，太平洋地域の占領地域でも軍慰安所を設置した。日本軍慰安婦の数は8万から10万名あるいは20万名程度に推算されていて，その中の80％は朝鮮女性であって，その他にフィリピン，中国，台湾，オランダなどの女性であった。

　ii　日本軍慰安婦問題の提起

1990 年 11 月，韓国挺身隊問題対策協議会が発足され，1991 年 8 月，日本軍慰安婦被害者の公開記者会見をつうじて，日本軍慰安婦被害者の問題が本格的に提起された。これに対して請求国政府は，その関連責任を否認しながら，日本軍慰安婦を民間接客業者が軍を追いかけながら連れていた「売春婦」と認識していることを示唆する発言を行った。

iii　河野官房長官の談話

1992 年 1 月，日本防衛庁の防衛研究所図書館において日本軍が日本軍慰安婦の徴集に直接に関与した関係文書が発見され，被害者が出現することに伴い，請求国政府は真相調査に乗り出した。1993 年 8 月 4 日，請求国政府は，慰安所の設置，管理及び日本軍慰安婦の移送について日本軍が直接又は間接に関与したし，日本軍慰安婦の募集について，軍の要請を受けた業者が主にこれを担当したが，その場合でも甘言とか，強圧等によって，本人の意思に反して募集された事例が多数あり，さらに官憲等が直接加担した場合もあり，慰安所での生活は強制的な状態の下での残酷なものであったことを認め，問題の本質が重大な人権侵害であったことを承認し謝罪する内容の河野洋平官房長官の談話を発表した。

iv　アジア女性発展基金の助成をめぐる論難

その後，請求国政府は，日本軍慰安婦の被害者に対する補償は「大韓民国と日本国間の財産及び請求権に関する問題の解決並びに経済協力に関する協定」（以下「韓日協定」という。）によって既に解決されたといいながら，1994 年 8 月 31 日，人道的な観点から，民間レベルでアジア女性発展基金の助成を模索するとの意を表明した。

これに対して，韓国，台湾等の日本軍慰安婦である被害者と支援団体は，日本軍慰安婦である被害者が正当な賠償の対象ではないという前提のもとで推進される，アジア女性発展基金の活動に対して反対の見解を明らかにした。

v　大韓民国と請求国間の見解の差異

大韓民国政府は，2005 年 8 月 26 日の民・官共同委員会の決定をつうじて，韓日協定は，韓日両国間の財政的・民事的な債権債務関係を解決するためのものであって，日本軍慰安婦の問題等のように請求国政府等の国家権力が関与した「反人道的な不法行為」については韓日協定において解決されたものと見ることはできないという態度を明らかにした。

しかし，請求国政府は，河野官房長官の談話をつうじた謝罪，韓日協定による法的な問題の解決，アジア女性発展基金の活動等をつうじて日本軍慰安婦の関連問題が完結されたと主張しながら，慰安所の設置と運営について日本軍の行為に対する法的責任を否認した。

日本軍慰安婦の被害者は 1991 年から請求国の司法府に請求国を相手として賠償請求訴訟を提起したが，その大部分において韓日協定による賠償請求権の消滅等を理

390

付録2 ＜韓国の引渡裁判の決定書＞

由に敗訴したものの，1998年4月27日，請求国の山口地方裁判所下関支部は，日本
軍慰安婦の問題について立法府の作為責任を認めて損害賠償を命じながら，その被
害を「徹底なる女性差別・民族差別の思想の表現であり，女性の人格の尊厳を根底
から侵害し，民族の矜持を踏みにじるものであるとして，憲法第13条（個人の尊重
と公共の福祉」に明記された核心価値と関連した基本的な人権の侵害」であると判
断した。

　一方，我が国の憲法裁判所は，日本軍慰安婦である被害者が有する賠償請求権が，
韓日協定によって消滅されたか否かに関する両国間の解釈上の紛争について，この
協定が定めた手続きに基づいて解決しようとしない大韓民国政府の不作為は上記被
害者の重大な憲法上の基本権を侵害している，それゆえ違憲であると判断した（憲
法裁判所2011年8月30日宣告）。

　vi　国際機構の立場

　国際連合人権小委員会は，日本軍慰安婦の問題について持続的な研究活動を行っ
てきたところ，人権委員会の決議文1994/45より，クマラスワミ（Radhica Coomar-
aswamy）特別報告担当官が1996年1月4日に作成した報告書では，第2次世界大
戦のときに日本軍が慰安所を設置したことは国際法違反であるとして，請求国政府
が法的な責任を負うべきであるという点を確認し，国家次元の損害賠償，保管中で
ある関連資料の公開，書面による公式謝罪，教科書の改正，責任者の処罰等を勧告
する6箇項の勧告案を提示し，同年4月19日，第52次国際連合人権委員会でこの
報告書の採択決議が行われた。

　また，1998年8月12日，国際連合人権小委員会においてマクドガル（Gay J.
McDougall）特別報告官の報告書が採択されたところ，この報告書では，「強姦セン
ター（rape center，rape camp）」ともいえる慰安所で強制に性的奴隷の状態に陥れ
られた日本軍慰安婦に対して請求国政府の法的な賠償責任を認め，慰安所の設置に
責任ある者たちの処罰問題及び請求国政府の賠償が速やかに行われるべきであると
いう点が強調された。

　一方，国際連合人権理事会は，2008年6月12日，日本軍慰安婦の問題について各
国の勧告と質疑を盛り込んだワーキング・グループ報告書を正式に採択し，国際連合
B規約人権委員会は，2008年10月30日にジュネーブで，請求国の人権と関連した
審査報告書を発表し，請求国政府に対して日本軍慰安婦問題の法的責任を認め，被
害者多数が受け入れられる形で謝罪することを勧告した。

　vii　国際社会の態度

　米国の下院は，2007年7月30日，請求国政府による強制的な軍隊売春制度である
日本軍慰安婦は，集団強姦と強制流産，羞恥心，身体切断と死亡，自殺までもたら
した性的暴行等を誘発し，残忍性と規模の面において前例のない20世紀最大規模の
人身売買の犯罪の一つであること，請求国に新しく導入された教科書は日本軍慰安

391

婦の悲劇をはじめ第2次世界大戦当時の請求国の戦争犯罪を縮小していること，請求国の官吏が最近になって公的・私的に河野官房長官の談話を否認したり稀釈しようとしていることなどを挙げながら，①請求国政府は1930年代から第2次世界大戦終戦にいたるまで，アジア諸国と太平洋諸島を植民地化し，若しくは戦時占領の過程で日本帝国主義軍隊が強制に若い女性を「慰安婦」で知られる性的奴隷に陥れたことを公式に認めるとともに，謝罪し歴史的な責任を負うべきであり，②請求国政府は，日本軍慰安婦を性的奴隷として人身売買を行った事実がないといういかなる主張に対しても明確かつ公開的に反駁すべきであり，③請求国政府は国際社会が提示した勧告に従い，現世代と未来世代を対象に，恐ろしい犯罪に対する教育を行うべきである等の日本軍慰安婦決議案を満場一致で採択した。

その後，2007年11月8日のオランダ下院，同年11月28日のカナダ連邦議会下院，同年12月13日の欧州議会が，順序に，請求国政府に対して20万名以上の女性を日本軍慰安婦として強制動員して犯した蛮行についての公式謝罪と歴史的・法的な責任の認定，被害者補償，日本軍慰安婦の強制動員の事実を現在と未来の世代に教育することなどを内容とした決議案を採択した。

②靖国神社について

i 靖国神社は，明治維新直後である1869年に幕府軍との戦闘において，天皇のために戦死した官軍すなわち戦没者を慰霊し顕彰する神道を祀るため，天皇の指示で建立された東京招魂社がその前身である。本来，神社は請求国の民俗宗教の神道の神を祀る施設であったが，明治政府は，近代国家の精神的な基軸として，伝統的な神社神道と皇室神道を統一して天皇中心の国家神道を創りあげ，靖国神社はこれにともなって造られた神社の一つである。

ii 東京招魂社は，1879年，天皇によって「国家をやすらかにする（靖国）」という意味の靖国神社に名称が変わり，別格官弊社，すなわち神話に現れる神や天皇・皇族を祀る神社である官幣社に次いで格が高い神社として，天皇に忠誠を尽くす臣下を祭神とする神社の地位が与えられた。とりわけ，靖国神社は，天皇が直接参拝する神社という特別な地位にあり，一般の神社が内務省担当であったのに対し，靖国神社は1887年から陸・海軍省が担当した神社であって，戦争と密接な施設としての性格を有していた。

iii 靖国神社は，初期には内乱で戦死した官軍を祭神として合祀していたが，その後の清日戦争と露日戦争をへながら対外戦争で死亡した軍人と軍属を中心に合祀しながら，国民統合と戦争遂行のための装置の役割を果たすようになり，大韓民国と台湾を侵略して植民地化するなかで，これに抵抗した人々を鎮圧・討伐しながら戦死した軍人も合祀するなど，戦没者を慰霊するための軍の宗教施設としてその役割を果たしていた。また，靖国神社は，明治時代以後，天皇や皇族を除く一般国民を祭神とする唯一の神社として，第2次世界大戦当時には戦没者を護国の英霊とし

付録2 ＜韓国の引渡裁判の決定書＞

て祭事し，ここに天皇の参拝という特別の待遇をあたえ，さらに戦没者は天皇のために戦死したことで以前の罪は抹消されたまま祭神として合祀されたところ，このような過程をつうじて日本軍兵士には士気を振作させ，遺族には名誉と慰労をあたえ，一般国民にも帝国の臣民として天皇と国家のために命をささげることを誓わせることで，靖国神社は国家神道の精神的な支柱と軍国主義の象徴的な役割を果たし，このような国家神道に対して事実上国教的な地位が与えられた。

　iv　第2次世界大戦の終戦後にも，靖国神社の合祀において，請求国政府の厚生省が都道府県と協力して戦没者の「祭神名票」や「戦没者身分等調査票」を作成して靖国神社に送り，靖国神社はこれに根拠して合祀することとなった。

　1978年10月17日には東条英機等のいわゆるA級戦犯14名が靖国神社に合祀されたところ，ここでA級戦犯とは，請求国の対外侵略戦争を主導した犯行を犯し，連合国が請求国の戦争犯罪を裁くために設けた極東国際軍事裁判所の条例第5条で定める「平和に対する犯罪，すなわち宣戦布告をしたり宣戦布告のない侵略戦争，国際法，条約，協定，善約に違背する戦争計画，準備，開始，遂行若しくはこれらの行為を達成するための共同計画や共同謀議」に該当する犯罪で有罪判決を受けたものを意味する。

　靖国神社には，その他にも日本軍人や軍属として請求国の対外侵略戦争に動員され死亡した韓国人2万1千余名と台湾人2万8千余名が合祀されており，現在は総じて246万余名が合祀されているところ，軍人，軍属，準軍属などの戦没者のみを合祀の対象としており，空襲で死亡した一般市民などは合祀対象とせず，合祀者のなかで清日戦争，露日戦争，満州事変，太平洋戦争など，日本帝国主義の侵略戦争と関連した戦死者の数が245万余名でその大部分を占めている。

　v　第2次世界大戦が終わった後，請求国を統治した連合軍最高司令部（GHQ/SCAP）は，1945年12月，「国家神道と神社神道に対する政府の保証，支援，補填，監督及び宣伝の廃止に関する件（いわゆる「神道指令」）を発表したことにより，政府等の公的な機関が神道を援助すること及び公務員が公的な資格で神社を参拝することを禁止するなど，国家神道の廃止と厳格な政教分離を指示したところ，1947年に施行された請求国憲法の政教分離の規定は，明治維新以来，神道が国家と密着して戦争の遂行に利用されるなどの様々な弊害が生じたことについて反省し，軍国主義が再び到来しないように設けられたものである。

　vi　1946年2月2日，神社と関連したあらゆる法令が廃止され，国家神道は制度上では消滅し，同日施行された宗教法人令によって靖国神社は国家的な性格を失うことになり，宗教法人としてその地位が変わった。もっとも，終戦後も，靖国神社は，祭神，儀礼，遺族との関係等において従前の地位があいかわらず維持され，他の神社と違って，新設された神社本庁に属されず，国家的な戦没者追悼施設としての機能が全く喪失されたものではなかった。また，終戦前と同じく，日本人として

393

の自矜心と愛国心を吹き込む教育施設の機能をはたした。

ⅶ　東西冷戦が激化し，1951 年 9 月，サンフランシスコ講和条約によって占領統治が終わり，神道と神社に対する厳格な統制政策が徐々に緩和されたことに伴い，日本遺族厚生連盟（その後「日本遺族会」に変更）は 1952 年，戦犯者の靖国神社への合祀を求める方針を決めるとともに，靖国神社の慰霊行事について国費で支援するよう政府に要請するにいたった。その後，日本遺族会をはじめ，神社本庁及びその他の右翼団体が中心となって靖国神社の国営化を求める動きが本格化されるようになった。このような状況にあたり，自由民主党は 1969 年から靖国神社と国家との公的な関係を回復するため，靖国神社を国家の管理下に置く趣旨の法案を数次にわたって国会に提出した。しかし，社会党を中心とした野党，宗教界，進歩的な各種団体が，靖国神社は単純な神社ではなく，過去において国家神道的な天皇制及び軍国主義の核心として機能しただけに，国営化について徹底的に警戒すべきであるとの理由若しくは政教分離の原則を理由に反対したことにより，その法案は国会で成立することはできなかった。

ⅷ　一方，1975 年当時，三木武夫総理が個人資格であるとしながら終戦記念日である 8 月 15 日に靖国神社を参拝し，1985 年には当時の中曽根康弘総理が総理資格としては初めて公式に参拝して，アジア諸国などから国際的な非難を浴び，その後に一時途絶えた総理の参拝は 1996 年当時の橋本龍太郎総理の参拝に続いて，2001 年には当時の小泉純一郎総理が公式に参拝したことで再開されるなど，現在まで総理を初め，政府閣僚，国会議員，知事などが靖国神社を参拝してきた。

ⅸ　靖国神社とその付属施設である遊就館の戦争博物館には，近代日本の陸軍創設者である大村益次の銅像，ゼロ戦闘機，タンク，機関銃，戦艦の特大型砲弾等の各種兵器，自殺攻撃を敢行した神風突撃隊員の銅像と遺品，軍馬と軍用鳩，軍犬の慰霊像及び慰霊塔など，近代国家成立以降，請求国が行った戦争に関する各種の戦争遺物と戦没者の写真などが展示されていて，各戦争に対する必然性についての説明と解釈が記されている。

ⅹ　請求国の政府閣僚による靖国神社の参拝をめぐり，韓国と中国等，請求国の侵略をうけた周辺国は，A 級戦犯が合祀された靖国神社を過去の侵略戦争を美化する施設若しくは軍国主義の象徴と規定しながら，その参拝について強く反発しており，この神社に合祀された韓国人戦没者の遺族一部はこの神社を相手にとってその合祀の取消しを求める訴訟を提起した。請求国政府は，靖国神社が終戦後には，宗教法人として国民国家一般の公的な追悼施設機能があるとの見解をとっているが，政府閣僚や政治家は様々な政治的な目的等から，前述のように参拝を続け，これと関連しては請求国内でも賛否の意見対立があった。

イ　犯行動機と目的の性格

上述したように，日本軍慰安婦の歴史的な意味と背景，靖国神社の性格及び来歴，

付録2　＜韓国の引渡裁判の決定書＞

犯罪人の家族歴，この事件犯行を前後した政治状況，犯罪人がこの事件犯行の直後に韓国に渡り，義理祖母，義理曽祖父の縁故地を探し回った情況，犯罪人が在韓日本大使館に対する現住建造物放火未遂の事件において述べた供述とこの法廷で行った供述の内容及び一貫性，犯罪人のこの事件犯行が，個人的な利益を目的としたものではなく，請求国政府の日本軍慰安婦等の過去の歴史的な事実に関する認識及びこれと関連する政策の変化を促し，これについてのメッセージを伝えることで国内外の世論を喚起するための手段であった見られること，犯罪人はこの事件犯行の日時を選ぶ際に犯罪人自身の政治的な目的に符合するよう象徴的な意味を与え，その後の在韓日本大使館への現住建造物放火未遂の犯行の場合も同じく，自身の政治的な目的に符合する日時を選択したこと，犯罪人はこの事件犯行の準備道具及び「謝罪」と書かれたシャツを着た自身の姿と犯行の実行過程を撮影し，請求国の捜査機関によって実体が明らかになる前に自ら犯行事実とその目的をマスコミやインターネット等をつうじて外部に広く報せようとしたこと，犯罪人は請求国でのこの事件犯行のみならず，韓国内の日本大使館に火炎瓶を投げるなど，請求国の過去の歴史的な事実に対する認識及びそれと関連した政策に抗議する一連の行動を行ったところ，これは，すなわち，同一の犯行動機の発現であるものと捉えられ，犯罪人の認識では日本大使館という公的な機関と靖国神社を同一の範疇で捉えていたと認められること，請求国内でも日本軍慰安婦等の問題と政府閣僚による靖国神社参拝をめぐって政治的な意見対立があること，国際連合等の国際機構と米国をはじめとする第三国においても請求国政府に対して日本軍慰安婦について謝罪し，歴史的な責任を負うべきであるとの趣旨を込めた決議を行ったことなどを考慮するならば，この事件犯行は，犯罪人が個人的な利益を取るためではなく，請求国が過去の軍国主義体制の下で侵略戦争をおこし，その過程で周辺諸国に日本軍慰安婦や大量虐殺などのように様々な被害を与えたにもかかわらず，そのような過去の歴史的事実を否定したり，真摯に謝罪せず，かえって靖国神社の参拝などをつうじて戦犯や過去の軍国主義体制を美化しようとする態度に怒りと憤りを感じて犯したことで，その犯行目的は犯罪人自身の政治的な信念及び過去の歴史的な事実認識と反対の立場にある請求国政府の政策を変えようとしたものであり，若しくはこれに影響を及ぼすために圧力を加えようとしたものである。

従って，これは政治的な犯罪でいう，政治的な目的に該当するといえる。

　ウ　犯行対象の性格及び犯行と目的との間の関係

　但し，政治的な目的でもって犯した犯罪といえどもすべてが政治的な犯罪になるとは謂えない。これは，前述したように，主観的・客観的な評価要素を総合的に考量して，一般犯罪としての性格と政治的な性格とのなかで何れがより主なものであるかを判断し決定すべき問題であるからである。

　そのような観点から，この事件の犯行対象の性格を考察するならば，靖国神社の

395

第2次世界大戦の終戦以前の地位と役割，現在もＡ級戦犯が合祀されていること，第2次世界大戦の終戦後も請求国内において靖国神社を国家の管理下に置こうとする試みが引き続き行われたこと，周辺諸国の反発にもかかわらず，このような靖国神社に請求国の政府閣僚などの政治家が絶えず参拝してきたこと及びこれまでの政治状況に照らして見るとき，靖国神社が，法律上では私的な宗教施設であるといえども，事実上の国家施設に相応する政治的な象徴性を有するものであると評価できる。

　犯罪人も，同様に，靖国神社を単なる私的な宗教施設ではなく，過去の侵略戦争を正当化する政治秩序の象徴とみなしたうえでこの事件犯行を実行したことは明白であり，韓国と中国等の周辺諸国も請求国の政府閣僚による靖国神社参拝があるたびに厳しく抗議し反発したことに照らして見るとき，靖国神社が国家施設に相応する政治的な象徴性があるとする見解は犯罪人個人の独断的な見解ではなく，韓国をはじめとする周辺諸国において幅広い共感帯が形成されているものと認められる。

　次に，犯行と目的の間の関係について考察する。これまで在韓日本大使館の前で1千回を超える　請求国政府の日本軍慰安婦に対する政策変化を促す示威が行われたが，請求国において別段の反応が無かったことから，この事件犯行に至ることになったとの趣旨の犯罪人の供述と，実際にこの事件犯行後，犯罪人の動機と目的がマスコミなどをつうじて広く知られるようになり，請求国をはじめとする周辺諸国の関心の焦点になるに伴い，過去に請求国の侵略を受けた周辺諸国が請求国政府の日本軍慰安婦等の過去の歴史的な事実に対する認識と，これに関連された政策及び右傾化の趨勢について公憤を感じていることを請求国政府と国民が認識するようになったこと，犯罪人がこの事件放火の対象として靖国神社を選んだことによって犯罪人自身が追求していた政治的な目的を相当に達成したものと見受けられる。従って，この事件犯行はその政治的な目的と有機的な関連性があるものと認められる。

　エ　犯行の性格と意図された目的との均衡

　この事件犯行は，我が国刑法第167条第1項の一般物件への放火罪に該当するものであって，公共の危険を生じさせることを要件として処罰することができる具体的な危険犯に該当する。

　前述したように，この事件犯行の対象であった神門が建造物ではなく一般物件であって，放火当時はひとけの珍しい夜明けであり，靖国神社は警備が厳しく，火災が発生しても即時に鎮火できる人的，物的な設備が備われているように見受けられ，実際にこの事件放火の直後直ちに靖国神社の警備員によって即時発見され，直ちに消化されたこと，この事件放火による被害は物的な被害のみであり，かつその被害も大きくないと見受けられること，仮にこの事件の神門が全焼して周りの建造物に燃焼されるとしても，この事件神門の規模に照らして，実際にこの事件神門が全焼するにかかる時間は少なくないものと見られ，その後も周りの建造物に燃焼されるまでも相当の時間がかかるものと予想されるところ，上述のように警備警戒の程度

付録2　＜韓国の引渡裁判の決定書＞

に照らして，その前に火災が鎮圧される可能性が高いこと，請求国の捜査機関も捜査の初期にはこの事件犯行を器物損壊容疑事件として取り扱っていたこと，この事件神門と中央門の円柱の支柱の大きさ及び規模と実際に火に焼けた面積，犯行当時には痕跡のみを残そうとして犯罪人の意図，この事件神門と周りの建造物との間の距離等に照らして見るとき，この事件放火により，一部の財産被害が生じ，周りの建造物への延焼可能性及びこれに伴う公共の危険が発生したとしても，その財産被害，延焼可能性及び公共の危険の程度はそれほど大きくないものと見受けられる。

　従って，この事件犯行を不特定多数の人の生命・身体を侵害・威嚇したり，これに対する危険を惹き起こす犯罪として，犯罪人が追求する政治的な目的との均衡を喪失した残虐な行為として評価することはできない。

　オ　政治犯不引渡原則の趣旨との関係

　前述した政治犯不引渡原則の趣旨と関連してこの事件を考察する。大韓民国（犯罪人の国籍国である中国も同様の立場である。）と請求国との間では日本軍慰安婦等の過去の歴史的な事実に対する認識及びこれと関連した政策と政府閣僚による靖国神社参拝に対する認識及びこれに関する対応等において，政治的に見解の対立があったし，請求国内においても政治的な見解の対立が存在した。

　犯罪人のこの事件犯行の動機と目的に照らしてみると，日本軍慰安婦の問題等の過去の歴史的な事実と，靖国神社参拝に対する認識及びこれと関連された請求国の政策に対する犯罪人の見解は，韓国の憲法理念と国際連合等の国際機構若しくは大多数の文明諸国が志向する普遍的な価値と軌を一にするものであることが認められる。

　このような側面から見るとき，犯罪人を請求国に引き渡すことは，韓国の政治的な秩序と憲法理念，さらに大多数の文明諸国の普遍的な価値を否認することになり，既に検討してきた政治犯不引渡原則の趣旨にも符合しない。そのうえに，請求国の内部においても上記と同様の見解の差異と対立がある以上，政治犯を引き渡すことは，請求国内の政治問題に干渉すると捉えられることもありうるため，国際関係上からして望ましくない。

　カ　小結論

　以上のように，①犯罪人の犯行動機は，請求国政府の日本軍慰安婦等の過去の歴史的な事実に関する認識及びこれと関連された政策に対する憤りを覚えたことに起因するものであって，犯罪人についてこの事件犯行による個人的な利益を取得しようとしたきっかけを見つけることはできず，②犯行目的が，犯罪人自身の政治的な信念及び日本軍慰安婦等の過去の歴史的な事実に対する見解と反対の立場にある請求国政府の政策の変化を促し，若しくはこれに影響を及ぼすために圧力を加えようとしたものであり，犯罪人の政治的な信念及び日本軍慰安婦等の過去の歴史的な事実に対する見解が犯罪人個人の独断的なものとはいえず，韓国と犯罪者の国籍国である中国のみならず，国際社会においても幅広い共感を形成し同意を得ている見解と一致し，③この事件犯行の対象である靖国神社が法律上では宗教団体の財産とは

397

いえ，この神社には請求国が過去に侵略戦争を主導したことから有罪判決を受けた戦犯が合祀されていて，周辺諸国の反発にもかかわらず，請求国の政府閣僚や政治家が参拝を継続しているなど，国家施設に相応する政治的な象徴性があるものと評価され，④この事件の犯行は政治的な大儀のために行われたもので，犯行対象である靖国神社とともに直接的な犯行動機になった日本軍慰安婦の問題の歴史的な意味及び背景，さらにこの事件犯行後に請求国をはじめとする諸国において犯罪人の主張に関心が寄せられかつ議論が触発された情況に照らして，犯罪人が追及しようとする政治的な目的を達成するうえでこの事件犯行が相当に役に立ったものと見られることから，犯行と政治的な目的との間で有機的な関連性が認められ，⑤この事件犯行の法的な性格は一般物件への放火ではあるが，犯行動機と時間帯，犯行対象の規模と比べた焼損の面積の程度，延焼の可能性などを考慮するとき，実際にはむしろ損壊に近いものであって，放火による公共の危険性の程度がそれほど大きいとは認められず，⑥この事件犯行によって人命被害が全く無く，物的な被害も大きいとはいえないことから，これを重大かつ深刻な反人倫的な犯罪と断ずることは困難であるゆえに，この事件犯行で惹き起こされた危険が目的との均衡を失ったと見ることも難しい。

　この事情と政治犯不引渡原則の趣旨，犯罪人引渡の請求国である日本国と被請求国の韓国，さらに犯罪人の国籍国である中国間の歴史的な背景，過去の歴史的な事実に対する認識の差異及び立場の対立のような政治的な状況，国際連合をはじめとする国際機構と大多数の文明諸国が追求する普遍的な価値等を総合してみると，この事件の引渡対象の犯罪は，請求国の日本軍慰安婦等の過去の歴史的な事実に対する認識に抗議し，それと関連した対内外の政策に影響を及ぼす目的で行われた一般物件への放火犯罪であって，一般犯罪としての性格よりその政治的な性格が一層の主たる状態にある相対的な政治犯罪であると見ることができ，それはこの事件条約の第3条（c）本文が定めた「政治犯罪」に該当する。

四　結論

　そうすれば，この事件引渡の対象犯罪は，政治犯罪であり，別に犯罪人を引き渡さなければならない例外事由も存在せず，その他の争点については，さらに考察することを待つことなく，この条約第3条（c）により犯罪人を請求国に引き渡すことを許可しないことにし，主文のとおりに決定する。

2013. 1. 3.

裁判長　裁判官　ファン・ハンシック
裁判官　グォン・スンミン
裁判官　イ・ゼグン

付録 3 ＜日本国が締結した逃亡犯罪人引渡し，刑事共助及び受刑者移送に関する条約＞

①逃亡犯罪人引渡条約

	締約国	署名	発効	備考
1	米国	1953.04.22	1953.07.22	改正条約は 1978 年 3 月 3 日署名・1980 年 3 月 26 発効．
2	韓国	2002.04.08	2002.06.21	

②刑事共助条約

	締約国	署名日	発効日	
1	米国	2003.08.05	2006.07.21	
2	韓国	2006.01.20	2007.01.26	
3	中国	2007.12.01	2008.11.23	
4	香港	2008.05.23	2009.09.24	
5	ロシア	2009.05.12	2011.02.11	
6	欧州連合刑事共助条約	2009.12.15	2011.01.02	欧州連合側の署名日は 2009 年 11 月 30 日．

③受刑者移送条約

	締約国	署名日	発効日	備考
1	CE 条約	2003.02.17	2003.06.01	署名日は加入書の寄託日である．
2	タイ	2009.07.22	2010.08.28	
3	ブラジル	2014.01.24	未発効	

付録4 ＜中国が締結した逃亡犯罪人引渡し，刑事共助及び受刑者移送に関する条約＞

①逃亡犯罪人引渡条約

	締約国	署名日	発効日	備考
1	タイ	1993.08.26	1999.03.07	
2	ベラルーシ	1995.06.22	1998.05.07	
3	ロシア	1995.06.26	1997.01.10	
4	ブルガリア	1996.05.20	1997.07.03	
5	ルーマニア	1996.07.01	1999.01.16	
6	カザフスタン	1996.07.05	1998.02.10	
7	モンゴル	1997.08.19	1999.01.10	
8	キルキス	1998.04.27	2004.04.27	
9	ウクライナ	1998.12.10	2000.07.13	
10	カンボジア	1999.02.09	2000.12.13	
11	ウズベキスタン	1999.11.08	2000.09.29	
12	韓国	2000.10.18	2002.04.12	中国「引渡法」施行 (2000.12.28)
13	フィリピン	2001.10.30	2006.03.12	
14	ペルー	2001.11.05	2003.04.05	
15	チュニジア	2001.11.19	2005.12.29	
16	南アフリカ共和国	2001.12.10	2004.11.17	
17	ラオス	2002.02.04	2003.08.13	
18	アラブ首長国連邦	2002.05.13	2004.05.24	
19	リトアニア	2002.06.17	2003.06.21	
20	パキスタン	2003.11.03	2008.01.10	
21	レソト	2003.11.06	2005.10.30	
22	ブラジル	2004.11.12	2014.08.16	
23	アゼルバイジャン	2005.03.17	2010.12.01	
24	スペイン	2005.11.14	2007.04.04	
25	ナミビア	2005.12.19	2009.09.19	

付録4 ＜中国が締結した逃亡犯罪人引渡し，刑事共助及び受刑者移送に関する条約＞

26	アンゴラ	2006.06.20	2013.10.17	
27	アルジェリア	2006.11.06	2009.09.22	
28	ポルトガル	2007.01.31	2009.07.25	
29	フランス	2007.03.20	未発効	
30	オーストラリア	2007.09.06	未発効	
31	メキシコ	2008.07.11	2012.07.07	
32	インドネシア	2009.07.01	未発効	
33	イタリア	2010.10.07	未発効	
34	イラン	2012.09.10	未発効	

②刑事共助条約

	締約国	署名日	発効日	備考
1	ポーランド	1987.06.05	1988.02.13	民事及び刑事共助
2	モンゴル	1989.08.31	1990.10.29	民事及び刑事共助
3	ルーマニア	1991.01.16	1993.01.22	民事及び刑事共助
4	ロシア	1992.06.19	1993.11.14	民事及び刑事共助
5	トルコ	1992.09.28	1995.10.26	民事，商事及び刑事共助
6	ウクライナ	1992.10.31	1994.01.19	民事及び刑事共助
7	キューバ	1992.11.24	1994.03.26	民事及び刑事共助
8	ベラルーシ	1993.01.11	1993.11.29	民事及び刑事共助
9	カザフスタン	1993.01.14	1995.07.11	民事及び刑事共助
10	エジプト	1994.04.21	1995.05.31	民事，商事及び刑事共助
11	カナダ	1994.07.29	1995.07.01	刑事共助
12	ギリシア	1994.10.17	1996.06.29	民事及び刑事共助
13	ブルガリア	1995.04.7	1996.05.27	刑事共助
14	キプロス	1995.04.25	1996.01.11	民事，商事及び刑事共助
15	キルキス	1996.07.04	1997.09.26	民事及び刑事共助

16	タジキスタン	1996.09.16	1998.09.02	民事及び刑事共助
18	ウズベキスタン	1997.12.11	1998.08.29	民事及び刑事共助
19	ベトナム	1998.10.19	1999.12.25	民事及び刑事共助
20	韓国	1998.11.12	2000.03.24	刑事共助
21	ラオス	1999.01.25	2001.12.15	民事及び刑事共助
22	コロンビア	1999.05.14	2004.05.27	刑事共助
23	チュニジア	1999.11.30	2000.12.30	刑事共助
24	リトアニア	2000.03.20	2002.01.19	民事及び刑事共助
25	米国	2000.06.18	2001.03.08	刑事共助
26	インドネシア	2000.07.24	2006.07.28	刑事共助
27	フィリピン	2000.10.16	2012.11.17	刑事共助
28	エストニア	2002.06.12	2011.03.31	刑事共助
29	南アフリカ共和国	2003.01.20	2004.11.17	刑事共助
30	タイ	2003.06.21	2005.2.20	刑事共助
31	北朝鮮	2003.11.19	2006.01.21	民事及び刑事共助
32	ラトビア	2004.04.15	2005.09.18	刑事共助
33	ブラジル	2004.05.24	2007.10.26	刑事共助
34	メキシコ	2005.01.24	未発効	刑事共助
35	フランス	2005.04.18	2007.09.20	刑事共助
36	ペルー	2005.01.27	2009.03.18	刑事共助
37	スペイン	2005.07.21	2007.04.15	刑事共助
38	ポルトガル	2005.12.09	2009.05.15	刑事共助
39	オーストラリア	2006.04.03	2007.03.28	刑事共助
40	ニュージーランド	2006.04.06	2008.01.01	刑事共助
41	ナミビア	2006.05.26	2009.09.19	刑事共助
42	アルジェリア	2006.11.06	2009.09.22	刑事共助
43	パキスタン	2007.04.17	2010.08.06	刑事共助
44	日本国	2007.12.01	2008.11.23	刑事共助
45	アラブ首長国連邦	2008.04.03	2011.05.14	刑事共助

付録 4 ＜中国が締結した逃亡犯罪人引渡し，刑事共助及び受刑者移送に関する条約＞

46	ベネズエラ	2008.09.24	2009.06.12	刑事共助
47	マルタ	2009.02.22	2012.01.11	刑事共助
48	イタリア	2010.10.07	未発効	刑事共助
49	アルゼンチン	2012.06.25	未発効	刑事共助
50	ボスニア・ヘルツェゴビナ	2012.12.18	未発効	刑事共助

③受刑者移送条約

	締約国	署名日	発効日	備考
1	ウクライナ	2001.07.21	2002.10.12	
2	ロシア	2002.12.02	2006.12.09	
3	スペイン	2005.11.14	2007.04.04	
4	ポルトガル	2007.01.31	2009.07.25	
5	オーストラリア	2007.09.06	2009.04.24	
6	韓国	2008.05.27	2009.04.24	
7	カザフスタン	2011.02.22	未発効	
8	モンゴル	2011.06.16	未発効	
9	タイ	2011.12.22	2012.10.26	

付録5 ＜韓国が締結した逃亡犯罪人引渡し，刑事共助及び受刑者移送に関する条約＞

①逃亡犯罪人引渡条約

	締約国	署名日	発効日	備考
1	オーストラリア	1990.09.05	1991.01.16	
2	フィリピン	1993.05.25	1996.11.30	
3	スペイン	1994.01.17	1995.02.15	
4	カナダ	1994.04.15	1995.01.29	
5	チリ	1994.11.21	1997.10.01	
6	アルゼンチン	1995.08.30	2000.11.09	
7	ブラジル	1995.09.01	2002.02.01	
8	パラグアイ	1996.07.09	1996.12.29	
9	メキシコ	1996.11.29	1997.12.27	
10	米国	1998.06.09	1999.12.20	
11	タイ	1999.04.26	2001.02.15	
12	モンゴル	1999.05.31	2000.01.27	
13	中国	2000.10.18	2002.04.12	
14	インドネシア	2000.11.28	2007.11.16	
15	ニュージーランド	2001.05.15	2002.04.17	
16	日本国	2002.04.08	2002.06.21	
17	ウズベキスタン	2003.02.12	2004.11.23	
18	ベトナム	2003.09.15	2005.04.19	
19	カザフスタン	2003.11.13	2012.09.10	
20	ペルー	2003.12.05	2005.11.16	
21	グアテマラ	2003.12.12	2006.02.20	
22	インド	2004.10.05	2005.06.08	
23	コスタリカ	2005.09.12	2006.12.01	
24	フランス	2006.06.06	2008.06.01	
25	香港	2006.06.26	2007.02.11	
26	アルジェリア	2007.02.17	2008.10.24	

付録5 ＜韓国が締結した逃亡犯罪人引渡し，刑事共助及び受刑者移送に関する条約＞

27	南アフリカ	2007.05.03	2014.06.20	
28	クウェート	2007.06.14	2013.08.28	
29	ブルガリア	2008.10.01	2010.04.08	
30	カンボジア	2009.10.22	2011.10.01	
31	欧州犯罪人引渡条約	2011.09.29	2011.12.29	署名日は加入書の寄託日である．
32	マレーシア	2013.01.17	未発効	
33	アラブ首長国連邦	2014.02.28	未発効	

②刑事共助条約

	締約国	署名日	発効日	備考
1	オーストラリア	1992.08.25	1993.12.19	
2	米国	1993.11.23	1997.05.23	
3	カナダ	1994.04.15	1995.02.01	
4	フランス	1995.03.02	1997.03.08	
5	ロシア	1995.05.28	2001.08.10	
6	中国	1998.11.12	2000.02.25	
7	香港	1998.11.17	2000.11.09	
8	モンゴル	1999.05.31	2000.01.27	
9	ニュージーランド	1999.09.15	2000.03.30	
10	インドネシア	2002.03.30	2014.04.03	
11	ブラジル	2002.12.13	2006.02.08	
12	ウズベキスタン	2003.02.12	2004.11.23	
13	フィリピン	2003.06.03	2008.11.17	
14	タイ	2003.08.25	2005.04.06	
15	ベトナム	2003.09.15	2005.04.19	
16	カザフスタン	2003.11.13	2012.09.10	
17	インド	2004.10.05	2005.06.08	
18	メキシコ	2005.09.09	2007.01.18	
19	日本国	2006.01.20	2007.01.26	

19	日本国	2006.01.20	2007.01.26	
20	アルジェリア	2006.03.12	2007.06.15	
21	ベルギー	2007.01.17	2012.09.29	
22	クウェート	2007.03.26	2008.04.08	
23	南アフリカ	2007.05.03	2014.06.20	
24	ペルー	2007.09.09	2008.09.29	
25	ブルガリア	2008.10.01	2010.04.08	
26	スペイン	2009.03.23	2012.12.01	
27	アルゼンチン	2009.08.31	2013.07.19	
28	マレーシア	2010.12.10	2013.09.26	
29	欧州連合刑事共助条約	2011.09.29	2011.12.29	署名日は加入書の寄託日である.
30	アラブ首長国連邦	2014.02.28	未発効	

③受刑者移送条約

	締約国	署名日	発効日	備考
1	CE 条約	2005.07.20	2005.11.10	署名日は加入書の寄託日である.
2	モンゴル	2007.05.28	2008.08.23	
3	中国	2008.05.27	2009.08.05	
4	ベトナム	2009.05.29	2010.08.30	
5	インド	2010.01.25	2012.06.18	
6	クウェート	2011.03.16	未発効	
7	タイ	2012.02.02	2012.12.18	
8	香港	2013.05.28	2014.06.13	

索　引

◆ あ 行 ◆

アジア刑政財団‥‥‥‥‥‥‥‥‥‥‥‥65
アジア国際刑事協力‥‥‥‥‥‥‥‥‥62
アジア太平洋矯正局長会議‥‥‥‥169
アラブ連盟犯罪人引渡協定‥‥‥‥55
一国両制‥‥‥‥‥‥‥‥‥‥‥‥‥‥182
遺伝子スパイ事件‥‥‥‥‥‥‥‥133
受入移送‥‥‥‥‥‥‥‥‥‥‥59, 166
営業秘密‥‥‥‥‥‥‥‥‥‥‥‥‥146
エルシデン・イスライル‥‥‥‥‥230
袁同順‥‥‥‥‥‥‥‥‥‥‥‥‥‥150
欧州刑事訴追移管条約‥‥‥‥‥‥60
欧州人権裁判所‥‥‥‥‥‥‥‥‥314
欧州人権条約‥‥‥‥‥‥‥‥‥‥314
欧州逮捕状枠組決定‥‥‥‥‥‥‥25
欧州犯罪人引渡条約‥‥‥‥‥‥‥55
欧州連合犯罪人引渡条約‥‥‥‥‥55

◆ か 行 ◆

外交経路‥‥‥‥‥‥‥‥‥‥‥‥‥57
外国刑事判決‥‥‥‥‥‥‥‥‥‥61
外国刑事判決の効力‥‥‥‥‥‥‥62
カーク・ウッド‥‥‥‥‥‥‥‥‥86
カルヴィン・プラット事件‥‥‥‥76
簡易引渡‥‥‥‥‥‥‥‥‥‥‥‥359
簡易引渡手続‥‥‥‥‥‥‥‥‥‥118
帰国事業‥‥‥‥‥‥‥‥‥‥‥‥325
偽装引渡し‥‥‥‥‥‥‥‥‥‥‥43
北アイルランド‥‥‥‥‥‥‥‥‥294
金日成主席‥‥‥‥‥‥‥‥‥‥‥311
金ホリョン‥‥‥‥‥‥‥‥‥‥‥271
金満鉄‥‥‥‥‥‥‥‥‥‥‥‥‥323
行政訴訟による救済手続‥‥‥‥100
行政訴訟による不服申立‥‥‥‥100
緊急逮捕‥‥‥‥‥‥‥‥‥‥‥‥144
キンドラー事件‥‥‥‥‥‥‥‥‥42
金門協議‥‥‥‥‥‥‥‥‥‥‥‥236
クアラルンプール事件‥‥‥‥‥94
グエン・フー・チャン（Nguyen Huu Chanh）
　事件‥‥‥‥‥‥‥‥256, 278, 279
グォン・ソン裁判官‥‥‥‥‥‥‥301

グローバル・ガバナンス‥‥‥‥‥66
軍事犯罪‥‥‥‥‥‥‥‥‥‥‥‥222
経済スパイ罪‥‥‥‥‥‥‥‥‥‥347
経済難民‥‥‥‥‥‥‥‥‥‥‥‥313
刑事管轄権‥‥‥‥‥‥‥‥‥28, 74
刑事共助‥‥‥‥‥‥‥‥‥‥‥‥49
継続方式‥‥‥‥‥‥‥‥‥‥‥‥59
憲法裁判所‥‥‥‥‥‥‥‥‥‥‥297
憲法訴願審判‥‥‥‥‥‥‥‥‥‥297
香澳関係条例‥‥‥‥‥‥‥‥‥‥248
効果主義理論‥‥‥‥‥‥‥‥‥‥342
航空機不法奪取防止条約（ハーグ条約）
　‥‥‥‥‥‥‥‥‥‥‥‥126, 184
口上書‥‥‥‥‥‥‥‥‥‥‥‥‥149
公訴事実の同一性‥‥‥‥‥‥‥110
拷問等禁止条約‥‥‥‥‥‥‥‥‥41
勾　留‥‥‥‥‥‥‥‥‥‥‥‥‥144
国際カルテル‥‥‥‥‥‥‥‥‥‥342
国際刑事協力‥‥‥‥‥‥‥‥‥‥47
国際刑事協力法‥‥‥‥‥‥‥‥‥179
国際刑事警察機構（ICPO）‥‥‥151
国際刑事裁判所に関するローマ規程‥29
国際捜査共助法‥‥‥‥‥‥‥‥‥73
国際組織犯罪防止条約‥‥‥‥‥116
国際礼譲‥‥‥‥‥‥‥‥‥‥‥‥23
国連アジア極東犯罪防止研修所‥‥65
国連安全保障理事会決議‥‥‥‥283
国連犯罪人引渡モデル条約‥‥‥45
国連腐敗防止条約‥‥‥‥‥‥‥‥175
国家安全危害罪‥‥‥‥‥‥‥‥‥219
コンピューター・ハッキング‥‥347

◆ さ 行 ◆

財政犯罪‥‥‥‥‥‥‥‥‥‥‥‥225
在ソウル日本国大使館‥‥‥‥‥284
在タイベトナム大使館‥‥‥‥‥280
サイバー犯罪‥‥‥‥‥‥‥‥‥‥347
裁判国‥‥‥‥‥‥‥‥‥‥‥59, 167
三国協力事務局‥‥‥‥‥‥‥‥‥10
サンフランシスコ平和条約‥‥‥89
ジェノサイド‥‥‥‥‥‥‥‥‥‥294
死刑制度‥‥‥‥‥‥‥‥‥‥‥‥42

407

索　引

死刑の順番待ち現象……………………41
自国民不引渡し……………………………36
執行継続……………………………………59
執行国……………………………………59, 167
司法共助……………………………………49
司法不審査の原則…………………………40
上海協力機構………………………………231
自由権規約人権委員会……………………42
自由ベトナム革命政府……………………280
受刑者移送……………………………58, 166
純粋政治犯罪………………………………128
証拠の十分性………………………………135
条約前置主義………………………………24
新疆ウイグル自治区………………………226
人権保障条項………………………………39
審査請求の該当性…………………………96
人道上の考慮………………………………117
瀋陽総領事館事件…………………………324
瀋陽の日本総領事館………………………323
政治犯罪……………………………………34
政治犯不引渡し……………………………34
セイフ・ヘイブン…………………………20
世界人権宣言………………………………313
相互主義……………………………………30
相互承認……………………………………26
捜査共助……………………………………48
送出移送……………………………………166
相対的政治犯罪……………………………128
双方可罰性…………………………………31
訴追移管……………………………………60
ゾーリング事件……………………………41

◆ た 行 ◆

台湾引渡法…………………………………240
卓長仁ら事件………………………………273
脱北者………………………………………309
チベット……………………………………226
中央当局……………………………………57
張振海………………………………………125
張振海事件…………………………………43
朝鮮族自治州………………………………311
丁フンサン事件……………………………268
通常逮捕……………………………………144
テレビ・シャック・ネット事件…………346
天安門事件…………………………………128

転換方式……………………………………59
逃亡犯罪人引渡し…………………………22
逃亡犯罪人引渡条例………………………74
特定性の原則………………………………33
特別行政区…………………………………182
特別抗告……………………………………107
ドリンク・オア・ダイ事件………………346

◆ な 行 ◆

難民…………………………………………313
難民条約の規定……………………………40
難民地位条約………………………………269
逃げ得………………………………………19
日韓共同宣言………………………………113
日中韓首脳会談……………………………10
日本軍慰安婦………………………………285
日本人学校…………………………………323
抜け穴………………………………………20
ノン・ルフールマン…………………40, 291

◆ は 行 ◆

朴大統領狙撃事件…………………………255
爆弾テロ防止条約…………………………283
ハーバード引渡条約草案…………………123
犯罪嫌疑の相当性…………………………135
犯罪嫌疑の程度……………………………140
犯罪人引渡及び刑事共助に関するベネルッ
　クス条約…………………………………55
犯罪人引渡に関する英連邦枠組…………55
東アジア共同体憲章案……………………68
東アジア共同体論…………………………67
東ティモール暫定行政機構………………29
東トルキスタン……………………………226
引渡案件の若干の問題に関する処理規定…185
引渡手続の司法化…………………………90
引渡しの相当性……………………………96
「引き渡すか訴追するか」の選択…………39
富士銀行不正融資事件……………………149
ブスタマンテ法典…………………………51
文世光………………………………………270
兵役法………………………………………260
米州人権条約………………………………40
米州犯罪人引渡条約………………………55
ベネルックス三国…………………………51
ベルギー加害条項…………………………35

保安処分‥‥‥‥‥‥‥‥‥‥‥‥156
包括主義‥‥‥‥‥‥‥‥‥‥‥‥111
法制度整備支援‥‥‥‥‥‥‥‥‥63
北欧犯罪人引渡枠組‥‥‥‥‥‥‥55
北韓離脱住民保護法‥‥‥‥‥‥310
香港特別行政区基本法‥‥‥‥‥182

◆ ま 行 ◆

マカオ（澳门）特別行政区基本法‥‥‥‥‥182
民間航空不法行為防止条約（モントリオール条約）‥‥‥‥‥‥‥‥‥‥‥‥273
民族解放‥‥‥‥‥‥‥‥‥‥‥227
民族自決権‥‥‥‥‥‥‥‥‥‥227

◆ や 行 ◆

靖国神社‥‥‥‥‥‥‥‥‥‥‥284
尹秀吉（ユン・スギル）‥‥‥‥119
尹秀吉事件‥‥‥‥‥‥‥‥‥‥35
余振東事件‥‥‥‥‥‥‥‥‥‥177

◆ ら 行 ◆

頼昌星事件‥‥‥‥‥‥‥‥‥‥177

ラストボロフ‥‥‥‥‥‥‥‥‥164
拉致問題‥‥‥‥‥‥‥‥‥‥‥325
劉強事件‥‥‥‥‥‥‥‥‥35, 256
流　民‥‥‥‥‥‥‥‥‥‥‥‥313
両岸関係条例‥‥‥‥‥‥‥‥‥248
両岸共助協議‥‥‥‥‥‥‥‥‥237
両岸四地‥‥‥‥‥‥‥‥‥‥‥248
列挙主義‥‥‥‥‥‥‥‥‥‥‥111
労役場留置‥‥‥‥‥‥‥‥‥‥152
ロシアの極東地方‥‥‥‥‥‥‥321
ロッキード(贈賄)事件‥‥‥‥73, 164

◆ わ 行 ◆

ワイヤーハーネス・カルテル‥‥‥‥‥343

◆ 欧 文 ◆

CE 条約‥‥‥‥‥‥‥‥‥‥59, 168
surrender‥‥‥‥‥‥‥‥‥‥‥30
UNAFEI‥‥‥‥‥‥‥‥‥‥‥65
「Zain Taj Dean」事件‥‥‥‥‥244

〈著者紹介〉

金　平　煥（キム・ピョンファン）　　元検察事務官

　1986年　韓国高麗大学法学部卒業
　1996年～2017年　検察事務官（検察庁，法務省，大統領府などで勤務）
　2009年　東京大学法学政治学研究科修士課程修了
　2013年　中国人民大学法学院訪問研究員
　2015年　東京大学法学政治学研究科博士課程修了，法学博士
　同　年　ソウルデジタル大学非常勤講師（講義科目「グローバル時代の
　　　　　犯罪と法」）

学術選書
145
国 際 法

✿ ❀ ✿

東アジア逃亡犯罪人引渡しの法理
── 日中韓国際刑事協力論 ──

2017（平成29）年7月30日　第1版第1刷発行

著　者　　金　　平　　煥
発行者　　今井貴　稲葉文子
発行所　　株式会社　信山社

〒113-0033　東京都文京区本郷6-2-9-102
Tel 03-3818-1019　Fax 03-3818-0344
info@shinzansha.co.jp
笠間来栖支店　〒309-1625 茨城県笠間市来栖 2345-1
出版契約 2017-6745-7-01010　Printed in Japan

© 金平煥，2017　印刷・製本／亜細亜印刷・牧製本
ISBN978-4-7972-6745-7 C3332　分類329.100-a006 国際法
P432　￥8800E-012-020-025

JCOPY　〈(社)出版者著作権管理機構　委託出版物〉
本書の無断複写は著作権法上での例外を除き禁じられています。複写される場合は，
そのつど事前に，(社)出版者著作権管理機構（電話 03-3513-6969，FAX 03-3513-6979，
e-mail:info@jcopy.or.jp）の許諾を得てください。

ブリッジブック国際人権法 (第2版)
芹田健太郎・薬師寺公夫・坂元茂樹

コンパクト学習条約集 (第2版)
芹田健太郎　編集代表
森川俊孝・黒神直純・林美香・李禎之・新井京・小林友彦 編集委員

国際人権法　Ⅰ　芹田健太郎
普遍的国際社会への法の挑戦
　　──芹田健太郎先生古稀記念　坂元茂樹・薬師寺公夫 編

講座　国際人権法 1
国際人権法と憲法
芹田健太郎・棟居快行・薬師寺公夫 編集代表

講座　国際人権法 2
国際人権規範の形成と展開
芹田健太郎・棟居快行・薬師寺公夫 編集代表

講座　国際人権法 3
国際人権法の国内的実施
芹田健太郎・戸波江二・棟居快行・薬師寺公夫・坂元茂樹 編集代表

講座　国際人権法 4
国際人権法の国際的実施
芹田健太郎・戸波江二・棟居快行・薬師寺公夫・坂元茂樹 編集代表

国際法の人権化　阿部浩己
国際人権法 (第2版) 国際基準のダイナミズムと国内法との協調　申　惠丰
先住民族と国際法　小坂田裕子〈2017. 6 最新刊〉

信山社

◆ヨーロッパ人権裁判所の判例
  戸波江二・北村泰三・建石真公子・小畑郁・江島晶子 編集代表
・ボーダーレスな人権保障の理論と実際。解説判例80件に加え、概説・資料も充実。来たるべき国際人権法学の最先端。

◆ヨーロッパ人権裁判所の判例Ⅱ 〔近刊〕
  戸波江二・北村泰三・建石真公子・小畑郁・江島晶子 編集代表

◆フランスの憲法判例
  フランス憲法判例研究会 編 辻村みよ子編集代表
・フランス憲法院(1958〜2001年)の重要判例67件を、体系的に整理・配列して理論的に解説。フランス憲法研究の基本文献として最適な一冊。

◆フランスの憲法判例Ⅱ
  フランス憲法判例研究会 編 辻村みよ子編集代表
・政治的機関から裁判的機関へと揺れ動くフランス憲法院の代表的な判例を体系的に分類して収録。『フランスの憲法判例』刊行以降に出されたDC判決のみならず、2008年憲法改正により導入されたQPC(合憲性優先問題)判決をもあわせて掲載。

◆ドイツの憲法判例 〔第2版〕
  ドイツ憲法判例研究会 編 栗城壽夫・戸波江二・根森健 編集代表
・ドイツ憲法判例研究会による、1990年頃までのドイツ憲法判例の研究成果94選を収録。ドイツの主要憲法判例の分析・解説、現代ドイツ公法学者系譜図などの参考資料を付し、ドイツ憲法を概観する。

◆ドイツの憲法判例Ⅱ 〔第2版〕
  ドイツ憲法判例研究会 編 栗城壽夫・戸波江二・石村修 編集代表
・1985〜1995年の75にのぼるドイツ憲法重要判決の解説。好評を博した『ドイツの最新憲法判例』を加筆補正し、新規判例を多数追加。

◆ドイツの憲法判例Ⅲ
  ドイツ憲法判例研究会 編 栗城壽夫・戸波江二・嶋崎健太郎 編集代表
・1996〜2005年の重要判例86判例を取り上げ、ドイツ憲法解釈と憲法実務を学ぶ。新たに、基本用語集、連邦憲法裁判所関係文献、1〜3通巻目次を掲載。

◆**国際人権** 国際人権法学会 編

◆**ヨーロッパ地域人権法の憲法秩序化** 小畑 郁 著

◆**現代フランス憲法理論** 山元 一 著

―――――― 信山社 ――――――

◆国際法研究

岩沢雄司・中谷和弘 責任編集

最新第5号＜執筆者＞杉原高嶺／浅田正彦／山本良／藤澤巌
中野潤也／加藤正宙／石井由梨佳／鈴木詩衣菜／中島啓

◆ロースクール国際法読本

中谷和弘 著

◆国際法先例資料集－不戦条約
【日本立法資料全集】 柳原正治 編著

◆実践国際法（第2版）

小松一郎 著

◆　民法研究【第2集】 大村敦志責任編集

創刊第1号〔東アジア編1〕

◆ 創刊にあたって　大村敦志
シンポジウムに参加して　中田裕康／「人の法」から見た不法行為法の展開
大村敦志／「重過失」の概念について　道垣内弘人／日本法における「過失
相殺」について　河上正二／不当利得と不法行為　松岡久和／契約と不法行
為―消滅時効　沖野眞已
〈中国語訳〉从 "人之法" 的角度看不法行為法的演变　大村敦志／"重過
失" 的概念　道垣内弘人／日本法上的 "過失相抵"　河上正二／不当得利与
不法行為　松岡久和／合同与侵権行為：消滅時効 沖野眞已
〈韓国語訳〉'人의 法' 에서 본 불법행위법의 전개　大村敦志／'중과실' 의
개념에 대해　道垣内弘人／일본법의 "과실상계" 에 대해서　河上正二／
부당이득과 불법 행위　松岡久和／계약과 불법 행위 : 소멸시효　沖野眞已

信山社